普通高等教育“十一五”国家级规划教材
国家级一流本科课程配套教材
高等学校旅游管理专业大类核心课程系列教材

系列丛书总主编　马　勇

旅游规划与开发

（第二版）

马　勇　李　玺　李娟文　编著

科 学 出 版 社
北　京

内 容 简 介

本书作为普通高等教育“十一五”国家级规划教材和教育部确立的旅游管理专业“4+3”必修核心课程教材，通过丰富的案例实证分析，系统介绍了旅游规划与开发的基础理论、基本原理和规划编制方法等。全书共十三章，前五章概述了旅游规划与开发的概念体系、理论基础、发展趋势及职能体系。后八章则详细阐述了旅游资源的分类与评价及旅游规划与开发的市场分析与营销对策、主题定位和功能分区、项目创意设计、导向模式、可行性分析和效益评估，以及保障体系等方面的具体方法。本书强调理论与实践的紧密结合，同时兼具较强的创新性，注重对当前国内外旅游规划与开发方法的系统总结。

本书可作为高等旅游院校和综合性大学旅游院系及相关专业的教材，也可供旅游系统各级行政管理部门和企业相关领导与专业人士参考使用。

图书在版编目（CIP）数据

旅游规划与开发 / 马勇，李玺，李娟文编著. -- 2版. -- 北京 : 科学出版社，2025. 6. --（普通高等教育“十一五”国家级规划教材）（国家级一流本科课程配套教材）（高等学校旅游管理专业大类核心课系列教材）. -- ISBN 978-7-03-082263-5

Ⅰ. F590

中国国家版本馆 CIP 数据核字第 202525NQ05 号

责任编辑：王京苏 / 责任校对：王晓茜
责任印制：张 伟 / 封面设计：有道设计

科 学 出 版 社 出版
北京东黄城根北街 16 号
邮政编码：100717
http://www.sciencep.com

天津市新科印刷有限公司印刷
科学出版社发行 各地新华书店经销

*

2004 年 6 月第 一 版 开本：787×1092 1/16
2025 年 6 月第 二 版 印张：23
2025 年 6 月第二十二次印刷 字数：545 000

定价：58.00 元

（如有印装质量问题，我社负责调换）

前　　言

党的二十大报告提出，加大文物和文化遗产保护力度，加强城乡建设中历史文化保护传承，建好用好国家文化公园。坚持以文塑旅、以旅彰文，推进文化和旅游深度融合发展[①]。随着我国国民经济的持续健康发展和消费的迭代升级，旅游业开始实现由高速增长向高质量发展的转变。旅游业的蓬勃发展不断丰富着旅游业的业态，催生出旅游规划新需求。新一轮的旅游规划已呈现出以下四个方面的变化：旅游规划的定位由单一向多元转变；旅游规划的关注点由聚焦传统业态向新型业态转变；旅游规划的内容由旅游六要素向“旅游+”转变；旅游规划的形态由定性描述向定量可视化转变。

本书由国家级教学名师、湖北大学旅游发展研究院院长马勇教授、李娟文教授以及澳门城市大学国际旅游与管理学院李玺教授共同编著。为了更好地适应旅游规划的政策性变化与现时发展状况，满足高校旅游管理专业大学生以及业界读者更新知识的需要，我们结合广大读者反馈的意见和建议，对《旅游规划与开发》（第一版）进行了部分修订和完善。此次推出的第二版，在框架上仍然沿用第一版中较为成熟的框架体系，为了适应新一轮旅游规划的变化，在各章节融入旅游规划与开发的热点问题，启发读者思考学习，并在各章节中加入时代特色鲜明的内容和案例，使本书更具时效性。修订后的教材主要具备以下几方面的特色：①广泛吸收国内外先进的旅游规划与开发的理论与技术，夯实本书的理论基础。②依据旅游规划与开发的发展趋势变化，对本书的内容进行更新，使本书的内容更具时效性和实用性。③每个单元开始前都增加了学习目标、核心概念和本章导读，使章节的重点和难点一目了然。

本书第二版修订由马勇教授主持完成，在修订过程中得到了周倩的大力协助，以及热心读者、业界、学术界的反馈与科学出版社编辑的大力支持，在此一并致谢。修订过程中，作者期望向广大读者全面介绍旅游规划与开发的新变化、新趋势，然而受到时间、资源、精力和能力的限制，书中难免存在不足之处，敬请各位读者和专家谅解并提出宝贵的意见，以便再版时进一步修订完善。

作　者

2025 年 5 月

① 习近平：高举中国特色社会主义伟大旗帜 为全面建设社会主义现代化国家而团结奋斗——在中国共产党第二十次全国代表大会上的报告.https://www.gov.cn/xinwen/2022-10/25/content_5721685.htm[2022-10-25].

目　　录

第一章

旅游规划与开发的概念体系

学习目标

1. 旅游系统的概念、结构和功能
2. 旅游规划的概念、原则、分类、文本的内容和工作程序
3. 旅游开发的概念、目标和内容、原则、步骤

核心概念

旅游系统（tourism system） 旅游规划（tourism planning） 旅游开发（tourism development）

本章导读

在旅游领域中，旅游规划与开发是一个涉及广泛、具备高度系统性的学科，其复杂性也给学习者带来一定的挑战。为了帮助读者更好地理解和掌握这一学科的知识体系，本书特别在开篇部分设置了一章，旨在对旅游规划与开发的概念体系进行详细阐述。旅游规划与开发既涵盖了自然、文化、社会等多个方面的内容，又需要将这些因素融合在一个有机的体系中。这使得学习该学科成为一项挑战。通过本章导读，我们将详细介绍旅游规划与开发的核心概念，帮助读者初步建立对该领域的认识。本章主要围绕三个核心概念展开，即旅游系统、旅游规划和旅游开发。这三个概念构成了旅游规划与开发的基本框架，通过对其深入探讨，读者将逐步理解旅游领域的复杂性和内在联系。通过本章的深入阐述，读者将初步建立对旅游规划与开发概念体系的认识，为后续学习和实践打下坚实基础。我们相信，在这一系统性的导引下，读者将更加自信地探索旅游规划与开发领域的精妙之处。

第一节 旅游系统

旅游依次经历了早期旅行、现代旅游与旅游产业三个重要的发展阶段。直至旅游产业发展阶段，旅游才真正具有系统化特征，旅游系统也逐步为人们所认识。本书中，“旅游系统”是一个十分重要的概念，它是旅游规划与开发的研究对象。

一、旅游系统的概念

系统广泛地存在于自然界、社会和人类的思维当中，所谓的系统是指各要素以一定的目标为导向，通过相互关联作用和反馈制约机制形成的有机整体。随着旅游经济的不断发展，旅游已经成为具有较强关联性和带动性的产业，其系统性特征日益明显，主要表现在以下三个方面。

首先，旅游系统要素构成内容广泛。旅游系统构成要素的广泛性源自旅游活动的强大社会经济关联性。从旅游业的运作来看，旅游者完成从客源地（origin）到旅游目的地（destination）的旅游过程，中间涉及众多要素的相互作用。在空间上，存在旅游目的地对客源地的市场营销，客流从客源地到旅游目的地再回到客源地的空间移动等相互关系；在经济上，存在着旅游者产生旅游需求、目的地旅游企业生产旅游产品供给旅游者以满足需求等关系。

其次，从旅游产业的构成要素来看，其系统性也十分明显。旅游业通常被认为由六大要素构成，即食、住、行、游、购、娱。准确地说，上述六大构成要素应该被称为旅游业的六大直接关联要素，除此之外旅游业还与众多的第一、第二、第三产业部门有着一定的间接联系。比如，第一产业中的种植业为旅游业的发展提供必需的农产品；第二产业中的制造业为旅游业发展提供相应的技术产品和原料，建筑和能源业为旅游业的发展提供建筑和能源动力；第三产业部门则为旅游业提供诸如社会安全、邮电、通信、环保等全方位的发展保障。

最后，旅游系统要素之间关联繁杂。旅游系统内部众多要素之间具有多样化的联系，并且这种联系具有不断变化的特性。旅游业归根到底可视为服务行业的集合，即必须由众多部门提供环环相扣的服务，任何一个环节出现问题都会导致旅游业遭受损失。这就要求旅游业的相关部门之间紧密联系，加强信息和物资的沟通与交流，共同为旅游者提供优质的服务。

旅游系统要素相互关联的动态性特征在不同的地域空间、不同的时间段和不同类型的旅游活动中表现得尤为突出。对于不同的旅游地域空间，旅游系统的主要构成要素存在一定的区别，因而，要素与要素之间的关联性将产生较大的差异。比如，旅游业发达地区与不发达地区相比，其旅游系统的构成要素必然较多，要素之间的关联性也更为密切。

旅游系统要素的动态关联性同样可以从线性时间上得到证实。比如，旅游业发展早期较之发展成熟期，要素之间联系的强度有了较大变化，新的系统构成要素不断涌现，新的关联和互动机制也会相继出现。此外，不同类型的旅游目的地，其旅游系统构成要素间的关联性也存在较大差异。

由上述分析可知，旅游业目前确实已经成为一个巨大系统并且对国民经济和社会发展产生一定的影响。因此，旅游系统概念的界定和旅游规划与开发系统化观念的确立是现代旅游规划与开发的重要理论前提。只有对旅游系统有了深入了解，才能真正总结和把握其发展规律，并为旅游规划与开发的实践服务。

在“旅游系统”的概念界定上，美国著名旅游规划专家冈恩（Gunn）早在 1988 年就率先提出了旅游系统的概念。他认为，旅游系统是由需求板块和供给板块两个部分组成的，其中供给板块又由交通、吸引物和服务等部分构成。这些要素之间存在强烈的相互依赖关系。

我国学者陈安泽和卢云亭①于 1991 年提出了其对旅游系统的认识，他们所刻画的旅游系统也是由供给系统和需求系统构成的。其中，供给系统包括旅游地域系统、旅游服务系统、旅游教育系统、旅游商品系统四个子系统。旅游地域系统作为重要组成部分，它又包含有旅游资源、旅游区或旅游地结构、旅游生态环境、旅游路线、旅游中心城镇五种物质性内容。

吴人韦也在《旅游规划原理》一书中提出由旅游者、旅游目的地、旅游企事业三大要素组成旅游系统。旅游者子系统形成旅游动机，旅游目的地子系统形成旅游吸引力，旅游企事业子系统形成旅游联结力，最终由上述三大方面有机联系、相互制约、

① 陈安泽，卢云亭. 旅游地学概论. 北京：北京大学出版社，1991.

相互支持，整合成为旅游系统。

吴必虎在《区域旅游规划原理》一书中提出了一个由旅游市场子系统、旅游者出行子系统、旅游目的地子系统和旅游发展支撑子系统四个子系统构成的旅游系统模型。

笔者认为，从旅游发展动力系统来看，旅游不可或缺的组成部分有以下几个，即旅游者、旅游目的地、旅游企业以及旅游支撑和保障部门。因此，旅游系统也应相应地由旅游客源市场子系统、旅游目的地吸引力子系统、旅游企业子系统，以及旅游支撑和保障子系统四个部分构成。

在此，我们将旅游系统界定为：由旅游客源市场子系统、旅游目的地吸引力子系统、旅游企业子系统以及旅游支撑和保障子系统四大要素组成的，具有特定的结构和功能的有机体。

二、旅游系统的结构

（一）旅游系统的组织结构

旅游系统的组织结构，如图 1.1 所示。旅游系统由四个部分组成，即旅游客源市场子系统、旅游目的地吸引力子系统、旅游企业子系统及旅游支撑与保障子系统。旅游客源市场子系统包括本地旅游市场、国内旅游市场、国际旅游市场。旅游目的地吸引力子系统包括自然旅游资源、人文旅游资源等旅游吸引物，旅游设施以及旅游服务等要素。旅游企业子系统指为旅游者生产提供各种旅游服务的企业，如旅游交通、旅游餐饮、旅游饭店、旅游娱乐、旅游景点和旅游商业等。旅游支撑和保障子系统包括旅游政策保障体系、组织保障体系、财政金融保障体系、市场保障体系、技术保障体系以及旅游资源开发保障体系等。

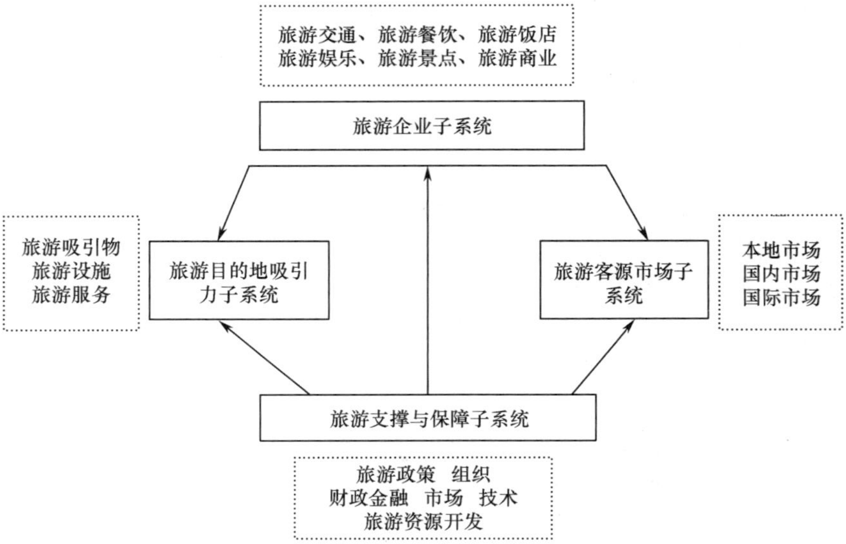

图 1.1 旅游系统的组织结构

旅游客源市场子系统主要是指处于游憩活动谱[①]上各段落旅游者构成的子系统。根据旅游者的来源地不同可以将旅游客源市场子系统分为本地客源市场、国内客源市场和国际客源市场三类。旅游客源市场子系统形成的旅游动机是旅游系统中最具有主动性的部分，是旅游系统运作的起点。旅游客源市场子系统主要易受旅游者收入、闲暇时间、偏好、年龄、受教育程度等个人因素的影响。

旅游目的地吸引力子系统是指旅游目的地对旅游者产生吸引力的各种资源和要素的总和。一般来说，该子系统包括旅游吸引物、旅游设施和旅游服务三个部分。旅游吸引物主要指自然、人文旅游资源以及旅游节庆活动，旅游设施则是为旅游者提供各种服务的基础设施，旅游服务则是提供给旅游者的具有个性化的特色服务。因此，丰富的旅游资源、完善的旅游基础设施和特色的个性化服务是影响旅游目的地魅力的主要因素。

旅游企业子系统是指为旅游者生产和提供旅游产品及服务的企业集合。该子系统是联结旅游客源市场子系统和旅游目的地吸引力子系统的桥梁，其主要功能有为旅游者提供往返于旅游目的地和客源地的旅游交通服务，在旅游目的地为旅游者提供生活必需的服务以及为旅游者提供游览、娱乐和购物等服务。

旅游支撑与保障子系统是指由那些与旅游系统发展有间接联系，由为其发展提供基础性支撑作用的产业部门构成的整体。该子系统不能单独存在，它必须依附于上述三个子系统，以便为其提供发展保障和支撑。由于该子系统与旅游系统的关联性不如其他子系统直接，因此以往不为人们所重视。但随着旅游业的深入发展，目前人们已经日渐认识到如果缺乏旅游支撑与保障子系统是不可持续的。因此，该子系统已经成为旅游规划与开发实践中的重要内容之一。

（二）旅游系统的经济结构

从经济学的观点来看，旅游系统是国民经济产业部门的组成系统，其实质就是一种市场经济活动。因此，我们可以将旅游系统的经济结构简单地用“旅游需求—旅游市场—旅游供给”模型来描述，如图 1.2 所示。

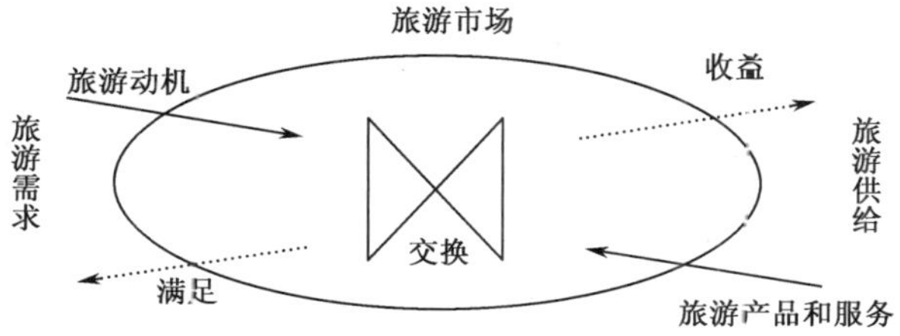

图 1.2　旅游系统经济结构示意图

旅游系统经济结构中，旅游需求部分指的主要是旅游者，他们在拥有资金和闲暇之余产生旅游的动机，从而在旅游市场中寻求旅游需求的满足。

① 游憩活动谱（recreation activity spectrum）由 Boniface 和 Copper 于 1987 年提出。

旅游供给部分则与旅游系统组织结构中的旅游目的地吸引力子系统和旅游企业子系统相对应，指那些对旅游者产生吸引力并为其提供各项旅游产品和服务的要素总和。旅游供给部分在向旅游市场提供旅游产品和服务之余，获得自身利益的最大化。

旅游市场是旅游供给方与旅游需求方进行交换的中间场所，在价值规律、供求规律以及竞争规律的制约下，旅游市场能帮助旅游供给方和旅游需求方实现高效的交换，从而使双方的利益得到最大满足。

（三）旅游系统的空间结构

对旅游者活动空间的考察有助于我们对旅游系统空间结构的了解。一般而言，旅游者在产生旅游动机后会通过相关渠道获取旅游目的地的信息，从而进行旅游目的地出行决策。在旅游者作出旅游决策之后又将借助于旅游交通工具前往旅游目的地，然后返回居住地。由此可见，旅游系统在空间上主要涉及三个要素，即旅游客源地、旅游目的地以及联系旅游客源地和旅游目的地的信息和交通通道，我们称其为旅游通道，如图 1.3 所示。

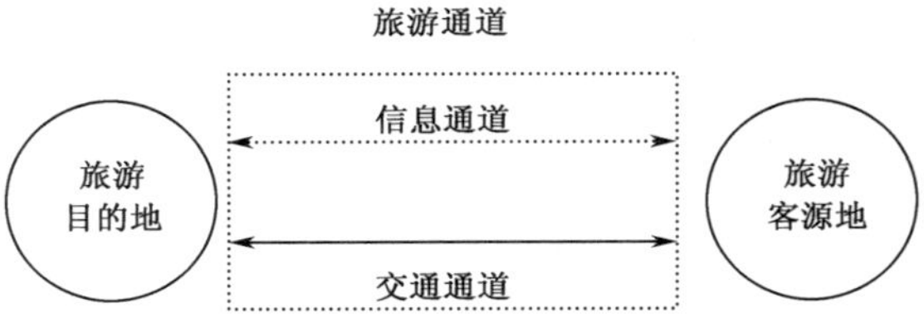

图 1.3　旅游系统空间结构示意图

旅游客源地是旅游空间活动的起始地也是终结地，即旅游者要从旅游客源地出发前往旅游目的地，然后又返回旅游客源地。因此，旅游客源地是旅游系统空间结构中的基础部分，离开旅游客源地，旅游系统也将无法存在。

旅游目的地是旅游产品的生产地，同时又是旅游消费的发生地，即旅游企业在旅游目的地生产旅游产品和服务的同时，旅游者也在旅游目的地消费这些旅游产品。所以，旅游目的地是旅游系统空间结构的重要依托。

旅游通道不仅包括旅游者往返于旅游客源地和旅游目的地的旅游交通通道，同时也包括旅游目的地和旅游客源地之间信息交流的信息通道。旅游通道对于旅游系统的产生和发展具有十分重要的意义，是旅游系统空间结构的重要支撑要素。

（四）旅游系统的层次结构

除了按照其组织结构、经济结构和空间结构进行分解外，旅游系统按照区域范围的大小还可以划分为宏观、中观、微观等不同的层次结构。

宏观层面的旅游系统一般是指国家区域范围的旅游系统，在该层面下旅游系统表现为规模巨大的国民经济产业。如从宏观层面考察，我国旅游系统研究的主要内容即为国家旅游产业，我国每年公布发行的《中国文化和旅游年鉴》就是对该宏观旅游系统整体运行态势的动态数据统计与分析。

中观层面的旅游系统是指区域范围（省级、市级、县级）旅游活动的综合体。该旅游系统较宏观旅游系统涉及的关联要素少，其对国民经济的影响也仅限于区域范围内。

微观层面的旅游系统则是指一个企业或景区景点的旅游发展系统，该层面内的旅游系统是宏观旅游系统的基本组织单位。该层面的旅游系统关联要素更少，主要涉及旅游企业和景区景点的经营和建设等具体细节问题。

三、旅游系统的功能

旅游系统的功能可以按旅游活动的类型、企业作用、效益类型、运行方式、产业地位等进行各种目的的分类和分析研究①。如吴人韦（1999）就从研究旅游系统本质的目的出发，从旅游系统结构的社会目的、运行机能角度，将旅游系统的核心功能分为流转功能、竞争功能和效益增值功能三大类。其中，流转功能为旅游系统的内部功能，表现为人流、信息流、物质流、能量流、价值流共“五流”运行。竞争功能和效益增值功能为外部功能，主要指向外部环境或对外部环境的显著影响②。

本书从旅游系统对外部环境的效益类型着手，将旅游系统的功能归纳为经济效益、社会文化效益以及环境效益。

（一）旅游系统的经济效益功能

旅游系统作为国民经济产业部门的重要组成部分，一个较为突出的功能就是经济效益功能。该功能主要表现在促进区域经济发展、增加劳动就业机会以及优化国民经济产业结构等方面。

旅游系统对区域经济发展的影响，主要通过其广泛的关联性和巨大的带动性发挥作用。旅游业是一个发展迅猛、投入产出比例较高的新兴产业，尤其是随着全球经济一体化的发展和旅游的日益普及化，旅游业对区域经济发展的促进作用也日益明显。我国文化产业和旅游产业已经成为经济增长的新动力、新引擎，在促进国民经济转型升级、提质增效、满足人民美好生活需要等方面，发挥了重要作用。此外，由于旅游系统提供的是不需要运输到国外的观光和服务产品，并且往往旅游资源和产品为一个地域垄断性占有，因而不易遭遇激烈的竞争和众多的关税和非关税贸易壁垒。这就使得旅游系统对地方政府的财政收支平衡和国家的国际外汇收支平衡具有重要的意义。

目前，旅游系统对区域经济增长的重要性已经为人们所认识，世界上许多地区都将旅游业作为带动本地区经济发展的重要产业部门来对待，实施适度超前的发展政策，或将其作为该地区的支柱产业来发展。

（1）旅游系统对增加劳动就业的影响。一般认为，旅游系统是一个劳动密集型的产业系统。旅游系统所吸纳的人口包括直接在旅游企业中工作的劳动者和间接为旅游者和旅游企业提供服务的劳动者。往往旅游间接就业人口数量是旅游直接就业人口数

---

① 国家旅游局人事劳动教育司. 旅游规划原理. 北京：旅游教育出版社，1999.

② 吴人韦. 旅游系统的结构与功能. 城市规划汇刊，1999，（6）.

量的数倍，如根据世界旅游组织（2024 年 1 月，更名为联合国旅游组织）公布的数据，旅游业直接收益和间接收益的比例是 1∶4.3，直接就业和间接创造就业的比例是 1∶5①，这说明每产生一个旅游就业机会就会相应产生五个间接就业机会。此外，由于旅游产品的绝大部分是以劳务的形式体现的，即需要为旅游者提供面对面的服务，并且这些服务工作的技术性不强，稍加培训即可胜任，因而旅游行业的就业进入门槛较低。由此可见，旅游系统对于增加就业机会、缓解地区就业压力具有十分重要的作用。

（2）旅游系统对经济产业结构的影响。旅游业作为第三产业的支柱在区域产业结构调整和优化中占有重要地位。所谓产业结构是指不同产业及产业内不同企业之间的关系结构。根据配第-克拉克定理，随着全社会人均国民收入水平的提高，劳动力首先由第一产业向第二产业转移；当人均国民收入进一步提高时，劳动力便向第三产业转移。因此，第三产业的发展是产业结构不断优化的标志。作为第三产业中的支柱，旅游业不仅能实现快速的扩张，成为国民经济的重点产业部门和区域经济的支柱产业，还必然能带动第三产业的其他部门，如电信、商业、餐饮、金融、保险、文教、卫生等行业的发展，从而实现产业结构的优化与升级。

（二）旅游系统的社会文化效益功能

旅游系统对于人类社会的发展和文化的传播都具有较为重要的作用，其社会文化效益功能主要体现在如下几个方面，即增进异质文化交流、提高人民生活质量以及促进民族文化保护。

通常，文化的交流方式一般有三种，即官方外交、半官方外交以及民间外交。官方外交和半官方外交易受到较多因素的影响，其效果往往不甚理想。民间外交是较为自由的交流方式，交流的双方能避开政治和功利等因素的干扰，实现有效交流。旅游又号称民间外交，对于异质文化的交流能起到积极的促进作用。在旅游系统中，旅游客源地和旅游目的地之间由于有着开放性的自由空间，因此不同文化之间能互相传播、融合并以此促进发展。

旅游系统对于提高人们的生活质量也具有一定的作用，主要表现在对旅游目的地人们生活环境的改善和对旅游者思想上的提升等方面。旅游系统的发展必然会带动社会经济的发展和基础设施的日渐完善，从而为旅游目的地的居民带来众多的便利，使得其生活质量得以上升。对于旅游者来说，生活质量的上升不仅意味着物质生活的富足，而且丰富的精神生活也是必不可少的。而旅游系统能够使旅游者在其中不断获得新的知识、审美和文化体验，为其提供多样化的精神生活。

旅游目的地极具特色的地方文化是旅游吸引力的重要组成部分，旅游目的地地方文化与旅游者来源地文化间的巨大反差是唤起人们浓厚旅游兴趣的重要原因。旅游者对旅游目的地民族文化表现出来的高度热情，为旅游目的地民族文化的发掘和保护奠定了社会基础。通过旅游开发，人们的保护历史和民族文化的意识得到增强，政府和

① 实行政府主导型战略. https://www.gmw.cn/01gmrb/2000-07/07/GB/07%5e18474%5e0%5eGMB2-008.htm，2000-07-07.

有关部门也会根据保护、开发、利用一体化的原则，对本地特色文化有计划、有组织地进行综合评价、保护和开发，从而促进民族文化的保存与弘扬。

（三）旅游系统的环境效益功能

旅游系统的环境效益功能是指旅游活动对自然环境与生态平衡的贡献与影响。旅游业被誉为“低碳产业”，是天然的可持续发展行业，旅游业发展与环境保护互惠互利、相互促进，因而旅游系统对环境的正面效应是显著的。旅游系统对周边环境的效益功能主要表现为旅游系统不断提高旅游资源的开发效率以促进旅游系统的可持续发展。

旅游资源是旅游系统基本的构成要素，是旅游系统得以运转的物质基础。随着旅游系统的不断完善和发展，旅游资源的开发效率也会不断提升。这里所谓的开发效率不仅指旅游资源转化为经济资源的效率，更重要的是指旅游资源保护性开发的效率。在旅游开发实践中，人们会逐渐形成保护性开发旅游资源的一系列观念，如开发旅游资源应与环境保护同步、加快旅游业发展不能以浪费旅游资源和牺牲环境为代价等。这些环保型的旅游开发观念为旅游系统资源开发的高效性提供了保障。旅游系统对旅游资源的高效开发也为其实现可持续发展奠定了坚实的基础，由此可见，旅游系统的发展目标最终是与环境保护相一致的。

虽然旅游系统在经济、社会文化和环境等方面具有如上的正面效益，但是在实践中我们也常常遇见旅游系统造成的一些负面影响，如旅游的发展引起旅游目的地物价上涨、引起旅游者和旅游目的地居民之间社会矛盾激化、过度排放废弃物导致生态环境的不可逆性恶化等。如果对这些旅游系统造成的负面影响不加控制，任其发展，那么其必然会对社会经济和环境造成巨大的损失。为了保证旅游系统沿着理想的轨道发展，防止其对经济、社会和环境等方面造成不良影响，人们可以通过制定一定的发展规则和发展约束机制来规范旅游系统的发展，这一系列的规划和发展约束机制就构成了本书所提到的旅游规划。

第二节　旅游规划

一、旅游规划的概念

旅游规划从字面上理解是由旅游与规划组合而成的，因而是对旅游的规划。因此，要掌握“旅游规划”的概念也应从旅游与规划两个方面入手。

首先，从规划的定义来看。规划通常具有两种含义：①刻意去实现某种任务；②为实现某些任务把各种行动纳入某些有条理的顺序中。实际上，上面两种对规划的表述都不全面，第一种是从规划的内容上加以理解，而第二种则是从实现规划的手段上进行理解。

朗文词典上对规划的解释如下：规划是制定或实施计划的过程，尤其是作为一个社会或经济单元（企业、社区等）确立目标、政策与程序的过程。因此，我们可以将规划界定为，为达到某一目标而进行的分析—思考—构想—实施，该过程具有连续性、增值性与可变性特征①。我们可以将规划的过程用图 1.4 简单地加以表示。

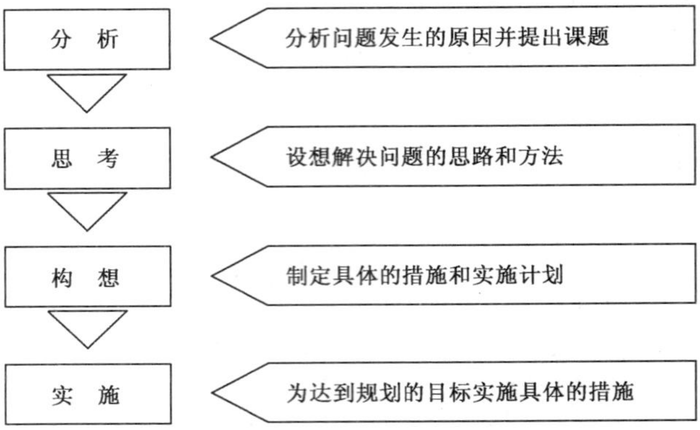

图 1.4 旅游规划过程

其次，我们应该明确，旅游规划中所说的“旅游”不是指一般意义上的旅游活动，实际上这里的“旅游”是指本章第一节谈到的旅游系统。许多学者都对“旅游规划”概念的界定提出了众多不同的观点。

我国大多学者则认为，旅游规划是对旅游业及相关行业未来发展的设想和策划。其目标是，尽可能合理而有效地分配与利用一切旅游资源以及社会可能向旅游业提供的人力、物力和财力等，以使旅游者完美地实现其旅游目的，从而获得发展旅游业的经济效益、社会效益和环境效益②。

我们根据上述学者对“规划”概念的理解，结合旅游系统的特点，将旅游规划定义为：在调查旅游系统要素发展现状的基础上，结合社会、经济和文化发展趋势，针对旅游系统的属性、特色和发展规律，以实现旅游系统总体布局优化、功能结构完善以及与外部系统和谐为目标，制定和实施战略策划的过程。旅游规划的概念可以用图 1.5 体现。

旅游规划的特征主要表现在以下几个方面。

1. 主题性特征

旅游规划的主要目标之一就是提升待规划旅游系统的竞争力水平。为此，旅游规划必须围绕旅游系统的一系列主题展开，即通过规划与开发，使旅游系统本身所具有的特征充分显示出来，形成一个鲜明的旅游主题，对旅游者产生强烈的吸引力。

2. 协调性特征

从纵向上看，旅游规划属于区域旅游发展规划的一部分；从横向上看，它和与其并列的城镇、水利、交通、电力、农业等专项规划都有千丝万缕的联系，并具有一定

① 转引自邹统钎. 旅游开发与规划. 广州：广东旅游出版社，1999.

② 肖星，严江平. 旅游资源与开发. 北京：中国旅游出版社，2000.

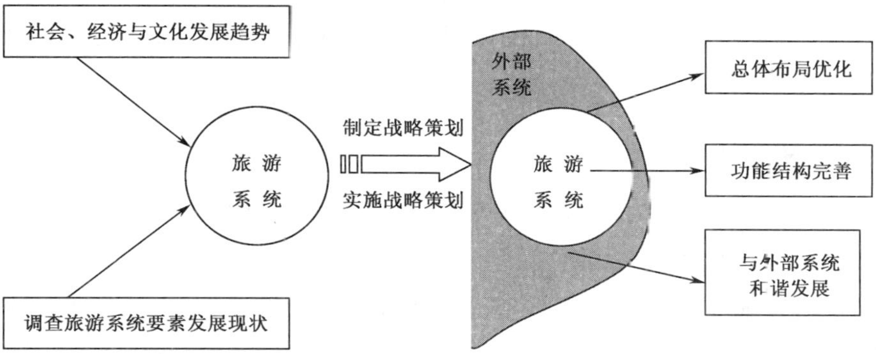

图 1.5 旅游规划的概念

的互补性。因此，旅游规划与其他产业规划一样具有协调系统内部要素以及促进旅游系统与其他系统和谐发展的特点。

3. 目的性特征

旅游规划立足于对旅游系统的科学分析和对未来旅游发展的合理安排，因而旅游规划的目的性非常明确。旅游规划的目标具有多重性，即从不同的角度可以有不同的旅游规划目标。如从旅游规划的时间跨度上来看，旅游规划有短期目标、中期目标、长期目标；从旅游规划的区域范围上来看，旅游规划有局部目标、整体目标以及协调目标等；从旅游规划的要素来看，旅游规划有目的地发展目标、旅游市场发展目标、旅游企业发展目标等；此外根据旅游规划的目标，还可以划分为旅游目的地的社会发展目标、旅游目的地的经济发展目标以及旅游目的地的生态环境目标。

4. 战略性特征

把握现实和未来的关系是旅游规划的核心。战略性反映了旅游规划的目的和作用。它表明旅游规划应立足于现实，从未来着眼，从宏观战略的高度制定旅游规划战略，实现旅游资源合理利用和旅游系统的可持续发展。

5. 技术性特征

旅游规划的技术性特征主要表现在旅游规划使用的方法上，如旅游资源开发规划涉及美学景观技术、地理信息技术等，旅游市场开发规划涉及统计分析技术，旅游企业发展规划涉及企业管理技术和其他经济专业分析技术，旅游环境和支持体系规划涉及环境、生态等相关技术。可见，旅游规划的全过程都具有明显的技术性特征。

6. 综合性特征

旅游规划的综合性表现在旅游规划方法的综合性、旅游规划对象的综合性、旅游规划目标的综合性等方面。旅游规划中需要综合运用到多种分析手段和技术方法，涉及的学科具有综合性特征。旅游规划的对象是旅游系统，其本身就是一个极度复杂的系统，然而旅游规划除了单纯研究旅游系统外，还要综合考虑其他社会经济系统，因此，旅游规划的对象也具有较强的综合性。最后，旅游规划的目标也具有综合性的特征。旅游规划的目标不仅包括经济效益的提升，还包括社会效益和环境效益的改善。在规划过程中，需要关注旅游资源的可持续利用，保护生态环境，促进当地社会经济的全面发展。

二、旅游规划的原则

从国内外大量的旅游规划理论和实践来看，制定旅游规划主要应遵循以下原则。

1. 形象制胜原则

制定旅游规划的目的在于增强旅游目的地的吸引力和竞争力。从目前世界主要旅游发达地区来看，发展旅游的一个重要途径就是树立区域旅游形象，将鲜明的旅游形象作为增强旅游目的地吸引力的重要手段。例如，香港努力打造“购物天堂”的旅游形象，巴黎号称“美食之都”“时尚之都”，这些独特的旅游形象为上述地区旅游的发展注入了无穷动力。

因此，旅游规划应注重对旅游形象的把握和策划，即通过调查和分析旅游系统各要素的现状，突出旅游目的地的个性，并围绕该个性塑造区域旅游形象。从内容上来看，区域旅游形象系统也往往是旅游规划中较为重要的内容，由此可见旅游形象创意在旅游规划中的重要性。一般来说，区域旅游形象要有自己的特色，只有具有鲜明的旅游主题形象才能产生无穷的魅力，吸引众多的旅游者，增强旅游目的地的竞争力。在旅游规划中，切忌模仿、抄袭其他地区甚至在空间上相邻、相近地区的旅游形象，否则就没有新意，不能激发游客的兴趣。

2. 市场导向原则

旅游的发展是以旅游者的空间流动为特征的，其流向变化、流量大小都决定着区域旅游发展的规模和命运。因此，市场导向原则应是旅游规划的主要原则之一。旅游规划时应注重对当地客源市场的调查，以客源市场为导向制定旅游规划的内容。比如在编制旅游规划前，应先通过周密调查，掌握潜在或现实旅游客源市场的地域构成、流量和流向的时间、空间变化、消费特征变化以及游客的喜好程度等因素。然后，经过市场细分，确定目标市场及其对旅游产品的需求状况，并以此为导向来进行旅游产品开发设计和目的地营销创意。只有坚持以市场为导向，用鲜明的特色和独特完善的服务吸引客源市场的注意，才能不断深入挖掘潜在客源市场，创造稳固客源的条件，从而增强旅游目的地的市场竞争力。

3. 景观美学原则

旅游目的地对旅游者的吸引力来源于其自然的美感，这种美感既可以是天然的，也可以是人工雕琢而成的。因此，旅游规划应严格按照景观美学的要求，开发自然旅游资源时要尽量保持自然景观的原始风貌，在修建人造景观时，其体量、造型、风格、色彩等都应与相应的自然环境和旅游气氛融为一体，体现自然美与人工美的和谐统一。

4. 综合效益原则

旅游规划本质上是一种经济技术行为，即利用一定的资金、技术将旅游系统资源转化成旅游现实经济优势的过程，所以经济效益是旅游规划的首要目标。因此，对旅游资源开发、旅游市场营销、旅游项目设计等细节问题都应提前进行项目投资可行性分析和投资收益分析，只有充分考虑了投资与回报的比例关系，才能从一定程度上为旅游规划经济效益的实现提供保证。

通常情况下，经济效益并非人们追求的唯一目标，特别是现代化程度越来越高的今天，人们对于社会和环境的关注日益增强，旅游规划的社会效益以及环境效益的大小成为评价旅游规划好坏的重要依据。社会效益，一方面体现于旅游者在旅游目的地获得精神享受、情感熏陶后的愉悦感和满足感；另一方面体现在旅游者与当地居民之间的经济、文化交流所产生的相互影响[①]。因此，旅游规划应在满足旅游者旅游需求的同时，实现当地居民不断提高生活质量的愿望。此外，旅游规划的编制更应注意旅游目的地生态环境的保护和建设，从而真正实现旅游的可持续发展。

5. 保护开发原则

对于任何旅游资源来说，开发即意味着破坏，这是旅游规划与开发的一个难以解决的矛盾。为此，在编制旅游规划时应采取切实措施加强对旅游资源和旅游环境的保护，建立相应的控制和预警机制，防止因旅游资源的过度开发而使其遭到破坏。某些自然景观，如山岩、溶洞、古木，往往位于高山深谷、人烟稀少的脆弱生态带，一旦破坏便不能再生，即使付出巨大代价来仿造，其意义也大不相同。从这种意义上来说，旅游资源是不可替代的，因此，在进行旅游规划时应坚持“保护第一”的原则，并划出相应的保护区域、类别和等级，切实采取有效措施使旅游资源的保护工作落到实处。

6. 实事求是原则

旅游规划编制会受到各种各样因素的影响，在规划的编制过程中，如何排除干扰因素，做到实事求是，做出真实、客观的规划就成为评判旅游规划质量的关键。在旅游规划中坚持实事求是原则，就是要站在客观的立场上分析各种条件。分析优势时要看到劣势，分析机遇时不回避困难和挑战 。在旅游规划中，规划编制者应当保持清醒和理性，对旅游项目进行深入调研、认真分析，如果确实不科学、不可行，规划编制者要敢于说“不”。

三、旅游规划的分类

（一）国内外旅游规划的分类

对于旅游规划类型，目前国内外还没有形成一个完全统一的说法，这里先简要介绍一下国内外具有代表性、较为权威的观点[②]。

① 肖星，严江平. 旅游资源与开发. 北京：中国旅游出版社，2000.

② 国家旅游局人事劳动教育司. 旅游规划原理. 北京：旅游教育出版社，1999.

1. 世界旅游组织的分类

（1）按地域范围分，可分为地方性规划、区域及区域间规划、全国规划和国际性规划。

（2）按规划时期分，可分为短期规划、中期规划和长期规划。

（3）按组织结构分，可分为部门规划、项目规划和综合规划。

2. 因斯基普提出旅游规划的类型结构

因斯基普（Inskeep，1991）提出的旅游规划包括以下类型：国际旅游规划；国内旅游规划；区域旅游规划；度假区以及其他旅游地的土地利用规划；旅游设施的场址规划；建筑；景观及工程设计。

很显然，这种旅游规划分类的依据是空间层次，即将旅游规划的空间范围从大到小排列，从而得到了上述的旅游规划类型。

3. 冈恩的旅游规划分类

冈恩(Gunn)的旅游规划分类如下：区域规划、目的地规划、场址规划。该旅游规划的分类方法与因斯基普的较为类似，只是在类别上有所简化。

4. 我国旅游学界和建筑学界的旅游规划分类

我国旅游学界和建筑学界把旅游规划分为旅游发展规划和旅游建设规划。

我国的“发展、建设二分法”是将旅游规划划分为以社会经济规划为主体和以工程建设为主体的两大板块。该分类方式表明我国旅游规划的技术群体目前尚处于分立的状态，这容易导致旅游建筑设计和旅游发展规划对立状况的出现。比如，旅游建设规划者不重视社会经济和市场条件的分析，旅游发展规划者又缺乏旅游建筑设计的相关技能。实际上，旅游发展规划与旅游建设规划不应该被分割成两种类型，无论编制何种旅游规划，上述两种能力都缺一不可。

5. 4P 分类法

4P 分类法把旅游规划分为结构规划、总体规划和项目规划。

该分类方法是从规划空间（place）、规划方法（planning）、规划专家（planner），以及旅游规划与其他规划关系（planning relationship）的角度进行分类的。4P 分类法的各种旅游规划类型具体含义，如表 1.1 所示。

表 1.1　旅游规划的 4P 分类法

规划类型	规划空间	规划方法	规划专家	与其他规划关系
结构规划	区域	战略规划	社会经济、环境建设、其他	以社会经济发展为主，兼顾物质环境及其发展承受性
总体规划	旅游目的地	总体规划	环境建设、社会经济、工程管理、其他	社会经济发展与物质环境发展并重
项目规划	项目	详细规划	环境建设、社会经济、工程管理、艺术、其他	在旅游理论指导下的旅游项目开发规划或经营管理与服务计划，视规划项目的性质而定

6. 吴必虎时空二维分类法[①]

吴必虎的时空二维分类法把旅游规划分为区域旅游规划和社区旅游规划两种。

他认为，从空间的维度来看，可以区分出区域性的旅游规划和社区性的旅游规划两种情况，即区域旅游规划（regional tourism planning）和社区旅游规划（community tourism planning），二者在空间范围、土地利用布局、旅游产品功能及支持系统构建等方面有着明显的不同。从时间维度来看，无论是区域旅游规划还是社区旅游规划，根据旅游发展阶段的不同，又都分为初期的开发规划和成熟期的管理规划两种情况。该分类方法可用表 1.2 表示。

表 1.2　旅游规划的时空二维分类法

时间维度	区域旅游规划	社区旅游规划
初期的开发规划	区域旅游开发规划	旅游区（点）开发规划
成熟期的管理规划	区域旅游管理规划	旅游区（点）管理规划

（二）本书对旅游规划的分类

旅游规划按照不同的标准可以分为以下几类。

1. 按旅游规划的时空二维尺度分类

1）空间尺度分类

就空间范围与规模而言，旅游规划可分为国际协调规划、国家全面规划、区域综合规划、旅游地或旅游景点综合规划等。例如东盟国家之间，就在旅游业经营中采取了统一宣传、统一促销、统一价格的协调行动。但是旅游规划中数量居多的还是区域综合旅游规划和旅游地或旅游点综合规划。

2）时间尺度分类

就时间阶段和内容而言，可以将旅游规划划分为短期规划（1～2 年）、中期规划（3～6 年）、长期规划（10～25 年）。

2. 按旅游规划的内容分类

从旅游规划的内容上来看，旅游规划可以分为两大类：旅游综合规划和旅游专题规划。

1）旅游综合规划

“旅游综合规划”是一个区域的规划概念，它指按照国家和地方旅游业发展纲要精神，结合国家旅游产业布局的要求，提出合理开发利用区域内旅游资源、促进旅游业可持续发展的总体设想。在该总体设想中，不仅要有长远发展的目标，还应包括在综合分析了影响该区域旅游发展的国际国内旅游业形势及相关因素的基础上所提出的实施方案。它需要对区内旅游资源的赋存状况及特征进行系统分析和定性定量的评价，对影响

---

① 吴必虎. 区域旅游规划原理. 北京：中国旅游出版社，2001.

区域发展的区位条件、区内外旅游因子及相关因素作出全面的研究，对区域旅游的结构和功能进行深入的阐述，最后提出区域旅游发展的方向、发展规模和发展目标。

旅游综合规划还包括区域旅游发展战略的研究和制定。它主要研究该区域未来旅游发展的总体构想和战略布局。区域旅游发展战略的提出对于制定旅游区的综合规划、促进旅游业的持续发展及合理布局旅游生产力具有十分重要的意义；它具有控制全局，统一认识，决定旅游区专题规划的内容、规模、性质、措施、实施步骤等重大作用。

2）旅游专题规划

专题规划又被称为部门规划，是在区域旅游综合规划的基本思想指导下，针对旅游开发过程中的各个部门而提出的专题计划，主要是基础设施建设计划。

旅游基础设施建设主要涉及旅游饭店、旅行社、旅游交通、旅游景点以及供电、供水、能源、通信等，基本上涵盖了旅游业的六大要素。其中，旅游饭店、旅行社、旅游交通和旅游景点是构成现代旅游业的四大支柱，是区域旅游业发展赖以生存的基本物质条件。这些基础设施建设必须根据区域旅游发展的地域分工、区域旅游的发展方向和发展规模，并结合客源层次类型、游客的消费水平对各项基础设施建设进行科学定位，确定其建设数量、规模、档次和时间。

3. 以规划的技术方法分类

从旅游规划所使用的技术方法来看，旅游规划可以划分为旅游发展总体规划（tourism development overall planning）、控制性详细规划（control detail planning）、修建性详细规划（construction detail planning）。

旅游发展总体规划一般涉及的内容较为繁杂，技术上有较强的专业性要求，规划的期限也较长，一般为 20 年。旅游发展总体规划所需规划图件较少，一般仅附 5～10 张比例尺小于 1∶50 000 的规划图纸即可。因此，该类规划一般由政府委托专业规划单位编制。如山东、海南、安徽、四川等省聘请世界旅游组织的专家编制的旅游发展总体规划，以及福建省聘请湖北大学旅游发展研究院主持编制的旅游发展总体规划等均属于该类型的规划。

控制性详细规划一般是针对规模适中的景区编制。其目的在于控制景区中土地的使用，即将景区中的土地划分成许多地块，并规定每个地块的使用类型和方式。该类规划的年限较总体规划要短，为 10～15 年。在规划图件方面，控制性详细规划较旅游发展总体规划的要求高，需要大量比例尺为 1∶20 000 左右的规划图纸，其中包括景区土地利用现状图、景区土地利用规划图等。

修建性详细规划是旅游规划中最为基础的规划类型，它直接指导景区内的建筑设计，目的在于指导旅游景区的建设。在内容上，修建性详细规划更为细致，涉及建筑的体量、材质以及外观，景区的给排水、供电、交通、环卫、绿化等。规划图件更是该类规划的重要组成部分，从某种程度来说，规划图纸较规划文本更为重要。一般修建性详细规划包括 90～100 张比例尺为 1∶500 左右的规划图。图件除了给排水、供电、交通、环卫、绿化等上述内容外，还涉及建筑立面景观效果、景源视线分析、环境效果分析等。因此，修建性详细规划兼有旅游规划与建筑设计的特点，专业性更强。

四、旅游规划文本的内容

旅游规划文本大致应包括以下内容。

1. 规划范围

规划范围包括被规划区的占地面积和边界等，规划范围的大小多由委托方提出，必要时受托方可以与委托方协商，提出合理的规划范围。

2. 规划依据及原则

规划依据包括中央及地方制定的各种有关的法律、政策等，特别是与该地区主要旅游开发规划有关的政策，规划者应充分考虑中央和地方政府的有关要求，最后确定规划原则，一般有环保原则、特色原则、协调原则、效益原则等。

3. 当地的自然社会状况

自然状况包括当地的自然条件、环境质量、自然灾害、气候、植被等，社会状况包括历史变革、民族成份、社会经济、民风民俗等。在规划中，应对最主要的特征部分加以详细的阐述，甚至在某些方面提供非常具体的材料。例如社会状况，最基本的要素是历史情况、民族情况、经济发展状况，还必须包括各个民族具体的人口数目、人均消费水平等资料，特别是对民风民俗比较独特的地区，应对其生活习俗、历史变革等加以介绍。

4. 同行业的状况

旅游开发规划应考虑本地区正在兴建或已经建成的项目经营状况，包括基础设施的档次、规模、安全性、方便性、服务水平，便于分析将来可能出现的竞争情况。

5. 旅游资源状况及评价

分析评估旅游资源的种类、数量和分布等，从而确定当地旅游资源的优势以及开发方向、开发顺序，这也是旅游开发规划的基础。

若当地旅游资源的开发有一定的基础设施，通常是从旅游资源开发的角度进行评价；若没有一定的基础设施，通常是从旅游资源的角度进行评价，否则评价的结果将出现差错。

6. 客源市场分析

根据旅游资源的特点、旅游项目创意和对旅游业竞争态势的分析，明确该旅游项目的主要客源市场，包括客源市场范围、客源地、客源规模及结构和消费水平。客源地、客源市场的分析将直接涉及旅游接待设施和旅游服务项目规划，同时对旅游项目创意产生影响，所以有时必须根据客源市场分析对各个方面作出必要的调整。

7. 旅游项目创意

首先，根据本地旅游资源状况、客源市场预测、旅游业竞争态势、规划原则和规划目标，明确旅游规划方向，突出地区旅游特色，避免重复建设。其次，对能够充分发挥资源优势的旅游项目进行重点规划创意，使得旅游项目集观赏性、参与性、娱乐性于一体，提高其文化品位。

旅游项目的创意是旅游规划的灵魂。它最能体现规划者的水平，但也是最费心血的。好的创意直接影响旅游项目的生存与发展，对产品具有重要影响。

8. 旅游环境保护

环境保护是当今世界发展的主题。投资任何项目，生产任何产品，也只有和环境保护联系起来才有持久的生命力。旅游开发规划时要注意环境保护，不仅可以保护当地的旅游资源，提高其价值、品位及吸引力，而且可以实现旅游业的可持续发展。

9. 交通规划

交通规划包括对外交通系统规划和区内交通系统规划。

对外交通系统规划一般依靠原有的交通条件，故其不是规划的重点，但应保证游客在景区能够“进得来，散得开，出得去”。

区内交通系统规划包括游览线路布局和交通方式。景区的游览线路应尽量避免平直、走垂直路线，要充分利用小山、河流等景物，使得道路适当弯曲，让游客获得移步换景的感觉。交通方式要力争多样化，并互相配合，步行道、登山道、索道、缆车、游船、自行车等方式均可采用，让游客有尽可能多的选择余地。

当然，保证安全畅通也应和保护环境相协调，旅游线路要进行绿化与美化。

10. 绿化规划

绿化规划应做好以下几点：①选用的植物品种应突出地方特色；②植物品种应注意季节的搭配，适当增加常绿树种；③植物品种要考虑到其观赏价值与实用价值。

11. 服务项目规划

服务项目包括服务种类、服务方式。服务种类应当丰富多样，具有地方民族特色；旅游方式要唯我独有，给游客留下深刻的印象。

12. 基础设施与保障体系规划

旅游地的基础设施，如生活和商品供应、供电、邮电通信、医疗卫生等，其配套要同旅游地性质相一致。另外，建筑在式样上也应独具特色、布局合理，防止旅游区建设出现城市化的倾向。此外，旅游发展中所涉及的各种政策、资金、人力资源、危机管理等也是旅游规划中需要注意的重要内容。

13. 效益分析

旅游资源开发规划效益分析包括社会效益、经济效益和生态环境效益分析，其中最重要的是经济效益的分析，即旅游资源开发的投入产出分析。

14. 规划图件

规划图件一般包括地理区位及客源市场分析图、土地利用现状图、旅游资源分布图、旅游景点分布图、综合规划图、交通规划图、绿化规划图、景观视线效果图等。

虽然旅游规划的内容大致如上所述，但是不同类型的规划间在内容上也存在一定的差异。例如，旅游发展总体规划、控制性详细规划与修建性详细规划就在内容上存在较大的差异。下面分别举例说明总体规划、控制性详细规划和修建性详细规划的目录（详见案例 1.1～1.3），以使读者对旅游规划的内容获得更为直观的了解。

案例 1.1

《福州市旅游发展总体规划》目录

第七章　旅游发展总体布局与功能定位

一、旅游发展总体布局的关联要素

二、旅游发展总体布局的意义

三、旅游发展总体布局的原则

四、总体发展格局

五、旅游分区规划

六、旅游发展功能定位

七、区域旅游合作

第八章　旅游优先发展区域及重点旅游项目规划

一、闽都旅游核心区发展规划

二、滨海休闲度假旅游带发展规划

三、闽江生态旅游带发展规划

第九章　福州市旅游产品开发规划

一、旅游产品开发现状分析

二、旅游产品开发体系的构建

三、八大旅游产品系列

四、八大旅游精品工程

五、重点旅游线规划方案

六、重点旅游节庆活动方案

第十章　福州市旅游交通发展规划

一、福州市旅游交通发展现状分析

二、福州市都市旅游交通体系发展规划

第十一章　福州市旅游服务体系建设规划

一、旅行社发展规划

二、饭店业发展规划

三、餐饮业发展规划

四、旅游商品开发及专业市场规划

五、旅游文化及娱乐设施发展规划

六、游客服务中心发展规划

七、旅游消费金融系统发展规划

第十二章　福州市旅游项目投资与经济效益分析

一、项目投资匡算

二、投资规划分期

第十三章　福州市旅游人力资源开发规划

一、旅游人力资源开发的背景和要求

二、旅游人力资源竞争力分析

三、福州市旅游人力资源需求预测

四、旅游人力资源开发指导思想和原则

五、福州市旅游人力资源开发思路

第十四章 福州旅游环境保护与创新规划

一、旅游环境现状评估

二、旅游环境保护指导思想与原则

三、实施措施

四、保护创新

第十五章 福州市旅游发展保障体系

一、旅游政策保障体系

二、组织保障体系

三、财政金融保障体系

四、市场保障体系

五、技术保障体系

六、旅游资源开发保障

案例 1.2

《××旅游区控制性详细规划》目录

一、规划背景

（一）××市旅游业发展概况

（二）××旅游区发展机遇

（三）××旅游区发展面临的问题

二、现时概况及分析

（一）地理位置及其区位分析

（二）自然生态环境条件

（三）社会经济发展状况

（四）现状用地基本构成及分布

（五）现状人口情况

（六）现状建筑容量及开发强度分析

（七）现状市政配套

（八）存在的主要问题

三、旅游资源及其开发分析

（一）旅游资源的赋存状况

（二）旅游业的发展状况

（三）旅游环境容量及预测

（四）客源市场分析与开发预测

四、规划依据、指导思想、原则及定位

（一）规划依据

（二）指导思想

（三）规划原则
（四）规划目标
（五）规划期限
五、总体规划布局
（一）旅游区功能定位
（二）结构分区
（三）用地规划
六、主体游览景区、景点布局规划
（一）旅游区结构与功能
（二）景点规划
七、专项规划
（一）道路交通规划
（二）给排水规划
（三）电力规划
（四）电信、邮政规划
（五）绿化系统规划
（六）环卫规划
（七）消防规划
（八）环保规划
八、建设控制性规划
（一）控制规划内容
（二）控制性要求的不同分区
（三）地块编码及园区、地块划分原则
九、分期建设规划
（一）近期
（二）中期
（三）远期
十、发展政策与实施措施
（一）旅游管理政策
（二）旅游投资政策
（三）产品营销政策
（四）旅游环境政策

案例 1.3

《宜昌三峡极顶（黄牛岩）风景旅游区修建性详细规划》目录

第一章　旅游区概况
一、编制背景

二、规划意义
三、区域现状
第二章　规划总则
一、规划依据
二、规划定位
三、规划目标
四、规划指导思想和原则
五、规划技术经济指标
第三章　规划设计创意
一、突出地域特色
二、强化功能分区
三、规划动线视线
四、体现观赏参与
第四章　区域分工、合作与游线组织
一、区域分工的原则
二、区域分工
三、旅游区区域旅游合作
四、旅游区游线组织
第五章　旅游服务娱乐设施规划
一、设施规划原则
二、项目设计理念
三、旅游服务项目设计
四、旅游娱乐项目设计
五、旅游节庆活动设计
第六章　植被景观设计
一、植被概况
二、植被景观规划设计原则
三、植被景观设计理念
四、植被景观规划设计
第七章　道路规划设计
一、景区道路现状
二、道路规划原则
三、旅游区道路规划设计
四、旅游区道路竖向规划
第八章　给水排水与环境保护规划
一、给水工程规划
二、排水工程规划
三、环境卫生工程规划

四、消防规划
五、环境保护规划
六、给排水及消防竖向规划
第九章 电力电讯规划
一、供电负荷计算
二、电源及供电线路设计
三、变电所
四、低压配电系统
五、防雷、接地、接零
六、照明
七、电讯
八、人员编制
第十章 投资估算与效益分析
一、投资估算
二、经济效益分析
三、社会效益与生态效益预测

五、旅游规划的工作程序

旅游规划是一项系统性非常强的工作，其编制程序可分为 12 个步骤。

1. 签订合同，确立规划项目

旅游规划是一项经济行为，因此，在制定规划之前规划委托方与编制方须签订规划委托书或合同书，其中应明确规定规划名称、双方的权利义务、规划期限、违约责任等。从签订规划委托书或合同书之日起，就进入了旅游规划的正式编制阶段。

2. 组建规划编制专家组

签订规划编制合同后，规划编制方应立即着手成立规划编制专家组。

3. 室内资料分析

在开始实地调研之前，规划编制专家组应通过统一学习或会谈交流等途径充分掌握规划地的基本信息，并对规划编制委托方先期提供的信息进行详尽分析。

4. 田野旅游资源调查与评价

旅游规划田野工作的重要内容就是对旅游资源进行调查和评价。要开发旅游资源，就必须对旅游资源的历史状况、赋存状况和结构特征进行了解。如果对资源缺乏了解或了解不全面，就不可能作出科学、合理的规划。旅游资源调查的内容涉及面很广，但主要包括两个方面：①对旅游资源种类、特色、成因、结构与分布的调查；②对旅游资源所在地的区位条件、社会环境、经济结构、历史沿革等的调查。

旅游资源评价是根据旅游资源调查的结果，对该地旅游资源的质量、品位、等级、价值、开发等作出全面的综合评价，然后编制评价报告，为旅游规划提供依据。

5. 旅游开发可行性研究

一个企业或政府部门在兴建旅游项目之前，须首先进行可行性研究，可行性研究的实质是论证开发项目能否取得较好的经济效益和社会效益。可行性研究的内容包括以下三点：①对旅游资源评价结果，进行全方位的再研究；②对开发项目的客源市场需求和发展趋势，以及所在地的经济发展等外部条件作出科学预测与调查分析；③对开发规划项目的经济效益和社会效益作出综合评价。

6. 编制纲要征求意见

在对规划地进行了详细的田野考察之后，规划编制组应根据自己的观点，提出规划思路与构想，完成规划纲要，并交于规划编制委托方征求意见。双方通过意见交流，使旅游规划不断朝着满足规划编制方要求的方向趋近。

7. 完成规划初稿

根据规划纲要，在一定期限内完成规划初稿的撰写工作。

8. 规划中期评估

在撰写规划初稿的过程中，规划编制的双方应组织专家对规划初稿进行中期评估，看其是否达到规划编制的要求，若未达到规划要求则须按照中期评估意见进行修改。

9. 完成规划评审稿

在规划中期评估的基础上，完成规划评审稿的撰写工作。

10. 规划评审

完成规划评审稿之后，由规划委托者聘请有关专家组成规划评审委员会，对规划的结构完整性、内容科学性以及可行性等进行评审，最后提出规划评审意见。

若规划评审稿顺利通过，应根据评审委员会的建议加以修改，以形成最终的规划文本；若未通过，则应责成原规划组或聘请新的规划小组重新规划。若规划方案不止一个，可吸取其他方案的长处，博采众长，形成最为理想的方案。

下面以《陕西省延川县全域旅游发展规划》的评审意见为例来说明规划评审的内容。

案例 1.4

《陕西省延川县全域旅游发展规划》评审意见

2017 年 3 月 13 日，由延川县旅游发展委员会（现延川县文化旅游产业发展委员会）主持的《陕西省延川县全域旅游发展规划》（以下简称《规划》）评审会在延川县政府办公大楼举行，来自延川县委县政府、延川县旅游发展委员会以及各相关职能部门领导、负责人、专家组成了评审委员会。出席评审会的还有《规划》编制单位湖北大学旅游发展规划研究院的专家代表等。

延川县委书记主持了评审会。书记首先认为《规划》的编制对于延川县加快推进实施全域旅游发展、打造延川县旅游产业升级版，坚持“工业强县、产业富民、旅游带动”发展战略意义深远。其次，对于此次《规划》编制单位湖北大学旅游发展规划研究院扎实的调研工作表示了肯定和感谢。《规划》编制组负责人——湖北大学旅游发展规划研究院院长马勇教授就《规划》总体编制情况和主要内容向评审委员会作了汇报。在听取了《规划》编制的基本情况介绍，并审查了《规划》文本及相关图件后，评委会专家们进行了认真的讨论，达成以下评审意见：

（1）“十三五”时期是进一步实现我国经济转型发展、提质增效的重要历史阶段，也是全面落实中华人民共和国国家旅游局（2018 年更名为“中华人民共和国文化和旅游部”）全域旅游发展战略的关键时期，因而编制此《规划》很有必要，同时也非常及时，非常有意义。

（2）《规划》编制组专家深入全境 7 镇 1 街道，多次对延川县旅游资源进行大量深入、细致的调研，运用科学的方法进行资源等级评价，确立了各种旅游资源的分布特征和分区组合态势，为合理开发和利用旅游资源奠定了坚实的基础。

（3）《规划》从对旅游市场的广泛调研出发，运用互联网大数据和数理统计方法，对延川县旅游品牌关注度以及客源市场进行了现状分析和需求特征总结，分析方法科学，客源市场定位较为客观。

（4）《规划》确立了“打造延川县旅游产业升级版”的战略定位以及“创建国家全域旅游示范区”的总体目标，并提出延川县“举生态旗、打文化牌、走休闲体验路”的建设路径，观念超前，目标体系完整。

（5）《规划》结合延川县旅游发展的特点，提出了“一心、两极、三带、四廊、十集群”的空间发展布局方案，并在此基础上对延川县重点旅游项目和特色旅游产品进行了系统的规划并制定了相应的实施方案，内容丰富翔实。

（6）《规划》立足于塑造延川县“黄河大观、魅丽延川——一个把心留住的地方”的品牌，突出了项目带动战略，并推动延川县旅游产业从景区带动向全域发展转变、从单一业态向综合产业转变，体现了全域旅游发展的转型与创新，具有较强的统筹性。

（7）《规划》充分考虑全域旅游的综合性、带动性等新特点、新要求，编制了全域旅游产业融合发展规划、交通体系规划、公共服务体系规划、可持续发展规划、管理保障体系规划等一系列配套规划，体系完备。

综上所述，评审委员会一致同意该《规划》通过评审，并认为该《规划》已达到国内同类规划的领先水平。同时评审委员会也建议尽快按程序报送相关部门审批和组织实施，确保《规划》编制过程中相关旅游业主项目的落地，从而更好发挥《规划》的指导作用。

11. 修改定稿

在通过规划评审后，规划编制专家组应严格按照规划评审委员会的意见进行修改定稿，并依据规划委托书或合同向规划编制委托方提交完整的规划文本和图件。

12. 规划实施

规划编制完成后，还要上报中华人民共和国文化和旅游部以及当地政府和旅游主管部门批准实施。在规划实施过程中，规划编制专家组还应根据实施反馈意见对规划内容进行调整和修正。

第三节　旅 游 开 发

一、旅游开发的概念

所谓开发，一般是指人们对资源及其相关方面进行综合开发的过程。因此，旅游开发即为人们对旅游资源、旅游设施、客源市场进行开发，对生态环境进行治理以及对社会环境进行优化等的过程。其目的在于将旅游资源转化为旅游经济资源，并为当地创造社会经济效益。因此，我们可将“旅游开发”界定为：为发挥、提高旅游资源对游客的吸引力，使得潜在的旅游资源优势转化为现实的经济优势，并使旅游活动得以实现的技术经济活动。这种技术经济活动的实质，是以旅游资源为“原材料”，通过一定形式的挖掘、加工和完善，以达到展示其价值、满足旅游者的各种需求的目的。

二、旅游开发的目标和内容①

旅游开发是一项综合性和全面性的工作，其主要内容，除了对各类旅游吸引物进行选择、布局、改进外，还包括旅游供给设施，市政工程，公用事业设施的兴建、管理，接待机构的建立和旅游地工作人员的培训，等等。

一般来说，旅游资源只有通过开发才能为旅游业所利用，而旅游资源的价值直接受到旅游开发是否合理、旅游资源是否得到充分利用的影响。一些尚未被利用或部分被利用的旅游资源通过开发，可以增强吸引力，提高其综合使用价值；一些已被利用的旅游资源通过进一步整合和合理开发，可以更加充分地体现其使用价值，扩大旅游地的经营规模和提高该地区的经济水平。

旅游开发的目标可以有多种角度的取向，如旅游开发是为了接待国际旅游者还是国内旅游者，是专题性的旅游开发还是大众化的旅游开发，是供观赏的还是供娱乐的，是面向全国的还是面向本地市场的，这种开发的取向选择与资源本身的“可塑性”有关，也与旅游市场的需求有关。如果旅游开发的目标不明确，就会造成供求脱节，经济效益低下。

旅游开发的主要内容可以归纳为以下几点。

1. 重点旅游景点的建设

旅游资源在旅游业中必须要经过开发才能被利用，旅游景点和景区就是旅游开发

① 肖星，严江平. 旅游资源与开发. 北京：中国旅游出版社，2000.

中的一个重要组成部分，旅游景点和景区建设包括两种类型：旅游景区景点的初次建设；旅游景区景点的深入开发建设和改造等。但是，这里说的“建设”是广义上的概念，不一定指的就是新景点的兴建和传统景点的改建，它还应该包括对旅游资源的保护等方面的内容。

2. 旅游地的交通安排

旅游活动具备异地化的特征，旅游者往往要经过漫长的旅途才能来到旅游地。交通运输设施是连接各个景点和游客之间的桥梁，发展旅游需要建立起完善的交通网络，如建设高速公路、铁路、航空港等。因此，如何合理地安排旅游地的外部和内部交通是旅游开发中的又一项重要内容。这里的交通安排包括交通线路的设计、旅游交通设施的配套、交通工具的选择等方面。现代旅游者对舒适度和效率的要求越来越高，往往要求旅途所用的时间尽量短而且舒适，游玩的过程相对长而且参与性强。因此，在对旅游交通进行规划时要充分考虑旅游者的这些要求。

3. 旅游地旅游辅助设施的建设

成功的旅游开发需要对旅游所需的旅游辅助设施进行统筹规划和建设，改进旅游地的旅游环境。旅游辅助设施包括的内容范围很广，涉及旅游的食、住、行、游、购、娱等方面。这些设施不仅会促进当地旅游的发展，还对当地社会的发展和人们生活质量的提高有较大的帮助。

4. 旅游市场的开拓

旅游开发要取得预期的经济、社会和环境效益就需要注重旅游市场的需求和变化。只有尽力满足旅游市场的需求，自身的利益才能得到满足。因此，旅游开发应该依据本地旅游资源的特色和优势确定其开发的目标市场，有针对性地进行开发和市场营销，努力扩大客源和开拓旅游市场。可以通过印刷宣传资料、制作旅游宣传片、组织旅游推介会等渠道宣传推广旅游产品和服务，以提高知名度和吸引力。

三、旅游资源开发的原则

要使旅游资源的开发取得较好的经济效益，必须共同遵守下列原则[①]。

1. 个性原则

旅游资源的开发，应突出个性，充分揭示和发现其本身独有的特色，把各种旅游资源有机地结合起来，形成一个主题，以此来树立当地的旅游形象。有个性、有特色，就容易在旅游者或潜在旅游者心目中形成深刻的印象，就会产生吸引力，也就有了竞争力。所谓个性突出，即有意识地塑造并展现一个独具吸引力、风格鲜明且充满个性的形象，以在竞争激烈的市场中脱颖而出。例如，香港以“魅力香港，万象之都”为主题来开发都市旅游，突出现代东西方文化、中外文化交汇的大都市的个性特征，以国际大都市丰富多彩的风貌展现在游客前面。

---

① 王大悟，魏小安. 新编旅游经济学. 上海：上海人民出版社，1998.

2. 市场原则

旅游资源的开发应以旅游市场的需求变化为依据，以最大限度地满足旅游者的需求为标准。由于旅游者的旅游动机与市场需求经常变化，旅游资源在市场竞争中随时面临着入时或过时，以及扩大或丧失吸引力的问题，因而旅游资源的开发，应注重旅游市场的调查和预测，随着市场的变化而选择开发重点，减少开发的盲目性。例如，现代旅游活动向多样化和参与性方面发展，在旅游资源的开发上就必须迎合这一市场特点；否则，景点再美，只能看，不能玩，旅游者也会感到兴味索然。

3. 效益原则

旅游资源的开发，应注重提高它的使用价值和增强其吸引力，要以较少的投资和较短的建设周期产生较大的经济效益。旅游资源的开发效益与它吸引旅游者数量多少和质量高低成正比。因此，旅游资源的开发必须做到：①优先开发那些地理位置优越、易于旅游者前往的旅游资源，以使其较快地产生出效益；②充分利用现有资源，提高它的利用率；③密切关注供求关系，循序渐进地开发。开发中还要随时根据市场情况进行调整。

旅游资源投资开发的效益评价，表现在开发需要的投资、资金的来源、建设周期和投资回收程度的评价上，这四个方面一般可用投资回收年限这一综合指标来衡量。回收年限短，说明供求对口；投资回收快，经济效益就好。

4. 保护原则

不论哪一类旅游资源，在开发过程中，都会对资源本身造成不利影响，因此要注意对旅游资源和资源所依托环境的保护，就必须明确开发旅游资源是为了利用，而保护资源及其周围环境也是为了更好地利用资源。如果在开发中不注意保护环境和资源，破坏性地开发利用，轻则会使旅游资源质量下降，重则会使旅游资源毁于一旦。因此，在任何资源开发前，都必须认真进行可行性研究，制订切实可行的保护资源的方案，防止资源原貌和环境遭到破坏。

5. 综合原则

旅游资源往往存在多种不同的类型，要通过综合开发，使吸引力各异的旅游资源结合为一个吸引群，使游客能从多方面发现其价值，从而提高其资源的品位，在旅游市场竞争中提高知名度。综合原则还体现在，开发时要考虑旅游者食、住、行、游、购、娱，以及通信、联络等多方面的需求，做好有关设施的配套和供应。

四、旅游资源开发的步骤

旅游资源的开发是一项复杂的系统工程，一般来说，有以下几个步骤。

1. 旅游资源的调查

这是旅游资源开发的基础工作。其目的是为了了解该地区旅游资源的类型、数量、规模、布局情况和开发利用现状，该地区交通、水、电等基础设施现状，以及与旅游相关的配套服务设施情况，如住宿、通信、娱乐、购物等。通过评估，可以了解该地区旅游资源的优势、劣势和潜力所在。

2. 旅游资源的评估

旅游资源是否有开发价值，能否成为旅游区，要根据资源调查的情况加以分析和评估。一般需要对六个基本条件进行分析。

（1）自然条件。这主要是指土地条件和气候条件。土地条件主要考虑的是承载能力，即容量。这个容量有一个临界点，超过这个临界点，就会呈现饱和状态，造成环境退化，游客享受程度降低。气候条件主要考虑的是季节性，以及当地气候变化对旅游者感觉舒适程度的影响。

（2）可进入性条件。进入游览地的难易程度是评价旅游资源开发条件的重要内容和除自然客观条件之外的第一个必要条件。它是指从客源地到游览地全过程的进入难易程度。进入性的问题，包括交通工具和交通基础设施（如机场、道路等）两个主要方面，它涉及国民经济的整体计划。

（3）客源市场条件。对该地区目前在国内外旅游市场的地位和占有率状况，以及潜在旅游市场的地位和占有率情况进行评价，可确定接待能力以及市场开拓方向和占有率。

（4）基础设施条件。当地的水电、排污、景区内道路等基础设施是旅游资源开发的前提，要充分加以重视。

（5）服务设施条件。这主要是指对与旅游景点相配套的住宿、餐馆、通信、购物、娱乐等服务设施的评估。该条件与当地社会经济发展状况密切相关。

（6）投资条件。它包括资金来源、投入产出效益，以及旅游开发给当地社会经济带来的影响等。

3. 制定旅游规划

根据旅游市场的最新动态和当地开发旅游的基本条件，确定该区旅游开发的总体规划。

总体规划包括开发的总目标、对象、规模、等级、方式、时间、步骤、配套设施，以及总投资估算、组织、具体程序等。这里既包括战略研究，也包括规划、技术和方法的研究。

合理科学的规划，有助于确定旅游业发展类型、数量、地点和时间，同时又可以对旅游地产生良好的经济（economics）、环境（environment）、富裕（enrichment）、交流（exchange）效应，即4E效应。

4. 具体实施计划

进入开发阶段最重要的是制订好实施开发的具体计划，它包括以下内容：①确定开发范围和目标；②根据已有资料，提出项目的模式、土地使用要求等；③制定建筑总体规划；④资金来源及财务预算；⑤进行项目具体设计，画出施工图纸；⑥投标及施工；⑦反馈和评估。

本章小结

旅游系统是指由旅游客源市场子系统、旅游目的地吸引力子系统、旅游企业子系统以及旅游支撑和保障子系统四大要素组成的，具有特定的结构和功能的有机体。

旅游规划是指在调查旅游系统要素发展现状的基础上，结合社会、经济和文化发展趋势，针对旅游系统的属性、特色和发展规律，以实现旅游系统总体布局优化、功能结构完善以及与外部系统和谐为目标，制定和实施战略策划的过程。

旅游开发是指为发挥、提高旅游资源对游客的吸引力，使得潜在的旅游资源优势转化为现实的经济优势，并使旅游活动得以实现的技术经济活动。

案例分析与讨论

天府旅游名县推进模式

青川地处川、陕、甘三省的接合部，总面积达到 3216 平方公里，森林覆盖率高达 74.01%。其地理位置使其成为秦巴生物多样性生态功能区，被划定为全域自然保护区和风景名胜区。在巩固国家全域旅游示范区成果的基础上，青川县坚决致力于推进“天府旅游名县”的创建，以文化、商业和旅游为一体，持续整合文旅资源，营造宜居宜业宜游的环境，正在形成全域旅游与民富县强的新时代格局。

青川县以生态旅游为主导产业定位，特设由县委书记和县长任双组长的领导小组，负责天府旅游名县的创建和推动全域旅游的发展。该小组制订了详细的创建方案，分解了任务，并将其纳入年度目标考核。青川县在旅游综合执法体系上进行了改革，设立了旅游综合执法大队、旅游警察中队、旅游工商所以及旅游巡回法庭，创新性地设立了 4 个片区旅游指导机构和 36 个乡镇旅游产业发展办。青川县率先编制通过了《青川县全域生态旅游目的地发展规划》，实现与城乡建设、土地利用等各项规划的深度融合，同时还制定了金融、招商、用地、人才等多项配套政策。

在多项政策的支持下，青川县构建了以“一心一极两廊四区”为特点的产业布局，推动了旅游与第一、第二、第三产业的深度融合。县内建成了 1 个国家级生态旅游示范区，4 个国家 AAA 级旅游景区，1 个省级旅游度假区，1 个国家级自然保护区，1 个国家级风景名胜区，1 个国家级水利风景区，以及 1 个国家地质公园，形成了处处皆景、步步惊艳的全域旅游格局。此外，还开发了 9 条精品线路，涵盖科研游学、地质科普、红色爱国主义教育等内容，包括 84 种旅游特色商品。在交通建设方面，建成了青竹江山水画廊、姚唐乡村走廊、茶观路风情廊道等 3 条自驾景观道，以及环城绿道、环白龙湖绿道、青溪—阴平绿道等 3 条城市绿道。旅游交通方面，开通了 12 条旅游观光巴士及旅游专线，共计 46 个班次，实现了车站、集散中心和景区的无缝连接。县内还建成了 29 个全域旅游集散中心和旅游服务区（点），同时构建了 8 个大数据中心和综合信息服务平台，开发了智能导游 APP，实现了“一部手机游青川”的目标。此外，还推进了“厕所革命”，创新了用地政策，通过置换闲置宅基地、点状供地等方式，建立了“以商建厕、以商养厕、以商管厕”的新模式。

资料来源：青川：发展全域旅游 实现绿色崛起. https://www.cngy.gov.cn/govop/show/20190927120508-40600-00-000.html，2019-09-27，有改动。

讨论问题：

1. 你如何看待青川县旅游名县的推进模式?

2. 青川县的案例对于你学习旅游规划而言，有何启发?

思考与练习

1. 试全面分析旅游系统的概念、结构和功能，并在此基础上说明旅游系统理念对旅游规划与开发的启示。

2. 仔细研读第二节案例中三种不同类型旅游规划目录，并结合实例分析上述各类旅游规划间的差异。

3. 试比较旅游规划和旅游开发之间的异同点。

第二章

旅游规划与开发的理论基础

学习目标

1. 旅游规划与开发理论的体系结构
2. 区位理论的发展过程及其在旅游规划与开发中的应用
3. 增长极理论的发展与启示
4. 竞争力理论的内涵
5. 旅游地生命周期理论的产生、内涵及其在旅游规划与开发中的应用
6. 可持续发展理论的背景与历史演变
7. 旅游人类学理论方法与启示

核心概念

区位理论（location theory） 增长极理论（growth pole theory） 竞争力理论（competitiveness theory） 旅游地生命周期理论（tourist area cycle of evolution theory） 可持续发展理论（sustainable development theory） 旅游人类学理论（theory of tourism anthropology）

本章导读

旅游学作为一门边缘学科，为旅游规划与开发注入了多学科交叉融合的创新动力，推动了其向更具前瞻性和综合性的方向发展。由于旅游规划涉及领域广泛，其理论基础也展现出丰富多彩的特点。本章将以深刻的视角探究旅游规划与开发的多元理论基础，揭示其理论体系的结构和关键概念。总体而言，旅游规划与开发作为一个综合性领域，依赖于多个学科的知识相互融合。在这个过程中，旅游学的交叉性质起到了至关重要的作用。其独特性使得旅游规划与开发涵盖了广泛的内容，因此其理论基础也呈现出多样性。主要的理论基础得益于区域经济学、地理学、社会学、人类学等领域的研究成果。通过对这些丰富多元的理论基础进行深入剖析，读者将能够更好地理解旅游规划与开发的理论框架，为深入研究和进行实践奠定坚实基础。本章将为读者提供一个全面的视角，揭示旅游规划与开发背后的深厚理论基础。

第一节　旅游规划与开发理论的体系结构[①]

根据人类的认识领域不同，科学理论可分为自然科学理论、社会科学理论、思维科学理论以及边缘学科理论、综合学科理论。所谓边缘学科理论是指研究两个或两个以上学科接合部的科学理论，如环境经济学等。旅游规划从其学科性质上来看是一个边缘学科，它处于旅游学科和规划学科的边缘，因此，旅游规划与开发需要多种理论的综合指导。但是这里的综合理论不仅仅指旅游理论与规划理论的简单叠加，它至少涉及旅游学、规划学以及系统学的理论。

吴人韦将旅游规划与开发理论的体系结构概括为横向的四大板块以及纵向的四大科学层面。横向的四大板块分别是经济板块、环境板块、人文板块以及规划中心板块。纵向的四大科学层面是指关于旅游系统及其发展的理论、关于旅游规划与开发的理论、关于旅游规划实施的理论以及关于旅游规划研究方法的理论[②]。

---

① 国家旅游局人事劳动教育司. 旅游规划原理. 北京：旅游教育出版社，1999.

② 吴人韦. 旅游规划理论的发展. 城市规划汇刊，2000，（2）.

一、旅游规划与开发理论的四大板块

旅游规划作为一种产业规划或社会经济系统规划，涉及的内容十分广泛。从内容上来说，旅游规划理论要成为完整的体系，至少包含经济、环境、人文以及规划四大板块。

旅游规划与开发经济板块理论主要指旅游经济学、旅游市场营销学、旅游管理学等。该板块理论的主要研究对象是在旅游资源分配、旅游生产、旅游加工、旅游服务的生成过程中，人与人相互作用的效益和效用关系。

旅游规划与开发环境板块的理论则涉及旅游地理学、旅游生态环境学、风景园林学、旅游工程学等。该板块主要研究旅游现象在地球表层的分布规律，旅游者与大气圈、生物圈、水圈、岩石圈的关系，旅游者与旅游资源、基础设施、服务设施、旅游项目的关系，从而使旅游者空间环境行为的组织及旅游空间的建设安排具有一定的科学依据。

人文板块的理论则涉及游憩学、旅游政策学、旅游法学、旅游社会学、旅游心理学、旅游文化学、历史学、考古学等。该板块关系到旅游的价值取向和吸引力品位的塑造。它通过研究价值和意义体系，树立人生或社会理想的精神目标或典范，塑造文化内涵，从文化层面激发旅游者的智慧、正气和创造性，引导旅游者去思考目的、价值，致力于追求人的全面发展和完美化。旅游政策学和法学，还在高层次上调节旅游发展的规模、结构与质量，调节旅游者之间、法人之间、旅游者与法人之间的行为关系，保障旅游系统的和谐运转。该理论为旅游规划的人文资源评价、发展预测、旅游项目优化、线路选择、游览经历优化、社会关系协调、特色与品位的塑造等方面提供不可缺少的思想、理论和技术。

规划板块的理论是旅游规划与开发理论体系的核心部分。该板块理论以上述三大板块为基础，以当代系统科学、管理学、未来学、计算机科学等系统理论和现代化科学技术手段为支撑，从旅游系统的角度出发对上述三大理论板块予以整合。旅游规划板块理论为认识旅游系统的整体性、发展性，以及提高旅游规划与开发的科学性、技术性、合理性提供了理论依据，并为旅游规划提供了技术原则与手段，如在数据收集、实时评价、预测发展等方面，旅游规划板块的理论与方法，使上述三大板块得以密切结合。

二、旅游规划与开发理论的四大层面

从纵向上来看，旅游规划与开发的理论可以被分解为以下几个层面，即关于旅游系统及其发展的理论、关于旅游规划与开发的理论、关于旅游规划与开发实施的理论以及关于旅游规划与开发研究方法的理论。

第一个层面是关于旅游系统及其发展的理论。人们对旅游规划与开发对象的认识随着时间的推移而不断发生着变化，现代旅游作为一个相对独立的社会经济系统，涉及旅游者、旅游目的地、旅游企业等诸多要素，是一个围绕特定的功能而组织起来的社会经济边缘组合系统。目前，旅游系统已经成为旅游规划与开发的重要基础。因而，关于旅游系统的理论是对旅游系统的整体性、发展性进行理论研究，从而实现对旅游系统的结构、特征以及发展规律的基本认识。该理论层面是旅游规划与开发的理论基础，是使旅游规划与开发区别于其他类型规划的重要依据，它体现了旅游系统的独有特征。

第二个层面是关于旅游规划与开发的理论，主要包括旅游规划评价理论、预测理论、模拟理论、决策理论等。旅游规划与开发归根到底是一种规划，即根据规划对象具体发展规律和现状作出指导其今后发展的科学安排。因此，旅游规划与开发应尽量排除人的主观想象，在方法上严格遵照规划编制的要求。对旅游规划方法进行研究的意义，就在于提高旅游规划的工作效率，在于最大限度地突破个人意志的局限性，更在于引导和保障旅游规划学科的良性发展。

第三个层面是关于旅游规划与开发实施的理论。其基本任务是研究旅游规划的内容与实施行动的关系、本质与规律。目前关于旅游规划的编制、审批、实施机制还不太健全。参与旅游系统的一些部门还分属各自条块的行政管理。旅游规划与开发还不能作为主要依据之一来引领旅游系统的全面发展。为此，特别需要探索研究旅游规划的实施转化问题。

第四个层面是关于旅游规划与开发研究方法的理论，也即旅游规划与开发的方法论。学科成熟与否的一个重要标志就是看该学科是否拥有其研究方法。对于旅游规划与开发来说，研究方法的确立不仅仅在于提高研究效率，还在于最大限度地突破个人意志的局限性，因此，旅游规划与开发所使用的研究方法本身就决定了旅游规划与开发编制的合理程度。可见，关于旅游规划与开发研究方法的理论是指导旅游规划与开发工作的重要基础。

上述关于旅游规划与开发理论体系结构的介绍，目的主要在于让读者对旅游规划与开发这样一个新兴边缘学科的理论构架形成初步认识，在下面的各节中，将就旅游规划与开发常用的基础理论作详细介绍。

第二节 区 位 理 论

区位理论是旅游规划和开发工作的一个重要的理论基础，旅游规划和开发的目标之一就是确定旅游业在空间上的合理布局。在西方国家，研究生产空间布局的理论被统称为区位理论（theory of location）。

一、区位理论产生的背景

区位理论研究的实质是解决生产的最佳布局问题，即如何通过科学合理的布局使得生产能以较少的投入获得较大的收益。在工业化大生产之前，人们从事的是自给自足的小农经济式的生产，产品就地生产、就地消费，因而成本和收益的比例不会随距离的变化而发生变化。在这样的情况下，人们必然不会考虑生产地点的选择问题。从这个简单的分析中就可以看出，区位理论并不是贯穿于人类历史发展的整个过程中，而是在一定的历史条件，如经济日益发展、生产力水平提高、社会分工细化的条件下，在生产和经营过程中逐渐形成的。

早在经济发展的初级阶段（原始社会到封建社会），社会生产力还不够高，人们的生活和生产还在很大程度上受制于自然，因而人们通常都聚居于自然条件良好、便于生产的地带，此时的生产地也就成为消费者的聚居点和定居地。生产出的产品也就不需要运输到异地进行分配和消费，不存在生产的布局问题和研究区位理论的需求。

直到资本主义工业革命以后，经济迅速发展，社会生产力水平大幅度提高。尤其是工业生产以前所未有的速度成长起来，陆续经历了家庭手工作坊、工场手工业和机器大生产这几个阶段以后，工业生产的发展导致产品供应数量和类型增多，生产规模的扩大使得产品单位成本大大降低，工业产品对传统的自给自足的经济产生了毁灭性的打击。在商品经济和市场经济的地位确定后，"看不见的手"迫使工业生产企业在市场上展开竞争。随着竞争的日益激烈，生产企业的管理者发现产品的运输成本和劳动力成本将在很大程度上决定产品在市场上的竞争力水平，于是生产的最佳区位的选择就成为市场中竞争获胜的重要条件之一。区位问题此时成为关系到企业生死存亡的关键，区位理论就在这样的情势下应运而生了。

二、区位理论的发展过程

从 18 世纪下半叶早期思想的产生到现在，区位理论已经有近 300 年的发展历史。从它的发展过程来看，大致可以被分为四个阶段：萌芽时期（18 世纪下半叶～19 世纪初期）、古典区位理论时期（19 世纪 20 年代～20 世纪初期）、近代区位理论时期（20 世纪 20～40 年代）以及现代区位理论时期（20 世纪 40 年代至今）。

（一）区位理论萌芽时期

在这个时期，没有学者将区位理论作为一个独立的理论进行专门的研究，而仅仅是把它当作生产过程中的一个影响因素，在研究中加以关注。如 1767 年英国的斯图亚特（J. Steuart）在《政治经济因素》一书中探讨地域分工时，就涉及区位理论的一些问题；1776 年英国著名的古典经济学家亚当·斯密（A. Smith）也只是谈到了地租和水路的运费对区位的影响。但是，就是由于有了这些古典经济学家对区位条件的关注，人们才逐渐认识到了它的重要性，也才有了 19 世纪对区位理论的专门研究。

（二）古典区位理论时期

这一阶段正好是资本主义社会由自由竞争阶段向垄断阶段过渡的时期，经济发展的内在要求使得工业和农业的生产不能仅仅考虑资源的可获得性，更要强调获取这些生产性资源所需花费的成本。也就是说，人们越来越重视如何在生产过程中尽量降低成本。由于有了萌芽阶段的积累和准备，在这个时期产生了很多研究生产布局的著名学者，如德国的农业经济学家杜能（Thünen）在他的第一部研究区位理论的著作《孤立国同农业和国民经济的关系：关于谷物价格、土地肥力和征税对农业影响的研究》

（简称《孤立国》）中对农业生产的空间布局模式进行了研究，并提出了他的农业生产圈层模型；德国经济学家韦伯（Weber）出版了世界上第一部关于工业区位的比较系统和完整的理论著作《工业区位理论：论工业区位》，他在书中提出的工业布局模型被称为韦伯工业区位论。此外还有德国的劳舍（Roscher）、萨福雷（Schaffle）、龙哈德（Launhardt）等经济学家都对工业和农业的生产布局进行了研究。这一时期又可称为微观研究阶段，因为研究大多是在企业的层面上进行的，即分析的立足点是单个的工业企业。

（三）近代区位理论时期

资本主义经济的发展推动了更广泛范围内统一市场的形成和更大区域内的加速分工，此时人们关注的焦点逐渐转移到了市场的扩展上。相应地，区位理论的研究也从生产布局的成本最小化转到了生产布局的市场范围最大化。这一时期的学者着重研究了空间布局对争夺市场的影响，其中较为著名的学者有德国地理学家克里斯·泰勒（Chris Taller）、德国经济学家廖什（Losch）、瑞典的帕兰德（Palander）、美国的费特（Fetter）和胡佛（Hoover）、德国地理学家高兹（Kautz）和瑞典经济学家俄林（Ohlin）等，其中克里斯·泰勒的中心地理论和廖什的市场区位论都是较具影响力的研究成果。这个阶段的研究与古典区位理论时期相比更加宏观，考虑的因子更加复杂并且在进行分析时大量引入了微观经济学的分析方法。此时的区位理论已从追求局部均衡发展到了追求一般均衡。

（四）现代区位理论时期

第二次世界大战结束以后，各个国家加强国民经济的恢复和建设工作，在经历了短暂的复苏期后，西方各国的经济实力已经达到和超过了战前水平。再加上第三次科学技术革命的推动，战后的生产方式与以前相比有了很大的变化，地域的分工协作以前所未有的深度和广度发展；生产的大型化、联合化、集约化的趋势明显加强；产业结构的优化成了人们关注的焦点。这样的社会条件对区位理论的发展提出了新的要求。

与此同时，在学术界也取得了一系列重大突破，新的学科领域开始涌现，并且不同学科的知识体系开始相互渗透和交叉。战后宏观经济学的发展、计量科学的兴起、人类行为学的发展以及空间遥感技术的使用等，都为现代区位理论的产生提供了理论前提。

该时期区位理论研究的特点主要表现在：对多种成本因素的综合分析，既包括各种经济性成本要素，也包括其他的非经济性的成本要素（如制度、文化、心理、军事等因素）。代表性的学者有美国经济学家艾萨德（Isader）、斯哥勒（Schoolder）等，他们大量借用计量学的方法，使用数学模型对区位问题进行预测性的分析。美国的著名经济学家库兹涅茨（Kuznets）就利用投入产出模型对影响生产布局的投资、就业和货币的变动情况进行预测分析，以指导预定地区的未来发展规划。

三、区位理论在旅游规划与开发中的应用

（一）传统区位理论在指导旅游规划与开发时存在的问题

传统意义上的区位理论，即针对物质资料生产的区位理论，在对工业和农业生产进行规划时发挥了巨大的作用，但是这些理论用于旅游规划与开发的工作中就可能会出现“失灵”的现象。这主要是由于以下几个方面的原因造成的。

首先，旅游业的生产和工业生产对象的不同，就决定了传统区位理论在旅游规划与开发上的“失灵”。旅游业同工业一样是一个依托资源型的产业，可是旅游业所依托的资源是旅游资源，无论是人文还是自然旅游资源一般来说均是不能移动的。因此，在旅游规划与开发中生产的区位是大致确定的，即不存在旅游资源的运输费用影响旅游生产布局的问题。

其次，旅游生产的非物质性使得旅游市场的需求预测变得十分困难，市场对旅游区位的影响表现出较强的不确定性。因为相同的旅游资源和产品对于不同的人来说可能会具有不同的效用，其中涉及很多的因素，如个人爱好、性格特征、文化背景、知识结构、从事的工作等，甚至旅游企业员工的服务态度都会对旅游产品的需求产生影响。

最后，旅游业与其他的物质生产产业相比具有更强的综合性和关联性，不能仅仅从旅游发展本身来进行生产布局，必须全面通盘考虑。旅游业所包含的内容除了传统意义上的“食、住、行、游、购、娱”六大要素外，还需要外界环境的支持和其他的辅助等，如需要得到环保、电力、通信等方面的保障。而传统的区位理论所研究的对象没有如此巨大的关联网，因而在理论的研究上对产业关联性的考虑必定不够，所以要真正实现区域旅游发展的目标，规划工作者要从旅游业及其配套服务这两个方面来思考，探索出适应旅游业独特发展个性的区位理论。

（二）旅游区位理论的应用

由于旅游业与其他物质生产行业不同，旅游也就有其独特的区位理论，在这方面国内外已经有学者作了一些研究。如对于克里斯·泰勒的中心地理论，就有许多的学者将它引入到了旅游地的分析中来。在旅游中心地的研究中，首要的问题是如何界定旅游中心地。

1. 旅游中心地的界定

实际上对于特定的旅游地，我们可以根据一定的标准来判断其是否为该地域范围内的旅游中心地，比如说这个旅游地提供的旅游产品或服务，被周边地区的大多数客源市场所消费；这个旅游地人均旅游业的收入占人均收入的比重较周边地区大；等等。一般说来，旅游中心地必定拥有丰富多彩的旅游资源和得天独厚的交通条件，因为这两个条件是旅游地成为区域旅游中心的先决条件。

2. 旅游中心地的市场范围

旅游地资源的吸引力在很大程度上决定了旅游地的影响范围。当然，除了旅游资

源之外，旅游产业的配套服务设施和旅游地的旅游活动容量都会对旅游地的市场范围产生程度不一的影响。总的来说，旅游中心地的市场范围有上限和下限之分。所谓旅游中心地的市场范围上限，就是由旅游地的旅游资源吸引力、旅游业的社会容量、经济容量以及旅游业的生态环境容量共同决定的客源市场范围或接待游客数量，但是上限值不能超过上述四个变量中的最小值。而旅游中心地的市场范围下限则可以引用克里斯・泰勒理论中的门槛值来进行说明。在克氏中心地理论中，他提出了一个概念叫“门槛值”，指的是生产一定产品或提供一定服务所必需的最小的需求量。在旅游地的研究中，这个概念同样是适用的，此时“门槛”为旅游地提供旅游产品和服务所必须达到的最小需求量。这一点要从旅游生产的经济性方面来理解：开发一定的旅游产品必须要投入大量的人力、物力，如果市场对该旅游产品的需求量少、消费量很小，那么旅游区必然不能实现规模化的经营，旅游活动的成本也十分高昂。高昂的旅游产品成本又会造成人们的旅游需求进一步受到抑制，这是一个恶性循环的过程，因此，在旅游规划时要考虑到旅游产品开发的需求“门槛”问题。

3. 旅游中心地的等级

旅游中心地的等级划分是根据它的市场范围，即吸引力来进行的，所谓的高级旅游中心地就是指提供的旅游服务为较大范围内的市场所消费的中心吸引物；而低级的旅游中心地则是指其提供的旅游服务为较小范围内的市场所消费的中心吸引物。一般来说，高级旅游中心地提供的产品和服务档次高、功能多、品种全、质量好，而低级的旅游中心地提供的产品和服务则相对单一。

4. 旅游中心地的均衡布局模式

高级和低级的旅游中心地具有不同的服务职能，由于不同等级旅游中心地服务的市场范围各异，就产生了旅游中心地的均衡布局问题，即在一个地域范围内可能存在多个不同等级的旅游中心地，如何进行均衡布局，使得区域旅游在不同等级旅游中心地的带动下获得持续发展，是旅游中心地布局模式要研究的主要内容。在克里斯・泰勒的中心地理论中，他谈到了在市场作用明显的地区，中心地的分布要以最有利于物质销售和服务方便为原则，即要形成合理的市场区。在市场最优原则下，一个高级的中心地提供的服务能力应该实际上相当于三个低级中心地，用公式表示就是 $K_n=3^{n-1}$。其中，K 表示每个单元内各级中心地的数量，n 表示中心地的级别高低。

国内外的许多实证研究表明，这样的一种布局模式在区域旅游市场中也是适用的，区域旅游中心地体系中，每个高级中心地都相应地属领几个中级或低级中心地。例如，国内学者在对北京市旅馆业的空间布局和锦州市旅游客源市场进行分析后发现，上述区域旅游的空间布局都能用这个模式来加以构建。

同样地，杜能的农业布局的圈层理论也可在旅游规划和开发中得到体现。杜能认为，从城市向外延伸，不同距离的地方适宜的生产方式是不同的。他从实际研究中发现，以城市为中心，由里向外依次可分为不同的生产圈层。圈层布局理论在旅游规划与开发中得到了一定的体现，如北京大学的吴必虎就提出了环城市游憩带（recreational belt around metropolis，ReBAM）的概念。所谓环城市游憩带指的是，位于大城市郊区，主要为方便城市居民光顾的游憩设施、场所和公共空间，以及（特定情况下还包括）位于城郊的外来旅游者经常光顾的各级旅游目的地——这三者共同形成了环城市游憩带①。这一地带的划分，形象地刻画了大城市周边区域的旅游市场布局模式，即围绕城市呈现出环状特征。同时环城市游憩带随着距离城市的远近不同，其主要旅游功能也会出现差异。例如，距离城市较近的游憩带依托城市，以市民休闲和康体健身为主导功能；距离城市较远的地带则依托自然生态，以生态旅游、度假旅游为主要吸引点。

除了上述介绍的几种旅游区位理论的应用外，国内外还有许多其他的新兴旅游区位理论，在此就不再一一列举。总之，区位理论是旅游规划的一个十分重要的理论基础，它对于旅游规划与开发中旅游产业、旅游产品和项目的空间布局具有较强的指导意义，应对其引起足够的重视。

第三节 增长极理论的发展与启示

一、增长极理论产生的背景

增长极理论是区域经济和社会发展过程中出现的一种发展模式，在整个区域经济的发展历程中，人们对其发展模式有两种差异较大的主张：一个是区域平衡发展模式；另一个则是区域不平衡的发展模式。

主张区域平衡发展的人们认为：所谓的区域平衡发展就是要在区域与区域之间、区域内部各产业部门之间以及产业内部各行业之间，基本保持同步与平衡的发展，特别是在区域内部各产业部门的发展上，要保持平衡。保持产业部门的全面发展，即第一、二、三产业部门要实现同步发展，而不能有所偏废，以实现各产业部门之间的合作与协调。区域平衡发展理论为我们描绘了一幅美好的蓝图，但是该理论却忽略了以下几个事实。

（1）世界上尚没有一个发达区域能够有实力推动区域范围内的完全平衡发展，更何况是欠发达区域。这里说的实力既指先天存在的实力，如区位条件、交通条件、资源条件等，又指后天形成的实力，如经济发展水平、生产力水平等，各种自然资源应有尽有、区域条件优越、交通便利、经济高度发达、人力资源丰富并且质量高的地域尚未被人们发现。

（2）将投资资金平均地分散投入到各产业部门中，对各产业的发展所起的作用被弱化了，结果主观上希望各产业平衡发展，而事实上却是各产业发展水平低下，区域经济增长乏力。这样的结果无法形成规模效应。

因而，区域的平衡发展只能被归为一种理想状态，它是人们对区域经济发展的一种美好愿望，但是却忽略了区域发展的现实条件，即各地的实力禀赋是不同的，所以在区域发展中该理论所起的指导作用不是特别显著。

① 吴必虎. 区域旅游规划原理. 北京：中国旅游出版社，2001.

区域经济不平衡发展的主张者则是从区域发展的现实条件出发，认为一般地区不具备实现全面平衡发展的实力，在发展过程中要根据不平衡发展规律、立足于本地区的实际，实现有重点、有差异、有特点的发展，而不是平衡使用力量进行发展。在不平衡发展的系统中，总是涉及支配性的因素，它代表着整体的行为，因此，要在不同的时期选择支配全局的重点地区、重点部门进行发展，投资也应该选在若干区位条件良好的增长极地区进行，而其他地区则可以借助增长极地区的辐射作用而逐步发展，最终实现区域的发展。可见，区域经济不平衡发展模式承认区域之间发展条件的不平衡性，主张一部分地区率先发展，然后带动其他地区发展，这种模式正为世界大多数国家所接受，并用来指导经济建设的实践工作，因而影响力较为深远。

增长极理论正是区域经济不平衡发展模式的一种具体的表现形式，在不平衡发展理论为大多数国家接受之后，增长极的发展理论模式开始逐渐受到人们的关注。

二、增长极理论的内涵

（一）增长极概念

“增长极”这个概念最早是由法国的经济学家弗朗索瓦·佩鲁于20世纪50年代初提出的，当时这个概念是建立在抽象的经济空间上的。他认为，经济空间是不平衡的，其发展中会受到极化作用的影响，即经济空间中会存在一些中心（或极），这些中心（或极）的作用就类似于磁铁的磁极。这些中心（或极）在对外部起吸引作用时，还在相互作用过程中起到吸引和排斥的作用，并产生向心力和离心力，这些向心力与离心力相互作用会形成一定范围的“场”，“场”的中心就被佩鲁定义为增长极。

因此，最初的增长极概念是十分抽象的，没有与个体的经济现象发生联系，但是它却给后来的研究者指明了研究的方向。在佩鲁研究的基础上，一些学者将增长极的概念进行了深化和具体化。例如，法国经济学家布代维尔将增长极与具体的经济区域联系起来，使之不仅包括了与一定地理范围相联系的变量之间的结构关系而且还包括了经济现象之间的区位关系，从而提出了区域增长极的科学概念，即在区域经济发展过程中，由于发展的不平衡性，资金、物资、能量、信息、人才会逐渐集聚到少数条件优越的区域，使之成为区域经济增长的中心，这个中心就是区域的增长极。

（二）增长极对区域经济增长的作用

上面谈到区域增长极就是区域经济增长的中心，它是在区域经济全面增长前形成的，其目的是通过它的中心作用带动区域内经济的快速稳定增长，这个目标是通过区域增长极的两大作用来实现的，即极化作用和扩散作用。

1. 极化作用

极化作用也称回流效应，因其作用类似于磁极对铁的吸引而得名。这种作用会对区域内其他地区的经济增长造成阻碍。它的产生机制如下：增长极有优越的区位条件（交通区位、资源区位、政策区位等），从而吸引了区域内的生产要素（资金、物质、信息、能量、人才等）向增长极集聚，以期获得较高回报。在生产要素的不断聚集过程中，增长极的生产力水平和生产效率得以提高，再加上资源充足，使得区域增长极得以以较快的速率增长。与此同时，由于增长极吸引了区域内其他地区的生产要素，其他地区生产力水平增长缓慢甚至停滞，竞争力下降，对该地区的经济实力综合增长造成了障碍。

可见，增长极的极化作用实质上是以牺牲区域内其他地区经济增长为代价的，在区位条件相对有优势的地方实现经济的快速增长。

2. 扩散作用

扩散作用与极化作用产生的效果完全相反——扩散作用有助于增长极周边地区的发展。由于在区域经济发展之初，增长极成为生产要素聚集的目的地；增长极周边地区的生产要素不断向增长极地区汇集，导致增长极的生产规模逐渐达到最优。但是生产要素的流动却具有极大的惯性，于是产生了生产要素在增长极的过度集中的情况，增长极的基础设施等不能满足经济增长的需求，经济增长的效率下降。在这种情况下，为了避免由于对资源设施的过度竞争而产生的高额成本，部分企业外迁，于是就造成劳动力、资金、技术、设备、信息等要素在一定程度上从增长极向外扩散，流向周边较不发达地区。

一般说来，在增长极发展的初级阶段，极化作用是主要的；而当增长极发展到一定规模后极化作用削弱，扩散作用则相应加强；随着进一步的发展，扩散作用逐渐占主导地位。极化和扩散机制相互作用，推动整个地域的经济发展，同时也产生地区之间的差距。

（三）增长极在旅游规划与开发中的应用形式

1. 点轴开发理论

该开发理论是增长极理论在具体区域开发时的应用，它运用网络分析方法，把国民经济看成由点和轴所组成的空间理论形式。其中，点即增长极；轴即区域内的交通干线。

该理论是生长轴理论和中心地理论的发展。其中心思想是：随着连接各中心地的重要交通干线，如铁路、公路、河流及航空线的建立，会形成有利的区位条件。方便的区位条件使得人口的流动十分便捷，运输费用也随之降低，从而降低了生产成本。新的交通干线对产业和劳动力产生新的吸引力，形成有利的投资环境，使产业和人口向交通干线周边聚集而形成新的增长极。这种对地区开发具有促进作用、形成了区域开发纽带和经济运行通道功能的交通干线被称为生长轴。在一定假设条件下，经济中心在地域空间上呈现出三角形分布的特征，其吸引范围为六边形，不同等级的经济中心体现了其吸引力范围的差异。

因而点轴开发理论重点论述了经济的空间移动和扩散是通过点对区域的作用和发展轴对区域经济扩展的影响，采取小间距跳跃式的转移来实现的。其基本思路如下。

（1）在一定范围内，选择若干资源较好、具有开发潜力的并且有重要交通干线经过的地带，并将之作为发展轴予以重点开发。

（2）在各发展轴上确定中心城镇（增长极），并确定其发展方向和功能。

（3）确定增长极和发展轴的等级体系。首先集中力量重点开发较高级的增长极和发展轴，再逐步转移到级别较低的增长极和发展轴上。

2. 网络开发理论

网络开发就是已有点轴开发系统的延伸。提高区域各节点间，各级点轴系统之间，特别是重点与点轴系统之间生产要素交流的广度和密度，可以有效促进地区经济一体化，特别是城乡一体化；同时，通过网络的外延，可以加强与区外其他区域经济网络的联系，或者将区域的经济技术优势向四周区域扩散，使其在更大空间范围内，对生产要素进行合理的调度组合。因而，网络开发系统应具备下列要素：①“节点”，即增长极的各类中心城镇；②“点轴系统”，即沿轴线两侧分布的“节点”的吸引范围；③“网络”，由商品、资金、技术、信息、劳动力等生产要素的流动网及交通、通信网组成。

三、增长极理论对旅游规划与开发的启示

旅游规划与开发的目的就在于利用当地的优势旅游资源，将潜在的经济效益现实化，以促进当地国民经济的发展。增长极理论就从理论上为旅游业优先发展提供了依据和支持，旅游业作为旅游地的经济增长点可以通过其集聚和扩散作用将旅游业的关联作用扩展到一个较为广阔的地域空间。因此，在旅游规划与开发时，旅游规划编制者要从大局上综合把握，当该地的旅游资源具备较大发展潜力时，对旅游业的产业定位应高标准要求，在规划中制定相关的政府主导扶持其发展的战略，将旅游业作为一个经济增长极来加以培植，促进当地社会进步和经济发展。

第四节 竞争力理论

一、竞争力理论产生的背景

竞争力的概念及其理论是20世纪80年代才逐步出现的，因此，竞争力的理论还不成熟，仍处在不断发展变化之中。竞争力的概念最早是在1980年由总部设在日内瓦的世界经济论坛（World Economic Forum，WEF）与瑞士洛桑国际发展管理学院（International Institute for Management Development，IMD）联合倡导并率先进行研究的[①]。1986年，世界经济论坛发布了《全球竞争力报告》，对一些工业化国家的国际竞争力进行了评估和分析。此后，他们于每年的9月1日在瑞士洛桑发布各国国际竞争力的评价结果，用300多项定量和定性指标对24个经合组织成员国和10个新兴工业化国家和地区的国际竞争力进行评估和分析，引起了世界各国经济界的浓厚兴趣。从1995年开始，世界经济论坛和瑞士洛桑国际发展管理学院分别使用各自设定的评价指标体系发

① 赵彦云，李静萍. 当代国际竞争力理论及其应用. 中国人民大学学报，1998，（5）.

布《全球竞争力报告》，其评价结果在世界范围内引起较大的反响。于是，人们开始日益关注竞争力，竞争力问题的研究也开始成为人们研究的热点。

美国是最早关注国际竞争力问题的国家之一，早在 1978 年美国技术评价局就开始了美国竞争力的研究。我国从 1994 年参与国际竞争力评价，并于 20 世纪 90 年代中期开始了此项研究，主要由中国人民大学竞争力与评价研究中心研究组展开相关研究。从 1995 年开始，每年出版一本《中国国际竞争力发展报告》。在这样的学术研究氛围下，我国对于竞争力研究的成果逐渐增多，各种有关竞争力的学术论文见诸报刊。特别是随着世界经济全球化、一体化的快速发展以及我国加入世界贸易组织，关于国家竞争力、产业竞争力以及企业竞争力的研究成果更加丰富，研究程度也日益深入。

在旅游竞争力研究方面，我国学者从20世纪90年代后期就开始了对旅游竞争力的研究，其研究领域主要涉及我国旅游业的宏观竞争力、区域旅游竞争力以及旅游企业的竞争力等。如王莹[①]、赵西萍和黎洁[②]以及姚作为[③]就我国旅游的国际竞争力进行了剖析；陈建斌对区域旅游竞争力进行了初步研究[④]，陈兆坤对城市旅游竞争力进行了研究[⑤]；赵文红和黎洁以饭店为例对旅游企业竞争力以及发展战略进行了研究[⑥]，郭剑英研究了电子商务与饭店竞争力提升之间的关系[⑦]。王琪延和黄羽翼[⑧]基于城市旅游相关概念，旅游产业发展模式和城市旅游竞争力的相关理论，构建城市旅游竞争力指标体系，将北京各区旅游竞争力，北京与全国重点旅游城市，以及与伦敦、巴黎、纽约、东京四个国际一流旅游城市的旅游竞争力核心要素进行了比较研究。董志文和李龙芹[⑨]以竞争优势和可持续发展为理论基础，构建了包括资源依托、旅游配套、环境支持和发展动力4个一级指标、8个二级指标和25个三级指标在内的海洋旅游竞争力评价指标体系。王兆峰和汤桂林[⑩]基于新发展理念构建旅游竞争力评价指标体系，采用重力模型、空间错位指数综合考察 2011—2020 年中国省域旅游竞争力与旅游网络关注度的空间错位特征及影响因素。

二、竞争力理论的内涵

（一）竞争力的概念

关于竞争力的概念，目前国际上有十余种观点，这里仅简要介绍一下具有代表性

① 王莹. 提高我国国际旅游竞争力的对策. 商业经济与管理，1998，（3）.

② 赵西萍，黎洁. 论国际旅游竞争力及其阶段性演进. 社会科学家，1999，（5）.

③ 姚作为. 中国旅游业产业竞争力的现状分析. 南方经济，2001，（5）.

④ 陈建斌. 区域旅游竞争力分析. 广东商学院学报，2001，（3）.

⑤ 陈兆坤. 我国城市旅游竞争力提升及发展战略选择. 经济师，2001，（11）.

⑥ 赵文红，黎洁. 饭店竞争力的分析及其竞争战略. 桂林旅游高等专科学校学报，1999，（2）.

⑦ 郭剑英. 电子商务与旅游饭店竞争力. 扬州大学烹饪学报，2001，（1）.

⑧ 王琪延，黄羽翼. 北京市旅游竞争力研究. 北京：中国人民大学出版社，2017.

⑨ 董志文，李龙芹. 中国滨海城市海洋旅游竞争力测度与评价研究. 海南大学学报（人文社会科学版），2022.（4）.

⑩ 王兆峰，汤桂林. 中国省域旅游竞争力与旅游网络关注度空间错位研究. 地理与地理信息科学，2024，（2）.

的几种。

（1）传统经济学家的观点。他们把竞争力看作一个国家或地区在生产的基本要素——劳动力、资金、自然资源等方面具有的相对优势。也就是说，在劳动力、资金、自然资源方面拥有优势的国家和地区要比别的国家和地区更有竞争力。

（2）世界经济论坛和瑞士洛桑国际管理发展学院的观点。他们认为，所谓竞争力是指一国或一公司在市场上均衡地生产出比其竞争对手更多财富的能力。竞争力使资产和生产过程结合在一起。资产是指固有的（如自然资源）或创造的（如基础设施）。生产过程是指资产转化为经济结果（如制造），然后通过市场测试得出竞争力。

（3）欧洲货币基金会的观点。他们认为，竞争力是企业目前和未来在各自环境中，以比其国内外的竞争者更具吸引力的价格和质量来进行设计、生产和销售产品及提供服务的能力。也就是说，竞争力是经济主体为了维持和增加实际收入，在自由公正的条件下，生产的产品和提供的服务符合市场要求的程度。

（4）美国竞争力委员会的观点。该委员会认为对于任何国家来说，竞争力就是在提高国内生活水平的同时，制造出能够经受国际市场检验的产品。从根本上来说，提高竞争力相当于提高生活质量以及为我们的后代创造一个美好的未来。竞争力已经不再主要取决于是否拥有原材料或劳动力成本，而是主要取决于是否比其竞争者更有能力去创造、获取、应用知识。

（5）著名产业国际竞争力专家波特（Porter）则认为，一国产业国际竞争力主要取决于要素条件，需求条件，相关与辅助产业，企业策略、结构与竞争者，机遇以及政府六个要素（图 2.1）。这些要素共同构成了国际竞争力的概念，我们一般将波特的竞争力概念称为“国家钻石”模型。

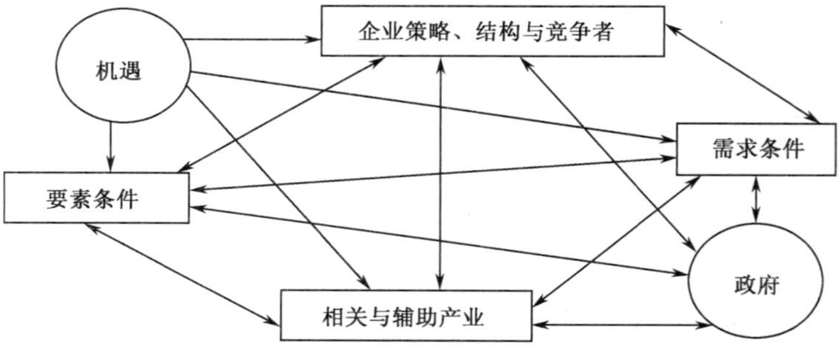

图 2.1 “国家钻石”模型

上述对竞争力概念的界定虽然各有侧重，但总体上来看，不乏真知灼见。在此，笔者提出了竞争力的“箭形”概念模型。首先，竞争力应该是经济主体的一种能力，该能力与经济主体自身的素质有关。其次，经济主体的这种能力对外不仅表现为占有具有一定比较优势的生产要素，同时还表现为通过生产要素的占用进而创造更具有竞争优势的资源和环境。最后，经济主体拥有这种能力目的在于向市场提供具有高效用度和满意度的产品和服务，并获得较高的收益。可见，竞争力是指经济主体通过占有具有比较优势的资源，并以其为基础创造更具竞争优势的生产要素和生产环境，向市场提供高效用度和满意度的产品及服务，并获得较高收益的能力。竞争力的“箭形”概念模型，如图 2.2 所示。

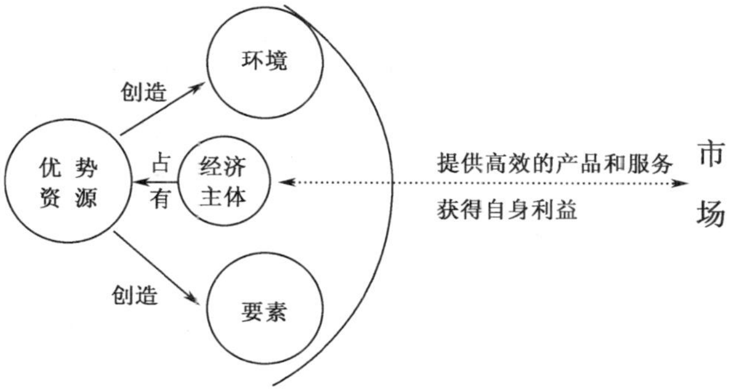

图 2.2　竞争力的“箭形”概念模型

（二）竞争力的层次

竞争力从本质上来看是经济主体的一种能力。因此，根据不同的经济主体，我们可以将竞争力划分为三个层次。

（1）国家竞争力。国家竞争力属于宏观层面的竞争力，其着重强调一个国家在国际贸易、国际投资、国际资源开发等经济活动中的地位，并强调一国所能提供的基础设施、整体科学技术水平、社会发展水平、当前经济发展状况以及政府行为、政府干预等因素为各种经济活动的开展创造的客观条件。

（2）产业竞争力。产业竞争力属于中观层次的竞争力，主要是将国民经济产业部门作为竞争力的经济主体进行分析，即在不同的区域间以及不同的国民经济产业部门间加以分析比较，以找出某个产业部门最具比较优势的区域或某个区域范围内最具比较优势的国民经济产业部门。这些具有比较优势的产业部门或区域往往能比其他区域拥有强大的生存和获利能力。

（3）企业竞争力。企业竞争力属于微观层面的竞争力。该竞争力是将企业作为经济系统，探讨它与其他经济系统竞争广义资源的能力，与国家竞争力和产业竞争力相比，企业竞争力更强调企业的经营行为、管理行为、劳动成本、企业家素质、劳动者工作态度等要素的国际和区域比较，强调其在市场中的占有率和获取长期利润的能力。

（三）竞争力评价的方法

在界定了竞争力的概念之后，竞争力的评价问题就成为人们关注的焦点。目前国际上对于竞争力的评价方法通常有以下几种，即竞争力的定性评价方法、竞争力的定量评价方法以及利用雷达图对竞争力的结构评价方法。

1. 定性评价方法

所谓竞争力的定性评价方法是人们最初使用的方法，实际上是一种因素分析法，即人为地将影响竞争力的主要因子分离出来，从而对这些因子进行定性评价，判断竞争力的水平。由于该方法具有较强的主观性和随意性，评价的口径往往不大一致，所以采用这种方法评价竞争力往往不利于评价客体之间的比较。我国20世纪90年代中后期对于产业竞争力、企业竞争力等的评价大多采用的是定性评价方法。

例如，在评价企业竞争力时，我国就有学者将其分解成以下五种能力[①]。

（1）市场开拓能力：指企业不囿于既有产品或在已有产品市场饱和的情况下，能根据充分的市场信息，预测、设计、生产出为市场所需要的、适销对路的、人无我有的、效益好的新产品的能力。

（2）市场应变能力：指企业在变幻莫测的市场发生突如其来的巨大变化时，具有根据市场变化及时调整产品方向和经营策略、实行多种经营、开辟新的生产经营门路，而不致在"一棵树上吊死"的能力。

（3）质量竞争力：一般情况下，同类产品，价格一样，则质量好的产品能赢得用户，占领市场。也就是说，质量好的产品有竞争力，质量差的产品缺乏竞争力。

（4）价格竞争力：仍就一般情况而言，同类产品，质量一样，总是价格低的产品受广大消费者欢迎。

（5）非价格服务竞争力：同类产品、同等质量、同样价格，谁的服务周到，谁就能争取更多的用户，谁就能占领更大的市场。

很显然，并非所有的研究者都会按照上述标准来评价企业竞争力，这就使得定性评价方法缺乏一定的普适性。为此，国际上通行的方法是建立一套专门的竞争力评价指标体系，来对竞争力进行评价，这就是下面要介绍的竞争力的定量评价方法。

2. 定量评价方法

所谓竞争力的定量评价方法，实际上就是利用层次分析法和德尔菲法，通过指标的选取和指标权重的确立，建立一套竞争力评价指标体系并利用该体系对竞争力进行比较研究的方法。该方法改变了定性评价方法中的纯主观的评价指标选取方式，由于采用统一的评价指标体系，使得同一类型评价客体的竞争力之间可以相互比较，具有较强的普适性。世界经济论坛、瑞士洛桑国际发展管理学院以及美国的迈克尔·波特教授在竞争力评价时都采用了定量评价的方法。

每年出版的《全球竞争力报告》就是基于世界经济论坛和瑞士洛桑国际发展管理学院联合建立的国际竞争力评价指标体系之上的研究成果。

该国家竞争力评价指标体系共选择了381项指标，其中249项是统计指标，其余的132项为软指标。这些评价共涉及国际竞争力的八个方面。在评价各国竞争力水平时，世界经济论坛和瑞士洛桑国际发展管理学院对八个方面的国际竞争力指数进行比较，然后进行综合评比，得出各国竞争力的排序。国际竞争力比较指数主要包括八个方面。

（1）国内经济实力。衡量指标包括：国内生产总值增加值；资本形成能力；私人最终消费；生活成本；产业结构。

（2）国际化程度。衡量指标包括：贸易绩效；商品和服务出口；商品和服务进

① 吕先声. 提高企业竞争力. 企业活力，1995，（1）.

口；国家保护；外国直接投资；文化开放程度。

（3）政府管理。衡量指标包括：国家债券；政府支出；政府对经济的参与；政府效率和透明度；财政政策；社会政治稳定。

（4）金融。衡量指标包括：资本成本回报率；金融效率；股票市场；金融服务。

（5）基础设施。衡量指标包括：能源自足；技术基础设施；运输基础设施；环境。

（6）管理。衡量指标包括：生产率；劳动成本；报酬水平；公司绩效；管理效率。

（7）科学与技术。衡量指标包括：研究与开发资源；科学研究；专利状况；技术管理。

（8）人力资本。衡量指标包括：人口特征；劳动力特征；就业；失业；教育结构；生活质量；劳动者态度。

利用该竞争力评价指标体系，《2023 年世界竞争力年报》发布了排名前 10 位的国家或地区及其得分情况，如表 2.1 所示。

表 2.1　排名前 10 位的国家或地区及其得分情况　　单位：分

排序	竞争力得分	国家/地区	排序	竞争力得分	国家/地区
1	100.00	丹麦	6	93.11	中国台湾
2	99.71	爱尔兰	7	92.05	中国香港
3	99.13	瑞士	8	91.86	瑞典
4	97.44	新加坡	9	91.14	美国
5	95.58	荷兰	10	90.52	阿拉伯联合酋长国

3. 结构评价方法

竞争力的结构评价方法是在定量分析与评价的基础上进行的更加深入的分析，其目的在于更加透彻地了解被评价对象的各个竞争力要素的强弱。在对被评价对象与其他同类对象进行比较研究时，该方法能迅速找到竞争力各要素之间的差距，为今后的发展决策提供依据。在进行竞争力结构评价时，一个最为常用的工具就是雷达图，它能非常直观地将竞争力的结构分布状况展现在人们面前。案例 2.1 以长江中游城市群高技术产业竞争力评价为例加以说明。

案例 2.1

长江中游城市群高技术产业竞争力评价

为了深入了解长江中游城市群高技术产业竞争力，研究者对江西、湖北和湖南三省的五大高技术产业细分领域的核心竞争力进行了比较评价。在评价指标方面，内生竞争力通过高技术产业各行业新产品开发项目数量进行统计，而外生竞争力则选取高校数量、金融机构数量、贷款金额、外商投资总额、人均国内生产总值、铁路、公路、水路货运量、互联网普及率、人均图书拥有量以及每十万人口的高等教育人数进行统计。评价结果如图 2.3 所示。

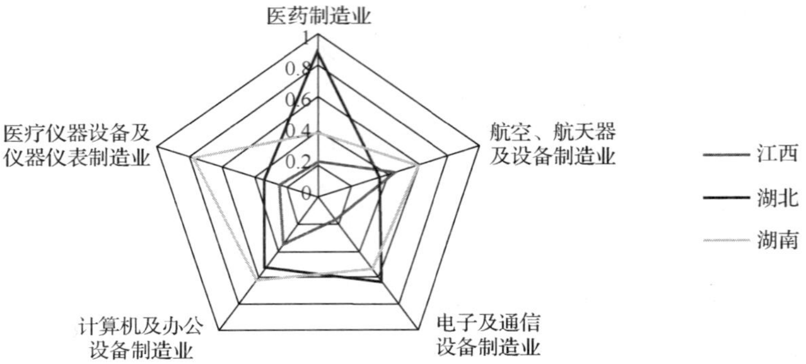

图 2.3　长江中游城市群高技术五大行业核心竞争力雷达图

资料来源：赵丹琪，陈为. 长江中游城市群高技术产业竞争力评价及比较优势分析.科技管理研究，2017，（16）：73-83，有改动。

由图 2.3 可知，江西高技术产业五大行业发展能力偏弱，航空、航天器及设备制造业具有比较优势。从江西的五大行业核心竞争力雷达图中可以看出，五大行业核心竞争力雷达图类似于一个梯形，五大行业的发展并不均衡。除了航空、航天器及设备制造业核心竞争力评价指数在三省的排名位居第二外，其他高技术行业核心竞争力评价指数的排名都位居第三。

湖北的高技术产业发展以医药制造业和电子及通信设备制造业为主导。湖北的高技术产业五大行业竞争力的分布十分不均衡，从图 2.3 可以看出，湖北五大行业核心竞争力雷达图类似于一个较为细长的锥形，锥形的头部指向医药制造产业，三省里面湖北在医药制造业方面的优势非常明显。

湖南以医疗仪器设备及仪器仪表制造业、计算机及办公设备制造业，以及航空、航天器及设备制造业为主导产业。湖南的高技术产业五大行业核心竞争力雷达图是一个较为规则的五边形，这表明湖南高技术产业中各细分行业的发展结构是相对均衡的。相对于其他两省来说，湖南的医疗仪器设备及仪器仪表制造业的发展优势最为突出。

案例 2.2

福州市旅游发展战略的制定

在编制《福州旅游发展总体规划》时，规划编制组依据系统动力学的原理分析了都市型旅游目的地发展的动力机制，并在此基础上设计了一套都市型旅游目的地竞争力评价指标体系。该评价指标体系共分为两大层面、3 个系统、45 个指标，具体如表 2.2 所示。

表 2.2　都市型旅游目的地竞争力指标体系一览表

层次	系统	权重	项目	权重	指标	权重
现时竞争力层面Ⅰ	都市型旅游目的地吸引力子系统（A）	3	气候条件（A1）	0.2	年均气候舒适度（A11）	0.1
					年适宜旅游月数（A12）	0.1
			历史背景（A2）	0.3	都市发展历史（A21）	0.05
					都市历史遗迹丰富程度（A22）	0.15
					是否曾为古都（A23）	0.1
			文化底蕴（A3）	0.2	民俗的丰富性和多样性（A31）	0.05
					民俗的独特性（A32）	0.05
					特色节庆活动的数量（A33）	0.1
			旅游资源（A4）	0.8	旅游资源的数量（A41）	0.1
					旅游资源的密度（A42）	0.1
					优良级旅游资源比例（A43）	0.3
					旅游资源景观组合度（A44）	0.3
			都市景观（A5）	0.5	休闲广场工程（A51）	0.15
					中央商务区/都市商业游憩区（A52）	0.2
					景观大道工程（A53）	0.15
			特色商业（A6）	0.6	旅游商品购物占旅游收入的比重（A61）	0.3
					旅游商品市场的建设（A62）	0.2
					特色美食街的建设（A63）	0.1
			社会安全（A7）	0.4	犯罪率（A71）	0.2
					就业率（A72）	0.2
发展竞争力层面Ⅱ	经济部门和基础设施支撑力子系统（B）	4	国民经济发展水平（B1）	0.5	人均国内生产总值（B11）	0.15
					居民人均收入（B12）	0.1
					恩格尔系数（B13）	0.05
					国内生产总值增长速度（B14）	0.2
			都市旅游市场规模（B2）	0.3	接待旅游者占全国旅游者的比重（B21）	0.1
					旅游业收入占全国旅游收入的比重（B22）	0.2
			旅游配套设施（B3）	1.2	饭店出租率（B31）	0.2
					旅行社对旅游业收入的贡献率（B32）	0.2
					餐饮在旅游消费中的比重（B33）	0.2
					万人公共汽电车拥有量（B34）	0.15
					对外交通通达性（B35）	0.15
					旅游景点数量（B36）	0.3

续表

层次	系统	权重	项目	权重	指标	权重
发展竞争力层面Ⅱ	经济部门和基础设施支撑力子系统（B）	4	市政基础设施（B4）	1.2	邮电业务总量（B41）	0.3
					百人拥有电话量（B42）	0.3
					人均生活用电量（B43）	0.3
					万人拥有医生数（B44）	0.3
			政府产业倾斜政策（B5）	0.8	是否制定旅游产业发展规划（B51）	0.3
					旅游产业投入强度（B52）	0.5
	可持续发展保障力子系统（C）	3	旅游经济发展态势（C1）	1.2	旅游业收入增长率（C11）	0.5
					旅游业贡献率增长率（C12）	0.7
			都市自然环境承载力（C2）	1.0	旅游环境容量（C21）	0.4
					绿地覆盖率（C22）	0.3
					污水处理率（C23）	0.3
			目的地社会容忍度（C3）	0.8	居民对旅游者的态度（C31）	0.6
					旅游者对基础设施的占用程度（C32）	0.2

根据上述竞争力评价指标，《福州旅游发展总体规划》编制组将福州与全国主要旅游城市的竞争力项目进行比较，并将国内发展最好的都市型旅游目的地竞争力水平设为 100，通过计算，得到福州市旅游竞争力分值为 60.75 分。可见，福州是一个都市型旅游目的地，其竞争力在国内仅为中游水平，与旅游业发达的都市型旅游目的地之间还存在较大的差距。今后的发展应着重提升都市旅游的竞争力水平。

但是，福州旅游竞争力总量数值只是对其总体竞争力水平进行描述，要具体分析福州与其他都市型旅游目的地之间的差距所在，而为其发展战略的实施提供依据则还需要对其竞争力内部结构进行深入分析。

福州旅游竞争力结构分析的内容，主要集中于福州旅游现实竞争力与发展竞争力以及福州旅游竞争力的各个项目。评价时主要根据各项目得分率的高低来进行判断，最终得到如下的雷达图，如图 2.4 所示。

图 2.4 中实心图形部分大小表示竞争力评价项目得分率总水平的高低，该部分面积越大则其得分率相应越高。对于单个项目而言，其越靠近边缘部分，即越往外凸，则得分率越高，该项目的竞争力也就越强，反之，越往里凹则竞争力越弱。

从图 2.4 可以看出，福州在旅游经济发展态势、政府产业倾斜政策、都市自然环境承载力、气候条件、旅游资源、都市景观、社会安全、都市旅游市场规模等方面具有较为明显的优势，而在文化底蕴、特色商业、旅游配套设施和市政基础设施的完善上则存在明显的不足。这说明，作为都市型旅游目的地，福州拥有十分有利的资源优势和产业发展背景，但在旅游产品的开发推广、旅游环境的营造优化以及旅游发展所需的设施保障等方面还需采取相应措施，促使其进一步发展。

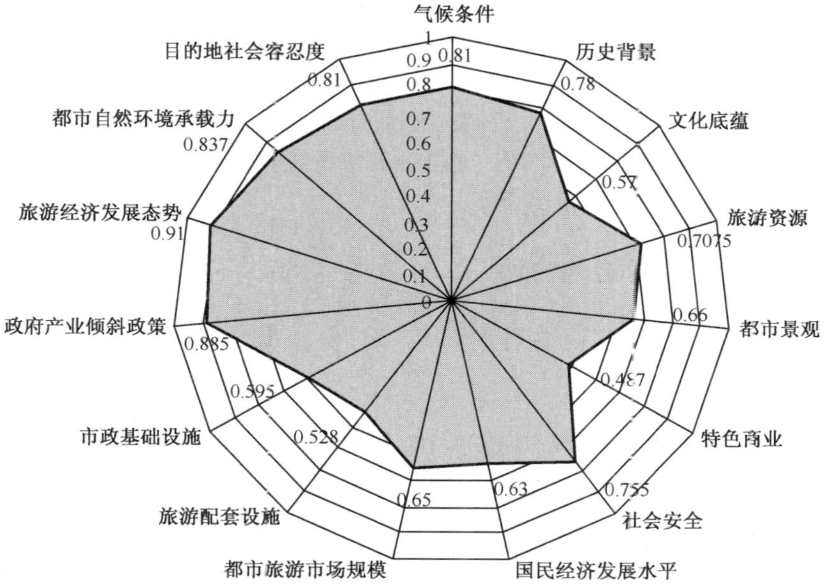

图 2.4 福州旅游竞争力评价各项目得分率雷达图

为此，《福州旅游发展总体规划》编制组最终确立了福州应在今后的发展中大力实施理念创新、品牌支撑和区域联动三大发展战略，以此弥补竞争力上的不足，最终实现福州都市旅游竞争力的全面提升。

第五节 旅游地生命周期理论

一、旅游地生命周期理论的产生

"生命周期"最早是生物学领域中的专业词语，用来描述某种生物从出现到最终消亡的演化过程。后来该术语被许多学科，如市场营销、国际贸易等借用来描述与生物相类似的演化过程。

1966 年哈佛大学经济学教授维农（Vernon）在美国《经济学季刊》上发表了一篇著名论文——《产品周期中的国际投资与国际贸易》，该文章根据克拉维斯（Kravis）的"技术差距论"，采用市场营销学中的产品生命周期概念对国际贸易和国际投资形势进行了全新的解释。至此，生命周期理论真正扩展到了经济领域，发展成为产品生命周期理论。该理论认为，工业制成品的发展一般可分为三个阶段，即首先为产品创新阶段。某些国家借助其在技术上的领先优势，首先开发一系列创新产品。其次为产品成熟阶段。随着新产品的逐步完善和生产规模的扩大，市场不断扩展，生产国开始向国外出口该商品。最后为产品的标准化阶段。产品标准化使其生产过程便于普及和推广，其他国家开始仿制生产，原来的出口国反过来进口该产品。

旅游学界借助生命周期理论开展研究可追溯到 1963 年克里斯·泰勒对欧洲的一些

旅游地的研究。在研究结束后，克里斯·泰勒发表了一篇名为《对欧洲旅游地的一些思考：外围地区—欠发展的乡村—娱乐地》（“Some Considerations of Tourism Location in Europe：The Peripheral Region — Underdeveloped Countries — Recreation Areas”）的论文，文中他提出了“旅游区生命周期”的一般性概念。

直到 1980 年加拿大学者巴特勒（Butler）才系统化地对旅游地生命周期进行了阐述，至此，旅游地生命周期理论诞生了。

二、旅游地生命周期理论的内涵

（一）旅游地生命周期的类型

1. 巴特勒模型

1980 年，巴特勒在他的文章《旅游区发展周期概述》里面借用了营销领域中的产品生命周期模式，对旅游地的发展演变过程进行了描述。他提出旅游地生命周期的演变可分为六个阶段，即探索阶段（exploration stage）、起步阶段（involvement stage）、发展阶段（development stage）、稳固阶段（consolidation stage）、停滞阶段（stagnation stage）、衰落或复兴阶段（decline or rejuvenation stage），如图 2.5 所示。

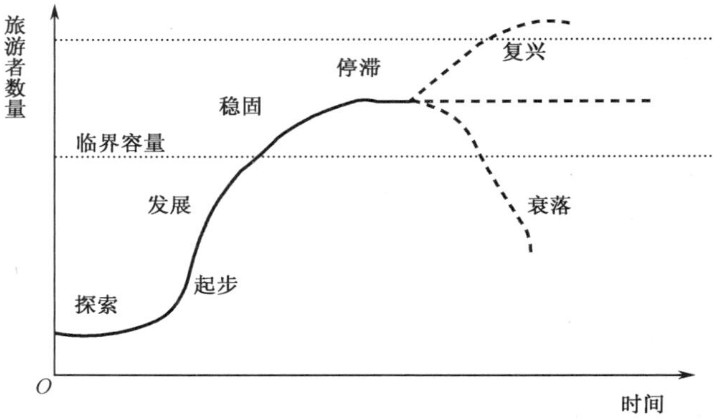

图 2.5　巴特勒模型

资料来源：Butler R W. The concept of a tourist area cycle of evolution: Implications for management of resources. Canadian Geographer/Géographe canadien, 1980, (1): 5-12.

旅游地探索阶段是指旅游地发展的初级阶段，此时旅游地接待的游客以零散、自发的为主，数量有限。他们与当地的居民往往有频繁的接触。南极洲的部分地区，拉丁美洲和加拿大的北冰洋地区就处于该阶段。

旅游地发展的起步阶段是指随着旅游地逐渐为人们所认识，到该地旅游的旅游者日益增多，当地居民开始逐步为旅游者提供一些简易的设施和基本的服务。此时旅游者依然与当地居民有着广泛而频繁的接触，但是已经营造出较为强烈的现代旅游氛围，旅游者对当地的基础设施和接待条件的要求日益严格。目前太平洋和加勒比海的一些规模较小、发展较晚的岛屿正处于该阶段。

当旅游地进入发展阶段时，该地已经吸引了大批旅游者，旅游市场的发育初具规模。到旅游高峰季节时，旅游者人数甚至超过当地居民的人数。随着大量外来资金投入旅游地建设，旅游地的基础设施条件已经大大优化。当地居民已经积极参与了旅游接待活动，甚至将旅游接待作为其重要的职业。

在旅游地的稳固阶段中，旅游地经济发展与旅游业息息相关，虽然游客的增长速度减缓，但是旅游者人数仍然巨大。规模巨大的旅游者已经对当地居民的生活造成了一定的影响，部分居民对旅游者表现出一种仇视情绪。

待到旅游地进入停滞阶段，旅游者数量已经大大超过了旅游地的环境容量，产生了一系列的经济、社会、环境问题，旅游业的发展受到来自诸多方面的阻力。

衰落或复兴阶段。当旅游地进入衰落阶段，旅游者受到其他新兴旅游吸引物的影响，减少了到该旅游地旅游的频率，旅游业在当地国民经济发展中的重要性日益降低。若旅游地积极进行旅游开发创新，如新建一系列人造旅游景观或开发新的旅游资源，则有可能在停滞阶段之后进入复兴阶段，掀起新一轮的旅游发展浪潮。

2. 普罗格模型

1973 年，普罗格（Plog）从旅游者的心理特性出发，提出了旅游地生命周期的心理图式假说，即认为旅游地所处的生命周期阶段与旅游者的行为有关。

旅游者按照心理类型被划分为多中心型、近多中心型、中间型、近自我中心型和自我中心型五类。一般而言，多中心型的旅游者兴趣广泛，富于探险精神，而自我中心型的旅游者较为保守，旅游地生命周期的不同阶段实际上就是旅游地对不同类型旅游者吸引力变化的不同阶段。

多中心型的旅游者具有探险精神，喜欢新鲜经历。由于旅游地尚未开发，因此对多中心型的旅游者具有较强吸引力。多中心型旅游者的到来使旅游地进入初始的发展阶段。

随着多中心型、近多中心型旅游者的不断加入，旅游地的发展逐渐趋于成熟，旅游设施和旅游接待服务日渐完善。此时，该旅游地吸引了占据旅游者人数中绝大部分的中间型旅游者。这些旅游者希望旅游地交通便利、环境舒适。于是中间型旅游者的大量参与促使旅游地进入发展的成熟期。

当旅游地发展成为大众型的旅游目的地后，原先多中心型的旅游者将逐步放弃该旅游地，继而去寻找新的旅游地。于是，该旅游地将随着多中心型旅游者的逐渐减少而进入衰落期。

3. 双周期模型

此外，余书炜还提出了旅游地生命周期的双周期（double-cycle）模型①，如图 2.6 所示。

所谓双周期是指旅游地在不同的时间范围内存在两种不同的生命周期类型，也就是这里所说的长周期和短周期。

---

① 余书炜. 旅游地生命周期理论综论——兼与杨森林商榷. 旅游学刊，1997，（1）.

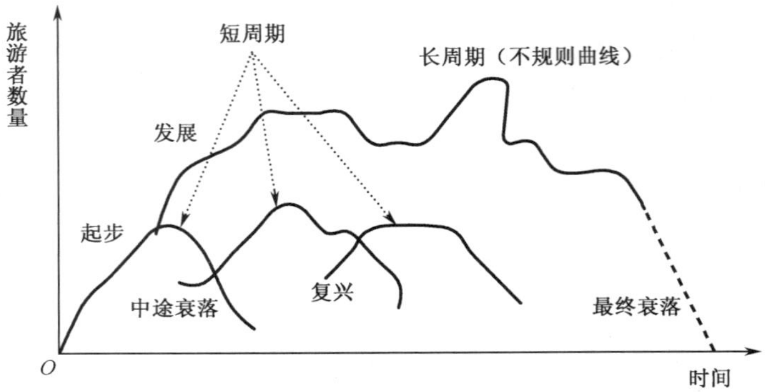

图 2.6 旅游地生命双周期模型

长周期是指旅游地从起步到最终衰落及消亡的漫长周期，它大致等同于上面巴特勒和普罗格所说的旅游地生命周期。

短周期则是指旅游地在旅游吸引力环境保持未变的一段时期内所经历的周期，它可能完整也可能不完整。在旅游地发展的短周期内，旅游地的演进只表现为旅游接待状况的变化。

双周期模型的意义在于：短周期将告诫人们旅游地若不作出复兴努力，那么它终将会“中途”衰落下去；长周期则预示在未到最终衰落及消亡之前，旅游地永远存在着复兴的可能性。

（二）影响旅游地生命周期的因素

从旅游地的发展机制来看，影响旅游地生命周期的基本因素有三个，分别是需求因素、效应因素以及环境因素[①]。其中，需求因素指旅游者对旅游地的期望，所以，旅游地生命周期的需求因素主要取决于旅游消费者的行为。效应因素则是指旅游地开发过程对社会经济的影响，因此，该要素的影响效果主要取决于旅游地开发者或旅游产品生产者的行为模式，如图 2.7 所示。

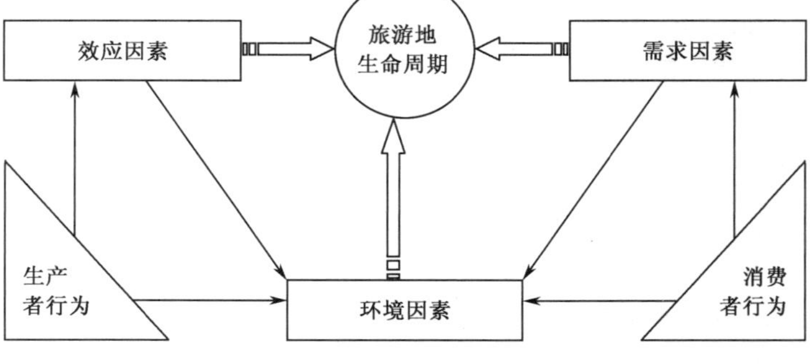

图 2.7 旅游地生命周期三因素示意图

① 谢彦君. 基础旅游学. 北京：中国旅游出版社，1999.

需求因素作为旅游者或潜在旅游者的行为结果，是决定旅游地产生、发展和消亡最为重要的因素之一。从旅游者的行为模式上看，旅游者选择某一旅游地作为旅游目的地的最直接原因就是它能满足旅游者的需求，所以旅游者的行为将对旅游地的生命周期产生巨大影响。如果旅游者的行为模式飘忽不定、旅游兴趣不断转移，那么旅游者的需求也是不断变化的，单一的旅游地必然不能满足旅游者的需求。于是当旅游者倾向于某一旅游地时，该旅游地就能获得发展，处于发展或稳固发展阶段，但是，一旦旅游者兴趣发生转移，则该旅游地会立即衰退。可见，需求因素对旅游地生命周期的影响是深远的。

效应因素对于需求因素而言是一种继发性影响因素，其主要通过旅游地的开发和旅游者在旅游地的行为对经济、社会、环境的影响来体现。如果旅游地开发和旅游者行为对当地的经济、社会和环境具有正面影响，则会推动旅游地自发地向生命周期的顶峰发展；反之，则旅游地的发展将遇到阻力而走向衰退。

此外，环境因素也将对旅游地的生命周期产生直接或间接的影响，但是这里的环境是指综合环境，即不仅指旅游地外部环境，而且还包括由需求因素和效应因素生成的内部环境。

三、我国学者对旅游地生命周期理论的争论

生命周期理论被引入旅游界之后，我国学者对旅游地生命周期理论的有效性意见不一，曾一度展开了一场关于旅游地生命周期理论有效性的大讨论。这场大讨论以1996 年杨森林在《旅游学刊》上发表的一篇《“旅游产品生命周期论”质疑》为起始标志。随后，余书炜、谢彦君、许春晓、李舟、阎友兵等陆续在《旅游学刊》上发表了众多关于旅游地生命周期的文章，阐明自己的观点。这场关于旅游地生命周期理论的大争论对我国学者如何正确看待和应用旅游地生命周期理论产生了深远影响。这里，仅简单地介绍一下争论双方的主要观点。

双方争论的焦点集中在以下几个方面。

（1）究竟是旅游产品生命周期理论还是旅游地生命周期理论？在关于是旅游地生命周期理论还是旅游产品生命周期理论的问题上，以杨森林为代表的学者认为旅游产品与旅游地是两个截然不同的概念，旅游吸引物作为旅游产品的“硬核”，应该是旅游产品生命周期理论研究的对象[①]。而持不同观点的学者则从国外该理论的提法入手对其英文原意进行了解释，认为国外在谈到生命周期理论时常用的词汇为 tourist area，destination，resort 等，这些词都具有旅游地的含义，因此，旅游地生命周期理论是对该理论较为确切的翻译[②]。

（2）旅游地生命周期理论成立的条件是什么？关于旅游地生命周期理论是否成立，持反对观点的学者认为，从产品生命周期理论产生的基础来看，它是基于工业制品的“技术差距”论提出的，工业制品的技术属性和可仿制性是产品生命周期产生的

---

① 杨森林. “旅游产品生命周期论”质疑. 旅游学刊，1996，（1）.

② 阎友兵. 旅游地生命周期理论辨析. 旅游学刊，2001，（6）.

根本原因。而旅游产品基本上属于非技术性的精神文化产品的范畴。人们从事旅游活动，即购买旅游产品，不是着眼于物质上的功利主义和实用价值，而是为了达到获取知识、陶冶性情、愉悦身心和自我发展等目的。此外，旅游产品所特有的地域属性和文化内涵，使其不能被仿制和标准化生产。因此，旅游地或旅游产品生命周期理论是不成立的。

对此，陈建新发表文章阐明旅游产品的非技术性是不具备生命周期变化的必要条件，这个结论是不能成立的，同时，其隐含条件“旅游产品不具备技术性”也是欠妥的。产品的生命周期来源于人们需求的变化，因此，即使没有技术变革性因素，需求的变化也会导致产品生命周期的变化[①]。

（3）旅游地生命周期理论究竟有没有预测的功能？旅游地生命周期理论为何不能以实践证明其客观存在性？这两个问题实际上都是对旅游地生命周期理论的实证性的怀疑，因为如果没有实践可以证明旅游地生命周期的存在，那么利用该理论进行预测就只能是一句空话了。在该问题上认为旅游地生命周期论无用的学者表示，作为一种理论，揭示的应是普遍规律，应具有普适性，大部分旅游地的发展轨迹与巴特勒描述的曲线应基本相符。而事实上，经过实证研究，人们发现各旅游地之间发展轨迹差异非常大，甚至没有一个旅游地的发展轨迹与巴特勒模型基本相符。因此，他们认为，旅游地生命周期理论的预测意义、对旅游地演进过程进行描述的意义、对旅游地规划和营销的指导意义基本上都被否定。

持相反观点的学者认为，旅游产品生命周期理论无法从实践中得到有力证实，与旅游业发展的现状和趋势是不吻合的。另外，一种理论是否正确，是否具有实践指导意义，不能单纯从其与过去实践的拟合程度来判断，而应该看它是否能正确反映事物未来的发展趋势。旅游产品属于精神文化产品的范畴，其在市场上被接受，因为它能满足人们的精神文化需求。现阶段，之所以多数知名旅游地长盛不衰，这与过去社会文化的演进速度较慢是密切相关的。但社会文明的发展和人类文明的进步是一个加速的过程。旅游产品是社会文化的载体，它的市场生命与文化的演进是密不可分的，文化的加速发展将使旅游地的兴衰日趋明显。

目前，对于该问题的讨论并未结束，相反，它将成为今后人们关注的焦点，引导人们在旅游的理论学习和工作实践中不断思考。

四、旅游地生命周期理论在旅游规划与开发中的应用

虽然我国学者对旅游地生命周期理论的成立与否存在较大分歧，但是应该看到，该理论对于我们的旅游规划与开发实践还是具有较大意义的。该理论在旅游规划与开发中的应用主要表现为以下三点。

1. 预测旅游地的市场规模

对于旅游客源市场的预测是旅游规划的重要内容，合理的游客规模对旅游地资源

---

① 陈建新. 对“旅游产品生命周期论质疑”的辨析. 桂林航天工业高等专科学校学报，2001，（3）.

的开发、旅游产品的建设、旅游设施的配置等都具有重要意义。目前，很多旅游规划在进行游客量预测时，一般都简单地套用一元线性回归方程进行趋势外推。但是往往由于线性回归模型的拟合程度不高，预测结果不免失真。陆林就对山岳型旅游地的实际游客量和预测游客量进行了比较分析，结果表明通过线性回归模型预测的结果普遍偏差较大①。

笔者认为，旅游地生命周期理论作为旅游地发展演化规律的理论，详尽地描述了旅游地生命周期各发展阶段的特征，并较好地预示了旅游地今后的发展趋势。因此，可以将生命周期理论作为预测和指导旅游地开发和规划的工具②。其作用主要体现在，作为一种检验工具对运用各种预测模型预测出的结果进行判断检验，并对预测结果进行校正。但巴特勒模型只有进展阶段特征的定性描述，阶段的划分并没有定量化，这对于该理论的实际应用造成了一定的障碍。所以，该理论应用于旅游规划与开发实践的关键在于如何科学地划分旅游地生命周期的各阶段。

2. 提供旅游规划调整依据

旅游地生命周期理论对旅游规划与开发实践的最大启发就在于指导调整性旅游规划的编制。规划并不是一成不变的，它应根据现实情况的不同，不断地加以修正和调整，以适应实践的需要。所谓调整性旅游规划就是在旅游规划编制后的一段时期内，针对旅游地发展的实际情况进行调整的规划。该规划的目标在于促进旅游地的调整—扩大—深入—发展，因此，要依据旅游地目前所处的生命周期阶段及时调整旅游资源的开发方向、旅游地的产品结构、旅游产业政策，改善旅游地的旅游业发展环境，改变旅游市场营销策略等。通过调整规则的制定与实施，尽量延长旅游地生命周期，以达到促进和保障旅游地可持续发展的目的。

3. 指导旅游产品创新开发

从某种意义上来说，旅游是一项精神性的消费品，人们在旅游之后并不能得到有形的产品，只能获得一种经历。因此，旅游的发展与旅游者的需求有非常大的关联性。只有了解旅游者的需求，并为其提供令人满意的旅游产品，该旅游地才能永续发展。旅游地生命周期理论在指导旅游产品创新开发方面能起到一定的积极作用。比如，可以根据旅游地所处的生命周期阶段分析出旅游者的需求心理，从而有针对性地进行旅游产品开发。

第六节　可持续发展理论的背景与历史演变

20 世纪 80 年代初，世界面临着三大热点问题，即南北问题、裁军与安全问题、环境与发展问题。为了解决这些问题，联合国大会成立了由当时的联邦德国总理勃兰特、瑞典首相帕尔梅和挪威首相布伦特兰为首的三个高级专家委员会。通过共同的研

① 陆林. 山岳型旅游地生命周期研究——安徽黄山、九华山实证分析. 地理科学，1997，(1).

② 俞万源. 关于旅游地生命周期理论模型作为预测工具的思考. 嘉应大学学报，2001，(6).

究，三个专家委员会分别发表了《我们共同的危机》、《我们共同的安全》和《我们共同的未来》三个纲领性的文件。在文件中，委员会不约而同地得出了一个结论：为了克服危机、保障安全和实现未来必须实施可持续发展战略。专家委员会同时提出，“可持续发展”是经济发达国家和发展中国家协调人口、资源、环境和经济发展间相互关系所必须采取的战略，这一战略的提出立刻引起了全世界对发展问题的广泛关注。

一、可持续发展理论产生的背景

20 世纪 70 年代，学术界开始研究世界经济能否保持继续增长的问题，众多的学者参与了这个问题的研究和讨论。在众多的研究成果当中，有一项成果在学术界引起了轩然大波。这就是 1972 年出版的《增长的极限》，该书是罗马俱乐部关于人类发展状况研究的第一个报告。该书对经济继续增长和人类的前途作出了具体的、耸人听闻的预测。他们甚至断言：在公元 2100 年到来以前，人类社会即将崩溃。

该书在研究方法上是将经济增长的影响因素分为五点，即人口增长、粮食供应、资本投资、环境污染和资源耗竭，并认为这五种因素的增长均为指数增长，即它们的增长是按一定的百分比进行的，它们的增长程度计算方法就同计算利息时复利的计算方法一样。

比如，假设某一因素基期数量为 P，每一期的增长率为 r，第几期的数量为 A，则 $A = P(1 + r)^n$。

可见，指数增长的速度是非常迅速的。因而该书经过分析后认为，由于人口增长所引起粮食需求的增长、经济增长引起的不可再生自然资源耗竭速度的加快和环境污染程度的加深，都属于指数增长。所以，人类或迟或早自然会达到危机水平，经济的持续增长是不可能的，人类的前途将是阴暗的。

针对该书悲观预测的五个因素，许多学者提出了不同的观点。

首先对于人口增长的问题，认为人口增长并不是始终都具有指数增长的性质，它会随着国家状况的改变呈现出逐渐下降的趋势。当今发达国家极低的，甚至负的人口增长率，就说明了这个问题。所以人口增长率不是该书所说的不断增长，而是可以被降低的，短期内可以通过节制人们的生育来实现；长期内则主要通过发展经济、提高人们的收入和生活水平来实现。

其次，世界粮食的供应问题。一些国家通过采用先进技术，已经成为粮食生产较有效率的国家，其生产的粮食不仅可以满足自身需要，而且还可以出口；大多数发展中国家虽然以农业为主并且生产率低下，加上人口增长过快，使得粮食供应不足，需从外国进口，形成了世界粮食供应的不平衡性。但是应该看到，世界粮食供应短缺的现象不会出现，因为发展中国家的农业生产具有较大的扩展空间，不仅可以扩大耕地面积，还可以提高土地的生产率。因此，粮食的供应不会成为阻碍世界经济增长的限制因素。

再次，资源的耗竭问题。虽然目前探明的资源数量远不够满足人们对资源的需求，但是应该看到，人们对资源储量的认识只是其中的一小部分。目前，能够开采的资源范围在10英里左右①，而大陆地壳较厚，平均厚35公里，最厚处可达70公里，并且离地面越深，所含的资源、矿藏也就相应越多。另外，人类对资源的勘探、开采、加工方面的技术有了很大改进，对资源的品位要求越来越低，资源要素不可能成为经济增长的瓶颈。

最后，环境污染的问题。经济发展对环境的影响有两个方面。一方面，经济发展对环境产生的轻微副作用和对社会的危害；另一方面，经济增长有时会损害重要的生态系统，由此威胁到生命的延续性。所以环境污染问题的解决途径是：在不影响经济增长的情况下，将环境污染减少到可以接受的水平。这通过一定的资金和技术投入是完全可以达到的。

通过各界学者对人类未来发展的大讨论，人们逐渐形成了一个共识，即人类是否具有一个光明的发展前途，这取决于人类能否将经济发展、社会进步和环境保护有机结合起来。

二、可持续发展理论的内涵

（一）可持续发展的含义

"可持续发展"这个概念被提出以后，人们对可持续发展的确切定义展开了热烈的讨论，并且从不同的角度对可持续发展下了定义，主要有以下几种。

（1）从自然属性上阐述了可持续发展的定义。这个定义是由生态学家所提出的，他们所关注的是生态持续性（ecological sustainability），即保持自然资源再生能力和开发利用程度之间的平衡。

（2）从社会属性上阐述了可持续发展的定义。该定义是1991年世界自然保护同盟、联合国环境规划署和世界自然基金会共同提出的，它是以人类社会的进步和发展为目标，即强调人类的生活、生产方式与地球的承载力相协调，并最终落脚于促进人类生活质量和生活环境的改善。

（3）从经济属性上阐述可持续发展的定义。经济学家理解可持续发展是将经济的发展作为其核心内容，从经济发展的资源支撑上理解可持续发展。他们认为可持续发展就是不降低环境质量和不破坏世界自然资源基础的经济发展。

上述这些定义的提出均得到了部分学者的支持，但同时也有一些欠完备之处。迄今为止，为大家广泛认可的可持续发展的概念是由挪威原首相布伦特兰夫人提出的。可持续发展是指既满足当代人的需求，又不对后代人满足其自身需求的能力产生威胁的发展。该概念主要强调了两个方面的内容：首先，可持续发展的目的还是要满足人的各种需求，这些需求应放在第一位来加以考虑；其次，可持续发展不能以破坏后代人满足自身需求的能力为代价。这里实际上讲的是人对周边环境产生影响的度的问题，即人们在追求自身需求得到满足时，不能以牺牲环境为代价。环境与需求满足之间是相互依存、缺一不可的，可持续发展只有从上述两个方面来理解才能抓住其

① 1英里=1.609 344公里。

本质内容。

（二）可持续发展的原则

虽然可持续发展从定义上看只是需求和环境两方面的内容，但是其深层次所包含的意义却是相当复杂的，基本上可以分为四个原则来加以表述。

1. 公平性原则

公平性原则是可持续发展理念与人类社会之前的各种发展理念之间的重大区别。公平性在传统的发展模式中没有得到足够的重视，传统的经济理论纯粹是为了生产而生产，没有考虑到未来各代人的利益，于是就产生了许多为了眼前效益而破坏宝贵环境资源的短视行为。

可持续发展中，谈到的公平性是指人类满足自身需求的机会对每个人来说都是均等的，因为满足自身需求是发展的主要目标。可是在现实中，人类满足自身需求的能力却受到一些不公平因素的影响，诸如同代人之间、不同代人之间以及资源的分配是存在差异的。因此，可持续发展的公平性要从下列三个方面来理解。

（1）同代人之间的公平性。同代人之间的公平性，即同代人均有相同的机会满足自身基本需要以及获得更好生活的需求。可是，现实的世界却是一部分人十分富足，另一部分，截至 2023 全球有 3.33 亿的儿童生活在极端贫困中①。这种贫富差距悬殊、两极分化明显的状态给实现可持续发展造成了较大的障碍。因此，我们要将消除贫困作为实现可持续发展的第一个步骤，使在地球上生活的人都能共同拥有满足生活基本需求的机会。

（2）代际公平。代际公平，即不同世代人之间的纵向公平性。不同世代的人都同样生活在这个地球上，他们应该和本代人一样享有满足其需求的机会。然而，地球上的资源是有限的，如何开发和利用才能既满足自身需求又不损害人类世世代代满足需求的权利，是实现代际公平的关键。

（3）分配有限资源的公平性。地球上的每个人均对有限的资源享有相同的使用权利。现实中，却是少数人使用了大量的资源，而大多数人只能分配到一小部分，尤其表现在发达国家、发展中国家及落后国家之间的巨大差距。发达国家对能源、矿藏等有限资源的拥有量和消耗量远远大于多数发展中国家，而世界上的人口又大多分布于发展中国家，这就产生了不公平现象。

可见，可持续发展对公平性的要求是十分全面的，这种公平性要求当代人在考虑自己的需求和消费时，也要对未来各代人的需求与消费负起责任，保证各代人都有同样的选择发展的机会。

2. 可持续性原则

所谓的可持续性是指生态系统在受到外界的某种干扰时，能够保持其生产率的能力。资源和环境是人类社会赖以存在的基础，因而保持资源与环境的可持续性是人类

---

① 联合国报告：到 2030 年消除儿童极端贫困的可持续发展目标或将无法实现. http://k.sina.com.cn/article_6192937794_17120bb42020023a94.html，2023-09-14.

社会持续存在的前提。资源和环境的可持续性，要求人们在生活和生产中对环境和资源进行保护式使用，在消耗方式和消耗量上对自己的行为加以规范。具体而言，可持续性原则要求人们放弃传统的高消耗、高增长、高污染的粗放式生产方式和高消费的生活方式，鼓励实现生态化的生产和适度消费，尽可能避免给环境造成破坏。

从上述内容不难看出，可持续性原则的核心内容就是人类社会的经济、社会发展要和环境的承载力相协调，不能超过资源与环境的承载能力。

3. 共同性原则

在可持续发展中，共同性包括了两个含义：①人类社会发展的目标是共同的，即实现公平性和持续性的发展；②人类拥有共同的环境和资源，为了实现持续发展的目标必须采取全球共同的联合行动。因此，共同性原则需要人们形成一种相同的意识，即在满足自身需求时考虑到对他人（包括前代人和后代人）和生态环境的影响，切实保证人类共同资源的可持续利用，实现人与人以及人与自然之间的动态平衡。

4. 需求性原则

传统发展模式以传统经济学为支柱，所追求的目标是经济的增长，发展效果通过国内生产总值来反映，这种发展模式忽视了资源的代际合理配置，通过市场信息来刺激当代人的生产活动。它不仅使世界资源环境承受了前所未有的压力而不断恶化，而且人类的一切基本物质需要仍然得不到满足。而可持续发展则坚持公平性和长期可持续性原则，以满足所有人的基本需求和向所有人提供实现美好生活愿望的机会。

三、百年未有之大变局背景下可持续发展理论对旅游规划的指导意义

百年未有之大变局，既指世界正在经历的大态势，也指中国面临的大态势，而且这两大态势是彼此影响、互为因果的。百年未有之大变局是中国共产党针对当前世界发展局势提出的重要论断，这一判断对于在新时期认识和判断国际局势，明确中国发展方向、制订相关任务计划，并进行中国国内外的决策有着重要的指导意义，同时也是中国为世界共同发展提出的思考，是倡导人类命运共同体建设的重要形势判断。百年未有之大变局对旅游业的意义是多方面的。它促使旅游业转型、可持续发展、技术创新、结构调整、地理重塑、风险管理和跨界合作与创新。旅游业需要适应这一变局，抓住机遇，应对挑战，实现可持续发展，为旅游业的繁荣和可持续性作出贡献。

百年未有之大变局凸显了可持续发展的重要性，旅游业作为一个资源密集型和环境敏感的行业，需要更加注重可持续发展。旅游业对自然环境、文化遗产和社区的影响日益凸显，可持续发展成为旅游业的重要目标。旅游业需要在保护自然环境、促进文化传承、改善社会福利和推动经济增长之间取得平衡，实现经济、社会和环境的协调发展。

在百年未有之大变局的背景下，可持续发展理论对旅游规划具有重要的指导意义。可持续发展理论强调在满足当前需求的同时，要确保不损害未来世代的发展机会和资源利用，实现经济、社会和环境的协调发展。在旅游规划中，可持续发展理论的

指导意义表现在以下几个方面。

1. 经济可持续性

可持续发展理论要求在旅游规划中实现经济的可持续性，即追求经济增长的同时，要注重提高旅游业的效益、促进资源优化配置、增加就业机会，并促进当地经济的多元化和可持续发展。旅游规划应当注重开发具有竞争力和创新性的旅游产品，提升旅游业的附加值，同时确保当地社区和经济利益的平衡与共享。

2. 社会可持续性

可持续发展理论强调社会的可持续性，旅游规划应注重社会公平和社区参与。旅游规划要尊重和保护当地社区的文化、历史和社会结构，避免对社会生活和社区稳定性造成不利影响。同时，旅游规划应鼓励社区参与和利益共享，确保旅游业的发展能够为当地社会提供经济机会、提高社会福利，并提高社区居民的生活质量。

3. 环境可持续性

可持续发展理论要求在旅游规划中实现环境的可持续性，即确保旅游发展不对自然环境造成不可逆转的破坏，并保护生物多样性和生态系统的稳定性。旅游规划应注重环境保护和可持续资源利用，合理规划旅游目的地的开发强度，采取环境友好的管理措施，减少环境污染和生态破坏，促进生态旅游和低碳旅游的发展。

4. 文化保护与传承

可持续发展理论强调文化的可持续性，旅游规划应注重保护和传承当地的文化遗产和多样性。旅游规划应尊重当地文化的特点和需求，鼓励旅游活动与文化交流相结合，促进文化的传播和创新，避免文化的商业化和同质化。

5. 整体规划与综合管理

可持续发展理论要求进行整体规划和综合管理，旅游规划应与其他相关领域的规划相协调，包括交通、能源、环境保护等。通过整合资源、协调发展，实现旅游业与其他产业的良性互动，促进旅游规划与开发的协同效应，避免资源浪费和环境冲突。

6. 教育与培训

可持续发展理论强调教育和培训的重要性，旅游规划应加强相关人才的培养和教育。通过提供专业的培训课程、提升从业者的意识和素养，推动旅游规划与开发实践的可持续性，培养具有可持续发展意识和能力的专业人才。

第七节　旅游人类学理论方法与启示

旅游人类学是将人类学与旅游学融合在一起而形成的新兴学科，它与那些传统的规划理论相比是十分年轻的，其研究始于 20 世纪 70 年代①，但至今已经成为旅游规划与开发的理论基础。

---

① 国家旅游局人事劳动教育司. 旅游规划原理. 北京：旅游教育出版社，1999.

一、旅游人类学的概念

目前，对旅游人类学的研究才刚刚起步，仍处于发展的初级阶段。因此，旅游人类学尚无一个公认、明确的定义。这里只是从国内外现有的研究成果中，尝试着对旅游人类学的概念作一个阐述。

所谓人类学（anthropology），从字面上理解就是研究人类的科学，人类的发展过程、人类所拥有的文化等方面都应是其研究的内容，人类学的学科体系中，可分为如下几个研究方向：体质人类学、考古学、语言人类学和文化人类学。可见，人类学就是从人类社会的不同方面和角度来研究人类的社会、经济、文化活动的科学。从国内外现有的各种研究成果来看，旅游人类学的研究主要是从旅游地的居民和游客之间人际关系的角度来研究旅游地的文化现象和演变，以及这种文化现象对旅游地社会的影响的。因此，我们可以认为，旅游人类学就是从文化和美学的角度，研究旅游地居民、社会团体、旅游开发者与旅游者之间关系的科学。

二、旅游人类学的研究对象

世界旅游组织在 1980 年发表的《马尼拉宣言》中明确指出：旅游是人的基本需要，是人与自然、人与人之间的实践活动。可见，在旅游活动中，“人”占有绝对的主体地位。而旅游活动中的人包括两大类型：①旅游者，即旅游中的活动主体；②旅游地的居民、社会团体以及旅游资源的开发者。旅游人类学是研究旅游地各种人的活动的学科，上述两类人就构成了其研究的主要对象。

具体而言，旅游人类学的研究对象是旅游地居民、旅游开发者（投资个人或集体）、旅游者和旅游地社会团体（当地旅游机构，如旅行社、旅游交通运输部门等）在旅游开发或旅游活动过程中产生的各种临时互动关系。这种互动关系表现在上述人或团体之间的经济相互影响和文化相互协调上。

（一）经济互动关系

在对这种互动关系进行研究时，旅游人类学主要将关注的目标放在旅游地居民、旅游开发者、旅游者和旅游地社会团体上。上述四种目标群体之间的经济互动关系可以通过图 2.8 体现出来。

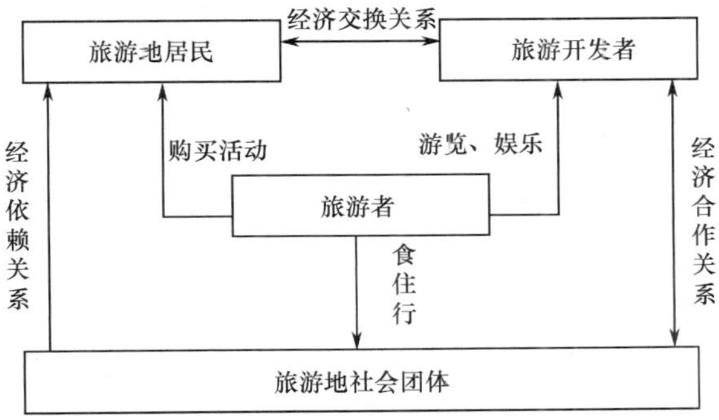

图 2.8　四种目标群体之间的经济互动关系

从图 2.8 中可以看到，旅游者与旅游地居民的经济互动关系主要通过购买活动来产生。旅游者在旅游过程中所希望购买的旅游商品的生产者和销售者都是当地的居民，于是就建立了一种供求关系。

旅游者与旅游地社会团体之间的经济互动关系是通过旅游过程中所需要的食、住、行服务来建立的；旅游者与旅游开发者之间的关系是建立在旅游者在开发者所提供的场所中游览和娱乐基础上的。

旅游地居民、旅游地社会团体与旅游开发者之间还存在着经济交换、经济依赖、经济合作三种互动的经济关系形态。

旅游地居民与旅游开发者之间的交换关系主要表现在居民对其活动空间的让渡上，即旅游地居民牺牲自己一部分生活空间，让旅游开发者将其开发为旅游活动的公共空间，从而换取一定的经济获益机会和就业机会。

旅游地社会团体与旅游地居民之间就形成了一种经济上的依赖关系，这些社会团体的经营以旅游地居民为依托，其员工大多从本地雇用，改变他们从前的职业，进入旅游服务行业之中。

旅游开发者与旅游地社会团体之间是一种互惠共生的经济合作关系。因为旅游活动的开展涉及食、住、行等方面，旅游开发者与旅游地社会团体在旅游业的经营活动中充当了不同的角色，起着不同的作用，共同保证旅游业的正常运行。

（二）文化互动融合

旅游者出游的一个重要的心理动机就在于对异质文化的求索与猎奇心理。但是，具有不同文化背景的人碰到一起很容易会因为文化的差异而造成误解或冲突。此时文化就显现出了它的适应能力，一般说来，人们的文化观念在一定的情况下是可以改造和重塑的。旅游过程中，旅游者与旅游地居民之间的文化互动关系有三种表现形式，即文化冲突、文化认同和文化整合（图 2.9）。这些表现形式往往与居民对旅游者的态度有关。

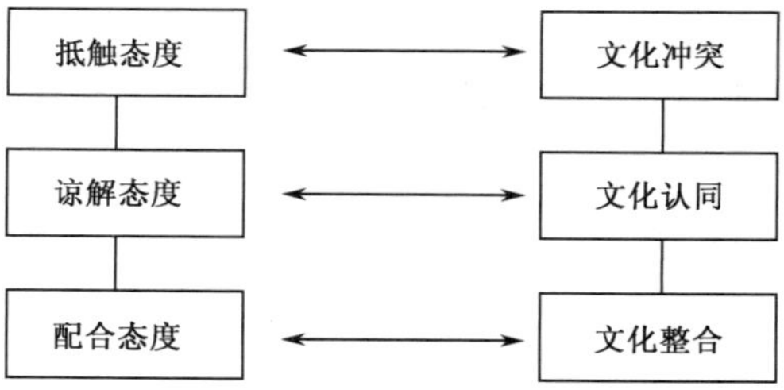

图 2.9　旅游者与旅游地居民之间的文化互动关系

三、旅游人类学的研究方法

在阐述了旅游人类学的概念和研究的对象之后，有必要就旅游人类学的研究方法作一说明[①]。

首先，作为一门应用学科，旅游人类学的研究方法应以“理论联系实际”为主旨。研究中所得到的结论要尽力将其应用于现实之中，防止空洞理论的产生。

其次，旅游人类学作为一门交叉学科，应主动借鉴其相关学科成熟的研究方法并在它们的基础上有所创新，形成自身独特的研究方法。

最后，从事旅游人类学研究，还应以自然辩证法以及在此基础上逐渐发展起来的系统思想为导向，对所获取的信息采用归纳与演绎相结合、静态与动态相结合、定性与定量相结合、宏观与微观相结合的分析方法进行科学处理。

基于上述基本说明，旅游人类学的研究方法应该是手段多样、功能多元的，针对不同的实际目的，可以采取不同的应对方法。在旅游人类学的发展中最常用的方法之一：田野工作参与观察——民族志的方法。

田野工作参与观察研究方法由英国人类学“功能学派之父”——布郎尼斯罗·马林诺夫斯基（Bronislaw Malinowski）首创，在其代表性著作《西太平洋的航海者》（*Argonauts of Western Pacific*）的绪论中，马林诺夫斯基向人们展示了他在西太平洋的特洛布里恩得岛（Trobriand Islands）对被誉为经典的土著部落著名贸易体系——“库拉圈”进行研究时，所运用的独特研究方法，亦即民族志方法。这一研究方法的诞生，是人类学里的一场“革命”，它使社会文化人类学成为社会科学的一门新学科。可见该方法在旅游人类学中起着举足轻重的作用。

在使用该方法对旅游地进行人类学的研究时，其工作的具体流程可分为如下阶段：初入旅游目的地→文化抵触期→文化适应期→中断阶段→集中精力调研阶段→第二次中断→收尾阶段。

初入旅游目的地，研究者和当地居民都会对对方感到好奇而感觉有些不适应；进入文化抵触期后，由于双方文化的差异而引起居民对研究者态度的恶化，这往往会使得调查研究工作无从下手；随后进入文化适应期，即经过一段时间的磨合，居民与研究者双方的隔阂和冲突趋于缓和，此时研究者可以开始观察并记录当地的旅游文化现象；中断阶段，即在得到一定的信息和图文资料之后，研究者有必要暂时离开旅游目的地，对前期的研究成果作一总结；集中精力调研阶段，即当研究者再一次返回旅游目的地进行研究时，旅游地居民与研究者之间的信任关系已经建立，研究者可以集中精力进行调研；第二次中断阶段，即在完成预定的研究任务后，研究者将再一次离开旅游目的地，对所获资料进行分析整理；在收尾阶段，除了补充一些有所遗留的材料外，还向旅游地居民表示友好的感谢。

本 章 小 结

旅游规划与开发的实践过程需要理论的指导。由于旅游规划与开发具有边缘学科的性质，因此，其相关的理论体系较为复杂，其结构大致可以分为四个板块和四个层

① 周霄. 刍论“旅游人类学”的几个基本问题. 广西右江民族师专学报，2001，（2）.

面，即包括经济、环境和人文等三大理论板块以及规划理论板块；关于旅游规划与开发研究方法的理论、关于旅游系统及其发展的理论、关于旅游规划与开发的理论以及关于旅游规划与开发实施的理论。

区位理论对于旅游规划与开发中的选址和布局具有重要的指导意义。规划中关键的问题在于给每个项目选择最佳区位，同时保证区域内部各主体间能在有序的空间结构下高效协调发展。

竞争力理论引入旅游规划与开发的目的在于强调规划者必须具备竞争观，要善于从竞争力要素分析、总体竞争力评价以及竞争力结构评价等角度认识区域旅游发展中存在的问题，并制定针对性的发展战略。

可持续发展理念是指导全球人类发展的大原则和大思路，旅游业的规划与开发同样需要在可持续发展的理念框架下进行，这就需要规划者将公平性、可持续性以及共同性原则置于较高位置并严格遵守。

旅游人类学在西方已经有了较长的发展历史，而在我国仍然属于新兴的学科，有待进一步发展。掌握旅游人类学，有助于规划者全面关注旅游规划中的相关群体，而不是仅仅将视线停留于资源和设施的规划与开发上，更为重要的是关注旅游规划和开发中的人。

案例分析与讨论

乌镇旅游：历史街区保护再利用的可持续发展典范

“来过，永不离去。”这句广告词深入人心，让乌镇在众多古镇中独具特色。在历史街区保护再利用的可持续发展的道路上，乌镇从众多古镇中脱颖而出。2010 年，乌镇景区获得国家 5A 级景区荣誉，成为全省第四家、嘉兴市首家 5A 级景区。随后，世界互联网大会乌镇峰会将这千年古镇推向互联网发展的快车道，使乌镇旅游这块“金名片”更加熠熠生辉。

乌镇旅游从零起步、从小到大，其关键经验在于始终采取“领先一步”的策略，促使景区持续升级。从 2000 年东栅老街的“观光小镇”，到 2003 年西栅老街主打“住在古镇中、发展夜游”的“度假小镇”，再到 2016 年以打造“乌镇戏剧节”和“木心美术馆”为核心的“文化小镇”，乌镇旅游不断提升“同样的古镇，不同的乌镇”形象。

从观光旅游发展到度假休闲游，再到注重文化内涵、举办会展活动、升级为互联网小镇，乌镇旅游发展吸引越来越多人的关注。基于自身成功经验，乌镇旅游将这一模式向外输出，目前在浙江省内通过控股和参股的方式，创建桐乡濮院时尚小镇、海宁盐官音乐小镇，未来每年将为嘉兴旅游新增游客超过千万人次。同时，义乌正在建设西门“商贸文化”历史老街，温岭曙光园项目即将启动，乌镇旅游模式正在代表桐乡“走出去”，成为全国文旅发展的浙江主力军。

资料来源：连续八年全国第一！乌镇经验全省推广. https://mp.weixin.qq.com/s/yYXpBN6auYS9HdmGO1f26w，2023-02-14，有改动。

讨论问题：

1. 结合上述案例，谈谈你对乌镇旅游可持续发展模式的认识。

2. 如何在历史街区保护与可持续利用之间实现平衡，以促进社会共享与文化传承？

思考与练习

1. 通过本章的学习，谈谈你对旅游规划与开发理论体系的认识。

2. 结合实际，请说明竞争力理论对于现代旅游规划与开发的指导意义。

3. 试举例说明旅游地周期理论在旅游业的应用以及旅游规划在各个发展阶段中的作用。

4. 旅游规划中的人类学理论对于旅游地的发展有什么意义？

第三章

旅游规划与开发的研究及发展

学习目标

1. 国内外旅游规划与开发的历史回顾
2. 旅游规划与开发的发展趋势
3. 国内外旅游规划与开发的研究热点

核心概念

都市旅游（urban tourism）　生态旅游（ecotourism）　会展旅游（mice tourism）　主题公园旅游（theme park tourism）　扶贫旅游（pro-poor tourism）　假日旅游（holiday travel）

本章导读

旅游规划与开发领域的理论和实践自诞生以来就持续不断地演变和发展，深入了解这一演变过程对于更好地掌握旅游规划与开发的理论和方法至关重要。为此，本章将从多个角度出发，全面呈现旅游规划与开发领域的历史、发展趋势和研究热点，以描绘其丰富多彩的发展脉络。通过本章的系统介绍，读者将获得一个完整的时间线，从旅游规划与开发的诞生，到其演变历程和未来发展方向的洞察。这将帮助读者更好地理解该领域的动态特点，为其深入研究和实践提供有益的指引。无论是对于学术研究还是实际应用，这一章的内容都将成为读者探索旅游规划与开发世界的重要窗口。

第一节　国内外旅游规划与开发的历史回顾

一、国外旅游规划与开发的历史回顾

综观世界上旅游活动的产生和发展，不难看出旅游活动的出现需要一些客观条件：其一，旅游者的可自由支配收入要达到一定的水平；其二，旅游者需要拥有一定的闲暇时间；其三，受到其他一些因素影响，诸如旅游者的身体健康状况、旅游目的地的交通状况、旅游目的地的旅游环境等。西方国家自工业革命以来尤其是在第二次世界大战之后，由于各国均致力于本国经济力量的恢复和发展，许多战时的军用技术转化为民用技术，国家的生产力水平得到了快速提高，国民经济也获得较快的发展。经济的发展提高了西方国家居民的收入水平，并增加了其可自由支配收入，同时生产力的快速发展也推动了生产效率的提升，从而增加了人们的闲暇时间。战后这些因素的出现以及长期的和平安定的环境对西方国家旅游的迅速发展和普及起了巨大的推动作用，同时旅游的发展又促进了旅游规划的发展。国外旅游资源规划与开发的研究和实践工作较早，主要是因为国外的旅游发展较早。

西方国家旅游规划与开发的先驱，被一致认为是 1959 年美国《夏威夷州规划》（“State Plan of Hawaii”）。从 1959 年开始，西方国家旅游规划与开发的研究和实践可以大致分为以下五个阶段。

1. 旅游规划与开发的初始阶段（20 世纪 30 年代～50 年代末）

20 世纪 30 年代中期，英国、法国、爱尔兰等国开始了最初的旅游规划，当时这些所谓的旅游规划实际上只是为一些旅游项目或旅游接待设施作一些基础性的市场评估和场地的设计，如为旅游饭店或旅馆进行选址等。所以，从严格意义上来说，这时的规划还称不上是旅游规划。

1959 年《夏威夷州规划》的编制成功，代表了真正的旅游规划与开发的出现。在《夏威夷州规划》中，旅游规划第一次成为区域规划中的一个重要组成部分。这个时期的旅游规划运用的主要理论是旅游经济学、闲暇与休憩学、旅游地理学等，旅游规划者多从旅游活动的经济性上来研究。在旅游规划的研究领域，主要的代表人物是加拿大的地理学家罗奥艾·沃尔夫。

2. 旅游规划与开发的扩展阶段（20 世纪 60 年代～70 年代初）

20 世纪 60 年代，法国、英国相继出现了正式的旅游规划。1963 年，联合国大会强调了旅游规划的重大意义。随后，马来西亚、斐济、波利尼西亚、加拿大、澳大利亚、美国及加勒比海地区均兴起了制定旅游规划的热潮。比如，法国尼斯蔚蓝海岸、印度尼西亚的巴厘岛、澳大利亚中部都相继制定了地区性的旅游规划。在 20 世纪 60 年代中期到 70 年代初的几年里，世界旅游业发展迅速，旅游开发的需求也逐步增加。与此相应，旅游规划在欧洲得到了进一步发展，并逐渐发展到北美的加拿大，然后进一步向亚洲和非洲国家扩展。

这个时期所依据的理论是将旅游经济学、闲暇与休憩学、旅游地理学和区域规划学相结合，规划着眼于旅游资源的开发、利用和旅游区的开发以及对旧旅游区的改造。学术界在这一时期也针对旅游规划的问题进行了研讨。沃尔夫于 1960 年发表的《安大略旅游地》、斯坦费尔德的《美国海滨避暑胜地》、明斯的《西印度群岛》等著述都论述了旅游资源的开发问题，均从不同角度、不同的地区或在同一地区的不同深度上对旅游资源的开发进行了研究。一般认为旅游区应该是具有一定的经济结构和形态的旅游资源的组合，而旅游业在该地域内的经济结构中应占有重要地位。

3. 旅游规划与开发观念转变阶段（20 世纪 70 年代）

进入 20 世纪 70 年代，旅游需要规划的观念才开始真正为许多国家和国际组织所认同和重视。世界旅游组织、世界银行等国际组织都积极推动旅游规划的发展，并参与了菲律宾、斯里兰卡、尼泊尔、肯尼亚等国家的旅游规划编制工作。在这个阶段，旅游规划的边缘学科性质日渐显现，更多的其他学科的方法被引入了旅游规划中，如旅游心理学、旅游社会学等理论成为旅游规划中重要的理论基础。旅游规划从传统的静态的、确定性的规划向动态的、概率性的和不确定性规划转变；从物质环境规划向物质环境、社会、经济规划转化。

4. 旅游规划与开发快速发展阶段（20 世纪 80 年代）

进入 20 世纪 80 年代后，旅游规划普及到了许多欠发达的国家和地区，同时也在发达国家进一步普及和深化，还出现了对旅游规划的修编。如夏威夷州在 1959 年编制了《夏威夷州规划》后，于 1980 年对 1959 年的规划作了修编，印度尼西亚也在 1981 年进行了奴萨—坦格旅游规划。这个阶段，旅游地理学、旅游政策学和旅游生态环境学等理论逐渐被引入旅游规划中，并起到了重要的作用。加拿大的史密斯、英国的波利费斯和库泊尔等在这个方面做了大量的工作。

5. 旅游规划与开发深入发展阶段（20 世纪 90 年代至今）

旅游规划与开发在经过 60 多年的发展后，理论和实践的经验已经比较丰富了，可是旅游规划标准程序框架的建立则直到20世纪90年代初才完成。为建立旅游规划标准程序作出贡献的是美国著名旅游规划学家因斯基普(Inskeep)，其两本代表作《旅游规划：一种集成的和可持续的方法》和《国家和地区旅游规划》，是面向旅游规划师操作的理论和技术指导著作。同期，世界旅游组织也出版了《可持续旅游开发：地方规划师指南》及《旅游度假区的综合模式》等。这些著作的出现使旅游规划内容、方法和程序日渐成熟。

与此同时，旅游规划界对旅游资源开发与保护之间的关系开始加以关注，力求在旅游规划与开发过程中体现可持续发展的思想。市场的重要性也引起了旅游规划编制者的注意，旅游规划开始注重旅游市场的营销规划，亚太旅游协会（Pacific Asia Travel Association，PATA）高级副总裁罗杰・格里芬（Roger Griffin）就在辩证理解旅游规划与市场营销关系的基础上提出了“创造市场营销与旅游规划的统一”的观点。总之，20 世纪 90 年代以来旅游规划与开发的研究内容日益系统化，规划所使用的理论和方法也逐渐完善。

二、我国旅游规划与开发的历史回顾

中国旅游规划与开发的理论和实践发展历史与西方国家相比较短，但是近年来发展却十分迅速。我国的旅游规划与开发工作是与中国旅游业的发展同步的。中华人民共和国国家旅游局于20世纪80年代成立。这以后，国家建设规划部门开始对城市、景区加以规划，出现了风景旅游城市规划、旅游风景名胜区的规划等；林业部门也开始对其辖下的森林旅游资源进行森林公园的规划和开发。这些早期编制的规划，不是由专业的旅游规划专家来完成的，而是由城市规划者及建筑设计规划者来编制的。严格说来，此时所编制的所谓旅游开发规划，属于城市建设规划的范畴，因而只能算作是我国旅游规划与开发的萌芽阶段。

我国旅游规划与开发的交流与发展是从我国的旅游地理学者对旅游资源及其开发规划进行研究时开始的。中国旅游地理学的系统化研究是以中国科学院地理研究所组建旅游地理学科组为标志的。从此以后，涌现出了一批专门从事旅游规划与开发的科研机构和专家学者，他们凭借在旅游地理学学科上的优势，将地理学科的区域性、综合性和实践性与旅游规划与开发结合起来，并积极参与国内旅游开发规划的实践。例如，郭来喜于 1983 年在全国保护长城工作会议上提出了“保护长城，研究长城”的口号，首倡国内外集资修复长城的代表区段，发展旅游业。1985 年郭来喜主持完成的“河北昌黎黄金海岸开发”旅游区规划是一个获得巨大成功的典型范例，使得一片荒凉的沙碱地成为新兴的旅游热点，取得了可喜的经济、社会和生态效益①。

1986 年，我国政府将旅游业确立为正式的产业部门，从此中国的旅游业进入了一个快速发展的阶段。旅游业的快速发展对旅游规划与开发提出了更高的要求。与此相

① 杨桂华，陶犁. 旅游资源学. 昆明：云南大学出版社，1994.

对应，旅游资源的规划也进入了以市场需求为导向的产业化规划阶段。旅游开发规划的内容开始注重对旅游客源市场的分析，并开始将旅游业作为一个产业部门，对旅游业及与其相关的各个经济部门加以系统化的规划，旅游规划的数量开始逐渐增多。1993 年中国科学院地理研究所和中华人民共和国国家旅游局资源开发司合作，制定了《中国旅游资源普查规范（试行稿）》，为编制中长期的旅游规划提供了科学的依据。

1999 年，中央经济工作会议决定将旅游业作为国民经济新兴的经济增长点来加以培育，使得旅游业在国内的发展迅速升温。目前，我国的重点旅游城市纷纷将旅游业作为主导产业、支柱产业、先导产业，放在优先发展的位置，为旅游业营造优质发展环境。旅游业的快速发展引发了对旅游业发展进行规划的需求。于是，各地出现了争相编制旅游发展规划的热潮，相应地，旅游规划的水平也日渐提高。从参与规划编制的人员来看，旅游规划编制小组的成员不再是单一的旅游学的专家，而是将其他学科如经济学、社会学、生态学、人类学、心理学等学科的专家学者吸纳进了规划编制组，这更加体现了旅游学的边缘学科性质。从编制旅游规划所使用的技术方法上来看，由于新兴理论的产生和科技的进步，一些基于计算机技术的方法，如全球定位系统（global positioning system，GPS）、地理信息系统（geographic information system，GIS）、遥感技术（remote sensing）和一些相应的理论，如系统论、控制论、行为论等被引入了旅游规划的编制之中。此外，这一时期我国的旅游规划开始注意与国际接轨，有的省份在编制旅游规划时聘请了国外著名的规划公司，如四川省、云南省、山东省和海南省就委托世界旅游组织为其编制旅游业发展总体规划。国外旅游规划公司进入我国旅游规划市场，为我国旅游规划界引入了竞争机制，对国内旅游规划编制水平的提高有一定的帮助。因此，这一时期可称为我国旅游规划的提升发展阶段。

第二节　旅游规划与开发的发展趋势

1. 全球化趋势

随着全球化进程的加速，旅游业也逐渐走向全球化，各国之间的经济、文化、人员等方面的交流越来越频繁，旅游业的国际化程度不断提高。同时，随着人们生活水平的提高，旅游成为一种重要的休闲方式，国际旅游市场规模也逐年增大，各国都希望通过旅游业来吸引外国游客，这也推动了旅游业的国际化发展。在这样的环境下，旅游规划也必然呈现出全球化的趋势，即在旅游市场的定位、旅游项目的设计、旅游教育和培训等方面注重与国际接轨。另外，国内的旅游规划学者和专家需要具备更加强烈和全面的竞争意识，在国际上与规划工作者开展广泛的合作和交流。

2. 市场化趋势

旅游规划要以市场为服务对象，这是在社会主义市场经济条件下，一切经济活动都要以满足人们的需要为出发点所决定的。从前那种靠政府进行规划的方式将一去不复返。旅游规划的编制将进一步市场化，规划编制方和委托方要通过公平竞争的方式，公平、公正、公开地走到一起。我国一些地区的旅游规划编制的招标程序市场化程度比较高，如全国首个省域旅游规划《福建省旅游业发展总体规划》的编制招标就是在全国范围内开展的，经过严格的评选过程，最终由湖北大学马勇教授主持。市场化趋势会在一定程度上保障所编制旅游规划的质量，并促进旅游规划编制效率的提升。

3. 产业化趋势

旅游业作为一个高速发展的新兴产业已经为世人所瞩目。实践证明，旅游业的发展要力求从高起点进行定位，实行适度超前的发展战略。与此相适应，就要求旅游规划站在一个比较高的层次上来审视旅游规划区的发展问题。只有站在产业的高度，才能真正做到规划的科学性、合理性和可操作性的完美结合。

4. 生态化趋势

旅游业被人们称为“低碳产业”，但并不表示其对周边环境不产生影响，而是影响较小。随着自然环境的不断恶化，人们对可持续发展的认识越来越深入，旅游规划作为指导当地进行旅游开发和发展的纲领性文件，更要体现生态化的设计理念。近年来，在旅游地的规划和开发中已经开始重视旅游目的地生态环境（空气、地表水、噪声状况）、污染控制和管理、环保设施建设等方面的内容。保证旅游地在开展旅游活动的同时，注重生态平衡的保持，努力使旅游者的活动、当地居民的生产和生活活动与旅游环境融为一体，以实现保护→利用→增值→保护的良性循环。

5. 战略化趋势

旅游规划的编制关系到旅游区未来的发展方向，是地区经济发展中的一个重要文件，因此要立足于战略的高度，协调好旅游规划区长远利益与眼前利益的关系，注重长期内旅游区产业竞争力的培植与提升。总体说来，旅游规划的编制应当以特色为战略灵魂、以质量为战略根本、以效益为战略目标、以产业为战略水准，在宏观层面上重视政府主导战略、产品开发战略、形象建设战略、产业融资战略、市场开拓战略和科技支撑战略的综合运用。

6. 创新化趋势

当今世界变化万千，旅游规划的编制同样也要受制于不断变化的环境，如政治环境、文化环境和经济环境等。未来旅游规划的编制要求编制者注重对旅游规划内容和方法的创新性思考。创新性是核心竞争力的一个核心指标，只有不断地在旅游规划的内容上和所使用的技术上进行突破，所编制的规划成果才能具备较强的竞争力。

7. 多元化的趋势

旅游规划的多元化趋势是由旅游规划的学科特征所决定的，其多元化趋势表现在旅游规划编制组成员、旅游规划的技术方法和手段的多元化上。旅游规划所涉及方面的综合性决定了编制组成员的多元化，如果仅仅靠某一领域的专家是无法完成一项系统化的规划研究的。旅游活动的社会性又决定了新兴的科学技术必须被不断地引入到旅游中来，所以旅游规划中所使用的技术方法和手段也随着时间的延续呈现多元化趋势。

8. 系统化趋势

旅游规划不是一项独立的工作，它与旅游开发地的经济发展的各方面都有着千丝万缕的联系，如旅游规划专家组与本地旅游业界和学术界的关系、旅游区各利益相关者之间的关系等都联系紧密。任何一个方面的关系处理不当都不利于旅游规划的制定。所以旅游规划编制的每个过程都要坚持系统化的观点，各个部分之间要相互协调，以共同完成一个特定的目标。

9. 融合化趋势

旅游业是一个产业集群，它是由许多产业构成的，在实际经济环节中，旅游地的构成要素范围较广，作者初步统计与旅游相关的产业达 100 多个。因此，所谓的全域融合发展不仅是指要充分调动各行各业促进旅游发展的积极性，融合各行各业的智慧与力量，更要引导包括游客在内的社会大众共同参与、出谋献策。例如，近年来较为强调的价值共创就是鼓励包括游客在内的主体加入，为旅游业创造价值的过程。

第三节　国内外旅游规划与开发的研究热点

旅游规划与开发经过多年的发展，现在已经形成了一套标准化的运作程序和规范性的行文格式。旅游规划作为一门新兴的规划类学科，其研究的范围日益扩大，在新的时代背景下，一些专题性的旅游规划与开发成为国内外旅游规划与开发的研究热点。例如，随着世界上国际大都市的不断涌现，大城市已成为对旅游者产生浓厚吸引力的新兴旅游资源，如何有效利用和开发都市旅游资源引起了人们的思考。与此同时，随着人类城市化、工业化进程的不断发展，人类日益被钢筋水泥所包围，生活在城市中的居民为紧张压抑的城市生活所苦，产生了所谓的“城市病”。于是，以回归大自然为主要特征的生态旅游成了城市居民的最爱，如何开发生态旅游资源、引导生态旅游者正确享受生态旅游所带来的乐趣，引起了广大旅游规划者的关注。每个地方都有其独特的文化背景，旅游的开展会促使这种独特的文化向外传播，但与此同时，外来的文化也会对本土文化产生一定的冲击。因此，如何开发利用本土文化的同时对其加以保护，是一个值得思考的问题。此外，旅游资源的可持续开发利用、主题公园规划开发的问题以及新兴的会展旅游规划与开发也是近年来旅游规划与开发研究的热点问题。下面就对上述规划的热点问题进行分析。

一、都市旅游规划与开发

第二次世界大战结束以来，随着各国经济实力的恢复，世界上一些著名的城市规模不断扩大，同时在发展中国家涌现出了一大批新兴的工业化城市。这些城市或者历史悠久拥有众多的古迹建筑，或者经济发达展现出一派典型的现代都市景观，或者两者兼而有之，成为国际上著名的旅游地。意大利的罗马、法国的巴黎、美国的纽约和洛杉矶、比利时的布鲁塞尔、西班牙的巴塞罗那、希腊的雅典、新加坡、中国的北京和上海，以及沙特阿拉伯的麦加等均为广大旅游者所向往。

城市是人类发展过程中形成的一种聚落形式，城市中的景观都带有人工的痕迹，因而都市旅游的吸引力大多也是来自于人工形成的旅游资源。这些旅游资源，如城市中心区的购物消费区、城市广场休憩区、城郊的各种主题公园和度假区等都需要都市旅游规划者加以合理地统筹规划。从地域功能的角度上来看，城市是所在区域的中心，它往往具备了诸如经济中心、文化中心、信息中心、物资流通中心、人员流动中心等功能。因而在进行都市旅游规划时，最为重要的就是如何将旅游功能与都市的其他功能融合起来，将都市旅游规划和城市规划有机地结合。总的说来，都市旅游规划要解决以下几个问题。

（一）都市旅游游憩系统的开发与规划

都市旅游游憩系统是指吸引旅游者停留下来的旅游景点、娱乐场所、设施等吸引物所组成的综合体。该系统是都市旅游规划的一个重要部分，旅游规划部门要根据城市的规划布局，在平衡利用土地的原则下对旅游景点、游乐设施加以布局。游憩系统的规划在空间上可分为两个部分。

1. 建成区的旅游规划

建成区是城市里建筑、人口比较集中的区域。由于建设时间较长，建成区的城市景观基本上已经成型，因而建成区内游憩系统的规划与开发属于城市的二次开发，在开发中要注意新建设的旅游吸引物与其周围环境和氛围相一致，并将城市居民的利益放在首要位置加以考虑。

2. 边缘区的旅游规划与开发

城市建成区周边地区的旅游规划与开发尤其要注意用地的合理性和项目设计的高质量。一般说来，城市的边缘区域适宜布置度假区、休闲农庄和主题公园等旅游景点。在设计旅游景点时要考虑这类景点的档次和规模，提高旅游项目的科技含量和丰富文化内涵，并突出其所在城市的特色，让旅游者形成耳目一新的感觉。此外新规划的旅游景点切忌与其他旅游项目雷同，在布局时要与城市发展规划相一致，不能破坏城市发展区用地结构的平衡性。

（二）都市旅游服务系统规划与开发

旅游服务系统是为都市旅游提供配套服务的行业和部门的综合，如都市旅游交通、旅游饭店、旅行社、供电、供水、邮电通信等。这些行业和部门在城市的规划设计中已有安排，但是城市规划中的安排是以城市建设为基础和出发点的，在旅游中这些行业和部门规划可能不能满足其需求，所以在有些城市的旅游规划与开发中需要对这些基础性的服务设施加以调整，以适应都市旅游的发展。例如，都市旅游交通在规划时可以采用的规划模式有两种：一种是将城市的公共交通与旅游交通合二为一，不加以区分；另一种是单独规划城市内的旅游交通线。由于现代大城市中人口众多，交通状况不理想，虽然采取第一种旅游交通开发模式简单易行，但大城市拥挤的交通状况会对旅游者造成不便，所以在许多城市中，应将旅游交通线与市内公共交通线区分开来，力争为旅游者提供一种良好的旅游交通环境。

城市也是旅游饭店集中分布的地域，在都市的旅游规划与开发中，要根据旅游客源的状况对城市中旅游饭店的发展进行总体规划，以使旅游饭店的选址、档次、规模等满足各个层面旅游者的不同需求。此外，旅行社是客源市场的招揽者和旅游目的地的形象推广者，因此对城市中各类旅行社的发展也应该有一个统筹安排。

（三）都市旅游线路规划

旅游产品的主要表现形式就是旅游线路，都市旅游线路的优化设计有利于增强都市旅游对于旅游者的吸引力。一个成功的旅游线路设计推向旅游市场会得到旅游者的欢迎，同时旅游者对该城市的旅游目的地形象的认知也会得到深化。在进行都市旅游线路规划设计时，应充分利用和展示城市所拥有的丰富的旅游资源，将其分类组合成不同题材的热、温、冷景点搭配的旅游线路，并加强旅游线路的市场推广，以提升都市旅游形象。

（四）都市旅游环境规划

良好的旅游环境可以为旅游者提供一种适宜的旅游氛围，增强旅游过程中的美好感受，所以都市旅游也要营造一种和谐的旅游环境。在旅游环境规划中，主要是针对城市中空气污染、噪声污染等问题，在城市建设中扩大城市的绿地面积，对城市中交通车辆排放标准予以限制，保护城市中的生物资源，改善城市生态环境。现代城市的发展已经进入了生态化发展的阶段，因而城市可以通过一些途径建立人和自然和谐共处的景观，如大连就将人鹿同乐作为城市广场的吸引点之一。这些景观的建立不仅会促进城市生态环境的改善，更重要的是会有助于树立和推广良好的城市旅游形象。

二、生态旅游规划与开发

工业化、城市化的飞速发展使得人们的生活水平有了较大程度的提高，可是随之而来的就是人类破坏性地开发利用资源所带来的恶果——资源的巨大浪费和环境的严重污染，人们的生活质量也随之下降了。而此时传统旅游业并没有成为真正意义上的“低碳产业”，旅游业的发展对旅游目的地的自然和人文环境造成了不小的冲击，旅游者产生的生活垃圾污染旅游景点环境的报道时有见诸报端。随着人们对原始自然生态的向往和对环境保护意识的增强，为了保证旅游业不对当地环境产生负面影响，促进旅游业的可持续发展，生态旅游这种以自然生态环境为基础的新兴旅游形式得以产生。对于生态旅游的概念和规划的讨论成为近年来旅游规划与开发领域研究的重要问题之一。

（一）生态旅游的概念

“生态旅游”是一个从国外翻译过来的词，对该词的翻译本身没有什么异议，可是对于生态旅游的概念却是仁者见仁、智者见智，世界上曾有许多学者对其发表了自己的观点。综观现有的众多对生态旅游概念的表述，可以看出，生态旅游概念均是从两个方面来阐述的：一方面是强调生态旅游是以纯天然的自然资源为基础，以满足人们回归大自然的需求为目的的旅游产品；另一方面则强调生态旅游是通过对自然生态旅游资源的有效利用来为旅游目的地居民创造就业机会，增加地方收入以提高环保的投入，助力旅游业和旅游目的地的经济实现可持续发展。世界上较早研究生态旅游的机构——世界自然基金会在 1990 年就对生态旅游下了明确的定义，此后我国学者郭来喜、卢云亭也在 1996 年对生态旅游的概念进行了探讨。

根据以往学者研究的成果，我们可以将生态旅游表述成：通过利用未受人类开发的自然生态资源开展的旅游活动。在旅游过程中人们可以了解旅游区的文化和生态，增强环境保护意识，并以此为旅游区的居民创造就业机会，促进当地经济发展，为自然生态环境的可持续利用贡献力量。

（二）生态旅游规划的原则和内容

生态旅游作为一种全新的旅游形式，其规划与开发的实践没有先例可循，但是在近年的规划与开发实践中，人们逐渐达成共识，即在生态旅游的开发和规划中应遵循以下原则。

（1）整体优化原则。该原则要求规划与开发在追求经济效益最大化的同时更加注重社会和生态环境效益，因为就生态旅游本身而言，其目的是要让人们形成一种环境保护的意识，并促进自然生态资源的保护性开发。因而生态旅游资源规划时要保持三大效益的综合平衡，不能顾此失彼。

（2）特色原则。生态旅游所利用的旅游吸引物都是那些没有受到人类开发影响的天然生态环境，因此，在对其进行规划与开发时要追求一种真实的“野”趣，突出当地原始生态的特色。

（3）可持续发展原则。地球经过人类的开发，所剩的原始生态区域已为数不多，为了保住这些珍贵的生态旅游资源，我们在对其进行规划与开发时要认真地贯彻可持续发展的原则，保证同代人和代际之间的公平性，实现生态旅游资源的可持续利用。

生态旅游规划的主要内容包括：在分析当地自然社会状况、区位、交通条件和旅游资源的基础上确定规划范围；对规划区域性空间进行功能分区；针对不同的功能区设计一系列旅游项目；对旅游的配套服务部门进行整体部署；制定生态旅游资源的保护措施；计算生态旅游区的旅游承载力；等等。其中，制定生态旅游资源保护措施和计算旅游区的旅游承载力是生态旅游规划与开发中尤为重要的，这是由生态旅游的性质所决定的。生态旅游资源的脆弱性要求生态旅游的开展必须在旅游承载力的限度之内，否则很容易造成生态旅游资源和环境不可逆转的破坏，这是与生态旅游的宗旨相违背的。

虽然生态旅游规划在一些国家和地区取得了成功，如拉丁美洲、欧洲和澳大利亚等国家和地区的生态旅游就开展得有声有色，也取得了较好的效益。但是由于各地旅游资源的赋存状况各异，相关规划与开发理论尚未完全成熟，还有待进一步在规划与开发实践中加以研究和探讨。

三、会展旅游规划与开发

（一）会展旅游的概念

会展旅游或会展经济是第三产业发展日趋成熟后出现的一种综合性更强、关联性更大、收益率更高的经济形态，它的出现可以作为该地区第三产业成熟化和完善化的标志。然而会展经济的发展离不开旅游业的成熟，会展经济与旅游经济具有明显的互动性，举办会议展览（尤其是国际性的）必然涉及食、住、行、游、购、娱的旅游六大要素，而各种国内及国际会展活动的参加者也自然地形成了旅游业的重要客源市场。

在国际旅游业中，作为旅游市场中一大部分的商务旅游就被分为一般商务旅游、同各种会议和展示活动有关的商务旅游和奖励旅游三大部分。与会议和展示活动相关的会展旅游，因其对交通、餐饮、宾馆、商贸、娱乐、通信等行业的巨大作用，很早就被国际社会公认为商务旅游市场的重要组成部分，俗称为 MICE（meeting——会议，incentive tour——奖励旅游，conference or convention——大型会议或集会，exhibition or exposition——展览会或大型博览会），这一点充分说明了会展业的旅游属性。会展活动一直以来都是旅游市场的重要组成部分和旅游活动的重要形式。

基于上述认识，会展旅游的概念可以描述为：通过举办各种类型的大型国际展览会、博览会、交易会、运动会、招商会等，吸引大量游客前来洽谈贸易、旅游观光，进行技术合作、信息沟通、人员互访和文化交流，以此带动交通、旅游、商业、餐饮等多项相关产业的发展，它是一种综合性的旅游服务形式。

（二）会展旅游的特征

与常规的观光度假旅游相比，会展旅游具有组团规模大、消费档次高、停留时间长、季节性弱、利润丰厚等特点，因而享有“旅游皇冠上的宝石”的美称。

1. 组团规模大

由于各类会议、展览会、交易会时间集中，参展人数多，要保证游客在会展期间大批进入，会展旅游组团的规模通常较大。

2. 消费水平高

以海外为主要目的地的会议旅游和商务旅游者的人均消费，要高于以观光度假、探亲访友等为目的的旅游消费。由于参加会议和展览的人员通常都是拥有一定经济实力的人，他们的经济收入水平都比较高，而且他们一般都追求更好的服务，所以，他们与一般的游客相比，消费档次较高。

3. 停留时间长

发展商务、会议、展览可以延长游客的停留天数，已成为业界的共识。会展旅游的时间安排较大程度上受制于会展活动的时间安排，因此其时间跨度一般较长。长时间的停留意味着参与者在目的地的消费也会相应增加。这对旅游业的发展和酒店入住率的提高有更大的帮助。会展旅游的长时间停留为当地酒店、餐饮、交通等相关行业带来了更多的消费机会和经济效益。持续的会展活动还能刺激城市的市政建设和旅游服务质量的提升，进一步推动城市的经济和社会发展。

4. 季节性弱

会展旅游的冷热程度由举办的会议和展览的数量与频率来调节，和一般休闲消遣旅游相比，其季节性特征不太明显。

5. 利润丰厚

会展经济一般被认为是高收入、高盈利的行业，其利润率均在 25%以上。2019 年，香港共举办了超过 100 项展览，吸引超过 160 万名 MICE 海外过夜旅客来港参加。这些展览会吸引约 39 000 名参展商及超过 750 000 名买家来港参加①。香港展览会议业协会委托进行的“香港展览业对香港经济的整体贡献研究”最新数字显示，2016 年，展览业为香港经济带来约 529 亿港元（68 亿美元）收入，相当于香港本地生产总值的 2.1%②。

（三）会展旅游的功能

会展旅游作为会展经济与旅游经济的结合体，在功能上表现得更为强大，它综合了两种经济的功能优势，具体表现在以下几个方面。

1. 整合功能

会展旅游实现了会展业与旅游业以及其他连带行业在产业结构、功能以及发展模式上的整合，因此应充分利用会展业与旅游业的互动性，发挥双方优势，实现双赢。

2. 效益功能

会展经济是一种高收入、高盈利的经济形式。根据全球展览业协会的报告，全球展览业 2018 年直接经济产值达 1975 亿美元，在全球最大行业中排名第 56 位，高于机床、医疗设备等行业；从国内看，改革开放 40 多年来中国会展业得到了快速发展，目前行业规模已经居全球第二。随着会展业办展数量和办展面积的快速增长，相应会展经济产值也实现大幅增长。2011 年，我国会展业经济直接产值仅为 3016 亿元，据统计，2025 年我国会展业经济总产值将达到 1.5 万亿元③。此外，会展旅游充分利用会展经济的广泛的行业关联性，带动社会相关行业创造巨大经济效益。据有关专家估算，会展活动每增加 1 元营业额，就能使周边地区和相关行业（包括旅游行业）产生 4～5

① 王波. 对城市会展经济快速健康发展的思考及建议[J]. 市场研究，2004（3）：45-46.

② 读报告 | 香港展览业 2016 年为香港进账 529 亿港元. https://www.sohu.com/a/209810904_594364，2017-12-11.

③ 2025 年会展行业现状及发展趋势分析. https://www.chinairn.com/lly2x/0250512/163314498.shtml, 2025-05-12.

元的经济效益，可见会展旅游借助会展发展当地经济效益显著。

3. 纽带功能

会展主办地通过举办大型的会议和展览，吸引大量游客前来洽谈贸易、观光旅游，一方面可以聚集商品和服务信息，促使参展商和贸易商建立新的客户关系，为获取经贸信息提供便利，是众商家与客户旅游者联系的纽带；另一方面，有助于企业了解有关产品技术发展的最新动态，学习、引进和吸收发达国家的技术知识和管理经验，加强我国与其他国家的技术交流与合作，加速技术的传递和流动，提高企业技术水平，推动我国现代化建设，是企业间、国家间信息沟通的桥梁。

4. 展示功能

发展会展旅游，通过举办会展，一方面可以向世界各地前来参展、洽谈以及观展的旅游者宣传一个国家和地区的科学技术水平、经济发展实力，展示城市形象，扩大城市影响。另一方面，又可以通过这些海内外游客耳濡目染所形成的良好口碑提升城市的知名度和美誉度，进一步推动城市的繁荣，吸引更多的旅游者。此外，会展旅游有助于加强政府、国内外旅游团体和商界彼此间的了解和交流，推动城市间人员的互访和文化的交流。比如，大连原本是一个以重工业为主的城市，自20世纪80年代末以来，该城市通过举办“大连服装节”，不仅使大连成为享誉全球的城市，而且还促使其建成了一大批具有国际水准的基础设施，使大连成为东北亚国际会展的中心城市。

5. 连带功能

会展旅游具有很强的连带作用，一方面可以拉动相关行业效益增长，另一方面还可以增加大量就业机会，有利于提高城市旅游的综合实力。首先，由于大批中外参展、观展人员的进入，刺激了当地的商品和劳务的消费需求，从而推动了商贸、饮食、服务业的发展；其次，会展业特有的展品、展地和展期三个要素，决定了参展商和贸易商在地域和时间上的局限性，会展旅游的承接地必须为远道而来的商务旅游者提供优质服务，形成商品展览、研讨会议、饭店业等“一条龙”的服务体系，它同时也带动了承展城市咨询业、保洁业、广告业、印刷业、旅游业等行业的迅速发展；最后，会展能够推动举办地加强交通业、运输业、电信业、环保业等基础产业的发展，从而大大促进当地产业结构调整，实现产业升级，促进第三产业和高新技术的发展，全面塑造举办地城市新形象，提升举办地的旅游综合竞争力。昆明世界园艺博览会使整个云南省的旅游火爆起来，有效带动相关行业的发展和促进当地居民就业。

（四）会展旅游发展的规划体系

会展旅游具有巨大的发展潜力，这是由其自身的特点决定的。纵观国内外会展旅游的发展过程与管理实践，我们不难发现，会展旅游的持续、健康发展必须有多方面的要素作为支撑，这些要素组合在一起，形成了会展旅游发展的规划体系（图3.1）。经贸活动为参展商提供基本的交流平台，并带来较大规模的人员流动，从而为当地的旅游业、咨询业、通信业等行业创造大量的市场机会；现代化的城市设施为参展商提供良好的工作环境和专业的会展场馆，它是会展活动得以顺利开展的基本保障；浪漫独特或底蕴深厚的都市文化是都市旅游的主要组成部分，也是大多数会展举办地的一项重要优势；与一般意义上的会展相比，会展旅游的本质特征在于，会展活动与旅游业实现了有效对接，针对参展人员和观展者的高效率、高品质的旅游服务是旅游业全程参与会展活动的主要标志；会展旅游的持续、稳定发展离不开政府的科学引导和积极的产业政策，政府部门应在争取会展举办权、基础设施建设、整体促销等方面为会展旅游提供大力扶持；完善的行业管理能有效避免重复办展，并能扩大会展旅游的规模和优化会展活动的整体促销效果，从而使会展资源和旅游资源得到有机整合。

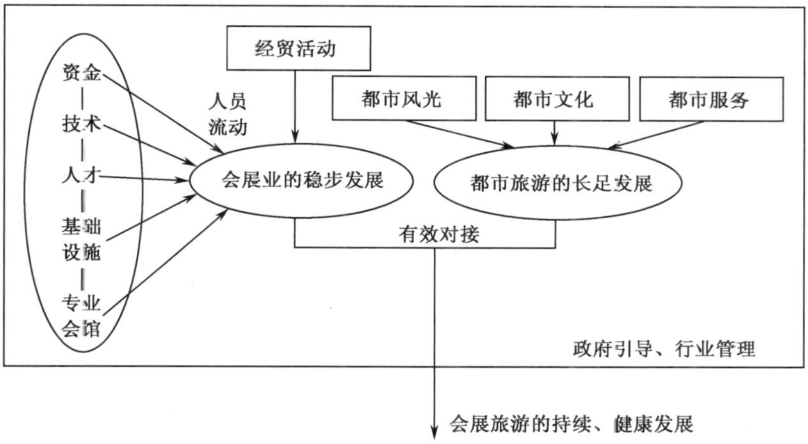

图 3.1 会展旅游发展的规划体系

因此，在对会展旅游的发展进行规划时，首先，对会展场馆进行规划，在适当的城市兴建一批功能完善的现代化的展馆和会议中心，为会展旅游创造一个良好的硬件环境。其次，围绕会展旅游所需的服务和配套设施进行规划，如对交通、通信、饭店、旅行社等与会展旅游密切相关的部门进行规划。再次，要对会展旅游所需人力资源进行综合规划，促使其实现长期可持续发展。最后，会展旅游的市场营销规划，需要通过建立一系列的营销渠道和网络，加强推销和市场扩展，在会展旅游市场中树立本地区良好的会展旅游目的地形象。

四、主题公园规划与开发

（一）主题公园的概念

所谓主题公园，是现代旅游业在旅游资源开发过程中产生的新的旅游吸引物，是介于自然资源和人文资源之间的边际资源，是信息资源与旅游资源相结合的休闲度假和旅游活动空间，是根据一个特定的主题，采用现代科学技术和设置多层次空间活动的方式，集诸多娱乐活动、休闲要素和服务接待设施于一体的现代旅游目的地。

主题公园是由游乐园演变而来的，是影视与旅游业相结合的产物。1955 年美国的沃尔特·迪士尼形成了一个天才的设想，即把在银幕上形成的全世界喜闻乐见的卡通形象物化为一个乐园，于是世界上第一个现代意义上的主题公园——美国加利福尼亚州的迪士尼乐园诞生了。迪士尼乐园的发展和商业扩张刺激了主题公园的发展。算起来，迪士尼乐园的落成距今也不过 70 年的历史，如果把 1989 年深圳锦绣中华的落成作为我国主题公园兴起的标志，那么我国国内主题公园的发展也只有 35 年的时间。但是，在这不长的发展过程中，主题公园旅游的发展却受到了国际上来自各个方面的极大关注，世界各地的旅游者都给予了主题公园这一极具生命力的新兴旅游项目以极大的热情。现在知名主题公园品牌中也有不少是我国自有的品牌，如香港海洋公园、欢乐谷、长隆欢乐世界、中华恐龙园、东方明珠、方特欢乐世界、世界之窗、苏州乐园、宋城公园等。此外，还有北京环球度假区，北京环球度假区于 2021 年 9 月 20 日正式开园，是一个广受欢迎的主题公园旅游目的地，包括开园规模最大的环球主题乐园、北京环球城市大道和两家度假酒店。其中，环球影城的门票在正式开售 1 分钟内就全部售罄。北京环球度假区定位于基于知名 IP 开发的大型主题乐园，园区以环球影业所拥有的知名 IP 为核心，在此基础之上不但提供了还原度极高的电影场景沉浸式体验，还提供了大量周边商品和附加服务以充分引导游客的二次消费。主题公园旅游与生态旅游、文化旅游并列为 21 世纪的三大新兴旅游消费增长点。这足以说明主题公园发展的强劲势头。

（二）主题公园的发展历程

回顾世界上主题公园旅游的发展历程，我们可以将其划分为创始、启动、分化以及大发展四个历史阶段。

1. 主题公园的创始阶段

由于主题公园最初开始于旅游与影视的结合，所以在主题公园的创始阶段，影视界的企业发挥了巨大的作用，其中著名的有美国好莱坞的电影制片公司等。在迪士尼乐园建设之前，美国环球影片公司等就产生过对主题公园的小规模尝试，而在加利福尼亚州的迪士尼乐园取得成功后，许多电影制片公司就将其电影拍摄的外景基地转变成了以电影电视的历史文化为主题的新型主题公园。由于当时电影、电视的覆盖面较广，且大多数人对电影和电视的拍摄不甚了解，因此，这样一类由电影、电视拍摄基地转型而来的主题公园受到游客的一致好评。这些主题公园不仅满足了人们求新、求知、求美、求乐的内在心理，还进一步满足了人们在现实中印证影视形象、移情替代知名人物崇拜的心理，尤其是对新一代的青少年会培养出强烈的消费偏好，使之成为主题公园终身的消费者。这类与影视紧密结合的主题公园是面向 21 世纪、适应新需求的新型旅游形式，也是知识经济的先行者和创造者。

2. 主题公园的启动阶段

美国迪士尼乐园自开业以来就吸引了众多的游客。迪士尼乐园及其后开发的迪士尼世界的巨大成功，大大刺激了美国主题公园的发展。美国华特迪士尼最新财报显示，截至 2023 年 4 月 1 日的 2023 财年第二季度（即截至 4 月 1 日的三个月），迪士尼总收入约 218.15 亿美元，同比增长 13.33%。截至 7 月 13 日，迪士尼总市值约 1653 亿美元，约合 1.18 万亿元①。

3. 主题公园开发模式分化阶段

该阶段之前的主题公园建设具有较强的相似性、模仿性和延续性。主要表现在主题公园的内容比较相似，并且一个主题公园往往有多个主题。例如，电影主题公园中的每一个园均为与电影相关的游乐项目，这样单一的游乐项目无法满足游客多样化的游览需求。而到了主题公园的分化阶段，主题公园的开发与传统的迪士尼乐园产生了明显的不同。

（1）主题公园所展示的文化主题出现了本土化倾向。我们可注意到传统的迪士尼乐园在全世界的园区所展示的主题没有太大的差别，而现在一些新建设的主题公园则立足于本土文化，侧重于对外的宣传和交流功能，呈现出文化主题多元化的特征。

（2）主题公园的选址呈现偏远化趋势。从前的主题公园往往坐落在城市的中心区和升值潜力较大的地区，可是随着城市地价的逐渐上涨和主题公园经营模式的转变，处于模式分化阶段的主题公园建设开始向客流量相对较少的地区转移。这些主题公园往往将功能定位于满足城市中家庭的度假需求。如未来乐园将地址选择在巴黎通往大西洋沿岸度假城市波尔图的 10 号高速公路的出口附近，每年就有很多游客利用度假时间到此地游览。

（3）主题公园的建设不再是一次性完成，而是在空间和时间上分次、分批完成。主题公园的建设需要大量的资金投入，可是现在人们的需求又在不断变化，为了更好地满足旅游者对旅游的多变需求，主题公园的投资者开始实行滚动开发的模式，不断推出新的旅游产品，使主题公园具有持续性的吸引力，并可以根据经营过程中的反馈对主题公园的建设规划加以修正，有利于其长远发展。

4. 主题公园的大发展阶段

在主题公园的巨大的经济效益的推动下，世界上多数国家都意识到了主题公园建设对本国旅游业和国民经济的重要意义，加大了对主题公园的建设投入。这一阶段中，主题公园的发展呈现了以下特征。

首先，主题文化的多元化。世界各国均意识到了保护本国独有民族文化资源的重要性，很多国家就曾对迪士尼乐园的全球扩张提出异议，认为迪士尼乐园是一种文化侵略。因此，各个国家开始以本土文化为主题，各种展示本土文化特色的主题公园层出不穷，形成了百家争鸣的局面。

---

① 各地疯抢的迪士尼到底有多赚钱？市值万亿，全球销冠上海迪士尼已涨价 4 次. https://www.163.com/dy/article/I9KRUFML0519APGA.html，2023-07-14.

其次，主题公园的表现形式呈现了多样性特征。现代主题公园中的游乐项目充分利用新兴的科学技术和多元化的文化氛围，向游人展示了各具特色的旅游产品，令人耳目一新。

再次，主题公园的市场日趋大众化。该阶段主题公园的目标市场由传统的贵族化市场转变为广阔的大众市场，因此主题公园的设计、建设、经营均体现出贴近大众生活的特征。

最后，主题公园的规模大型化。当今主题公园的规模日渐大型化，主题公园管理者期望通过大型化创造轰动效应和规模经济效应，以吸引更多的游客和获取更高的收益。

（三）我国主题公园规划和开发存在的问题

主题公园在国外具有悠久的发展历史，而在我国的发展时间还不长。自深圳的锦绣中华开业以后，我国也陆续规划建设了一批主题公园，其中不乏有成功者，如苏州乐园等就比较成功。但是其中也不乏一些失败的案例，如一些地方兴建了西游记宫，不仅没有产生良好的经济效益，反而出现连年亏损的情况。这样一些失败的例子让国内的旅游界人士对主题公园的经济性产生了怀疑。其实产生这种现象的原因在于我国主题公园的兴建在一定程度上缺乏科学规划。我国主题公园在规划与开发上与国外相比存在以下一些不足，这也是在进行主题公园规划中应加以重视的。

（1）主题公园的选址。主题公园运营需要强大客源市场的支撑，即主题公园在经营中的门槛较高。只有客源市场达到一定规模，其经营管理才能够维持。

（2）主题公园主题的选取。中国主题公园的建设热情比较高，但是有些主题公园独特之处不凸显，表现形式也较为单一，这样就形成了国内众多的微缩景观，如“海龙宫”“海底世界”等。此外，这些主题公园没有引入新兴技术来支撑其发展，项目的参与性和观赏性都有待提高，所以这些没有经过科学规划的主题公园不能取得成功是在情理之中的。

因此，在进行主题公园项目规划和开发时，要着重对客源市场、建设选址、主题创意、项目设计、投资分析及经营管理等方面进行科学规划。

五、乡村旅游规划与开发

乡村旅游是以旅游度假为宗旨，以村庄野外为空间，以人文无干扰、生态无破坏、以游居和野行为特色的村野旅游形式。

以往乡村旅游是到乡村去了解一些乡村民情、礼仪风俗等，也可以观赏当时种植的一些乡村土产（水稻、玉米、高粱、小麦等）、果树、小溪、小桥及了解它们的故事。旅游者可在乡村（通常是偏远地区的传统乡村）及其附近逗留、学习、体验乡村生活。该村庄也可以作为旅游者探索附近地区的基地。可见，乡村旅游的概念包含了两个方面：一是发生在乡村地区，二是以乡村性作为旅游吸引物，二者缺一不可。

2015 年中央一号文件提出，要积极开发农业多种功能，挖掘乡村生态休闲、旅游观光、文化教育价值[①]。2015 年 5 月 19 日是第五个中国旅游日，国务院副总理汪洋在湖北恩施集中连片贫困地区调研旅游扶贫工作时强调，乡村旅游是基层和群众的创造，旅游扶贫是贫困地区脱贫攻坚的有效方式，是贫困群众脱贫致富的重要渠道[②]。2016 年中央一号文件强调，大力发展休闲农业和乡村旅游。强化规划引导，采取以奖代补、先建后补、财政贴息、设立产业投资基金等方式扶持休闲农业与乡村旅游业发展[③]。党的二十大报告指出，全面推进乡村振兴。全面建设社会主义现代化国家，最艰巨最繁重的任务仍然在农村。坚持农业农村优先发展，坚持城乡融合发展，畅通城乡要素流动。加快建设农业强国，扎实推动乡村产业、人才、文化、生态、组织振兴。全方位夯实粮食安全根基，全面落实粮食安全党政同责，牢牢守住十八亿亩耕地红线，逐步把永久基本农田全部建成高标准农田，深入实施种业振兴行动，强化农业科技和装备支撑，健全种粮农民收益保障机制和主产区利益补偿机制，确保中国人的饭碗牢牢端在自己手中[④]。而乡村旅游为乡村振兴提供强大动力，乡村旅游与乡村发展、农民增收、农业现代化发展等各方面都有着千丝万缕的联系。乡村旅游涉及乡村社会、经济、文化、生态等各层面的重塑。乡村旅游日渐成为乡村振兴的重要抓手。

案例 3.1

传承红色基因，践行“两山”理念——江西省吉安市井冈山市茅坪镇神山村

井冈山市神山村位于黄洋界脚下，全村共有两个村民小组，一共 54 户 231 人，其中党员 19 人，建档立卡贫困户 20 户 46 人，全村耕地面积 198 亩，山林面积 4950 亩，其中 90%为毛竹林。在过去，村民的经济收入主要靠毛竹，是一个典型的“边、远、穷”小山村。

近年来，神山村牢固树立“党建+”工作理念，通过“党建+旅游”，进一步发挥村党支部在乡村旅游业发展中的引领作用。村党支部深挖当地传统民俗风俗，推出打糍粑、磨豆腐、做竹筷、编竹艺等民俗风情游，结合当地种植业，因地制宜发展特色乡村体验游。以村党支部为引领，找准神山村乡村旅游发展路子，推动旅游业标准化、规范化管理。成立旅游协会，设专人管理，提升旅游管理的专业化和专门化，进一步提升神山村农家乐、民宿、旅游商品售卖、接待及讲解的服务质量和接待水平。旅游协会将各个农家乐、民宿及旅游商品售卖点纳入管理范围，积极对接客源，团队接待统一派

---

① 中共中央国务院关于加大改革创新力度加快农业现代化建设的若干意见（全文）. http://www.moa.gov.cn/ztzl/yhwj2015/zywj/201502/t20150202_4378754.htm，2015-02-02.

② 汪洋在湖北调研旅游扶贫工作时强调 大力发展乡村旅游扶贫 促进贫困群众脱贫致富. https://www.gov.cn/guowuyuan/2015-05/19/content_2864841.htm，2015-05-19.

③ 中央给农民发“红包” 政策红利有哪些？http://news.cntv.cn/2016/01/29/ARTI21ZQvGttYnSgIMcZNQY9160129.shtml，2016-01-29.

④ 习近平：高举中国特色社会主义伟大旗帜 为全面建设社会主义现代化国家而团结奋斗——在中国共产党第二十次全国代表大会上的报告. https://www.gov.cn/xinwen/2022-10/25/content_5721685.htm，2022-10-25.

餐，将客流均衡分配，使原本位置偏远的农家乐也可参与接待，变“一家富”为“家家富”。

在全域旅游大格局下，神山村接待游客数由2016年的9.8万人次增加到30余万人次，农民人均收入达2.8万元，还先后荣获了第五届“全国文明村镇”、第七批“全国民主法治示范村”、全国乡村治理示范村、全国乡村旅游重点村等荣誉。

资料来源：农旅结合，打造乡村生态旅游景区促进脱贫致富——茅坪乡神山村“两资转换”生态扶贫案例介绍. http://www.jgs.gov.cn/xxgk-show-10207886.html，2021-03-05，有改动。

六、假日旅游规划与开发

随着我国休假制度的改革、人们生活水平的提高，人们开始追求一种更高层次、更高要求、更高品位的生活方式。“假日旅游”已成为人们茶余饭后最热门的话题之一，也成为百姓生活中的重要内容之一，成为衡量人们生活质量的重要标志。从1999年国庆第一个旅游黄金周的空前火爆，到目前国庆黄金周基本都会出现旅游热潮。显然，假日旅游本身已经成为一个发展前景广阔的新兴产业领域，是旅游业中的一个重要组成部分。

（一）假日旅游的概念

假日旅游是指人们利用节假日或双休日，外出旅游所引发的游、购、娱、食、住、行等消费活动的总称。它通过探求新的生活经历、寻觅异地民俗文化、转换新鲜生活环境、调节休养身心健康等方式，实现人们精神层面的愉悦与满足。假日旅游是自国务院1999年通过修订《全国年节及纪念日放假办法》，以上移下借方式形成春节、五一（2007年取消）和国庆三个黄金长假之后，在我国消费领域出现的一种新现象。在我国，假日旅游的概念有广义与狭义之分。广义上的假日旅游指的是人们在各种年节、纪念日、公休假日以及寒假、暑假的旅游活动；而狭义的假日旅游则是特指我国公民在春节和“十一”等长假（黄金周）的旅游活动。

（二）假日旅游的特征

假日旅游作为一种特定的经济现象，在我国还处于新生状态，有它自身发展的特征，主要体现在以下几个方面。

1. 旅游态势呈“井喷型”

这也是由消费时段的集中性所导致的。由于休假的时间全国一致，集中性较强，且居民出游自发性、盲目性较大，特别是“十一”假期期间，全国各旅游城市及景区景点游客数量急剧膨胀，旅行社组团接待繁忙，各条旅游线几乎全部脱销。

2. 旅游主体趋于“大众化”

旅游不再是可望不可即的“贵族消费”，而是寻常百姓家庭的大众消费，大众化的特征日益显现。假日旅游期间，旅游者中工薪阶层占据了主导地位，且自助旅游者和散客的比重有所提高，家庭旅游趋势明显，即使在团队游客中也有相当一部分是举家参团的。

3. 旅游行为属“无序型”

长假期间，旅游者具有强烈的旅游欲望，因而在全国范围内容易形成假日旅游高潮，但这种旅游行为通常带有浓厚的盲目色彩。一些旅游者缺乏基本的旅游知识、消费经验和安全常识，没有足够的自我保护意识，他们往往容易跟风赶热，涌向热点旅游城市及景区（点），造成一些地方出现“爆棚”现象。

4. 旅游消费呈“数量扩张型”

假日旅游消费水平虽然较平时有所提高，但旅游消费的增长远低于游客人数的增长。从收入水平和实际价格水平两方面共同分析，我国出游家庭大多只具备了国内旅游的初步条件，消费水平一般不是很高，由此形成了我国假日旅游消费层次较低、消费数量急剧增加的特点。

5. 旅游客源流向呈“多样型”

长假期间，全国各地旅游城市及景区（点）大多比较火爆。由于客源总量的激增，不仅热点旅游城市、景区（点）游人如织，就连一些偏远地区的旅游景区（点）客流量也迅速猛增。

6. 旅游浪潮呈“周期型”

一年内几个黄金周长假（如春节、五一、国庆）、一个长旺期（暑假）、五十个小高潮（双休日），周而复始，基本年年如此。

（三）假日旅游的功能

假日旅游以其新的假日生活方式、新的消费热潮、新的经济增长点，正受到越来越多行业的高度重视和普遍关注，许多旅游学者也对假日旅游进行了深入探讨和研究。

1. 可加大我国旅游产业与其他产业联动发展的力度

旅游产业是内涵深、外延宽、关联性强、牵涉面广的经济产业，它在第三产业中的龙头作用已充分显现，发挥着带动相关产业发展的核心作用。根据专家统计，旅游业收入每增加 1 元，第三产业产值就相应增加 10.2 元；旅游业每增加一个直接就业者，社会间接就业者至少可增加 5 人①。假日旅游的发展对于广开就业门路、吸纳劳动力也起着重要作用，由于其所产生的强大的聚集消费效应，上述比例估值还将有所增加。

2. 可加速我国国内旅游发展的步伐

目前，假日旅游已成为我国国内旅游的重要组成部分，成为国内旅游大发展的“发动机”。2019 年国庆七天全国共接待国内游客 7.82 亿人次，同比增长 7.81%；实现

① 把旅游业打造成战略性支柱产业. http://www.jjckb.cn/opinion/2012-06/14/content_381512.htm，2012-06-14.

国内旅游收入 6497.1 亿元，同比增长 8.47%[①]。可见假日旅游在国内旅游中的地位和作用已是举足轻重。

3. 可促进各地旅游资源的开发

面对巨大的假日旅游市场，各旅游地都要加快本地自然与人文资源的开发，或挖掘旧景区（点）的潜力，或开辟新的景区（点）和新的旅游线路、项目。另外，由于热点城市、景区（点）的爆满，一些旅游者退而求其次，转向温点、冷点城市和景区（点），从而有利于这些地方旅游资源的开发和利用，也促进了区域旅游产业的发展。

4. 可满足广大人民群众不断增长的精神文化生活的需要

长假给人们出游提供了机会，人们可通过旅游观建设成就、访历史古迹、游自然景色、寻民风民情，这不仅锻炼了体能、愉悦了身心、陶冶了情操，而且提高了个人的民族文化素质。因此，假日旅游已成为一种动态的教育形式，是推动社会主义精神文明建设的一条重要途径。

（四）假日旅游的规划

假日旅游的规划应侧重于假日旅游产品的多元化开发和假日旅游联动市场营销渠道的规划，以及假日旅游辅助服务设施规划等[②]。

1. 假日旅游产品的多元化开发

假日旅游要实现持续发展，就必须努力开拓新的旅游产品，发现新亮点，不断充实和完善假日旅游的“大菜单”。旅游产品开发要适应市场需求，合理定位并形成特色，体现多样化、精品化特点。传统旅游产品要根据市场需求变化的特点，发掘出丰富的文化内涵，提高档次，做到景区（点）虽老、内容却新，同时发掘新的配套景点，扩大景区（点）容量。人们熟悉的传统旅游产品主要有观光旅游产品、文化旅游产品、商务旅游产品等，我们要在此基础上，开发一些特色的新兴旅游产品，主要有观光农业、生态旅游、婚庆蜜月旅游、节庆会展旅游、休闲度假旅游、修学文化旅游、康体休闲旅游、老年保健旅游等。

2. 假日旅游联动市场营销渠道的规划

假日旅游的规划，就是要对旅游的营销渠道进行统筹规划。联合促销、拓宽假日旅游产品分销渠道是被认为最行之有效的途径之一，同时还应注意对旅游地假日旅游理想目的地形象的策划和传播。可以将旅游区内的各景区（点）联合起来形成一定规模以开展假日旅游市场促销、开展区域间的合作推广促销等，以便在尽可能大的范围内扩展假日旅游的营销渠道。

---

① 国庆节假期全国接待国内游客 7.82 亿人次. https://m.gmw.cn/baijia/2019-10/08/33212322.html，2019-10-08.

② 李玺，王春雷. 武汉市假日旅游目标市场的选择及营销对策. 桂林旅游高等专科学校学报，2001，（1）：19-21.

3. 假日旅游辅助服务设施规划

假日旅游是一种全民参与的旅游形式，因此对旅游的辅助服务设施有较高的要求，特别是当人流量非常大时，服务设施的质量就在很大程度上决定了人们在假日旅游中的满意程度。因此，假日旅游规划要加强对旅游服务基础设施的规划，同时要规划建立完善的假日旅游信息资讯系统和游客服务中心。

七、特色小镇旅游规划与开发

（一）特色小镇的概念

“小城镇”的概念最早由英国建筑大师艾比尼泽·霍华德提出。他认为，小城镇将为城里的居民提供足够多的机会；有足够的空间；城镇周围被绿化带环绕，能为城镇人口提供农产品以及休闲和娱乐的场所；许多个小城镇彼此分开，但又通过快速便捷的交通相互连接起来，从而形成一个能满足几十万人口全部需要的“社会化城市”①。

当前，我国小城镇的建设发展还相对较为滞后，主要体现在以下几个方面：产业基础相对较为薄弱，对于区域经济增长的作用不显著；在城镇化中的承载作用过小，尚未成为人们长期稳定的居住地；同时，小城镇的建设存在千城一面的现象，缺乏地域、民族和传统文化特色；等等。为了推动我国城镇化的发展，2016 年 7 月住建部等三部委发布《关于开展特色小镇培育工作的通知》，决定在全国范围开展特色小镇培育工作。截至 2020 年底，我国国家级特色小镇数量有 403 个，省级特色小镇数量为 996 个②。

（二）特色小镇的类型

目前较为公认的特色小镇包括以下十种类型。

1. 历史文化型

打造历史文化型小镇，要注意做到以下几个方面：一是小镇历史脉络清晰可循；二是小镇文化内涵重点突出、特色鲜明；三是小镇的规划建设要延续历史文脉，尊重历史与传统。

2. 城郊休闲型

打造城郊休闲型小镇，要注意以下几个方面：一是小镇要与城市距离较近，位于都市旅游圈之内，距城市车程最好在 2 小时以内；二是小镇要根据城市人群的需求进行针对性的开发，以休闲度假为主；三是小镇的基础设施建设与城市差距较小。

3. 新兴产业型

打造新兴产业型小镇，要注意以下几个方面：一是小镇位于经济发展程度较高的

---

① 刘郢. 英国新城运动对我国城镇建设的启示[J]. 小城镇建设，2003（2）：92-93.

② 对于特色小镇新一轮高质量规范发展的思考. http://news.sohu.com/a/505897236_120070887，2021-12-06.

区域；二是小镇以科技智能等新兴产业为主，科技和互联网产业尤其突出；三是小镇有一定的新兴产业基础的积累，产业园区集聚效应突出。

4. 特色产业型

打造特色产业型小镇，要注意以下几个方面：一是小镇应以新奇特等产业为主；二是小镇规模不宜过大，应是小而美、小而精、小而特。

5. 交通区位型

打造交通区位型小镇，要注意以下几个方面：一是小镇交通区位条件要良好，属于重要的交通枢纽或者中转地区，交通便利；二是小镇产业建设应该能够联动周边城市资源，成为该区域的网络节点，能够促使资源得到合理有效的利用。

6. 资源禀赋型

打造资源禀赋型小镇，要注意以下几个方面：一是小镇资源优势要突出，处于领先地位；二是小镇市场前景广阔，发展潜力巨大；三是对小镇的优势资源进行深入挖掘，充分体现小镇资源特色。

7. 生态旅游型

打造生态旅游型小镇，要注意以下几个方面：一是小镇生态环境要良好，宜居宜游；二是产业特点以绿色低碳为主，可持续性较强；三是小镇以生态观光、康体休闲为主。

8. 高端制造型

打造高端制造型小镇，要注意以下几个方面：一是小镇产业要以高精尖为主，并始终遵循产城融合理念；二是注重高级人才资源的引进，为小镇持续发展增加动力；三是突出小镇的智能化建设。

9. 金融创新型

打造金融创新型小镇，要注意以下几个方面：一是小镇经济发展迅速的核心区域具备得天独厚的区位优势、人才优势、资源优势、创新优势、政策优势；二是小镇有一定的财富积累，市场广阔，投融资空间巨大；三是科技金融是此类小镇发展的强大动力和重要支撑。

10. 时尚创意型

打造时尚创意型小镇，要注意以下几个方面：一是小镇以时尚产业为主导，与国际接轨，引领国际时尚潮流；二是小镇应该以文化为深度，以时尚为广度，实现产业的融合发展；三是小镇应该打造一个时尚产业的平台，促进国内与国际的互动交流。

（三）特色小镇的规划

1. 注重规划的体系性和结构性

李海阳（2013）指出，旅游特色小镇的发展应该在规划中根据当地人文风景勾画出点、线、面，从而构成其空间结构：①节点，有广场、街道、车站等；②标志物，有风情演艺中心等；③边界，有河流、绿化带、景观街道等；④区域，有酒吧、街区等。同时，各类线路会对旅游特色小镇的发展产生影响，包括公共道路路网、景区道路、景点连接道路等，无论小镇与外界的连接道路还是乡间道路都要进行合理的设计和投资。

2. 注重产业特色塑造与旅游体验的结合

特色小镇的范围不是以行政乡、镇为界限，范围可以是乡镇内的区域，也可以超出行政乡、镇的范围界限，甚至仅仅是一个特色产业的集聚区。从相关政策来看，产业特色是特色小镇认定的重要标准。特色小镇的产业特色应表现在产业定位与发展特色上，基本要求是“人无我有、人有我优”：一方面，产业是否符合国家的产业政策导向；另一方面，该产业在区域空间上是否具有相对竞争优势，产业知名度影响力有多强，产业是否有规模优势，等等。在全域旅游的视角下，特色小镇中能够与旅游业结合的资源十分丰富，包括生态旅游资源、产业旅游资源、游学旅游资源、会展旅游资源等。为此，特色小镇的发展必须走产旅融合之路，没有旅游产业的支撑，特色小镇即便再高端，也只能是空中“摩天轮”①。

3. 为游客及居民提供高品质的生活环境

高品质的环境包括城镇以及辐射范围内的乡村环境。和谐宜居的美丽环境是对小城镇风貌与建设特色的要求。首先是小镇风貌要有特色，如在整体格局与空间布局、道路路网、街巷风貌、建筑风貌、住区环境等方面能够让人感受到特色小镇的风貌特色。而在其辐射范围内的乡村中也应达到美丽乡村的建设标准。在设施与服务方面，特色小镇通常也需要提供便捷完善的设施服务，如无线网络覆盖、商业服务设施、休闲游憩设施等。

本章小结

（1）旅游规划与开发在国外发展较早，其发展具有显著的阶段性。从 1959 年开始，西方国家旅游规划与开发的研究和实践主要分为五个阶段：旅游规划与开发的初始阶段（20 世纪 30 年代～50 年代末）、旅游规划与开发的扩展阶段（20 世纪 60 年代～70 年代初）、旅游规划与开发观念转变阶段（20 世纪 70 年代）、旅游规划与开发快速发展阶段（20 世纪 80 年代）、旅游规划与开发深入发展阶段（20 世纪 90 年代至今）。

（2）我国旅游规划与开发基本上与中国旅游业的发展同步，主要经历了旅游规划与开发的萌芽阶段、旅游规划与开发的交流与发展阶段、旅游规划与开发的产业化发展阶段、旅游规划与开发的提升发展阶段四个阶段。

（3）全球化、市场化、产业化、生态化、战略化、创新化、多元化、系统化、融

① 沈晔冰.旅游在特色小镇建设中具有重要的地位与作用[J]. 政策瞭望，2015（10）：21-24.

合化趋势是当前旅游规划与开发发展的主要趋势，在旅游规划与开发的学习与实践中应理解这些发展趋势的内涵并将其灵活运用。

（4）都市旅游、生态旅游、会展旅游、主题公园旅游、乡村旅游、假日旅游等旅游形态是在国内外旅游需求不断发展推动下形成的关注焦点。

案例分析与讨论

拥有 70 年历史的爱丁堡艺术节

每年 8 月，爱丁堡就成为举世瞩目的焦点，一年一度的爱丁堡国际艺术节在这里举办。这段时间，观光游客人数达到顶峰；旅店的老板们笑得合不拢嘴；酒吧得以合法延长营业时间，而新开张的酒吧也特别多。全爱丁堡的人都因此而忙碌、疯狂。

艺术节开始前一天晚上，在爱丁堡城堡门前的广场上会举行著名的军乐队分列式（Military Tattoo）的表演，在这个表演上，游客可以观赏到各个国家军乐团的不同演奏风格。而艺术节第一天在王子街上的游行当属艺术节最盛大的节目之一。军乐队的宏大气势，苏格兰风笛的独特旋律，世界各国乐队和舞蹈队的助兴，再加上民族服装或超前的奇装异服，构成一个色彩纷呈的狂欢场面。艺术节常常吸引着来自世界各地的一流文艺团体在此进行精彩演出。此时到访爱丁堡的游客正从紧锣密鼓的艺术节节目中选择最爱。国际艺术节、军乐队分列式、爵士艺术节、国际电影节、书展等琳琅满目的节目令游客眼花缭乱、应接不暇。

在爱丁堡国际艺术节期间，走在爱丁堡著名的皇家麦尔大道（Royal Mile）上，映入眼帘的到处是汹涌的人潮和怪异的装扮，三步一小唱、五步一大舞的人流，或打鼓，或耍宝，或演戏，或高歌，到处是演出。演员、舞者、导演、音乐家、街头艺人和观光游客全打成一片，谁是谁，谁看谁似乎都不再重要了。趁着 8 月艺术节的热潮，爱丁堡的众多艺廊也不再只做静态展示，而是让艺术精品倾巢而出。

每年，爱丁堡的艺术节都会结束在一场烟花表演之中，城堡上放出的烟花，城堡下公园中奏响的交响乐谱成了一首艺术的诗篇，标志着艺术节的结束，也仿佛在说明年艺术节再见。

从 1947 年第一届艺术节开始，爱丁堡艺术节已经举办多年，现在艺术节每年都为爱丁堡市带来了 2000 多万英镑的经济收益，并且创造了 4000 多个工作机会。

资料来源：节日中的爱丁堡：我们借别人的故事，对自己的伤口流泪. https://www.163.com/dy/article/DU35NV3705258EJ9.html，2018-10-14，有改动。

讨论问题：

1. 请浏览爱丁堡艺术节官方网站（https://www.eif.co.uk/），谈谈爱丁堡艺术节为什么这么成功。

2. 请讨论在区域旅游规划中，节庆活动的策划应该注意哪些方面。

思考与练习

1. 如何实现旅游规划与开发的不断创新。
2. 我国旅游规划与开发如何应对全球化和信息化的趋势。
3. 谈谈你对都市旅游和会展旅游未来发展走向的看法。

第四章

旅游规划与开发的职能

学习目标

1. 旅游规划与开发的基本职能
2. 旅游规划与开发的核心职能
3. 旅游规划与开发的提升职能

核心概念

市场导向（market orientation）　旅游产品设计（tourism product design）　旅游可持续发展（sustainable development of tourism）

本章导读

旅游规划与开发肩负着重要使命，旨在引导旅游系统的演进，确保其发展符合既定目标、遵循发展规律，实现可持续性。在这个过程中，我国旅游规划在21世纪面临着巨大挑战，需要在现实条件下集结有限的资源，通过技术协作迅速承担起四项基本职能：通过规划的强制性手段阻止旅游地出现局部的、眼前的、纯粹追求经济效益的畸形发展；通过完整的产品体系规划，迅速提升旅游"产品"的整体质量；通过旅游支持体系（跨部门）规划，落实相关部门的密切协作以保持生态系统、环境系统和文化系统完整性为目标，通过保障体系规划，切实保障旅游系统的可持续发展。本章旨在深入探讨旅游规划与开发的核心职能和使命。通过强调旅游规划的重要性、产品规划的核心地位以及提升职能的发展方向，读者将更加深刻地理解这一领域所肩负的重要任务和未来走向。这将有助于加深读者对旅游规划与开发的更全面、深入的认知。

第一节　旅游规划与开发的基本职能

旅游规划与开发的基本目的，就是整体地改善旅游系统的结构有序性、功能协调性、发展合乎目的性。21世纪我国旅游规划的总任务，是为由旅游资源大国转型为旅游经济强国进行科学的行动谋划。其科学性体现为高效、合理地解决旅游系统的主要矛盾——旅游系统的结构有序性、功能协调性、发展合乎目的性之间的矛盾。从操作角度看，旅游规划是为实现既定的旅游发展目标而预先谋划的行动部署，也是一个不断地将人类价值付诸行动的实践过程。

由于旅游规划的依据建立在对现有"旅游关系之总和"尚未完全认识和未来不确定的基础上，通过立法强制实施的条款、能够直接参与投资的力量也比较有限。因此，旅游规划与开发的实施能力将长期受到社会经济发展水平的制约。

反思旅游规划的经验和教训，为切实承担起21世纪我国旅游规划的历史重任，21世纪的旅游规划须集中其有限的力量，确保完成以下几项具体任务：①恢复生态系统、环境系统和文化系统的完整性；②在市场条件下合理配置旅游资源，并以法律为强制性手段，通过规划及其管理阻止局部的、眼前的、纯粹经济效益的畸形发展；③加速提升我国旅游"产品"的整体质量及其市场优势；④促进相关部门密切协作，组建"大产业"的支持体系。

一、旅游规划与开发的一般职能概述

在远离理想状态的旅游系统中，旅游系统存在着潜在的发展结构。这种潜在的发展结构是旅游发展的可能性结果之一，也是旅游规划与开发的唯物论依据。在旅游系统中，促使系统协同高效发展，并获得系统支持的目的性施控行为，被称为正反馈。负反馈的功能则在于获得偏离感应信息、影响和修正系统的自我决策、维护内部结构的稳定性。前馈的功能则是扩展、调节旅游系统的功能耦合结构，预先为旅游发展所必需的功能协调性、环境变化适应性和发展方向的目的性创造条件。旅游规划与开发的作用，就是在旅游系统内部建立起这套由正反馈、前馈和负反馈机制组成的旅游发展控制体系。

借此，旅游规划与开发指导旅游系统不断增强内部各因素之间的方向协同性、结构高效性、运行稳定性和环境适应性，提高旅游系统的整体竞争力。旅游规划在内化于旅游发展的过程中，具体有以下六大职能。

（一）吸取人类文明的经验教训

资源成本的外在化、容量超载、项目一哄而上等问题，是国内外无规划（或拍脑袋规划）的旅游发展的通病。其症状是旅游系统的结构与功能演变的方向，随着时间的推移越来越不符合社会目的。旅游规划与开发的职能在于为旅游系统建立良好的发展框架，以避免走上自然演化的旅游系统所必经的粗放型、随机型、破坏性的发展道路。

（二）确定旅游发展的合理目标

旅游系统的发展目标重在规定旅游系统合理的发展总水平和总方向。其合理性的主要标志是既理想又可达。旅游规划与开发目标在形式上是主观的，它所反映的内容须趋于客观。旅游发展规律是客观的，它具有一定的阈值范围，即该规律借以运行的客观条件的最低和最高极限。所制定的目标一旦超越了这种作用阈限，就会夸大旅游规划与开发的作用而受到客观规律的惩罚。确定合理的规划与开发目标，实质上是一个寻求理想与可达之平衡点的过程。它要求旅游规划与开发全面把握旅游系统的发展规律，并尽可能在量上进行科学预测和识别，对规划与开发目标的要求应不大于或低于现有手段所能达到的水平，即降低规划与开发目标。如果规划与开发目标不能降低，则重点研究强化手段直至与理想的发展目标相匹配。如果既不能降低规划与开发目标，又难以立即强化手段，则可维持目标，立足可能的手段，先完成较近、较低的目标，通过时段效应，在发展过程中逐步实现理想与可达性的统一。

（三）催化旅游系统要素的相互整合

旅游系统要素的整合首先是市场与资源的整合。资源是发展旅游的基础，市场是发展现代旅游的手段，效益是发展旅游的目的（包括三大效益）。忽视资源条件，旅游市场竞争的风险就会大大增加；没有需求基础，不能推出适销产品，就无法取得市场的成功。旅游规划与开发的职能，在于自觉地、完整地整合社会经济规划、物质性规划的科学知识和技术方法，科学合理地确定资源与市场的平衡点；在于调动社会经济系统中已有的支持力量，或组合、创建新的支持力量，指导和强化有关各方的协同关系；通过原本各自为政的专项规划或被认为非必要的规划与开发内容，整合成为服务于同一目的（旅游“产品”）所必需的规划技术体系，以此科学地整合旅游要素。

（四）规避旅游系统的发展风险

旅游系统的动态发展是一种系统状态向另一种系统状态的过渡。其中，无规划与开发的旅游系统从功能耦合网的稳态开始，标志着旅游系统的形成。如果这一耦合网能在旅游系统发展中进一步自我更新，形成新的耦合网，那么这个旅游系统会自动发展下去。但是实践表明，绝大多数旅游系统在现实的社会经济环境条件下，均会面临不同程度的内部稳态失调和外部环境变化的压力。旅游规划与开发必须在遵循旅游系统自身规律的前提下，通过发展选择，预先谋划和及时调节旅游系统的耦合结构，来抵御环境变化所带来的风险。

对旅游系统的整体演变作出发展选择，实质上是对旅游系统的发展动态进行控制的过程。其中，旅游规划与开发的规划引导作用，通过预测、宣传、鼓励政策、公共资源配置与财政投入等手段，成为旅游发展的基本条件，影响其他旅游开发与经营活动的基本趋向。旅游规划与开发的发展控制作用，则通过立法司法、行政条例与规划监管，并委托其他管理部门（如工商、城建、公安、环保等）协同管理，使旅游发展的状况限制在必要的阈值范围之内，确保各部分发展的同时，旅游系统的整体效益最佳，并符合全局的、长远的利益。

（五）修正旅游发展的目标

偏离旅游发展目标的旅游规划与开发一旦实施，旅游发展的实践的主体就会发生改变。由于环境的变化、内部规律的强制作用、规划与开发目标的不准确性及主体追求的变化，旅游系统的实际发展与规划与开发目标之间会存在一定的距离或方向偏差。旅游规划与开发不是一次性的、描述终极状态的技术活动，而是一个在谋划未来与实践之间的循环往复的过程，必须随着旅游发展而不断密切跟踪目标本身的变化。旅游规划与开发的职能不在于完全准确地预知和精确地制造未来，而在于正确认识趋势、利用变化和影响未来。旅游规划与开发修编作为旅游规划与开发的特殊形态，其职能是保证旅游规划与开发随着旅游系统的客观发展和对旅游系统认识的深入而不断发展。按照目前的旅游市场变化幅度、预测技术的精度，参照我国的规划、计划体系的变化周期和旅游规划的实施经验，旅游规划与开发每 5 年须进行一次综合评估和规划修编。

（六）维持旅游系统的稳定运行

旅游规划与开发的作用在于提供人类以价值，主要包括以下几个方面：①提供自然环境价值，即改善人类与生命系统、环境系统的关系；②提供经济价值，即通过旅游生产和消费，提高主体生存质量的创造、分配及交换关系；③提供精神价值，包括知识价值、道德价值、文化价值、审美价值和人的价值，帮助人类趋向理智、高尚、文明、和谐、健康、自由和全面的发展。然而，旅游规划与开发的作用不是无限的，它须接受社会与自然的约束。旅游可持续发展的内部特征体现为，生态环境压力与社会压力小于旅游系统的承载力；外部特征体现为，增长连续性、系统稳定性和代际公平性。旅游规划与开发的职能是协调与解决在旅游市场条件下通常无法自动解决或难以局部解决的一系列问题，维护生态环境秩序、社会文化秩序和竞争秩序，不断补充后续动力，以维持或及时恢复旅游系统运行的稳定性①。

二、旅游规划与开发的基本职能

旅游规划与开发是为实现既定的旅游发展目标而预先谋划的行动部署，也是一个不断地将人类价值付诸行动的实践过程。不过，旅游规划与开发的依据建立在对未来发展的不确定性的基础上，建立在对现有“旅游关系之和”尚未完全认识的基础上。在近代规划与开发史上，曾经有过用规划与开发来控制未来一切的美好理想。但是，人类的规划与开发实践使规划与开发工作逐渐走向了理智。旅游规划与开发作为一个特殊的社会实践过程，其文本中可以通过立法强制实施的内容、能够直接参与投资的力量总是有限的，旅游规划与开发的实施能力一直受到社会经济发展水平的强力制约。在不容乐观的现实条件下，我国旅游规划与开发宜集中有限力量，确保实现以下几项基本职能。

1. 在市场条件下合理配置旅游资源

资源是发展旅游的基础，市场是发展现代旅游的手段，效益是发展旅游的目的（包括三大效益）。从旅游系统发展控制的角度看，忽视资源条件，旅游市场竞争的风险就会大大增加；没有需求基础，不能推出适销产品，就无法取得市场的成功。旅游资源及相关资源，须在市场条件下实现合理的配置与利用，并获得效益。但是，它必须以不可再生资源的永续利用为前提。为此，旅游规划与开发须完整地、自觉地运用社会经济规划、物质性规划等多方面的科学知识和技术方法，通过资源评价、区位分析、市场调查、发展预测、项目策划、资源保护等一系列扎实的工作，科学合理地确定资源与市场的结合点。

2. 超常规划地提升旅游“产品”的质量

旅游作为一个完整的经历，其质量与获得该旅游经历所需花费的金钱与时间，以及所形成的性能、代价比之优劣，是影响旅游市场交换重要因素。旅游者之所以愿花费金钱和时间，为的是来旅游目的地获得满意的旅游经历。从经济学的视角看，该旅游经历即产品。然而，旅游“产品”的这种整体性与目前旅游规划技术之间却存在着不小的距离。中国具有明显的旅游资源比较优势。但是，我国旅游“产品”质量，却

---

① 吴人韦. 旅游规划的作用. 桂林旅游高等专科学校学报，2000，（1）.

在一定程度上受到社会经济发展水平的制约。如何保证“经历”的完整性仍然是我国旅游“产品”提升质量的瓶颈。我国有必要确立旅游规划与开发的技术体系，使原本各自为政的专项规划或被认为非必要的规划与开发内容，整合成为服务于同一目的（旅游“产品”）所必需的一个完整的技术体系。其任务，是通过多种相关规划技术的协同，为旅游者提供明显优于或有别于客源地的满意经历。旅游产品体系规划与开发应包括项目创意与策划、游览观光体系规划、娱乐体系规划、旅游线路组织规划、接待体系规划、形象与营销策划六项内容。

3. 促进相关部门的协作

从一流的旅游“产品”规划设计，到生产出一流的旅游“产品”，还有赖于相关生产资料、生产者和资金的协作。旅游规划与开发的又一重要任务，是根据旅游发展的专门需要，通过规划手段，合理调动社会经济系统中已有的支持力量，或组建新的支持力量，来促进其相互协作。与此同时，强化上述各方面的协同关系，降低成本，减缓波动，以便缩小“产品”质量、产业能力、市场可接受价格之间的差距。该项任务具体包括：土地利用调整、旅游交通与道路维护、公共服务设施安排、基础设施协调规划、劳动教育与科技安排、产业政策与管理机制调整六个专项。

4. 切实保障旅游可持续发展

旅游可持续发展是以保持生态系统、环境系统和文化系统完整性为前提的，是在保持和增加未来旅游发展机会的条件下所实现的现实的旅游发展。旅游可持续发展的内部特征体现为，生态环境压力小于旅游系统的承载力；外部特征则体现为，增长连续性、系统稳定性和代际公平性。能否实现旅游可持续发展，在很大程度上取决于可持续发展战略能否落实为旅游规划的具体任务。该任务至少包括容量控制与旅游流调节、环境保护与生态保育规划、历史文化保护规划、安全防灾与保险等诸多方面的合理安排。借此，维护生态环境秩序、社会文化秩序和竞争秩序，改善旅游系统的负反馈功能，从而为旅游系统和未来发展储备优异的资源，提供持续的发展动力①。

第二节　旅游规划与开发的核心职能

毋庸讳言，在全国兴起旅游规划与开发热潮的大环境下，旅游规划与开发的难度正在逐渐加大，尤其是旅游产品在市场竞争中存活下来的难度越来越大。规划与开发的聚焦点，即规划与开发中最主要的概念和发展思路，就是在正确的市场定位下如何研究设计出有竞争力的旅游产品。要把同类旅游资源转化成具有个性特征和高品位的产品，绝非易事。它不仅包括规划与开发中的创新思路和潜心设计，还包括事后长期的产品包装、营销策划等一系列工作。要认识到，一个地方拥有旅游资源，并不等于就一定能把旅游业做大。

因此，在规划中必须紧紧围绕旅游产品设计这个核心，进行差异化规划，体现产

① 吴人韦. 旅游规划的任务. 城市规划汇刊，2000，（5）.

品的特色和韵味，形成市场的亮点和热点，只有这样规划与开发才会是成功的。即使像桂林这样拥有漓江山水的世界级旅游资源的城市，也只有在激烈的市场竞争中重新进行旅游规划，把景区与城市的规划融为一体，构建鲜明的旅游城市形象，才可能立于不败之地。至于一些资源品位不高、内涵不深、外延又有限的旅游资源，更要放到全省乃至全国的大市场中去进行评判。只有实事求是地认识其资源的客观价值，然后在这个认识基础上再去进行市场定位、设计产品，才有可能搞好规划。

一、旅游产品的差异化和多样化

因势利导去设计差异化的旅游产品，绝不是靠具备某门专业知识和某领域专家的灵感就能实现的。要有效地凸显规划与开发中旅游产品这一关键要素，旅游规划与开发就必须摆脱由单一学科专业承揽制定的局面，应该由多学科专家、科研人员和有识之士组成规划小组，集思广益、多维创新，最终制订出一个或数个能包容各项优势，并切合市场实际的旅游产品的创意方案。这是一个旅游目的地进行差异化错位竞争的“核心竞争力”之所在[①]。

市场导向的内涵：当今的旅游规划与开发，已由供给型转向需求型，即旅游需求的多样化导致了旅游供给的多样化。旅游活动的大众化、游客参与意识的增强以及各种旅游消费需求的增加，为各种形式的旅游开发提供了一定的市场规模。因此，旅游产品的开发形式也随市场需求的多样化和供给能力的提高而日趋多样化。

在旅游规划与开发中，市场导向应包括以下内容。

（1）旅游规划方案不论是游览型旅游线路设计、人工游乐景观和旅游度假区的综合与深度开发，还是特种旅游与专项旅游活动项目，都是针对客源市场而规划设计的独具特色的旅游“产品”。客源市场的定位与游客的旅游需求分析是现代旅游规划中的一部分，而目标市场的选择一定要做到定位和规模的明确化，包括市场细分、客源量的分析与计算、淡旺季差别的研究、客源旅游活动组织等。

（2）旅游活动项目的开发设计一定要针对已经定位的客源市场游客的消费偏好、消费水平与消费方式，即针对既定的客源市场，要从分析其群体背景，如经济发展水平、人口特征以及个体特征，如收入、职业、带薪假期、受教育程度、个人偏好等入手。这些需求特征，决定了旅游地开发的规模、结构和方向。

（3）目标市场意指具有出游能力的潜在市场。对于出游能力的定性与定量研究，目前尚无统一的标准，但大都选择人均收入、交通可达性、人口规模等指标。王莉红[②]认为，某一区域居民群体在特定条件下形成的参与户外休闲或旅游活动的综合能力，它受所在区域的人口密度、人均国民收入和地方消费文化等因素的影响。一般来说，人口规模越大，与目的地交通可达性越好，人均收入越高的旅游潜在市场，其出游能力也越大，从而有利于旅游目的地的开发与规模的扩大[③]。

---

① 王大悟. 关于旅游规划若干认识的探讨. 旅游学刊，2001，（5）.

② 王莉红. 地级城市旅游竞争力研究——以运城市为例. 成都：西南交通大学出版社，2011.

③ 杨新军，刘家明. 论旅游功能系统—市场导向下旅游规划目标分析. 地理学与国土研究，1998，（1）.

二、旅游规划与开发的核心职能

旅游系统规划与开发就是以旅游系统为规划与开发对象，在对旅游目的地和客源市场这对供需关系以及与这对关系有紧密联系的支持系统和出游系统诸因子的调查研究与评价的基础上，制定出全面的、强适应性的、可操作的旅游可持续发展战略及其细则，以实现旅游系统的良性运转，达到整体最佳且可持续的经济、社会与环境效益，并通过一系列的动态监控与反馈调整机制来保证该目标的顺利实现。其基本思想是：以客源市场系统为导向，以旅游目的地系统规划为主体（其中结合市场与资源设计的旅游产品是旅游目的地系统乃至整个旅游系统规划的核心），以出游系统为媒介，以支持系统为保障，利用反馈系统来监控旅游规划目标的实现。

旅游系统是一个复杂的系统，旅游系统规划与开发要解决很多问题，诸如客源市场、旅游吸引物、环境容量、交通和人力资源等。而这些问题交叉覆盖、互相影响，牵一发而动全身。夸张点儿说，旅游规划中出现的任何问题都必须通过旅游系统这个整体来解决。

在旅游系统规划与开发领域，通常把旅游系统分成四个子系统来进行描述和规划，即客源市场系统、目的地系统、出游系统和支持系统。

（1）客源市场系统的研究核心是旅游主体，即作为旅游产品消费者的旅游者，以及他们出游的动机和旅游行为方式、选择的旅游产品。

（2）目的地系统包括旅游吸引物、旅游设施和服务系统，其核心是这三者集成的旅游产品系统，旅游产品可以理解成旅游者参与旅游活动的始终，是满足游客在旅游活动中生活和心理的全部需要的集合。它本身是一个综合的系统，既包括有形的吸引物资源，如自然风光、文化遗迹、主题公园等，也包括与吸引物相配套的接待设施，如宾馆、旅馆等和其他旅游设施与服务，如饭店、娱乐设施、商店、银行、邮政、医疗等，还包括了无形的文化底蕴、居民的好客度等。

（3）出游系统是使客源市场系统和目的地系统紧密相连的纽带。出游系统包括旅游营销、交通、旅行服务、旅游组织管理等。

（4）支持系统是保证旅游系统正常运转的保障因子，包括管理体制、政策法规、环境保护、人力资源、资金计划、安全控制、医疗卫生等①。

旅游规划与开发的核心职能是将旅游资源、人力资源、资本与物力资源等各要素资源优化配置，以确定未来旅游活动的时空组织体系，且以突出旅游产品的差异化与多样化为导向，实现旅游者旅游目的和旅游地旅游发展目标及各项效益。已制定的旅游规划与开发并不是旅游地发展的终极蓝图，旅游地的开发是一个动态性特征突出的系统建设运作过程，其运作要面对不断变化的各种因素。所以，须及时针对旅游地运作过程中的反馈信息，定期根据经济、社会发展形势、市场运行情况、旅游者需求变化动态、技术进步程度以及旅游规划与开发实施情况对旅游规划和旅游地营运策略进行调整与优化。因此，旅游规划与开发对旅游地整体性、系统性的管理贯穿了旅游地开发的全过程，并经由管理调控层、管理因子层、管理目标层、管理对策层四个相互

① 刘峰. 旅游系统规划——一种旅游规划新思路. 地理学与国土研究，1999，（1）.

衔接的管理层面操作，构成旅游地的管理功能系统①（图 4.1）。

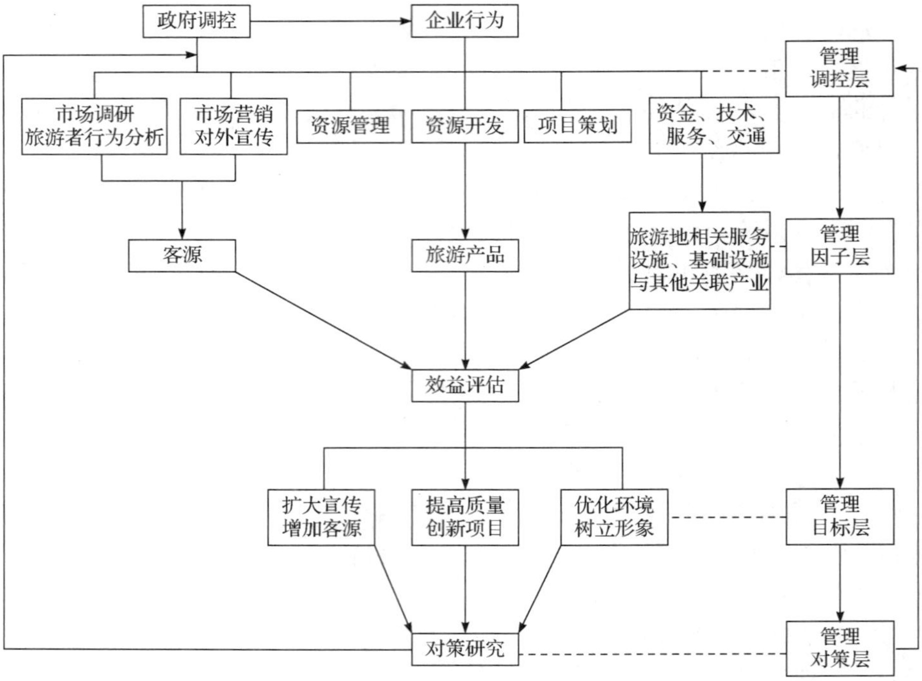

图 4.1　旅游地的管理功能系统

资料来源：吴必虎，徐斌，邱扶东，等. 中国国内旅游客源市场系统研究. 上海：华东师范大学出版社，1999.

第三节　旅游规划与开发的提升职能

在全球化、信息化、网络化、生态化、集团化的大背景下，规划与开发中的社会因素、信息要素、资本运营与生态环境因素越来越受到重视。从国外来看，旅游规划与开发日益由物质建设规划开始转向社会、经济等“软件”发展规划与开发。将生态环境最佳化作为未来发展规划的新方向，是一个极具前瞻性和战略性的决策。从范围看，旅游规划与开发应更加重视以整个区域、大旅游、大产业为对象，综合考虑物质与生态环境、历史与文化、经济和社会等诸多因素。

一、重视智力要素，突出旅游规划创新

旅游创新规划与开发是资源+智力+资本的结合，它具备以下一些特性。

（1）集成性：旅游业本身的综合性，需要进行系统的规划与开发，并将各部分有序、合理地组织起来，必须考虑整个系统的运行，着眼于规划对象的整体优化。规划与开发也应该是多层面的，要从社会、经济和自然的各层面和整体上来考虑。旅游业

① 陈伟. 试论旅游规划的管理功能系统. 桂林旅游高等专科学校学报，1999，（4）.

发展离不开管理体制、法规政策、人力资源、资金等保障因子，必须通过对保障因子的规划来确保规划实施的成功。旅游系统规划与开发必须重视对环境的保护，要对旅游地的文化传统进行有效利用、保护，以实现旅游的可持续发展。

（2）地方性：现在各地都在搞旅游，那么地方性（特色性）就显得尤为重要了，否则千篇一律，容易出现重复建设，以及浪费财力、物力和人力的情况。这种地方性主要来自于对当地的地脉和文脉的双重把控，即从自然环境、历史脉络、文化内涵、地方民族等方面出发，展现出旅游地的地方特色风景和风情。

（3）层次性：利用大系统分解协调原理，将旅游系统进行分解，再对各子系统进行综合和协调。低一级的旅游规划应该统一于高一层次的旅游规划，既应考虑所处大区域的共性，又要找出自己的比较优势，避免邻近空间的恶性竞争。

（4）自然性：一个区域的自然环境是本地特色的最基本的表现形式。任何一项旅游规划与开发都应遵循最小变动的原则，进行符合原自然本质的设计，并使用本土性材料，只有这样才可能最实用、最耐久、最优美，成本也最低。

（5）滚动性：成功的规划与开发必须根据形势需要，不断进行补充、修改和完善。规划与开发所提供的基本建制模式应该是递变的，必须有近、中、远分期规划，以根据新的发展目标、市场需求、市场竞争与社会经济的变化，进行不断调整，体现出接续性规划或滚动式规划思想。

概而言之，旅游创新规划与开发是以旅游系统为对象，在对旅游供需关系以及与这对关系有紧密联系的支持系统诸因子的调查研究与评价的基础上，制定出全面的、强适应性的、可操作的旅游发展战略及其细则，以实现旅游系统的良性运转，达到整体最佳且可持续的经济、社会与环境效益，并通过一系列的动态监控与反馈调整机制来保证该目标的顺利实现。其基本思想是：以客源市场系统为导向，以旅游目的地系统规划与开发为主体，以出游系统为媒介，以支持系统为保障，利用反馈系统来监控，从而实现旅游业可持续发展。

二、协调相关产业，实现区域整体发展目标

自 1997 年底以来，旅游产业作为一个朝阳产业横空出世，已成为一个新的经济增长点。旅游产业是由第一、第二、第三产业中的诸多行业和部门复合而成的一个综合性的产业群体。经过几十年的发展，旅游业也已从少数几家旅行社、宾馆、景点发展为由饭店、旅行社、交通运输、餐饮、商业、农业、工业、文化、教育、宣传出版等众多行业和部门组成的复合型产业。旅游业是当地国民经济和社会发展计划的一个组成部分，它的发展要符合该地的性质、特点及发展方向，并与其他各业一起协调发展，以便为区域经济、社会发展的整体目标服务。由于旅游产业是一项相关性极强的产业，它的发展必须和与其直接依托的交通运输、信息产业、风景园林、农林业、生态环保、文化文物和商贸等部门、行业或专业的规划互相协调、衔接。在开发规划过程中，要站在区域整体发展的高度上，合理制定旅游产业的各项指标，必须有全局观念、整体观念。不能“就旅游论旅游”，而要“跳出旅游看旅游”；不能“就本地论

本地”，而要“跳出本地看本地”。

旅游业是一个社会性、文化性和生态性很强的经济产业。在新发展阶段，旅游业已成为我国战略性支柱产业。市场经济体制还不够完善，旅游产业的综合性、关联性和不成熟性决定了在今后一段时间内必须实行政府主导型发展模式。这样，政府能在权衡区域内各产业发展状况的前提下，通过各种政策或法规引导旅游业的发展方向与开发深度，并使其与其他各行业协调发展，为实现区域社会发展总体目标服务。一般来说，在经济落后地区发展旅游业，有利于发展经济，带动第三产业的发展，甚至可以成为该地区的经济支柱产业；处于工业化中期的地区，由于第二产业比较发达，旅游在推动产业结构调整、促进第三产业的发展方面发挥了较大作用，易于成为第三产业的先导产业或支柱产业；处于工业化后期的地区（沿海），由于经济实力较强，旅游业在促进国民经济结构优化、全面提升第三产业、拉动内需、提高居民生活质量等方面起着重要作用。总之，旅游业的综合性决定了旅游必须以旅游规划与开发为抓手，带动第三产业的全面发展；促进第一产业和第二产业中相关行业的更新，与这些产业发展步调协调，共同推动地区国民经济的结构调整和腾飞，实现区域发展总体目标。

三、塑造品牌形象，获得市场持续竞争力

旅游目的地的形象并非永恒不变，在保证形象主体不变的前提下，要针对需求市场的变化，对反映旅游地形象的相关产品进行不断更新，使已有的形象在旅游者心中更为稳固，并保证在众多供给地市场中持续拥有较强的竞争力。这说明，在旅游规划与开发过程中，旅游地形象的树立是定期的、阶段性的。旅游地形象不但受规划区域本身的资源禀赋的制约，还需在同等旅游目的地中具有地方识别性，有自己的特色，并在需求市场方看来是适销对路的，同时整个形象的形成必然会受到资金、技术、人员素质等因素的影响。旅游规划时在分析受众的基础上，应利用现有资源与技术条件延长产品生命周期，力求保持目的地形象对游客的吸引力。

现代旅游业发展的宏观趋势使旅游业供求双方在产业指标和地理空间上呈现规模性增长，表现在旅游者人数、客源地和旅游地的空间范围、旅游活动频率、可选择的旅游地和旅游项目、旅游花费、旅游业的投资与收益、旅游对社会经济环境文化心理等方面。旅游地间及其产品间的竞争越来越激烈，形象战略经过长期探究自然就成为各旅游目的地占领市场的“王牌”，尤其在散客旅游大发展的今天，旅游者自主决策意识大大增强，旅游地形象就变得更为重要了。

众所周知，形象传播与客源地和目的地的空间距离存在着距离衰减规律，但又不完全受其制约。在市场机制下，旅游地形象要在众多竞争者的旅游地中脱颖而出，除了巩固自身在景区建设、活动设置、线路安排、接待服务质量等方面的内在形象外，重要的是要占领更多的潜在需求市场。

总之，旅游目的地要在市场竞争中保持其强大的竞争力，不但要有高质量的景区、景点建设，有特色产品的推出，而且安定有序的区域社会环境、优质高效的服务

水准以及淳朴友好的民风等对于目的地良好形象来说也是比较重要的。旅游规划与开发的不少工作都是为了保护目的地的良好形象，是为保持持续的市场竞争力而服务的。

案例 4.1

丹寨万达小镇国际“网红”养成记

万达集团与贵州省丹寨县签订对口扶贫协议，打造了极具特色的丹寨万达小镇，并发起“丹寨万达小镇轮值镇长项目”，在全球招募 52 位轮值镇长，每位镇长任职一周，完成一件对小镇有意义的事。

吸引 1.5 万余人参与报名，轮值镇长来自世界各地的不同领域，如企业家、摄影师、导演、小学生、美国议员、世界小姐等，让小镇成为一代新网红。小镇开业一年旅游人数超过 550 万，帮助丹寨县旅游综合收入约 30 亿元，带动全县数万贫困人口实现脱贫。

项目总负责人表示：“每一任镇长上任，都是一个热点话题，引起了社会的广泛关注，全面提升了小镇的品牌知名度与影响力。同时，轮值镇长为小镇对接了许多跨界合作的资源，帮助小镇走出中国、走向世界。”

为了“让世界听到它的声音”，丹寨万达小镇“玩了个大的”。以“大事件营销”为思路，万达用“轮值镇长”的策划向全世界喊话，借招募之势打响了营销第一枪，又在之后每位镇长轮值上任之际，变着花样制造热点话题，持续不断地深化品牌认知。

赚了眼球还不算，来自世界各地的 52 位镇长在一周上任期内各显神通，利用才华和创意，助力丹寨整合跨界资源，打开了通向全国和世界的窗口。甚至在卸任之后，历届镇长们依旧孜孜不倦地为丹寨扶贫工作贡献力量。一年时间，丹寨万达小镇搭乘着轮值镇长们的东风，一跃成为名副其实的国际“网红小镇”，创立了旅游品牌借势营销的又一典范。

资料来源：作者根据网络资料改编。

四、优化资源配置，实现可持续旅游发展

《“十四五”旅游业发展规划》指出，“保护利用好自然资源。贯彻落实习近平生态文明思想，坚持生态保护第一，适度发展生态旅游，实现生态保护、绿色发展、民生改善相统一。充分考虑生态承载力、自然修复力，推进生态旅游可持续发展，推出一批生态旅游产品和线路，加强生态保护宣传教育，让游客在感悟大自然神奇魅力的同时，自觉增强生态保护意识，形成绿色消费和健康生活方式。积极运用技术手段做好预约调控、环境监测、流量疏导，将旅游活动对自然环境的影响降到最低”。

可持续发展是指既满足当代人的需要又不对后代人满足其需要的能力构成危害的发展。自 1987 年的世界环境与发展委员会《我们共同的未来》报告中提出“可持续发展”后，目前几乎各领域的发展都会提到可持续发展，即在发展中实现社会、经济、生态环境三效益的结合。旅游业的发展当然也要实施可持续发展战略，实现可持续旅游。可持续旅游至今尚无统一概念，但 1990 年在加拿大温哥华召开的 1990 年全球可持续发展大会上，旅游组行动策划委员会提出了《旅游持续发展行动战略》草案，并将可持续发展旅游的概念表述为：在保持和增加未来发展机会的同时满足目前游客和旅游地居民的需要。可持续旅游应符合以下几个目标：①增进人们对旅游产品的环境效应与经济效应的理解，强化生态意识；②促进旅游的公平发展；③提高旅游接待地区的生活质量；④向旅游者提供高质量的旅游经历；⑤保护未来旅游开发赖以生存的环境。旅游开发应建立在可持续性标准的基础上，它应该在生态上可承受、在经济上可实行，在伦理和社会上追求对当地社区的平等（吴必虎，2001）。

旅游经济行为反映了在旅游发展中，尤其是依赖旅游业来推动发展的区域，应更加注重经济效益，但无论是资源开发还是产品开发设计都务必充分考虑到区域的生态环境承载力及对社会环境的影响，必须得保证在发展经济的同时也获得社会与生态等综合效益，做到可持续旅游。区域旅游发展一方面依赖于良好的环境，另一方面它又是一把双刃剑：既可能给环境造成破坏，又可能促进环境管理水平的提高。开发时应充分考虑其环境承载力。国内学者崔凤军于 1995 年提出“旅游环境承载力”，即“在某一旅游环境的现存状态和结构组合不发生对当代人及未来人有害变化的前提下，在一定时期内旅游地所能承受的旅游者人数”[①]。只有在旅游环境容量范围内发展旅游才能使其健康发展。在更注重环境生态效益以及产品设计坚持“以人为本”的同时，作为一种技术产品，旅游规划具备生态化特征。无论何种形式的区域旅游开发，都应强调对原生环境和本土意境的保护，只有这样才能承担起保护生物及文化多样性的重任。坚持开发与保护并重的原则，绝不能以牺牲环境为代价来发展经济，而必须在保证社会、经济、生态三者效益完美结合的前提下，合理配置开发各类旅游资源，发展多种旅游产业。

区域旅游可持续发展，不是单纯的经济发展，而是“生态-经济-社会”三维复合系统整体的可持续发展。为了保证旅游资源开发能满足当代人对旅游发展的需求又不损害后代人的利益，旅游规划与开发过程中要充分发挥现有资源的效益，强化环境保护、利益公平。旅游资源的规划与开发要分区、分期、分批地有序进行，留有充分的余地。对于目前没有条件开发的旅游资源，要以保护为主，留给后代去开发（王兴斌，2000）。旅游开发是千秋万代的事业，在大旅游发展的今天，规划者必须有全局的、长远的计划，用前瞻性的理念来优化配置资源，合理开发与保护资源，适度开发旅游产品，以实现旅游的可持续发展（图 4.2）。

① 崔凤军. 论旅游环境承载力——持续发展旅游的判据之一. 经济地理，1995，（1）.

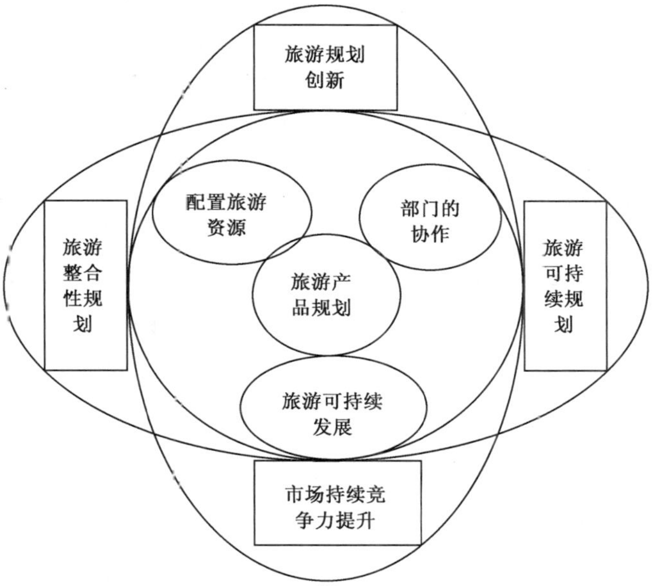

图 4.2　旅游规划与开发基本职能、核心职能和提升职能示意图

本 章 小 结

旅游规划与开发主要包括基本职能、核心职能、提升职能三大职能。

旅游规划与开发的核心职能是将旅游资源、人力资源、资本与物力资源等各要素资源优化配置，以确定未来旅游活动的时空组织体系；以突出旅游产品的差异化与多样化为导向，实现旅游者旅游目的和旅游地旅游发展目标及各项效益。

在全球化、信息化、网络化、生态化、集团化的大背景下，旅游规划与开发要强化提升职能，重视智力要素，突出旅游规划创新；协调相关产业，实现区域整体发展目标；塑造品牌形象，获得市场持续竞争力；优化资源配置，实现可持续旅游发展。

案例分析与讨论

大唐芙蓉园文化特色规划设计

西安大唐芙蓉园以“因借曲江山水，演绎盛世名园”为设计理念，园区以盛唐时期的文化为主轴，水域部分为构图中心，在遵循传统历史文化表达手法的同时又结合现代景观设计方法，表现了唐代的十二种文化主题。同时，园区综合采用声、光、电等多种新技术手段，将视觉、味觉、听觉、嗅觉、触觉相结合，建设成世界首个“五感”体验的主题公园。公园通过历史文化与高科技手段相结合，将大唐气势磅礴、繁荣富强的文化和艺术展现给游客。现今西安市大唐芙蓉园已经成为国家重点旅游景区，既促进了当地旅游产业和休闲度假产业的发展，又为本地居民日常休闲游憩和学习唐代历史文化提供重要场所。

公园历史文化底蕴丰厚，在景观规划布局中，将传统园林的布局形式与现代景观设计元素相结合。园区运用建筑景观小品、雕塑、歌舞等各类文化表现形式来展现盛唐时期的历史文脉，以多层次、多角度的艺术表达方式进行规划设计，整个公园的文化特色较为浓郁，覆盖面比较广。

科举文化

唐代的科举制度是展示唐朝一视同仁、招贤纳士的典型文化，运用杏园中壁画、雕塑和实物将唐代科举制度中历史文化典故展现出来，市民和游客可以亲身体会历史朝代的文化制度。

女性文化

盛唐时期的女性可以参政议政，也可以主动追求爱情，着装比较富贵华丽，这些都通过仕女馆和望春阁中的壁画、植物上的手绘仕女图、服饰小品、仕女雕塑以及文献记载向游客和市民宣扬女性文化。

诗歌文化

中国历史上诗词歌赋的巅峰时期属于唐代，出现了许多著名的诗人诗词诗歌。通过建筑物中命名、楹联、石刻等文字记载的样式来展现诗歌文化。园中有唐诗峡、诗魂、丽人行的诗歌文化主题雕塑群，诗歌文化群雕展现了著名唐代诗人的典型事迹，融合了中国风文化符号，展示出唐代诗词所达到的文学艺术高度。

茶文化

茶道文化发源于唐代，陆羽是唐朝时期的“茶圣”。园区内的陆羽茶社主要向游客展示唐代的茶道文化，茶社将水体引入园中，各个茶馆运用桥梁进行连接并坐落于水面之上。规划设计还考虑了借景、透景、障景等造园手段，游人在观光游憩时能够感受到宁静、平和、雅致的文化环境氛围，修身养性的同时学习了茶道文化。

宗教文化

大唐芙蓉园中形态不同的佛手印雕塑小品，展现了不同的佛学内涵，园中的浮雕佛像雕刻精细，与周围景观相融合，宗教文化氛围浓重。

帝王文化

公园中大型宫廷歌舞的演出通过仕女和武士的搭配相结合，加以唯美的舞台效果和背景音乐，向市民展示唐代高超的歌舞技艺和皇帝的王者风范。

饮食文化

唐代经济发达、政治开明、市民生活富足，对于饮食文化的研究也越来越注重。园中展现唐代的饮食文化的区域有芳林苑、御宴宫以及曲江流饮等，其中运用宫廷盛宴等不同类型的饮食文化风俗，结合现代人们的饮食特征，为游客提供景色优美的饮食文化活动场所。

外交文化

唐代的疆域广阔，异国番邦与唐朝建立了互惠互利的贸易关系，公园中的曲江胡店将各个国家的珍奇异宝呈现给游客，体现了当时唐朝与各国和谐融洽的关系。

民间文化

其中最具代表的是集市文化，园区内以唐代的贸易集市为载体，模仿建造了东市和西市的原型，真实反映了唐代居民的日常生活和市井盛况。

大唐芙蓉园是文化主题公园中的优秀案例，在文化景观的展示和融合方面特点突出。以唐朝文化为主要线索串联园区，并用各种形式来展示唐朝的独特文化，西安大唐芙蓉园将建筑、水体、自然、人文等元素组合到一起，在塑造独特自然景观的同时也展示了盛唐的文化内涵，文化主题特色明确、定位精确，公园文化内容丰富、多变。大唐芙蓉园将唐代多种历史文化合理安排规划，使公园每个景观节点都充满文化气息，在今后的文化主题公园规划设计中应借鉴学习，做到传统文化与现代科技相结合、景观生态学和景观美学相结合、局部文化展现和整体规划相结合。

资料来源：文化主题公园规划设计案例之西安市大唐芙蓉园. https://www.szcyy.com/article/detail/dtbyc.html，2021-06-01，有改动。

讨论问题：

1. 大唐芙蓉园的文化特色规划设计体现了旅游规划与开发的哪些职能？

2. 谈谈大唐芙蓉园的文化特色规划设计还可以在哪些方面进行提升。

思考与练习

1. 如何理解旅游规划与开发的基本职能？

2. 如何理解旅游规划与开发基本职能、核心职能以及提升职能之间的关系，请简析。

第五章

旅游规划与开发的构建体系

学习目标

1. 旅游规划与开发的内容体系
2. 旅游规划与开发的目标体系
3. 旅游规划与开发的方法体系

核心概念

旅游业发展规划（tourism development planning）　旅游区规划（tourism area planning）　旅游资源（tourism resources）　区位条件（locational conditions）

本章导读

旅游规划与开发作为实现区域内旅游可持续发展的重要途径，是对当地旅游资源进行合理开发与规划的基石。从区域旅游发展的综合视角来看，旅游规划与开发应涵盖以下关键结构体系：旅游规划与开发的内容体系、旅游规划与开发的目标体系，以及旅游规划与开发的方法体系。本章旨在深入剖析旅游规划与开发的核心结构体系，以使读者对其有更清晰的理解。通过关注内容、目标和方法三个关键层面，读者将能够更好地把握旅游规划与开发的全貌，为实现可持续的区域旅游发展做好充分准备。这一章内容将有助于读者更系统地探索和应用旅游规划与开发领域的知识和技能。

第一节　旅游规划与开发的内容体系

一、旅游规划与开发的一般内容

旅游规划与开发的内容是随着人们对旅游规划与开发的认识的深入而不断发展的。以我国来说，在20世纪80年代旅游规划与开发的初期，长期以来计划经济的影响在人们的头脑中仍然根深蒂固，旅游开发仅限于对旅游资源的开发，旅游规划与开发的内容主要是对旅游资源进行价值评价（尤其是美学价值评价）并对其进行初级加工，使之成为观光型旅游产品。一些风景名胜区与旅游度假区的规划则比较侧重于硬件建设，亦很少涉及旅游市场需求及其他。随着市场经济的快速发展，市场分析与开发逐步被引入旅游规划与开发，成为旅游资源开发的引导力量和旅游规划与开发必须研究的重要内容。

20世纪90年代以后，可持续发展观念在世界范围内确立，旅游可持续发展理念在规划群体中受到重视，有关旅游发展支持条件的研究不断深入，旅游规划与开发所涉及的内容随之扩大与丰富。人们的眼光已不再仅仅关注旅游资源，而且关注与旅游发展相联系的方方面面，旅游规划开发策划与设计的内容已从旅游资源开发、旅游景区景点建设扩展到目标市场确定、旅游市场需求分析、市场规模预测、旅游目的地定位、旅游目的地与旅游产品形象策划、旅游商品开发、旅游人力资源开发、旅游生态保护等方面。

2003年由中华人民共和国国家质量监督检验检疫总局发布的《中华人民共和国国家标准：旅游规划通则》，将旅游规划分为旅游业发展规划与旅游区规划两大类，旅游发展规划按规划的范围和政府管理层次分为全国旅游业发展规划、区域旅游业发展规划和地方旅游业发展规划。地方旅游业发展规划又可分为省级旅游业发展规划、地市级旅游业发展规划和县级旅游业发展规划等。地方各级旅游业发展规划均依据上一级旅游业发展规划、并结合本地区的实际情况进行编制。

其中旅游业发展规划的主要内容如下：①全面分析规划区旅游业发展历史与现状、优势与制约因素，以及与相关规划的衔接；②分析规划区的客源市场需求总量、地域结构、消费结构及其他结构，预测规划期内客源市场需求总量、地域结构、消费结构及其他结构；③提出规划区的旅游主题形象和发展战略；④提出旅游业发展目标及其依据；⑤明确旅游产品开发的方向、特色与主要内容；⑥提出旅游发展重点项目，对其空间及时序作出安排；⑦提出要素结构、空间布局及供给要素的原则和办法；⑧按照可持续发展原则，注重保护开发利用的关系，提出合理的措施；⑨提出规划实施的保障措施；⑩对规划实施的总体投资分析，主要包括旅游设施建设、配套基础设施建设、旅游市场开发；人力资源开发等方面的投入与产出方面的分析。

旅游区总体规划的主要内容如下：①对旅游区的客源市场的需求总量、地域结构、消费结构等进行全面分析与预测；②界定旅游区范围，进行现状调查和分析，对旅游资源进行科学评价；③确定旅游区的性质和主题形象；④确定规划旅游区的功能分区和土地利用，提出规划期内的旅游容量；⑤规划旅游区的对外交通系统的布局和主要交通设施的规模、位置；规划旅游区内部的其他道路系统的走向、断面和交叉形式；⑥规划旅游区的景观系统和绿地系统的总体布局；⑦旅游区其他基础设施、服务设施和附属设施的总体布局；⑧规划旅游区的防灾系统和安全系统的总体布局；⑨研究并确定旅游区资源的保护范围和保护措施；⑩规划旅游区的环境卫生系统布局，提出防止和治理污染的措施；⑪提出旅游区近期建设规划，进行重点项目策划；⑫提出总体规划的实施步骤、措施和方法，以及规划、建设、运营中的管理意见；⑬对旅游区开发建设进行总体投资分析。

二、旅游规划与开发的具体内容

现代旅游系统是一个涉及多个行业、多个部门的现代社会经济边缘组合系统。进行旅游规划与开发，一般从旅游发展条件、旅游开发环境和旅游发展现状、旅游系统规划与开发的策划与创意、旅游系统规划与开发的设计与实施、旅游支持保障系统的规划与建设六个方面来分析。

（一）旅游发展条件

影响旅游规划与开发的因素是多方面的，实事求是地分析区域旅游发展的条件，是进行合理的旅游规划与开发的基础，一般从以下几个方面来展开分析。

1. 旅游资源

旅游资源是指经过开发可对旅游者产生旅游吸引力，并能为旅游业所利用以产生经济效益、社会效益和生态环境效益的有形及无形要素[①]。它是旅游业发展的基础和前

① 马勇，李玺. 旅游规划与开发. 北京：高等教育出版社，2002.

提条件，是旅游目的地对游客产生吸引力的源泉，因此旅游规划与开发必须以旅游资源为原材料开发旅游产品。旅游规划与开发首先取决于当地旅游资源的赋存状况，即旅游资源的数量、旅游资源的类型、旅游资源的独特性和旅游资源空间分布与组合的合理程度等，是决定旅游资源开发序位的主要依据[①]。因此，旅游资源是旅游规划与开发的基本前提。合理开发旅游资源、促进旅游业的发展，须全面正确地分析旅游资源，主要包括以下几个方面。

（1）资源类型、数量与规模：本地区旅游资源主要属于什么类型？资源存量能否形成规模？资源的组合结构状况如何？特色资源的数量有多少？

（2）资源分布：本地区旅游资源的空间分布是集中还是分散，空间分布是否合理？是否有可能开发成相对集中的旅游区或旅游线？

（3）资源品位与质量：本地区主要旅游资源的价值和品位在国内外、省内外、市内外处于什么水平？与周边地区的旅游资源相比，在种类上、品位上和数量上，优劣程度如何？是以互补关系为主，还是以竞争关系为主？旅游资源的开发条件、施工条件如何？

2. 区位条件

区位条件是指一个地区与周围事物关系的总和，包括位置关系、地域分工关系、地缘经济关系以及交通、信息关系等[②]。区位条件对现代产业布局、经济地域的形成起着越来越重要的作用。区位条件作为区域旅游发展的基础性物质条件，在进行旅游业发展规划中，起着十分重要的作用[③]。具备优越的区位条件的地方蕴藏着巨大的经济潜力，在那里发展旅游，将有好的基础条件，会收到社会效益好、经济效益高等效果。因此，在区域旅游业发展规划中，区位条件的分析不仅能为区域旅游发展规划提供依据，同时也是旅游规划与开发的重要基础。

区位条件对区域旅游发展规划的影响主要是通过位置、交通组合状况相互作用、密切联系来发挥作用的。地理位置优越的地域，往往交通发达；而远离经济中心的地域，往往交通闭塞。因而，区位分析侧重于两个方面。

（1）位置条件。位置条件主要是分析地区的经济地理位置、行政区位及相关位置，即周边 200～300 公里范围内是否有人口比较稠密、旅游消费能力较强的大中城市或厂矿企业；本地是否位于边境地域，或处于几个省域交界处，或处于经济发达与落后地区的交会处等，这些都可能会对本地旅游规划与开发产生影响。

（2）交通条件。交通条件指一个地区与外界人员往来和物资交流的方便程度，亦指直达本地的交通状况。交通条件包括：本地或邻近地区是否有机场、火车站、高等级公路或客运码头；外地乃至境外游客可否直达或经过比较方便的交通路线转来本地，航班、车次的多少，所需要的时间；了解近中期交通建设计划，预测本地对外交通和内部小交通的发展前景。

---

① 陈福义. 区域旅游开发若干问题探讨. 湖南商学院学报，1998，（6）.

② 武友德. 区域经济发展导论. 长春：吉林教育出版社，1999.

③ 陈才. 区域经济地理学. 北京：科学出版社，2001.

3. 市场条件

客源是旅游业发展的必要条件，它决定了旅游业对市场的依赖程度，离开了市场的依托，旅游业的生存和发展就失去了起码的条件。随着社会生产力的发展，人民生活水平的提高，人们闲暇时间的增多，未来旅游的人数将越来越多，这种强大的市场需求是进行旅游规划与开发的强大动力。为从中长期获益，如何保持旅游业的可持续发展便成为人们关注的焦点，学界普遍认为旅游规划与开发是实现这一目标的前提条件①。但旅游资源不等于旅游产品，旅游资源要转变为旅游产品，就必须根据游客对旅游产品的需求来确定旅游规划与开发的方向和开发规模，对旅游资源加以筛选、加工，甚至再创造，并组合成适销对路的产品，即根据市场需求来安排旅游规划与开发。因此，旅游规划与开发中对市场需求的分析预测，是保证旅游业获得经济效益的前提条件，市场分析是旅游规划与开发的重要内容之一，是旅游规划与开发可行性论证的一部分。在旅游规划与开发过程中，必须将规划思路由资源导向转向市场导向。

旅游规划的市场条件分析不仅要得出一些常规的市场分布、构成、时间变化等一般性的结论，更重要的是要知道哪些吸引物吸引了哪些人，旅游产品和旅游需求之间是一种什么样的对应关系，不同类型的旅游者对区域旅游发展的贡献如何，未来的旅游需求呈现哪些变化趋势、主体需求是什么，等等②，更要知道市场竞争的状况如何以及自身所面临的市场挑战有哪些。

旅游规划的市场需求分析内容包括：旅游者出游目的结构、旅游者时间分配结构，包括月变化、季节变化和年际变化；旅游者职业结构、旅游者出游方式等；资源开发地可能吸引的客源市场、客源数量及空间分布；范围内客源市场游客对该旅游地的需求状况及竞争形式；预测本区客源市场未来发展规模。

4. 自身环境状况

一个地区的自然社会经济状况也是在旅游规划与开发中的一个十分重要的影响因素，特别是区域的经济发展水平是进行规划与开发的前提，它们可以为旅游规划与开发提供良好的环境和氛围。

（1）自然状况。自然状况包括当地的地势地貌、气候、植被、环境质量状况、自然灾害、旅游资源分布区环境容量（容人量、容时量）等。

（2）社会状况。社会状况包括：历史情况与变革；民族成份、各个民族具体的人口数量、民风民俗；政府与居民对旅游的态度；是否被定为对外开放城市、中国历史文化名城、风景园林城市、中国优秀旅游城市等；本地居民的总体生活水平如何；全体居民中，属于富裕、小康等的居民大体上各占多大比例；旅游地的社会治安状况如何。

（3）经济状况。经济状况包括：当地国民经济处在什么阶段，是处在工业化的初期、中期，还是后期；当地的国内生产总值及人均国内生产总值是多少，在国内、省内或市内处于什么水平，是处于前列、中间，还是后进状态；第一、第二、第三产业的比重各为多少；本地区国民经济结构调整的主要任务是什么；哪些是本地区的支柱

---

① 张伟，吴必虎. 利益主体理论在区域旅游规划中的应用——以四川省乐山市为例. 旅游学刊，2002，（4）.

② 彭华. 旅游规划研究必须注意的几个问题. 旅游学刊，2001，（2）.

产业、优势产业、传统产业、特色经济；等等。

5. 区域基础设施和旅游服务设施

基础设施又称基础结构，泛指国民经济体系中为社会生产和再生产提供一般条件的部门和行业，包括交通、供水供电、商业服务、科研与技术服务、园林绿化、环境保护、文化教育、卫生事业等技术性工程设施和社会性服务设施①。它是社会经济活动正常运行的基础，体现了一个地区的社会经济现代化水平，制约着经济的空间布局。对旅游规划与开发而言，旅游目的地的对外交通方便程度、对外交通系统的构成状况、交通线路的等级和技术水平、内外交通的衔接关系，以及资源分布区的供水供电情况、交通工具的数量、绿化状况、污染的治理力度等都会对旅游规划与开发产生重要影响，须加以分析。

旅游服务设施是指那些为满足旅游者娱乐和生活需求而修建的各种有关设施。旅游服务设施是旅游设施中的重要组成部分，主要包括旅游饭店、旅游餐厅、旅游车船队、旅游商店、旅游者休息室、旅游卫生设施、导游指示牌等。它们为旅游业正常发展和旅游服务的顺利进行提供了必要的物质保障，其建设不仅反映了一个地区旅游业的发展水平，还是未来旅游业发展的重要条件。一般来说，一个国家或地区的经济越发达、技术越先进，其设施建设往往也越合理、越完善，旅游接待条件因而也就越充分。

在分析旅游交通时，要将各种交通工具和所耗费的旅途时间与旅游者的闲暇时间、旅游者的预测流量、线路的等级和运输工具的运载能力以及安全舒适和方便程度结合起来分析，以确定目前的旅游交通状况是否能够满足旅游业发展的需要。对旅游食宿宾馆业的分析要从旅游饭店宾馆的数量、平均规模（床位），各规模的数量比例、等级以及空间分布状况，特别是与旅游资源分布区的距离，并结合可能的游客流量来展开。

6. 社会背景

第二次世界大战之后，特别是20世纪90年代以来，世界政治经济环境基本稳定，人民生活水平普遍提高，人们对旅游的消费需求大幅度上升，刺激了现代旅游业的迅速发展，呈现出广阔的发展前景，从而进入空前的繁荣阶段，并跃升为当今世界的第一大产业。国家统计局发布的《中华人民共和国 2023 年国民经济和社会发展统计公报》显示，全年国内游客出游总人次达到 48.9 亿，较上年增长了 93.3%。在旅游消费方面，国内游客出游总花费约为 49 133 亿元，同比增长 140.3%。此外，入境游客数量为 8203 万人次。这些入境游客在我国的总花费达到了 530 亿美元。另外，国内居民出境旅游的人次达到了 10 096 万，其中因私出境的游客占比最高，达到 9684 万人次，赴港澳台出境的游客则有 7704 万人次。世界旅行和旅游理事会最新《经济影响报告》（Economic Impact Report，EIR）显示，旅游业将成为全球经济复苏的驱动力。该报告预计 2022～2032 年，旅游业的国内生产总值将以平均每年 5.8%的速度增长，超过全球

① 崔功豪，魏清泉，陈宗兴. 区域分析与规划. 北京：高等教育出版社，1999

经济 2.7%的增长率，达到 14.6 万亿美元（占全球经济总量的 11.3%）。

改革开放以来，我国的旅游业也得到了快速发展。据统计，1999 年，我国共接待外国旅游者 2704.7 万人，国际旅游外汇收入达 141 亿美元，分别居世界第 5 位和第 7 位。2000 年，我国仍为世界第五旅游目的地。据全球性研究机构欧睿国际（Euromonitor International）的最新报告预测，中国将会在 2030 年前取代法国，成为世界第一的旅游目的地国[①]。可见，巨大的旅游需求为旅游规划与开发提供了难得的发展机遇，各级政府也对旅游规划给予了高度重视，在资金、人员、设备等方面，予以切实保障，优先发展。

旅游规划与开发在面临巨大发展机遇的同时也面临着巨大的挑战。因为旅游规划的质量在很大程度上制约着一个地区旅游业的发展。正是由于旅游业在社会经济发展中所发挥的巨大推动作用，世界上许多国家和地区对其格外重视。而旅游业自身的特点又决定了旅游业的发展比许多其他产业的发展更为容易，这为许多国家提供了发展的机会。这些国家纷纷出台各种政策，大力推进旅游业的发展，这必然使国际旅游客源市场的竞争更加激烈，而世界旅游市场正在向亚太地区转移，更加剧了亚太市场的竞争。此外，我国加入世界贸易组织后，旅游业尤其是国际旅游业面临着更多的挑战，特别是一些国际性的规划组织进入我国并不断扩大它们在规划市场的份额。同样，各地也在争先恐后地发展旅游业，以期取得先发优势。因此对于我国的旅游业来说，既面临着国际竞争，又面临着国内竞争，竞争空前激烈。

（二）旅游开发环境

旅游开发环境分析包括对旅游规划区的自然条件、社会经济条件的分析，如地形、季节、环境容量、当地居民对发展旅游的支持程度、社会治安状况、社会风尚、当地经济发达程度、国民收入高低等，这些环境条件可对旅游规划开发的成本、开发的时序、开发的经济效益等产生较大的影响。

（三）旅游发展现状

实事求是地分析区域旅游发展的现状，是进行合理的旅游规划与开发的重要内容。在分析旅游发展现状时，不仅要分析旅游发展的积极方面，还要从中找出地区旅游发展中存在的制约因素与不足，为旅游规划与开发提供科学依据。一般从以下几个方面来展开分析。

1. 旅游发展速度与地位

当代旅游业已经成为世界上产业规模最大和发展势头最强劲的产业之一。其旅游业发展之快、产业带动力之强使许多国家和地区都纷纷把旅游业作为经济发展的重点产业和先导产业，使得旅游业的地位空前提升。明确区域旅游发展的水平和发展阶段，有利于从区域发展的实际出发，正确选择区域旅游发展的战略方向、战略目标和发展模式，避免出现由盲目的高估或低估所造成的决策失误。

---

① 从旅游到旅行——千禧一代重塑中国人出游方式. https://www.163.com/dy/article/E5622SQA0530INIT.html，2019-01-10.

分析时应从以下几个方面加以考虑：近年来旅游业发展的速度、发展速度的变化幅度与本地区国民经济发展速度、三大产业的发展速度特别是与第三产业的发展速度之间的关系，以及与相应区域或上级区域乃至全国的旅游业发展速度的比较、各种旅游类型的发展速度及其构成比例的变化。

对地位的分析：旅游业在该地区国民经济及第三产业中所占的比例、近年来该比例的变动情况；政府对旅游业发展的重视和支持程度；在上级区域乃至全国旅游业中所占比例及变动情况。

2. 旅游资源开发现状分析

旅游资源的开发现状分析可从以下几个方面着手：旅游资源开发规模与赋存状况；旅游资源开发的空间布局；旅游资源的潜在价值（美学、科学、历史文化、康体娱乐、科学考察、生态）与现实价值之间的关系；旅游资源的初级开发与深度开发状况；旅游功能综合开发与旅游活动类型的丰富程度；旅游资源的特色及其挖掘、开发方向、开发程度等。同时还要对旅游资源开发中存在的问题进行深入分析：资源特色与开发方向是否一致、资源开发中的资源价值是否被破坏、景观设计的空间布局是否合理等，以及是否已经制定了相应的保护政策。

开发旅游业也可能给生态环境造成一系列不良后果。因为旅游规划与开发是以资源和环境为基础的。旅游生态环境是介于农村生态环境与城市生态环境之间的一种中间型形态，具有脆弱性和过渡性的特点，其发展变化在很大程度上取决于其开发量和强度。而一个地区的环境一旦被破坏，那么往往会造成不可逆转的损失，因而实现旅游业可持续发展成为社会各界的共识，只有将旅游开发与环境保护结合起来，旅游业才能获得可持续发展。过多的建设量和旅游流量必然会破坏水土、植被甚至气候，导致生态环境质量下降，从而损害了旅游资源的价值，影响甚至降低了旅游地的潜力。因而还要结合旅游地的“三废”的排放量、噪声污染、空气质量等来分析。

3. 游客构成情况

旅游者是旅游活动的主体，没有旅游者就没有旅游活动，分析旅游发展现状必须分析游客，可以从以下几个方面展开：游客数量、游客的增长速度、游客的构成（性别、职业、年龄、文化素质、客源地）、游客的出游动机、游客对旅游对象的偏爱程度分析、游客的平均消费水平及消费构成、游客在该地的停留时间、游客的旅游路线等。

4. 旅游专业人员、旅游产业管理体制与法规建设以及旅游接待设施建设状况

旅游专业人员是旅游正常发展不可缺少的部分。分析要从导游、旅游饭店员工、旅行社员工三个方面展开，分析他们的数量、内部的结构、素质等。又由于旅游培训组织是重要的培训地，因而也要对区域的旅游院校等培训组织进行分析。

完善的管理体制能够引导旅游业健康发展，旅游产业管理体制包括产业决策协调体制（城建、财政、规划、交通、农林、工商、财贸、文化、公安等）、行业管理体制（中华人民共和国文化和旅游部）、行业自律体制（旅游业协会）和旅游区（点）管理体制（如建设、林业、海洋、地质、环保、文化、文物、旅游部门等）等，要分析它们的健全程度，还要分析这些管理部门在管理中能否协调合作以及存在的问题与不足。旅游业法规是保证旅游主管部门依法管理、旅游企业依法经营、旅游职工依法从业的重要组成部分，因而要对法规进行分析。加强旅游业法规建设，保证地方旅游业的健康发展。

旅游地的可进入性包括交通工具和接待设施（机场、道路等）两个方面：交通工具决定旅游地能否实现旅游的“进得来、散得开、出得去”；旅游地的接待设施涉及旅游的饮食、住宿、购物、娱乐设施等。

（四）旅游系统规划与开发的策划与创意

旅游系统规划与开发的策划与创意是旅游规划与开发的精髓，是贯穿所有旅游开发项目的红线，只有策划合理、创意新颖，旅游项目开发、产品开发、旅游基础设施与服务特色的建设才不会迷失方向，才可能将旅游目的地各种旅游吸引物组合成为一个有机的整体，形成旅游目的地独特的魅力，所以人们公认这是最能体现规划水平的部分。其主要内容有：旅游目的地旅游规划与开发目标定位、旅游目的地、旅游项目与旅游产品的主题、形象策划与创意等。其中旅游目的地旅游规划与开发目标定位主要是确定目的地旅游发展的方向和要达到的各种具体目标。例如，是开发成为旅游观光游览地还是旅游度假地，是以接待国际游客为主还是以接待国内游客为主，要实现的经济、社会、生态目标各是什么……然后根据目的地旅游发展的基础条件和定位，瞄准旅游目的地要实现的目标，围绕突出地区旅游特色来确立旅游目的地的主题形象，针对市场确定主要开发的、能够充分发挥资源优势的旅游项目与产品，并确立每个项目、每类产品体现的主题、形象等。

旅游系统规划与开发的策划与创意必须建立在旅游系统发展条件的科学分析与预测的基础上，即建立在旅游资源旅游吸引力科学评价、旅游客源市场科学定位的基础上，否则这种策划与创意就会变得无的放矢。

（五）旅游系统规划与开发的设计与实施

旅游规划与开发的策划与创意完成后，即要进入旅游规划与开发的具体设计与实施阶段，这是把规划人员的策划与创意变成事实的重要过程，即把精神变物质的过程。按照旅游系统组织结构体系，旅游系统规划与开发又可分为旅游吸引力设计与建设、旅游基础设施的安排与建设、目标客源市场的营销与开拓三个部分。

1. 旅游吸引力设计与建设

旅游吸引力子系统主要包括旅游景区景点吸引力、旅游活动吸引力、旅游设施、环境及服务特色吸引力等，其中旅游景区景点吸引力的设计与建设往往特别受到人们的关注。其主要内容有：旅游功能用地的划分、旅游吸引物与旅游活动的空间布局与设计、旅游吸引物形象的塑造与环境氛围的营造、特色设施建设、旅游主要项目的设计与建设及时序安排、主要旅游产品的组织与安排等。其设计与建设成功的关键是充分发挥旅游目的地旅游资源的优势，紧紧围绕已确立的主题形象进行开发。

2. 旅游基础设施的安排与建设

旅游基础设施包括旅游交通设施、接待与服务设施，如旅游目的地的旅游通道的安排、设计与建设，以及旅游接待与服务设施（包括厕所）的空间布局与建设、旅游标识系统建设等。旅游基础设施的安排与建设应以人为本，以方便旅游者活动为根本出发点。

3. 目标客源市场的营销与开拓

一个旅游目的地的客源市场往往是多目标、多层次的，不同目标市场的客源需求各不相同，它们对旅游目的地的经济意义也各不一样。同时随着时间的推移，同一客源市场的旅游需求往往会发生变化，旅游目的地自身的吸引力及外部条件也会变化，所以旅游规划与开发必须对旅游客源市场的开拓、营销策略及时序安排作出规定。

（六）旅游支持保障系统的规划与建设

旅游支持保障系统主要涉及资源环境保护、政策法规、人力资源、财政金融等方面，它们是影响旅游规划与开发能否顺利实施、旅游业能否可持续发展的重要因素，旅游规划与开发必须通过对资源与环境的有效保护来保证目的地旅游的可持续发展，通过规划有效运用已有的政策法规和在可能的条件下争取更多的政策支持，通过规划有计划地为旅游目的地培养必需且合格的管理与服务人员，通过规划为旅游目的地出谋划策及吸引足够的资金，通过规划建设和协调好目的地旅游发展的外部环境……以保证旅游规划与开发活动的顺利实施。所以旅游支持保障系统的规划与建设也是旅游规划与开发必不可少的内容。

第二节 旅游规划与开发的目标

旅游规划与开发的目标是多方向、多层次、多时序的，各类目标中，既有宏观的整体目标，也有微观的局部目标；有长远的战略目标，也有分阶段的具体目标。这些目标在旅游规划与开发的过程中都是必须确立，并始终为之实现而努力的。从这方面说，编制规划实际上就是一个确定科学的目标体系并寻求实现这些目标的过程。

一、旅游规划与开发目标体系

任何事物的分类都将随着人们所选取的分类标准不同而不同。按照规划与开发目标所涉及范围的完整性，可将其分为总目标与分目标两类；按照目标内涵的概略程度，可将其分为综合的战略目标与单项的具体目标两类；按照不同时间长度，又可分为近期目标、中期目标与远期目标三类等。

实际上，这些不同类型的目标又不可能截然分开，无论是总目标还是分目标、综合的战略目标还是具体目标在不同时段的含义和要求都是不同的，亦即它们都应该有自己的近期目标、中期目标与远期目标；另外总目标与分目标之间也是相对的，没有绝对的界限，如旅游发展的总目标往往可分解为经济目标、社会目标和生态目标，对于前者来说后三者是分目标，但后三者中的任意一个又都可以分为若干个具体目标，这样这些分目标又成为这些具体目标的总目标。所以，旅游规划与开发的众多目标是相互联系的，它们共同构建了一个多方向、多层次与多时序的目标体系。

本书根据目标表达的内容与所属性质，将其分为旅游总目标和旅游分目标两大类，其中分目标又分为旅游区域贡献目标和旅游行业发展目标两类（图 5.1），然后每一类中又分为若干目标型，每个目标型中再分为概念目标与具体目标两大部分，即将旅游目标分为旅游总目标→分目标类→分目标型→概念目标→具体目标五个层次。其中，总目标是统领区域旅游发展全局的方向，分目标类与分目标型是表示目标属性的，概念目标是表明旅游规划与开发在某一方面要达到的目标方向，具体目标则是概念目标的落实，往往需要用一些具体的数据来表示。

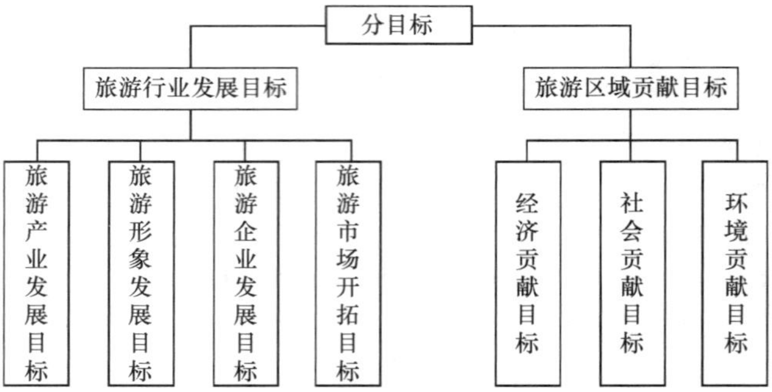

图 5.1　旅游规划与开发目标体系图

（一）旅游总目标

总目标就是旅游规划与开发对未来旅游发展应该达到的目的的总体说明，是旅游规划与开发的总参考点，它规定了旅游规划对象的发展总水平和总方向。因此，在制定旅游规划与开发的总目标时要保持其概括而明确的特点。在大多数情况下，由于规划与开发所涉及的方面较多，不可能就用一句话概括规划与开发的总目标，往往要使用一个目标的组合来表示其总目标，很可能既涉及区域目标也涉及旅游行业总目标。

（二）旅游区域贡献目标类

旅游业是一个涉及面较广的产业，几乎与食、住、行、游、购、娱直接或间接相关联的各行各业都可以随着旅游业的发展而发展，所以人们公认旅游业是一种关联带动效应特别强的产业。毫无疑问，旅游业发展必然对区域经济发展带来较大的影响，特别是在旅游发展进入了快车道的今天，旅游业的发展往往成为推动区域经济发展新的增长点，人们强烈地期望旅游业为区域的发展作出较大的贡献，并在旅游规划与开发中确定出旅游业对区域发展的贡献目标。一般来说，贡献目标往往包括经济、社会、环境三个方面的内容，亦即包含三个目标型。

1. 经济贡献目标型

经济贡献目标型主要表述旅游发展对区域经济方面的贡献所要追求的目标类型。

其概念目标包括“使旅游产业成为国民经济的支柱产业”，或“使旅游产业成为区域发展新的经济增长点”等；具体目标是旅游发展概念目标的进一步落实，如以旅游产业收入在国民经济中所占比重达到百分之几的具体数值来落实“支柱产业”的概念目标。其中，可以以旅游经济增长率高于国民经济增长率、旅游创汇占外汇收入总量的比例及与外贸创汇的比较数据来落实“新的经济增长点”概念目标等。

2. 社会贡献目标型

社会贡献目标型主要表达旅游发展对区域社会方面的贡献所要追求的目标类型。其概念目标包括“提高目的地知名度”等；其具体目标则可用客源地在不同时段的拓展来落实“提高目的地知名度”的概念目标；用旅游就业岗位增长率、旅游产值的增长率、因完善旅游基础设施与营造对外交流环境的具体改变情况等数据来落实“为建成社会主义现代化强国作贡献”的概念目标等。

3. 环境贡献目标型

环境贡献目标型主要表达旅游发展对区域生态环境方面的贡献所要追求的目标类型。其概念目标包括“旅游发展要成为蓝天、碧水、青山计划的强大支撑”“使旅游目的地成为世界最宜人的居住地之一”等；在其具体目标中，则可用增加绿地面积的具体数量、植被覆盖率、地表水质级别的变化值等数量指标来对概念目标进行说明。

（三）旅游行业发展目标类

旅游行业发展目标类主要指旅游业本身各方面要达到的目标，包括旅游产业发展目标型、旅游形象发展目标型、旅游企业发展目标型、旅游市场开拓目标型等次一级目标类型。

1. 旅游产业发展目标型

旅游产业发展目标型主要反映目的地旅游产业发展的总目标，是旅游规划与开发的总参考点，它规定了旅游规划对象的发展总水平和总方向，由于是产业发展的总方向，其中有些方面可能会与旅游贡献目标重合。其具体目标包括旅游接待规模、旅游收入总量、旅游外汇收入量及其在相应经济量中所占比重的具体数值或在同级别中的排名等，而且这些数值在不同时段的具体目标如何也应有明确的安排。

2. 旅游形象发展目标型

旅游形象发展目标型主要明确旅游规划区应建立何种特点鲜明的旅游总体形象，重在反映旅游地特色，如云南省旅游的总体形象可确定为“中国少数民族的大观园”，在具体目标中又可细分为景观特殊形象、旅游主题形象、品牌支撑形象、市场指引形象等。旅游形象发展目标是否有创意、是否鲜明突出对旅游地吸引力的提升有很大影响，是最能体现规划者水平，也最需花精力之处。

3. 旅游企业发展目标型

旅游企业发展目标型旨在明确旅游企业发展的总体目标，如“建立与旅游产业规模完全相匹配且全面协调发展的旅游企业系统”等，旅游企业发展的具体目标则要求对旅游交通、旅游饭店、旅行社、旅游景区景点等旅游企业提出具体的要求，如各不同档次旅游饭店的个数、床位数及所占比例，景区达到一定级别（4A、3A）的比例，以及交通方式及交通线路等。

4. 旅游市场开拓目标型

旅游市场开拓目标型主要明确旅游目的地所要依赖或需开拓的旅游客源目标市场的整体状况，如由单目标市场向多元目标市场转变，由入境客源向入境、出境与国内客源目标市场转变等。具体目标则必须说明哪些是基本市场、哪些是重点市场、哪些是巩固市场、哪些是开拓市场，其开拓巩固的时序安排如何，即确定不同时段客源市场具体巩固开拓的目标。

二、旅游规划与开发目标举例

如前所述，旅游规划与开发实际包含了一系列的目标。在旅游规划与开发中，我们不难找到这样的实例。现以马勇、王兴斌负责编制的《福建省旅游发展总体规划》为例对以上内容进行说明。

1. 《福建省旅游发展总体规划》的总体目标

《福建省旅游发展总体规划》的总体目标是：经过 10 年建设，把旅游业培育成 21 世纪福建省国民经济的新兴支柱产业，使福建省成为全国的旅游强省。经过 20 年的建设，把旅游业培育成 21 世纪福建省国民经济的重要支柱产业，使福建省成为海峡西岸的旅游繁荣地带和东亚太地区著名的旅游目的地。其分阶段目标是：2001～2005 年，奠定旅游强省基础，初步建成闽台旅游合作区；2005～2015 年，基本建成旅游强省，构建海峡西岸旅游繁荣地带；2016～2020 年，全面建成旅游强省，成为东亚太地区著名的旅游目的地。

2. 《福建省旅游发展总体规划》的旅游行业发展目标

从以上目标不难看出，《福建省旅游发展总体规划》的行业发展目标如下：旅游业——国民经济新的增长点和 21 世纪的新兴支柱产业。其分阶段的概念目标及具体目标，如表 5.1 所示。

表 5.1　福建省旅游发展阶段概念目标及具体目标

			2005 年	2015 年	2020 年
旅游行业整体目标	概念目标		初步建成支柱产业	建成支柱产业	建成重要支柱产业
	具体目标	接待国内游客量/万人次	5 400～5 900	8 000～10 000	9 400～11 000
		接待入境游客量/万人次	240～260	440～580	520～620
		国内旅游收入/亿元	460～500	1 000～1 200	1 000～1 500
		旅游外汇收入/亿美元	14～16	32～43	42～50
		旅游总收入/亿元	580～640	1 200～1 600	1 500～2 000
		占国内生产总值比重/%	9～10	10～11	11～12

3.《福建省旅游发展总体规划》的旅游形象发展目标

从《福建省旅游发展总体规划》的总体目标不难看出，福建省要树立的旅游总体形象是：“中国的旅游强省”和“东亚太地区著名的旅游目的地”。光有这个总体目标形象还不够，它必须有一系列的具体形象作支撑，通过一系列鲜明形象来体现。为此，《福建省旅游发展总体规划》对福建省设计了以下形象体系（图 5.2）。

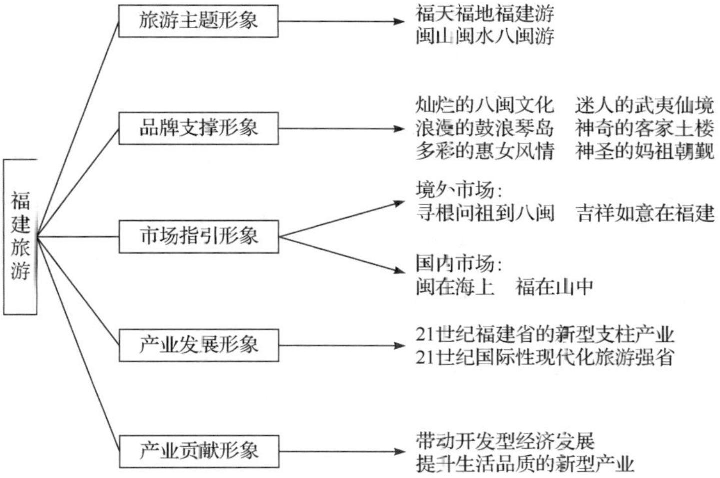

图 5.2　福建省形象体系设计

第三节　旅游规划与开发的方法体系

旅游规划与开发的方法是多种多样的，因为旅游本身就是一门新兴的边缘科学，而旅游规划与开发则更是一门全新的学科。衡量一门学科成熟与否，主要的一点就是看它的理论方法体系是否成型和完整。因为系统性的理论方法是指导旅游规划研究和实践的必要条件。

旅游规划与开发在发展过程中已经形成了其独有的理论方法体系，尽管这些理论方法体系不一定成熟，但是从其系统性来说已经是趋于完整了。旅游规划与开发所涉及的内容有旅游资源的考察、市场的调查、产品的设计、功能的分区、旅游线路的设计等，这些内容均借鉴了相关学科领域内的方法和技术。

例如，在旅游资源的考察中，旅游资源的种类是丰富的，在自然旅游资源里面有许多是地质地貌方面的资源，所以在对这些资源进行考察时不仅要具备旅游方面的专业知识，更需要具备地貌地质方面的方法和技术；在对人文旅游资源进行考察时，有时需要考古之类的知识作为支撑。

在旅游市场分析和调查时，利用市场学的理论和统计学的方法是工作中必不可少的；在旅游产品设计、功能分区和旅游线路设计时，不仅要懂得建筑规划和设计的理论方法，还要掌握人类心理学的相关理论方法，以辅助设计，使得旅游规划与开发达到最佳效果。

可见，建设旅游规划与开发的方法体系是一个错综复杂的过程，并且正处于不断发展变化和日趋成熟的时期，许多新的学科理论也逐渐被融入和借鉴进了旅游规划与开发体系中，如人类学和社会学的许多理论现在已经在指导旅游规划与开发的实践了。

一、综合法

综合法，也称为集成方法，强调在旅游规划与开发过程中，要综合考虑旅游系统的各个方面，包括旅游客源市场子系统、旅游目的地吸引力子系统、旅游企业子系统以及旅游支撑和保障子系统。该方法旨在通过系统的思维方式，实现旅游资源的优化配置和高效利用。综合法的应用步骤主要包括以下几个。①确定目的和目标：明确旅游规划与开发的目标，如增强旅游吸引力、促进经济发展、保护生态环境等。②收集和分析市场与资源数据：对旅游市场进行调研，了解游客需求、竞争态势等信息；同时，对旅游资源进行评估，明确资源的类型、数量、质量等。③制定策略：根据市场与资源分析的结果，制定旅游规划与开发的具体策略，如产品定位、市场定位、开发时序等。④决策与实施：对制定的策略进行决策，并付诸实施。在实施过程中，要注重监控与评估，确保规划目标的实现。综合法能够全面考虑旅游系统的各个方面，确保规划与开发的全面性和系统性，通过直接和间接的方法手段，利用二者的互补性，实现旅游资源的优化配置和高效利用。综合法能够根据市场变化和资源状况，灵活调整规划与开发策略，确保规划目标的实现。

二、系统规划法

系统规划法的雏形是综合动态法。这种方法最早是由 Baud-Bovy 提出的，其总体规划就反映了这种思想方法。同时，他还指出这种规划的过程是一个周期性的重复过程，每隔一定的时间要重做一次规划，这个间隔一般为 5 年，而每一次的规划都称为总体规划。总体规划可分为四个步骤：确定目的和目标、收集和分析市场与资源数据、制定策略、作出决策。

系统规划方法引进了系统论和控制论的方法，把它用于旅游规划与开发中，通过制定并实施旅游规划与开发来控制旅游系统。Brain McLoughlin、George Chadwick 和 Alan Wilson 三人是英国系统规划的主要创始人。其中，McLoughlin 描述的规划过程最简单：规划过程呈直线式发展，然后通过一个网络不断重复。在作出编制规划和建立一个特定系统的基本决定以后，规划师要列出多个目标，并根据这些目标确定一些较具体的任务，他借助于系统模型来确定他将采取若干可能行动的方向，随后根据这些任务和可能的财力来评价各个方案，最后采取行动来实施最优方案。其实，这是一个动态的规划过程，确切地讲是一个动态控制的过程，且 McLoughlin 描述的只是一个简单的线性动态控制过程，但在系统性上来看其所作的研究很不够。总体规划后，McLoughlin 又提出了户外休闲产品分析序列规划法（product's analysis sequence for outdoor leisure planning，PASOLP），并用 PASOLP 法进一步制定出一个非线性的、动态规划流程，即所谓的系统规划法。此系统规划法是由四个部分构成的，即开发计划、监控系统、反馈和校正系统、重新规划过程。这一系统规划法的主要特色是其有一条鲜明的产品分析的主线贯穿于规划之中。

三、社区法

社区法的主要倡导者 Murphy 在《旅游：一个社区方法》一书中较为详细地阐述了旅游业对社区的影响和社区对旅游的响应，以及如何从社区角度去规划与开发旅游。他把旅游看作一个社区产业，作为旅游目的地的当地社区是一个生态社区。他构筑了一个社区生态模型。社区的自然和文化旅游资源相当于一个生态系统中的植物，它构成食物链的基础，过分地索取会导致植物的减少和自然退化。当地居民被看作是生态系统中的动物，他们作为社区吸引物整体中的一部分，既要过日常生活又要作为社区展示的一部分。旅游业类似于生态系统中的捕猎食者，而游客则是猎物。旅游业的收益来自游客，游客关心的是旅游吸引物（自然和文化旅游资源及娱乐设施）和服务，这是他们“消费”的对象。这样吸引物和服务、游客、旅游业和当地居民便构成了一个有一定功能关系（生物链）的生态系统中的主要组成部分。它们的比例是否协调，关系到系统的健康和稳定。按照这种思维方法去规划和组织旅游业便是社区法。Murphy 在运用社区方法时，引入了系统理论的分析方法，因为生态系统也是一个系统。在作系统分析时，应着重考虑四个基本部分：①人们的活动，发生在特定的时空条件下有规律的行为模式；②交通（交流），如媒体、信息领域和运输；③空间，如活动和交通发生的空间；④时间因子。

要控制一个动态系统，必须知道它的不同发展阶段的产出。把系统方法用到旅游规划中体现了其两个优点：第一，弹性能用于不同水平级；第二，连续监测的概念把规划和管理合成在一起。

社区法非常强调社区参与规划和决策的制定过程。当地居民的参与使旅游规划与开发中能反映当地居民的想法和对旅游的态度，以便规划实施后，减少居民对旅游的反感情绪和其他冲突。

四、门槛分析法

门槛分析（threshold analysis）方法是由波兰的区域和城市规划专家 B.马列士于 1963 年在其著作《城市建设经济》中正式提出的。该方法最初应用形式是城市发展门槛分析，是评价城市发展的综合规划方法。1968 年，B.马列士在南斯拉夫南亚德里亚地区的规划中首次将门槛分析方法直接应用于旅游规划与开发。他从门槛分析的角度把资源分为两大类：一类是容量随需求的增加成比例渐增；另一类是容量只能跳跃式地增加并产生冻结资产现象。同时他把旅游业中资源按功能特征分为三种：①旅游胜地吸引物，指风景、海滨、历史文化遗迹等；②旅游服务设施，指住宿、餐馆、交通、给水等；③旅游就业劳动力，指服务于旅游业的劳动力。

马列士认为，以上三种旅游资源中住宿（旅馆、汽车旅馆、露营地、私人住房等）可随需求的增加，容量逐渐增大，属于第一类型；而给水属于第二类型。因为给水量在不超过现有水资源限制条件下可渐增，但增加到一定程度后需要大量投资来开辟新的水源。“这个一定程度便是供水量发展的门槛。在跨越门槛后的建设后如不再继续增容利用，便会产生剩余容量，可能导致资产的冻结，大大降低方案的经济效益。”①

当今门槛分析方法已不局限于具体设施项目分析，而它已应用到整个旅游地的规模开发上。“旅游门槛人口”的提出便是由单项目门槛分析推广到旅游地接待规模与效益的分析上，以便决定其开发规模②。

五、GIS 分析法

GIS 是一种以计算机为基础、综合处理地理空间信息的技术。它最早源于计算机图形学，随着技术的发展，增加了地图数据与文字属性数据连接、多边形属性分类、面积量算、叠合分析等功能。

GIS 把数据分为空间数据（即反映事物地理位置特征的数据）和属性数据（即与事物地理位置相关、反映事物其他特征的数据）两大类，其显著特点是能把反映不同空间区位的属性数据置于空间“面”上进行分析，且“面”的划分灵活自由，所以它特别适用于描述、分析、储存、管理在城市建设、城市管理、旅游规划管理等中出现的以地块或区域为分析单位的空间数据。

GIS 在旅游规划中的应用主要体现在数据的获取、空间分析和成果的表达三个方面，这样，对模型从数据输入到结果生成就形成了一种一体化分析、直观表达、快捷运作的技术手段（图 5.3）。

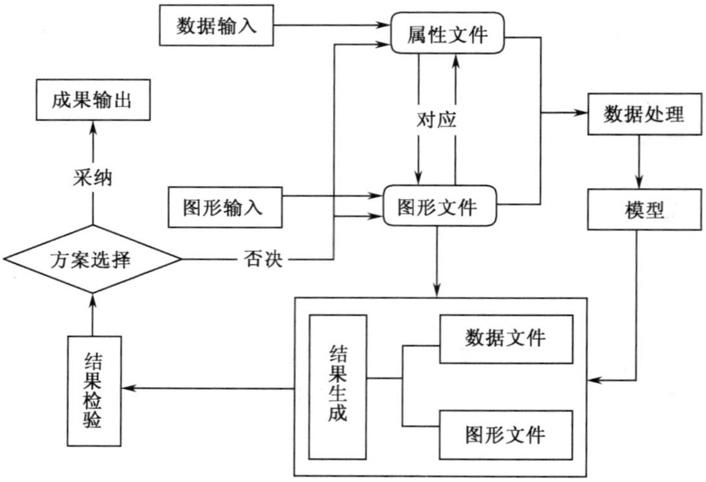

图 5.3　GIS 在旅游规划中的应用图

① 范业正，陶伟，刘锋．国外旅游规划研究进展及主要思想方法．地理科学进展，1998，（3）．

② 范业正，陶伟，刘锋．国外旅游规划研究进展及主要思想方法．地理科学进展，1998，（3）．

六、SWOT 方法

（一）SWOT 方法内容简介

SWOT 方法是分析一个经济主体战略地位的重要方法，能清晰地认识研究对象的特征与地位，把握研究对象在区域环境中与其他同类对象的区别与联系，从而使研究结果建立在一定的区域环境及研究对象的联系中。这里的经济主体可以是一个区域，可以是一个行业，可以是一个企业，也可以指一个产品。S、W、O、T 分别是 superiority（优势）、weakness（劣势）、opportunity（机会）、threaten（威胁）四个单词的第一个字母。

SWOT 法就是通过对区域经济主体所具备的优势和劣势的分析来判断经济主体实力，通过分析自身所处的环境的机会和威胁来判断环境的吸引力的。经济主体自身的实力和环境的吸引力共同构成该经济主体的战略地位，并据此作为制定区域经济发展战略的出发点。这里强调的优势与劣势、机会与威胁都是相对的概念，其内涵是指与竞争对手相对立的结果。其中，优势理解为经济主体所面临的环境中其能力与资源较竞争对手所具有的优越性、优点、特点和长处等；劣势应理解为经济主体所面临的环境中其能力与资源上较竞争对手所存在的弱点、缺点和不足等。机会与威胁是指经济主体所面临的环境中已经出现或即将出现的一种变动趋势或时间。如果这种趋势或时间对经济主体活动有利，经济主体如果抓住的话，使经济主体向有利的发展方向发展，则经济主体经济战略地位会得到提高，此时它则是一种机会；如果不利，即呈现被同类替代的趋势，则经济主体经济战略地位会遭受损害，那么它就是一种威胁。优势和劣势是经济主体固有的性质。机会和威胁则是指大环境下经济主体在运作过程中遇到的机会与挑战。需要指出的是，这里讲的优、劣势是具有相对含义的，大家共有的优势或劣势不能算是经济主体的优势或劣势。此处的机会、威胁也是相对的。其含义包括以下几个方面。①环境中出现变化趋势对一部分经济主体来说是机会，对另一部分经济主体则是威胁；②环境新趋势本身是变化的，在一个阶段中表现出来的是机会，在另一个阶段中却表现出威胁；③在很多情况下，机会与威胁是相对于经济主体目前所执行的发展战略来说的，当经济主体发展战略作出调整时，就有可能使这种外部变化趋势的性质向其相反方向变动。

由此可以看出，优势、劣势侧重于内部环境的分析，机会、威胁侧重于外部环境的分析，内外部分析的综合结果，形成了对经济主体战略地位的判断。优势、劣势、机会、威胁对经济主体战略选择起着重大的制约作用。因此，根据 SWOT 法，我们不仅能够对某区域经济战略地位有一个比较清晰、全面、系统的判断，也能够为制定提升区域竞争力、发展区域经济的战略提供一种新的思路。

一个优秀的区域经济发展战略，应能最大限度地集中区域自身的优势，并予以充分发挥，还能有效地抓住环境中的机会予以充分利用，使区域竞争力得到提升，区域经济得以更快发展。同时，区域经济发展战略还应能克服自身的劣势，很好地帮助区域回避环境出现的威胁。因此，衡量区域经济发展战略是否正确的一个简单而有效的准则是：它是否能够充分发挥优势，是否能及时抓住机会，是否能很好地克服劣势，以及是否能有效回避威胁。

（二）SWOT 方法的分析步骤

SWOT 分析的基本步骤是：明确研究对象的性质，界定经济主体所处的环境和竞争对手，将经济主体与竞争对手放在环境中分别从上述四个方面进行比较分析，得出结论，在此基础上提出针对经济主体应采用的策略。其详细步骤如下。

步骤一：专家选择。专家选择是运用 SWOT 方法能否得出预期效果的关键。人数过少可能收集的意见不全面，过多则增加了操作难度，因而一般选择 10～20 名专家作为意见征集的群体较为合适。需要指出的是，这里所指的专家不是常规意义上的专家，而是对经济主体所处的内外环境比较熟悉、有主见的人。他们不但熟悉情况，而且洞察情势。也就是说，他们有较强的识别、分析能力。选择专家时不能请一些对本经济主体和环境不是很了解的专家。专家成员确定之后，要与他们充分沟通，让他们知道自己的角色和如何参与其中，必要时还应该给他们准备必要的客观性资料。

步骤二：专家意见第一轮收集。请专家们在不受他人影响的情况下独立地为经济主体的经济战略地位作出判断，为该地区优势、劣势、机会、威胁四个方面各作出三条他们的判断，且这三条是他们认为最重要的。这样每个专家的意见中就有三条优势、三条劣势、三条机会、三条威胁的判断，同时要提醒专家不能将经济主体的内部因素与外部因素混淆一起。

步骤三：第一轮专家意见归纳。将所有专家的意见进行统计，并将归纳结果依认同程度由高到低排序。如关于优势的某一条判断，持这一看法的专家数最多，则将这一条列为第一判断：居第二位的，为优势中的第二条；依次将专家关于优势的意见全部排序（只要有人提出，就参加排序）。同样的方法处理劣势、机会和威胁，这样即可得到一张依认同度由高到低排列的 SWOT 专家意见表。把这张表的优势、劣势、机会和威胁四个方面的前三项提取出来，则得到一份关于经济主体的 SWOT 的分析报告，SWOT 分析工作结束。但考虑到专家的主观性，该报告较为粗糙，因而需要进行专家意见的下一步收集。

步骤四：专家意见第二轮收集。将上一轮归纳出来的包括所有意见在内的 SWOT 专家意见清单分发给专家，请他们阅读清单中的全部意见后，从中再各选出三条他们认为最重要的意见。

步骤五：第二轮意见归纳。重复步骤三，可得到第二份关于经济主体的 SWOT 分析报告。因为步骤四实际上是专家对自己意见的修正，所以这份报告会比第一份报告更加合理，避免了专家因为一时考虑不全面而带来的偏差。如果经济主体只作定性的 SWOT 分析，完成步骤五，得到第二份 SWOT 分析报告作为最终报告即可。如要定量分析，则需继续后面的步骤。

步骤六：定量 SWOT 意见调查表的编制。将步骤五中的包括专家全部意见在内的意见清单中各条都附上一个 0～7 分的评价尺度（也可以应用 0～5 分），这样就可以得到一份带有评价尺度的专家意见表。

步骤七：专家评分。将步骤六得到的调查表发给专家，让他们在不作相互间交流的前提下进行评分。如果认为此意见极为重要，即有重大战略性的影响，则为 7 分；如果认为极不重要，则为 0 分。可根据不同重要性，给予 0～7 分的相应评分。

步骤八：专家评分统计。将收集上来的专家评分表逐条进行统计，求出它们相应的平均值为 S_i、W_i、O_i、T_i，将 S、W、O、T 值合成，即先将各条中的零值剔除，因为零值项表明所有专家都认为该项不重要。将剔除后的 S_i、W_i、O_i、T_i 分别求其算术平均值，就得到 S、W、O、T 的值了。因为这些数值是专家对战略地位的判断，如果专家队伍选择合理，专家工作认真，他们的判断比较客观，统计工作没有大的失误，那么得到这组 SWOT 值是这一特定区域战略地位比较客观的反映，也就是说可以用 SWOT 这组特定数据来描述该区域的战略地位。

步骤九：战略四边形的构造，具体包括以下几个方面。

（1）构造 SWOT 四半维平面。如图 5.4（a）和图 5.4（b）所示，S、W、O、T 分别位于互相垂直的维度，它们构成四半维坐标系，每轴取 7 个单位长度，构成四半维平面。

（2）构造 SWOT 战略四边形。

（3）分别将步骤八得到的 S、W、O、T 的值分别在各半轴的相对位置上标出，然后将它们连接起来，就得到 SWOT 战略四边形。假设某期由步骤八得到的 S、W、O、T 分别为 5.6，2.7，4.5，1.8，则图就是其相应的 SWOT 战略四边形。从四边形中可以看出它所对应区域具有较大优势，面临较多机会，是处在一个极有利的战略地位上。

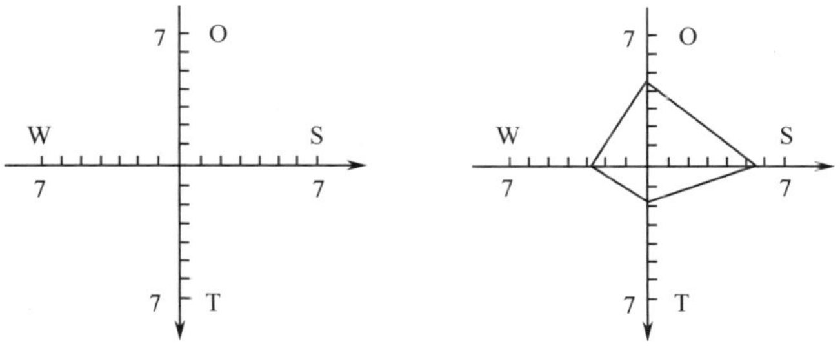

(a) SWOT四半维平面　　(b) SWOT战略四边形

图 5.4　战略四边形构造过程

案例 5.1

神农架国家公园生态旅游 SWOT 分析与发展战略

一、神农架国家公园概况

神农架国家公园位于湖北省西北部，共辖 4 个管理区，全区总面积为 1170 米 ^{2}，占神农架林区总面积的 35.87%，内含丰富的植被资源、生物资源、矿产资源、地质资源等自然资源，拥有“地质博物馆”“南北气象万花筒”“动植物大观园”等多项美誉，为发展保护区生态旅游产业奠定了良好的景观基础。在植被资源上，神农架是北半球常绿落叶阔叶混交林生态系统的典型代表地区，高等重点保护植物种类多且丰富；在生物资源上，神农架国家公园内有脊椎动物 493 种，无脊椎动物 4358 种；在矿产资源上，神农架国家公园内以磷、硅为大宗的矿藏分布集中，矿体裸露，品位较高；在地质资源上，神农架国家公园内地质遗迹颇多，共包含 7 大类地质构造。这些丰富且保护良好的自然资源使神农架形成了壮丽的特殊景观，引无数国内外游客前来游赏。

二、神农架国家公园生态旅游 SWOT 分析

（一）优势

（1）旅游资源丰富。神农架的自然景观具有唯一性、垄断性、震撼性、持续性的特点。其中，唯一性表现为当地景观资源丰富，保存着完整的北亚热带森林生态系统；垄断性表现为神农架景观丰富、体量巨大，有着特有的生态景观、宝贵的地质遗迹和神秘的人文传说；震撼性表现为神农架保存完好的原始生态与亿万年来形成的亘古地貌，如神农顶、神农谷；持续性表现为神农架注重科技支撑，打造了以金丝猴研究、兰花组培等为代表的科研旅游亮点。

（2）知名度不断提高。神农架国家公园开发较早，随着国家重视程度的不断提高，已经具备了较高的品牌知名度。

（3）居民生态保护意识不断提高且支持发展旅游业。生态保护意识是影响居民自然资源利用方式的关键要素。根据实地调查，目前社区居民的生态保护意识已经达到了较高的水平，这为生态旅游发展提供了坚固的思想保障。

（二）劣势

（1）旅游产品缺乏特色。具有当地特色的旅游产品可以给游客留下深刻的印象，但从目前的市场状况来看，神农架地区生产旅游产品的企业数量少且规模小，当地从事该行业的民众也较少。另外，所销售的旅游产品存在以下弊病：统装产品多，系列产品少；外来产品多，本地产品少；包装劣质多，精品少；地摊商品多，超市商品、出口商品少；跟风雷同产品多，创新研发产品少。

（2）旅游管理人才匮乏。一方面，神农架当地的学校数量少，民众受教育的程度不高，而且年轻劳动力外流现象普遍，内部人才凝聚性差，无法了解优秀的管理经验，造成管理理念难以与时俱进；另一方面，据当地旅游管理部门反映，高素质管理人才往往因为基础设施不完善、薪酬机制不健全等而不愿意来此就业。

（3）宣传方法双向性不强。目前，当地政府与旅游管理部门对生态旅游模式的宣传成效并不显著，主要是因为宣传过程中缺乏与民众的互通。

（三）机会

（1）政府政策的支持。为了促进神农架生态旅游的健康发展，早在 2007 年当地政府就先后采纳了政协提出的 51 件提案，而且为了促进当地生态旅游业的发展，上级政府与当地政府出台了一系列积极支持政策，如编制与推行了《神农架国家级自然保护区总体规划（2005—2014）》《湖北神农架国家级自然保护区生态旅游规划》《神农架国家级自然保护区神农顶景区旅游解说系统规划与标识标牌设计》等规划文本，为神农架生态旅游业的发展设计了一套科学、完整的规划方案。

（2）国民旅游需求旺盛。随着我国经济实力的增强、人民经济收入的增加，公众

的需求逐渐向精神层次转变，外出旅游由此受到了欢迎。

（3）国家对国家公园建设的重视。建立国家公园体制是党的十八届三中全会提出的重点改革任务，是我国生态文明制度建设的重要内容。

（四）威胁

（1）旅游开发主体中缺乏民间组织。民间组织既可协助政府工作，又能动员社会力量，在生态旅游开发中发挥着重要的作用。目前神农架景区管理是由当地旅游管理部门和政府共同负责，民间组织数量很少且较少发出自己的声音。

（2）旅游信息平台建设薄弱。虽然神农架国家公园在开发和完善生态旅游的过程中强调内外交流，但目前的互动主要集中在内部，在与外部的联系上依然缺乏一个系统化的旅游信息平台实体，这种不完善的交流机制，一方面会使得神农架景区的信息来源渠道趋于闭塞，产品和服务不能及时更新；另一方面，也会导致外界公众难以获取生态旅游信息的相关途径。

（3）国内旅游业的挑战。目前，我国各省（市）均广泛认同生态旅游是一项兼备环境效益与经济利益的可持续发展的项目，开始加大对景区生态旅游业的投资力度，使神农架国家公园面临着较为严峻的生态旅游市场挑战。

三、神农架国家公园生态旅游的发展战略

（1）发挥优势，把握机遇：利用有利政策，合理开发丰富的旅游资源；满足民众旅游需求，提升旅游景点的知名度；顺应国家公园体制建设要求，引导社区居民广泛参与生态旅游业发展。

（2）利用机遇，克服劣势：借助政策资金，支持企业开发特色旅游产品；采用人才吸引政策，把握游客的旅游需求；加强管理部门与民众的双向沟通，落实社区共管机制。

（3）利用优势，回避风险：增强旅游资源的独特性，提高竞争力；完善旅游信息平台建设，扩大知名度；强化社区民众对生态旅游模式的关注与参与。

（4）减少劣势，回避风险：引进相关技术人才，大力建设旅游信息平台；鼓励非政府组织的参与，强化与民间组织的交流。

资料来源：黄德林，李明起，李千惠，等. 神农架国家公园生态旅游SWOT分析与发展战略.安全与环境工程，2019，26(6)：50-55，有改动。

七、虚拟现实技术方法

虚拟现实（virtual reality，VR）技术是一个由图像技术、传感器技术、计算机技术、网络技术以及人机对话技术相结合的产物。它以计算机技术为基础，通过创建一种集三维视觉、听觉和触觉于一体的全方位环境，使用户利用系统提供的人机对话工具，同虚拟环境中的物体对象交互，使用户仿佛置身于现实环境之中的一门综合性技术——一种自然交互的人机界面。虚拟现实技术是应美国军事部门的要求开发出来的，但目前已较为广泛地应用于包括军事、航空航天、电视电影和医学等在内的众多领域。利用虚拟现实技术，可以使参与者足不出户就能体验到身外的世界，或者进入在现实生活中不可能到达的地方，如遥远的太空、危险的环境甚至微观的世界。

虚拟现实技术是一种划时代的技术，具有三个最基本的特征（简称 3I）：①沉浸（immersion）特征：从过去人只能从计算机系统的外部去观测处理结果，到人能沉浸到计算机系统所制造的环境之中，即参与者具有身临其境的沉浸感；②交互（interaction）特征：从过去人只能通过键盘、鼠标与计算机环境中的单维数字化信息发生交互，到人能利用多种传感器（如数据头盔、手套、眼镜等）与多维化信息的环境发生交互；③构想（imagination）特征：从过去的人只能从以定量计算为主的结果中得到启发而加深对事物的认识，到人有可能从定性和定量相结合的环境中得到启发而加深对事物的认识并萌发新意。这些都强调了人在虚拟现实技术中的主导作用。一个虚拟现实技术系统，正是通过 3I 才能真正实现虚拟世界对现实世界的替代，从而对人达到一种境界虚拟，但感觉却是真实的效果。

在旅游规划与开发中，开发和利用虚拟现实技术是一项极其复杂的系统工程，它是根据传统的规划设计理念，采用现代高科技手段和综合集成思想进行建库、模拟、分析、处理的。在旅游规划与开发中，虚拟现实技术系统应包括三大组成部分。

1. 背景条件数据库

背景条件数据库主要反映旅游地的背景情况，一般包括如下数据：①各种旅游资源的类型、数量及其分布；②各种自然条件特征及其空间分布，如地形地貌、气候、动植物等；③区位条件，包括交通区位、市场区位、地价区位和环境区位等；④社会经济背景，包括人口、居民点、国民经济收入水平、社会治安情况等。

2. 目标条件数据库

目标条件数据库主要反映游客、业主或规划设计人员的目标要求，即社会、经济、环境三大综合效益。具体来说，主要包括如下数据：①市场需求，如旅游者的收入水平、价值取向、心理特征、行为规律等；②投入产出要求；③旅游产品定位、选择及优化组合要求；④旅游线路组织安排要求，如游览方式、日程及内容等；⑤空间布局及艺术审美要求，如各种旅游设施的数量、占地面积、建筑面积、容积率、绿化率、功能分区、体量组合、色彩搭配、建筑风格等；⑥形象设计要求，包括文脉分析、形象定位、形象设计、形象传播等；⑦经营管理及营销策划要求；⑧环境保护要求。

背景条件数据库和目标条件数据库都是由有关计算机软件集成建立起来的大型数据库。前者是为虚拟现实技术处理系统提供背景支撑，用于建立虚拟背景环境，如三维地形模型的建立；后者是为即将生成的规划方案提供约束条件和目标要求，只有在满足这些多目标要求的条件下才能生成最佳的规划方案，这是一个极其复杂的循环的人机交互作用过程。二者一般都包括属性数据库、图像数据库和图形数据库，并要求每个图形盖层或图像层都对应相应的属性数据库。

3. 虚拟现实技术处理系统

虚拟现实技术处理系统主要是通过人机对话工具，把背景条件和目标条件数据输入该系统，并对它们进行处理，生成规划方案，这也是一个极其复杂的循环的人机交互作用及数据处理过程。该系统包括以下内容。

（1）硬件系统。①跟踪系统：用以确定参与者的头、手和躯体的位置；②触觉系统：以提供力与压力的反馈；③音频系统：用以提供立体声源和判定空间位置；④图像生成和显示系统：用以产生视觉图像和进行立体显示；⑤高性能计算处理系统：应具有高处理速度、大存储容量和强联网特征。

（2）软件系统：一般包括操作系统、数据库系统软件、GIS 软件、图像处理软件、系统开发软件等。要求软件系统能接收各种高性能传感器的信息；能生成立体动画显示的图像；能把多种数据库、多种 GIS 软件、CAD 软件进行调用和互联。

虚拟现实技术处理系统的工作重点就是虚拟环境的生成，并能够提供一种具有沉浸感和交互能力的空间漫游机制。方法有两种：①传统方法，它是利用计算机图形技术，对真实环境进行抽象从而建立其三维几何模型，实时漫游过程中根据观察者的位置、光照等信息由计算机绘制相应的视景。这种基于计算机图形学的虚拟现实系统仍然存在一定的局限性：复杂空间的建模过程相当繁琐、工作量大；不能将实时交互信息与高质量图形环境结合起来，场景难以达到完全逼真状态；对计算机软硬件要求较高，很难满足大众化的虚拟现实应用。②采用基于实景图像的虚拟信息空间（简称"虚拟实景空间"），它避开了复杂的场景建模与绘制，直接利用照相机采集的离散图像或摄像机采集的连续视频作为基础数据，经过图像处理生成全景图像，并对其进行空间关联，营造具有空间操纵能力的虚拟环境。这种方法具有快速、简单、逼真的优点，将成为旅游规划设计的首选方法。

旅游规划设计的虚拟现实技术流程主要包括：第一，要收集各种数据，建立背景条件数据库和目标条件数据库；第二，把背景条件数据输入虚拟现实技术处理系统进行处理，生成具有沉浸感和交互能力的虚拟背景；第三，把目标条件数据输入虚拟现实技术处理系统进行处理，生成具有沉浸感和交互能力的虚拟建筑物、旅游路线、服务等旅游产品；第四，把虚拟背景与虚拟旅游产品叠加，通过人机对话工具，让游客、业主或规划设计人员进入虚拟旅游环境中漫游和亲身体验，提出意见并不断地进行修改，最终生成最佳规划设计方案。

八、双筛法

双筛法是一种"协调思想"的产物，它主要是致力于协调各种关系，特别是旅游规划研究过程中，旅游规划专家、旅游开发者、旅游客源市场（旅游消费者）和旅游开发地居民之间的关系，有效地解决各种矛盾。

双筛法的主要目的是有效地调配各种资源，既面向市场，又面向旅游开发者，能充分发挥旅游规划专家的主导作用，动员一切可以动员的力量，依靠一切可以依靠的力量，设计出适合的旅游产品，满足人们的旅游消费需要，实现旅游开发的经济效益。

双筛法的主要特点包括：第一，客观性，即旅游产品设计过程中的筛选方法，都是用客观的方法采纳各方面对于旅游开发的意见，杜绝出现旅游规划专家的"主观想象决定论"的现象。第二，易接受性。双筛法所采用的都是简单实用的方法，便于在工作中推广。第三，针对性。双筛法的每一个工作步骤都是对象清晰、工作目的明确、针对性突出。

双筛法的具体技术线路（以旅游产品设计为例），如图 5.5 所示。

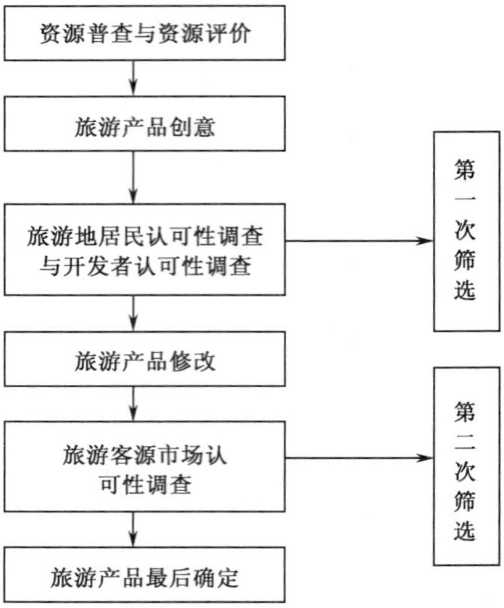

图 5.5 双筛法

本 章 小 结

从区域旅游发展的内容来看，旅游规划与开发的构建体系主要由旅游规划与开发的内容体系、旅游规划与开发的目标体系、旅游规划与开发的方法体系三大体系构成。

旅游规划与开发的内容体系包括旅游发展条件、旅游开发环境和旅游发展现状、旅游系统规划与开发的策划与创意、旅游系统规划与开发的设计与实施、旅游支持保障系统的规划与建设六个方面。

旅游规划与开发的目标体系可以分为旅游总目标和旅游分目标两大类，其中分目标又分为旅游区域贡献目标和旅游行业发展目标两类，然后每一类中又分为若干目标型，每个目标型中再分为概念目标与具体目标两大部分，即将旅游目标分为旅游总目标→分目标类→分目标型→概念目标→具体目标五个层次。

旅游规划与开发的方法是多种多样的，并且正处于不断发展变化和日趋成熟的阶段，目前使用得最多的方法为综合法、系统规划法、社区法、门槛分析法、GIS 分析法、SWOT 方法、虚拟现实技术方法、双筛法。

案例分析与讨论

北京蟹岛绿色生态度假村：融合农业与旅游的创新模式

北京蟹岛绿色生态度假村，位于北京朝阳区金盏乡地带，紧邻首都机场高速公路，距离首都国际机场仅 7 公里。这个大规模项目将生态农业与度假旅游有机结合，以提供高品质的生活体验为宗旨，通过餐饮、娱乐和健身等方式，让人们享受清新自然、远离污染的环境。项目围绕生态概念展开，融合了种植、养殖、水产、有机农业技术、农产品加工、销售、餐饮住宿、旅游会议等产业，构建了一个相互依存、相互转化、资源互通的循环经济体系，致力于打造一个环保、高效和和谐的经济生态区。其涵盖了大田种植区、蔬菜种植区、苗木花卉种植区、养殖区、休闲旅游服务区等功能区。

项目的核心理念是将绿色、生态和生活融为一体，实现销售、生态和生活的三者合一。其发展目标包括基于有机食品的开发、生产、加工和销售，同时以旅游度假为主体，构建一个集种植、养殖、生物能源和田园观光于一体的绿色环保休闲项目。

蟹岛按照以“农业养旅游业、又以旅游业来促进农业发展”的经营思想，在布局上采取了“前店后园”的方式。“园”有种植园区、养殖园区、科技园区；“店”有可容纳 1000 人同时就餐的“开饭楼”、四季可垂钓的“蟹宫”、综合性大型康乐宫、特色农家小院客房和仿古农庄；各种动物观赏的“宠物乐园”、夏日室外冲浪的海景水上乐园、各类农家民俗表演、农业观光、采摘、自拣生态蛋等活动。“园”营造绿色的旅游环境、提供消费产品，是成本中心，“店”是消费场所，为园的产品提供顾客，是利润中心。“前店后园”的布局保证了农业与旅游的互补与融合。

规划设计和经营特色：充分与乡村特有的自然生态风格融合，还原独特的乡村风貌，让游客能够脱离城市的束缚，充分投入对乡村生态、生产、生活的体验。通过“吃、住、游、玩、购”等方面全方位打造乡村体验，并通过“农”“游”两条渠道实现收益的叠加与放大；“前店”由专业人士和专业公司进行经营，保证运营的专业性以及收益，而“后园”则以承包责任制分配到个人，充分调动其生产积极性，并能使其充分参与到项目整体中，增加其收入。

资料来源：分享 | 5 个国内外乡村旅游建设成功的经典案例，重构乡村旅游建设. https://www.sohu.com/a/582965691_121209218，2022-09-06，有改动。

讨论问题：

1. 如何有效实现农业与旅游的有机结合？
2. 北京蟹岛绿色生态度假村在进行规划开发时考虑了哪些方面？

思考与练习

1. 结合旅游规划的文本，说明旅游规划与开发涉及的内容。
2. 试分析说明旅游规划与开发有哪些主要目标，它们之间的关系如何。
3. 请针对一个旅游地，使用 SWOT 分析方法对其未来发展加以初步分析。

第六章

旅游资源的分类体系与评价

学习目标

1. 旅游资源的概念与特征
2. 旅游资源的分类原则与分类方法
3. 旅游资源评价的原则与内容
4. 旅游资源综合评价方法
5. 旅游资源调查的类型、内容、程序与方法

核心概念

旅游资源（tourism resources） 旅游资源分类（classification of tourism resources） 旅游资源评价（tourist resources evaluation） 旅游资源调查（investigation of tourism resources）

本章导读

旅游资源作为旅游规划与开发的核心对象，同时也构成旅游业发展的必备物质基础。然而，旅游资源必须经过适当的开发和利用，才能成为具有吸引力的旅游景观。在这一背景下，对旅游资源进行准确的界定、科学的分类评价成为首要任务，这是开展旅游规划与开发的重要基础。本章旨在深入分析旅游资源，突出强调旅游资源的概念、特征、分类与评价等，从而为旅游规划与开发提供有益的指导。通过深入分析旅游资源，本章将帮助读者建立起对旅游资源的全面认知。从概念到分类、从特征到评价，读者将获得一套完整的理论框架，有助于他们更好地认识旅游规划与开发工作。这一章的内容将为读者提供丰富的资源知识，为他们把握资源的开发潜力和吸引力提供支持。

第一节 旅游资源的概念与特征

一、旅游资源的概念

旅游资源是旅游业发展的基础和前提条件，是旅游目的地对游客产生吸引力的根源。一个地区旅游业的发展程度取决于该地旅游资源的赋存状况，即旅游资源的数量、旅游资源类型的多样性、旅游资源特色的独特性和旅游资源空间分布与组合的合理程度。此外，旅游业的发展情况还取决于人们对当地旅游资源的综合评价和合理开发，取决于人们对待旅游资源开发和保护的态度。要合理开发旅游资源、促进旅游业的发展，就必须全面准确地认识旅游资源。

我们在这里可以将旅游资源界定为：经过开发可对旅游者产生旅游吸引力，并能为旅游业所利用以产生经济效益、社会效益和生态环境效益的有形及无形要素。

可见，旅游资源首先需要经过开发才能为旅游业所利用。旅游资源要对旅游者产生吸引力，势必要经过人为的开发。对旅游资源加以开发即包括改善旅游环境、完善旅游产品及配套服务设施、挖掘旅游资源内涵、对旅游资源加以营销推广等。可见，只有进行了旅游资源的规划与开发，旅游资源的吸引力才能为人们所感知，而那些未经开发、养在深闺人未识的旅游资源，我们将其称为潜在旅游资源。

其次，旅游资源要对旅游者产生一定的吸引力。旅游活动的开展就是针对旅游者求新求奇的心理特征，利用旅游资源的吸引力吸引游客前来。如果旅游资源对旅游者来说不存在旅游的价值，那么旅游活动的开展、旅游业的发展便成为空谈。因此，旅游资源必须具备一定的旅游吸引力。

再次，旅游资源要能够产生经济、社会和生态环境效益。市场经济条件下，经济活动是以利益为动力的。近年旅游业的飞速发展向人们展示了旅游业是一个新兴的、具有高效益、强关联性的朝阳产业。作为旅游业发展基础和前提的旅游资源，经过人为开发后也需要能产生效益，否则就失去了开发的意义，也就不能称其为旅游资源了。

最后，旅游资源既可以是物质的，也可以是非物质的。在人们的传统观念中似乎自然山水、亭台楼阁这一类的观赏物才是旅游资源。实际上，这样理解旅游资源是十分狭隘的。物质的旅游资源是旅游者所能切实感觉到的，而非物质的旅游资源则常常为物质性的旅游资源增色不少。刘禹锡有一名句“山不在高，有仙则名。水不在深，有龙则灵”。从某一层面上来看，讲的就是非物质旅游资源的重要性。许多旅游景区旅游吸引力的灵魂就是一些无形的典故、传说等旅游资源，如连云港的花果山得益于古典名著《西游记》中美猴王的传说；湖南武陵源，因陶渊明的《桃花源记》而名声大噪；湖北神农架以野人的传说吸引了万千游客、武汉的古琴台旅游吸引点在于俞伯牙与钟子期的高山流水之美谈。如果失去了这些典故和传说，这些旅游景区的吸引力至少会大打折扣。可见有形的旅游资源要加以重视，无形的旅游资源更不能忽视。

综上所述，旅游资源的概念应从其开发性、吸引性、效益性及其形态四个方面加以把握。所以，旅游资源是指经过规划与开发后对旅游者产生吸引力，并能为旅游业所利用以产生经济效益、社会效益及生态环境效益的有形及无形因素。

二、旅游资源的特征

旅游资源作为一种资源，除了拥有一般资源所具备的普遍性特征之外，本身还具有一定的独有特征，主要表现在以下五个方面。

（一）美学特征

旅游资源同其他资源相比，最主要的差别就是拥有美学特征、拥有可观赏性的一面，它作为资源所共有的经济性也是通过其观赏性来实现的，这表现为旅游资源所特有的两重性。因为旅游活动最基本的内容是一个“游”字，“游”本身就是对美的事物的观赏，无论名山大川、奇洞异石、风花雪月，还是文物古迹、民族风情等，无不具有观赏的特性，因此才能成为旅游资源。旅游资源的可观赏性越强，对旅游者的吸引力就越大，像我国的万里长城、秦始皇兵马俑、桂林山水，以及埃及的金字塔、古罗马斗兽场、潘提翁神庙，法国的埃菲尔铁塔，日本的富士山，美国自由女神像，等等，都因观赏性极强而成为世界上著名的旅游资源，每年吸引着成千上万的人参观游览。

（二）文化特征

旅游资源除具有美学特征以外，还具有丰富的文化内涵。无论是自然赋存、社会创造，还是自然为主，辅以人文，抑或是人文为主，辅以自然的各类旅游资源，其科学性和自然、社会哲理蕴藏着深层次的文化内涵，文化始终为旅游的核心。但应指出的是，自然情趣作为人的精神享受的一部分，要受人的文化素养和精神境界的制约。文化素养和精神境界直接影响着人们对旅游景观的欣赏水平。因此，文化内涵的深浅、艺术水准的高低，在某种场合均与吸引力大小成正比。甲骨文具有很高的历史价值，但不可能吸引大批人去观赏，就是这个道理。

（三）空间特征

旅游资源的空间特征集中表现在以下五个方面。

1. 地域性

各种旅游资源都分布在一定的地域范围内，都反映着一定地理环境的特点。不同的地域有不同的地理景观，故一个地区的地质、地貌、气候、水文、动植物以及人类在长期同自然界的斗争中所创造的物质文化和精神文化，如建筑艺术、宗教、民俗等均存在着明显的地域差异性。这种地域差异性集中体现在各个地区的旅游资源具有不同的特色和拥有不同的旅游景观等方面，如中国西南地区有大面积的岩溶地貌，江南丘陵地区的红壤和丹霞景观等都非常典型，而中国的园林、寺观、古建筑等在世界上更是独具特色，还有内蒙古的“那达慕”大会、傣族的“泼水节”、壮族的“赛山歌”，民族风情十分浓郁，富有较强的吸引力。再如号称世界“旅游王国”的西班牙，就是利用其阳光充足、良好的海滨浴场和开展扣人心弦的“斗牛”表演来吸引大量游客的。所以，一个国家或一个地区的旅游业是否有成就，在很大程度上取决于能否保持和突出那里旅游资源的地方特色。

2. 不可替代性

旅游资源的区域差异，意味着资源的可模仿性较差，它难以被模仿或复制。尽管许多有关民族风情的主题园仿制了逼真的诸如竹楼、蒙古包等兄弟民族的村寨或居室，但它缺乏地域背景、周边环境与民族习俗等依托，在游客的视域中，真假泾渭分明，无法替代。那些历史感强的资源，更无法离开特定的地理环境的历史背景，否则将失去其本身的历史价值与观赏价值。长江三峡、桂林山水、壶口瀑布等资源的特定地理环境，更是无法用人工力量来搬迁或异地再现。

3. 综合性

综合性主要表现在同一地区内多种类型的旅游资源交错分布在一起。旅游资源的各个要素之间，处在相互联系、相互制约的环境之中，很少存在孤立的、与周边其他景观要素互相不联系的单一的旅游景观现象。区域旅游资源的构成要素种类越丰富、联系越紧密，其生命力就越强，就越能吸引旅游者。比如，因佛教圣地而闻名遐迩的普陀山风景区，尽管以宗教人文旅游景观见长，但自然山水风景更使其锦上添花，成为享誉海内外的旅游胜地。由此可见，一个地区旅游资源的构成要素种类越丰富、联系越紧密、综合性越强，对旅游者的吸引力就越大。另外，由于旅游者的旅游动机是多种多样的，他们出游大多数是想看到更多类型的旅游景观。所以，旅游资源的综合性越强，就更能适应游人观景的要求，同时满足旅游者的多元化需求，这也是一个旅游区规划与开发的优势所在。

4. 组合性

旅游景观的组合特性是旅游资源的另一个空间特征。孤立的景观往往很难被作为一种旅游资源加以开发利用。特别是当旅游发展成为一种以获取经济收入为主要目标的旅游业的时候，旅游资源景象组合特征更显其重要。旅游资源景象组合在种类上有资源性质相同的同类组合和性质不同的综合组合，如“黄山七十二峰”和“西湖十景”；在空间上有近地的集团组合和远距离的异地组合，如“泰山岱顶四大奇观”和“五岳”；规模上有大尺度组合和小尺度组合，如“长江三峡”和“大理三塔”。

5. 相似性

旅游资源所具备的相似性是指旅游资源在地域上分布很广，并且某些旅游资源的外部特征极为相似。旅游资源相似出现的特征不仅仅发生在自然形成的旅游资源上，如火山、瀑布、峡谷、石灰岩溶洞等在世界上许多国家都有分布，而且也发生在人类社会作用而形成的旅游资源上，如大雄宝殿、十八罗汉等在我国几乎随处可见。虽然旅游资源相似并不能互相替代，但是它们却为旅游者提供了就近旅游的便利，有利于经济支出和时间受到限制的游客参与其中。

（四）时间特征

1. 季节性

旅游资源的季节性是由所在地的纬度、地势和气候等因素所决定的。旅游地所处纬度直接影响到地面获得的热量。高纬度地带，太阳高度角小，地面接受太阳光少，因此一年四季景观的变化不同于其他纬度地带。在漫长而严寒的冬天，千里冰封、万里雪飘，一派北国风光，这正是开展冰雪旅游的大好时光。除了地理纬度因素外，地势的高低也会直接影响到季相的垂直变化，尤其在低纬度的高山峡谷地区，旅游者往往会见到从山麓到山顶的景观出现四季的变化。总之，这种自然景观的季节性变化使旅游业的发展在一年之中会出现较明显的淡旺季，这正是我们在开发利用旅游资源的时候需要特别加以注意的。

2. 可变性

旅游资源的范围是随着人类的认识水平、开发能力、宣传力度、开发条件等众多因素的变化而变化的，过去不被人注目的旅游资源或仅被少数人关注和游玩的历史文化遗迹，也会被源源不断地开发为旅游资源。如太空一直是人类向往的“仙境”，世界上很多人很久以前就产生了到太空旅游的美好动机，但是由于受到科技发展水平和经济能力的限制，却很难成行，随着全球航天技术的发展，太空旅游逐渐从幻想变成了现实，外太空旅游逐渐进入了人们的旅游行程安排之中。旅游资源的可变性包括如下情况：在旅游的发展中一些原本不是旅游资源的元素后来变成了旅游资源；一些旅游资源由于市场变化或其他原因变成了非旅游资源；一种旅游资源转变成了另外一种旅游资源。这些旅游资源的变异情况既可以为旅游业充分利用，也可能给旅游业带来一定损失，尤其值得旅游资源开发者关注。

（五）经济特征

1. 利用的永续性和不可再生性

综观旅游业发展史，人们不难发现，对于绝大多数的旅游资源而言，都具有永续性。例如，参观、游览，旅游者所带走的只是印象和观感，而不能带走旅游资源本身，从而使旅游业成为“风景出口”行业，而且永远也“出售”不完。当然也有一小部分旅游资源，如狩猎、垂钓、购物等，在旅游过程中会被消耗掉，但只要合理利用就可以通过人工再生产的方法得到补充。从这一点来讲，也是具有永续性特点的，这正是形成旅游业投资省、见效快、收益大、利用周期长等一系列优点的重要原因。但是，旅游资源也存在如何保护的问题，在一个国家或一个地区，具有吸引力的旅游资源多是自然和历史的遗存，如果遭到破坏，一般是难以修复和还原的。这种人工的历史文物遭到破坏，即便是人力可以使其恢复，但仍然不是原物，同样降低了它的观赏价值，削弱了旅游资源本身的吸引力，更何况被破坏的自然风景，人力就更难以恢复了。因此，对于一个地区旅游资源的保护是十分重要的，保护旅游资源就是保护旅游业，反之亦然。

2. 价值的不确定性

旅游资源与其他资源，如矿产资源、水资源等不同，它的价值是不可以用简单的数字来计算的。对旅游资源的价值的估算是随人们对旅游资源的认识水平、审美方式、开发能力等众多因素的变化而产生变化的。不同的人对于同一旅游资源可以产生完全不同的评价。如久居某地的居民对当地的旅游资源已经十分熟悉，并不会将其作为具有开发价值的旅游资源，而是认为这些东西是不足为奇的，但是在外人看来这里又是十分新奇的，是具有一定游览价值的。此外，旅游资源的价值还与旅游者的开发方式有关，在不同的开发方式下，相同的旅游资源其价值也会有变化。比如，同一个水体旅游资源，是用来开发观光旅游、度假旅游，还是康体旅游、疗养保健旅游等，其旅游市场的反应会有所不同，从而体现出的开发价值也是不同的。因此，旅游资源价值的判定应该是在一定的认识水平和具体的开发方式下加以判断的。

第二节　旅游资源的分类

一、旅游资源的分类原则

旅游资源的分类是一项很细致且科学性极强的工作。旅游资源作为旅游业发展最重要的物质基础和前提条件，在各种各样的资源当中，属于比较特殊的一类。它包括的范围十分广泛，在分类上也就相当复杂。同时，旅游资源的分类也是旅游资源调查评价、制定旅游地开发规划的一项基础性工作和旅游学研究的重要内容之一。

旅游资源的分类研究，始于 20 世纪中叶，由于此项工作开展得比较晚，加上各家之说又相去甚远，因此很难确定一个比较统一的意见和方案，如果归纳一下，我们认为旅游资源的分类应该遵循以下几项原则。

1. 旅游资源的景观属性原则

旅游资源的开发与利用，通常不是单一的要素或景象，而是以特定的区域为单位，由一定数量和特色的各种旅游资源形成的综合景观。因此，旅游资源的分类应从旅游资源的概念以及对内涵的理解出发，在确定旅游资源分类的范围和内容的前提下，将旅游资源景观属性、吸引价值和利用状况等作为主要指标，对旅游资源进行科学分类。

2. 旅游资源的特征分类原则

旅游资源范围、内容的广泛与复杂，决定了影响旅游资源的分类因素的复杂性和多重性。旅游资源的特征分类除了要突出旅游资源的景观属性等主导因素外，还应充分考虑旅游资源的成因、形态、年代等基本特征因素，对旅游资源的类型进行合理划分。

3. 旅游资源的差异性原则

旅游资源的分类应尽可能区别其差异性，寻找共同性，做到旅游资源分类的系统化和规范化，防止所划分旅游资源类型出现相互包容和重叠的情况，做到分类体系简单明了。

二、旅游资源的分类方法

旅游资源的内涵十分丰富，涉及自然、社会和人文多个方面。因此，目前国内外旅游学界对旅游资源尚未形成比较确切统一的分类方法，多数学者都是从多元化的角度进行划分的。这里仅就国内外比较流行的几种分类原则与方法作一分析。

（一）就基本属性进行分类

我国于 2017 年 12 月 29 日发布了最新的旅游认定国家标准：《旅游资源分类、调查与评价》（GB/T 18972—2017）。该标准由中华人民共和国国家质量监督检验检疫总局和中国国家标准化管理委员会制定，旨在通过建立明确、简洁、便于操作的旅游资源分类系统，形成科学、准确的旅游资源评价体系。

在该标准中，旅游资源被分成 8 个主类和 23 个亚类，共 110 个基本类型。8 个旅游资源主类分别是地文景观、水域景观、生物景观、天象与气候景观、建筑与设施、历史遗迹、旅游商品和人文活动，如表 6.1 所示。

表 6.1　旅游资源分类表

主类	亚类	基本类型
A 地文景观	AA 自然景观综合体	AAA 山丘型景观　AAB 台地型景观　AAC 沟谷型景观　AAD 滩地型景观
	AB 地质与构造形迹	ABA 断裂景观　ABB 褶曲景观　ABC 地层剖面　ABD 生物化石点
	AC 地表形态	ACA 台丘状地景　ACB 峰柱状地景　ACC 垄岗状地景　ACD 沟壑与洞穴　ACE 奇特与象形山石　ACF 岩土圈灾变遗迹
	AD 自然标记与自然现象	ADA 奇异自然现象　ADB 自然标志地　ADC 垂直自然带

续表

主类	亚类	基本类型
B 水域景观	BA 河系	BAA 游憩河段 BAB 瀑布 BAC 古河道段落
	BB 湖沼	BBA 游憩湖区 BBB 潭地 BBC 湿地
	BC 地下水	BCA 泉 BCB 埋藏水体
	BD 冰雪地	BDA 积雪地 BDB 现代冰川
	BE 海面	BEA 游憩海域 BEB 涌潮与击浪现象 BEC 小型岛礁
C 生物景观	CA 植被景观	CAA 林地 CAB 独树与丛树 CAC 草地 CAD 花卉地
	CB 野生动物栖息地	CBA 水生动物栖息地 CBB 陆生动物栖息地 CBC 鸟类栖息地 CBD 蝶类栖息地
D 天象与气候景观	DA 天象景观	DAA 太空景象观赏地 DAB 地表光现象
	DB 天气与气候现象	DBA 云雾多发区 DBB 极端与特殊气候显示地 DBC 物候现象
E 建筑与设施	EA 人文景观综合体	EAA 社会与商贸活动场所 EAB 军事遗址与古战场 EAC 教学科研实验场所 EAD 建设工程与生产地 EAE 文化活动场所 EAF 康体游乐休闲度假地 EAG 宗教与祭祀活动场所 EAH 交通运输场站 EAI 纪念地与纪念活动场所
	EB 实用建筑与核心设施	EBA 特色街区 EBB 特性屋舍 EBC 独立厅、室、馆 EBD 独立场、所 EBE 桥梁 EBF 渠道、运河段落 EBG 堤坝段落 EBH 港口、渡口与码头 EBI 洞窟 EBJ 陵墓 EBK 景观农田 EBL 景观牧场 EBM 景观林场 EBN 景观养殖场 EBO 特色店铺 EBP 特色市场
	EC 景观与小品建筑	ECA 形象标志物 ECB 观景点 ECC 亭、台、楼、阁 ECD 书画作 ECE 雕塑 ECF 碑碣、碑林、经幢 ECG 牌坊牌楼、影壁 ECH 门廊、廊道 ECI 塔形建筑 ECJ 景观步道、甬路 ECK 花草坪 ECL 水井 ECM 喷泉 ECN 堆石
F 历史遗迹	FA 物质类文化遗存	FAA 建筑遗迹 FAB 可移动文物
	FB 非物质类文化遗存	FBA 民间文学艺术 FBB 地方习俗 FBC 传统服饰装饰 FBD 传统演艺 FBE 传统医药 FBF 传统体育赛事
G 旅游商品	GA 农业产品	GAA 种植业产品及制品 GAB 林业产品与制品 GAC 畜牧业产品与制品 GAD 水产品及制品 GAE 养殖业产品与制品
	GB 工业产品	GBA 日用工业品 GBB 旅游装备用品
	GC 手工艺品	GCA 文房用品 GCB 织品、染织 GCC 家具 GCD 陶瓷 GCE 金石雕刻、雕塑制品 GCF 金石器 GCG 纸艺与灯艺 GCH 画作
H 人文活动	HA 人事活动记录	HAA 地方人物 HAB 地方事件
	HB 岁时节令	HBA 宗教活动与庙会 HBB 农时节日 HBC 现代节庆

（二）就其利用角度而言进行分类

旅游资源就其利用角度而言，可分为可再生性旅游资源与不可再生性旅游资源。

（1）可再生性旅游资源一般系指那些在旅游过程中被部分消耗掉，但仍能通过适当途径为人工再生产所补充的一类旅游资源，如旅游纪念品与土特产均属此类。

（2）不可再生性旅游资源一般系指那些在自然生成或在长期历史发展过程中的保留下来遗存物，这类旅游资源一旦在旅游过程中遭到人为的破坏，其后果不堪设想且极难挽回，即使能部分复原，其原有的旅游观赏价值也将会大为降低。因而，对可再生性旅游资源要充分利用，加速获取经济效益，对不可再生的旅游资源则应以保护为原则，如古建筑、古墓葬和古文化等均属此类。

（三）从经营角度进行分类

旅游资源从经营角度来看，可分为有限的旅游资源和无限的旅游资源。

有限和无限包括时间和空间的二维性质。比如，生物和气候旅游资源在时间和空间上都可以说是无限的，而古代建筑则无论是在空间上还是时间上都是有限的。在有限的空间内容纳有限的游客，游客所造成的破坏或自然损耗可使有限的利用时间缩短。一次民俗的表演时间是有限的，因此必须充分利用有限的时间增加收益，而对山色、海景的观赏时间是无限的，就不一定过于追求经济效益。这些提醒我们更要注意对有限旅游资源进行合理的开发和保护。

（四）从其吸引级别进行分类

旅游资源从其吸引级别来看，可分为以下几类①。

（1）国家级旅游资源。这类旅游资源具有重要的观赏、历史和科学价值，在国内外知名度较高。例如，1982 年国务院审批公布的第一批国家级重点风景名胜区 44 处，以及 1988 年国务院再次公布的 40 处国家重点风景名胜区就属于此类旅游资源。

（2）省级旅游资源。这类旅游资源具有较重要的观赏、历史和科学价值，有地方特色，在省内外有较大的影响。许多的省级风景名胜区的旅游资源就属于此类。

（3）市（县）级旅游资源。这样的一类旅游资源数量繁多，具有一定的观赏、历史和科学价值，主要接待本地的旅游者。

除此之外，有的以区域功能为主来划分旅游资源，其划分方案如下。

a. 自然景观旅游资源，如桂林山水、长江三峡、路南石林、湘西张家界。

b. 名胜古迹旅游资源，如长城、故宫、秦始皇兵马俑。

c. 人工建筑旅游资源，如苏州园林、葛洲坝水利工程、三峡大坝水利工程。

d. 商业旅游资源，如各种庙会、博览会、交易会等。

e. 科学考察旅游资源，如古人类遗址、火山、冰川。

f. 民俗风情和宗教旅游资源，如村寨、庙宇、房舍、风味食品等。

Gunn 以旅游者的旅游形式为基础将旅游吸引物分成短时巡视型和长时聚集型两类。Inskeep 则倾向于将旅游吸引物分成以自然环境的特色为基础的自然景观、以人类活动为基础的文化景观以及人造景点三类。约翰·斯沃布鲁克（John Swarbrooke）在其著作《旅游景区开发与管理》中将旅游吸引物分为四类，即自然环境、最初并非为

---

① 杨桂华，陶犁. 旅游资源学. 昆明：云南大学出版社，1994

吸引游客而建造的人造景观、专门为吸引游客而建造的人造景观以及特殊的节庆活动等[①]。

旅游资源还可以根据游客的心理体验、旅游资源的保护规划等来划分。

从游客的心理体验角度划分旅游资源，较典型的有美国的布里。他将旅游资源划分为五大类：原始地区、正原始地区、乡村地区、人类利用集中地区、城市化地区。

根据旅游资源的保护规划，可以将旅游资源划分为以科学研究为主的严格保护地区、以自然景观和重点历史文化古迹景观为主的重点保护区和一般保护区等。

以上这些分类方法，在学术上各有特点，对合理开发利用旅游资源均有一定的参考价值。但这些分类方法均没有考虑到以旅游资源的景观组合为其基础，不便于在调查和评价旅游资源时建立一个普遍适用的标准，因此，我们有必要了解另一类旅游资源的分类方案。

（五）旅游资源的景观组合分类

旅游资源的评价紧密依赖于其景观组合分类的特点，这一特性不仅彰显了旅游景观的综合功能，还体现出明显的实用性。

1. 自然景观旅游资源

自然景观旅游资源主要指无须人类过多地加工改造即可给游客带来美的享受的自然环境的物象组合。构成自然风景旅游资源的景观主要有水光山色、奇洞异石、流泉飞瀑、阳光海滩、气象与气候、生物景观等。

（1）水光山色。山与水是构景的基本要素，山景往往是自然风景的骨架。山体的垂直变化大，气候多样，景色丰富，能为人类提供探胜、寻幽、避暑、攀登和滑雪之乐。山在不同的时间、不同的情形之下，会给人不同的感受。作为风景名山应有势、有险、有态、有脉、有层次。

水是自然界最活跃的物质之一，万物皆以水而生存。其光、景、形、声、色是最为生动的风景素材之一。人类的饮用、品茗、游泳、水疗、滑冰、赏雪等，都不能离开水。除此之外，水还能点缀与映照周围景象，使景区更加明快、秀丽。若水光与山色相融合，浑然一体，则更能相映成趣，为景色增添异彩神韵。世界上著名的旅游胜地，大都兼有水光山色之秀丽。

（2）奇洞异石。自然界的奇洞异石与水光山色有着密切的关系，其形成与构造、风化、水溶、沉积等作用息息相关。花岗岩地貌，如闻名遐迩的黄山、九华山和庐山；丹霞地貌，如福建武夷山；石英砂岩切割而成的峡谷峰林；喀斯特地貌，如桂林山水；等等。这些都是各种旅游资源中广受人们喜爱和赞赏的一类旅游景观。

（3）流泉飞瀑。这是自然风景中最具动态美的构景之一。泉为地下水的天然露头，它不仅可以供人饮用、矿泉疗养，而且具有风景观赏价值。它洁净、甘冽甜美，向上喷流，给人以清新和积极向上的情感，从古迄今就是人们喜爱的疗养地和旅游点。世界上的泉类旅游资源繁多，除了一般的矿泉之外，还有含羞泉、喊水泉、珍珠

① 约翰·斯沃布鲁克. 景点开发与管理. 张文，等译. 北京：中国旅游出版社，2001.

泉、蝴蝶泉、爆炸泉等，其自然奇观也能诱人探胜。

被古代文人墨客喻为银河倒挂的流水飞瀑是指流水从陡崖跌落而下，形成的不同高度、宽度和形态各异的瀑布旅游景观。由于它雄壮、力度强、速度急、粗犷而具有确定的方向，故观赏视线有凝聚力，具有声、色、形之美。

（4）阳光海滩。大海以它浩瀚无际、巨浪汹涌的气势激发人的情感，使人视野开阔、胸怀宽广，尤其是宽敞的海滩、柔软的细沙、和煦的阳光、绚丽多姿的海洋生物以及富含清新阴离子的空气，吸引着大量的旅游者。在当今世界，阳光（sun）、海滩（sand）和海水（sea），已经成为最重要的旅游资源组合之一，被称为"3S"工程。

（5）气象与气候。气象与气候是两个既有联系又有区别的概念。作为一对重要的自然景观构景要素，它们与旅游活动的关系非常密切，影响也体现在多个方面。构成气象气候的各要素，如冷、热、干、湿、风、云、雨、雪、霜、雾等，不仅具有直接影响构景、造景的功能，而且是人类参与旅游活动的基本条件。它们既影响景观的季相变化和旅客的观赏效果，还影响到旅游流的时间和空间分布。可见，旅游业的发展是与气候因素息息相关的。气象与气候风景类型种类繁多，其重要构景类型有雨景、雪景、雾景、旭日景、夕阳景、蜃景等。

（6）生物景观。凡具有观赏、科研功能，并为旅游业所利用的生物都属于生物景观的范畴。生物景观包括风景植物和风景动物两大类。它们可以说是自然旅游资源中最富有活力和生气的组成要素。因为自然旅游资源中的风景地质、地貌、水、气候等要素均为无机物，它们构成的景观，虽有静有动，但多属以内外营力形式表现出来的自然演变过程，所以这种"动"是无生命的动，只有动植物的存在，才为自然界增添了生命活力，并成为一种有生命的动静结合的景观综合体。在旅游环境中，植物以形、色、香等特点塑造风景季相，表现地方特色，起着美化环境、分离空间、烘托主景、点缀精华、清新空气、保持生态平衡等作用。而鸟兽鱼虫等动物，使自然风景的景象空间更加活跃、生动而富有情趣。人们常通过保护、驯养、投放某些动物来美化点缀风景，有时也把天然动物作为观赏、渔猎的对象。

2. 人文景观旅游资源

人文景观旅游资源是整个人类历史与文化的结晶，是民族风貌与特色的集中反映。构成人文旅游资源景观组合的主要有历史遗迹、民族风情、城乡风光、旅游商品及风味佳肴等。

（1）历史遗迹。历史遗迹是人类文明活动的遗留物，它反映着历史时代、历史文化和历史事件，供后人凭吊。历史遗迹作为旅游资源的重要组成部分，若保存完好、历史意义深远又距离风景区（点）近，其旅游价值就高。在现代旅游活动中，人们不仅渴求欣赏大自然的秀美，还盼望追溯历史，置身于历史长河之中，从中汲取教益、增长知识、丰富生活。构成历史遗迹的要素主要包括古人类遗址、古战场、古墓葬、名人故居、石刻石碑、革命纪念地等。它们不仅可以满足游客探幽访古的好奇心，还可以"寓教于游、寓学于游"，通过对历史遗迹的观赏了解一个民族的文化，得到美的享受。因而历史遗迹可以说是一笔巨大的旅游财富。

（2）民族风情。民族风情是一种与民族文化有关的风俗和习惯，它作为一种文化现象，是在长期历史发展过程中形成的，具体包括民族神话传说、宗教庆典节日、服饰饮食习惯、建筑形式、民间艺术和道德礼仪等。广义的民族风情不仅仅是指与现代都市生活相对应的少数民族传统习惯，还包括现代的各民族的风俗习惯。由于地理环境和社会环境两大因素的影响，各民族都形成了各自鲜明的特点。民族风情的吸引力主要在于其与旅游者所属民族的差异性，这正是大多数旅游者的主要旅游动机。

（3）城乡风光。城市与乡村是由不同的生产方式而形成的社会生活场所。城市与乡村对于同一民族来说可以形成不同的城市风貌和村镇乡野风光。但就城市的一般特点来说，都具有繁华的特点，行人济济、车水马龙、商业繁荣、工业发达；村镇则显得古朴典雅，山村则恬静、清新、开朗、适意，充满浓浓的田园风韵，使游客从不同侧面领略人类社会生活的一斑。

城市景观除不同民族、不同地区具有不同的风格外，同时也受到历史条件的影响和限制。我国的许多历史文化名城，代表了我国不同时期、不同地区及不同民族的政治、经济、文化风貌等。

（4）旅游商品及风味佳肴。只要是旅游者就必然要涉及食、住、行、游、购、娱等活动。旅游商品的选择和风味佳肴的品尝以及土特产的欣赏也是游客必不可少的旅游内容。这些商品和风味佳肴与旅游资源有着密不可分的联系。

（六）旅游资源国家认定标准的分类方法

我国于2017年12月发布了《旅游资源分类、调查与评价》（GB/T 18972-2017），该标准由中国科学院地理科学与资源研究所和国家旅游局规划财务司合作研究制定，旨在通过建立明确、简洁、便于操作的旅游资源分类系统，形成科学、准确的旅游资源评价体系。

在该标准中，旅游资源被分成 8 个主类和 31 个亚类，共 155 个基本类型。8 个旅游资源主类分别是地文景观、水域风光、生物景观、天象与气候景观、遗址遗迹、建筑与设施、旅游商品和人文活动。从属性上来看，这八类旅游资源仍然是从自然旅游资源和人文旅游资源的角度进行划分的。从分类的情况来看，自然旅游资源的分类标准变化不大，人文旅游资源的分类标准却有了较大的调整。人文旅游资源分类标准变化主要表现在两个方面：其一是将旅游商品单列为一种旅游资源；其二就是将人文活动作为一种区域社会活动的抽象，单列为一种旅游资源。

新的旅游资源分类国家标准较以前的各种旅游资源分类标准更具有可操作性，每个单体旅游资源都可以较为容易地归入相应的类别中。因此，新的旅游资源认定国家标准的实施必将逐步改善我国目前旅游资源分类混乱、数量不清、定位不准和开发随意的状况。

第三节　旅游资源综合评价

国外旅游资源的评价工作开始于20世纪60年代，使用的方法具有三个显著特点，即指标数量化、评价模型化、标准科学化。而我国的旅游资源评价工作则始于 20 世纪

80 年代初，它是适应旅游资源开发的要求而发展起来的。最初大多数学者采用的是传统的经验法，凭观察和直觉判断，以定性描述为主。该方法虽然简便易行、容易操作，但不可避免地存在较强的片面性，更难以对不同区域的评价结果进行比较研究。近年来，旅游学界开始探索更具有科学性的旅游资源定量评价方法。

一、旅游资源评价的目的和意义

旅游资源的评价是在旅游资源调查的基础上，对旅游资源的规模、质量、等级、开发前景及开发条件进行科学分析和可行性研究，为旅游资源的开发规划和管理决策提供科学依据。旅游资源的评价直接影响到区域旅游资源开发利用的程度和旅游地的前途和命运。因此，客观而科学地评价旅游资源是旅游区综合开发的重要环节。

旅游资源评价的目的包括以下内容。

（1）通过对旅游资源的类型、规模、结构、质量、功能和性质的评估，为旅游区的开发和改造提供科学依据。

（2）通过对旅游资源规模水平的鉴定，为国家和地区进行旅游资源分级规划和管理提供系统资料和判断对比的标准。

（3）通过对区域旅游资源的综合评价，为合理利用旅游资源，发挥整体、宏观效应提供可行性论证，为确定不同旅游地的建设顺序提供参考。

二、旅游资源评价的原则

1. 客观实际的原则

旅游资源是客观存在的事物，其特点、价值和功能具有客观性，评价时应客观，对其价值和开发前景既不夸大也不缩小，应做到实事求是、恰如其分地进行准确评价。

2. 全面系统的原则

全面系统的评价原则体现在两个方面：一是旅游资源的价值和功能是多方面、多层次、多形式的，它通常包括历史文化、艺术鉴赏、科学考察和社会价值与功能等，故评价时要全面、系统、综合地衡量；二是旅游资源规划与开发时通常要综合考虑自然、社会、经济环境和区位、投资、客源等条件，因此评价时也要予以综合考虑。

3. 符合科学的原则

针对旅游资源的形成、本质、属性、价值等核心问题，评价时应采取科学的态度给予正确的科学解释，而不能全部冠以神话传说，更不能相信和宣传迷信，但可适当辅以神话传说以增强旅游资源的趣味性，适应大众化旅游口味。

4. 效益估算原则

旅游资源评价的最终目的是为了开发利用，而开发的首要目的是取得经济、社会和生态综合效益，因此，评价时要估算其效益，以确定开发决策。

5. 高度概括的原则

旅游资源评价过程中涉及的内容众多，评价结论应明确、精练、高度概括出其价值、特色和功能，以使评价结果具有可操作性，利于开发定位。

6. 力求定量的原则

在评价调查区域旅游资源时，应尽量避免带有强烈主观色彩的定性评价，力求定量或半定量评价，并要求不同调查区尽量采用统一的定量评价标准，以保证旅游资源的评价和比较在同一基准上进行。

三、旅游资源评价的内容

旅游资源综合评价项既包括对旅游资源要素和结构的评价，也包括对资源开发外部条件的评价，其主要内容应该包括以下几个方面。

（一）旅游资源特点的评价

1. 旅游资源的特性和特色

任何类型的旅游资源都有自己独特的性质，即使完全同类的旅游资源也各具特色。旅游资源的特性和特色是衡量其对游客吸引力的重要因素，也是旅游资源开发的先决条件之一。它对旅游资源的利用功能、开发方向、开发程度和规模及其经济和社会效益起着决定性作用。因此旅游资源的特性和特色是旅游资源规划与开发的生命线。

2. 旅游资源的价值和功能

旅游资源的价值包括旅游资源的艺术欣赏价值、文化价值、科学价值、经济价值和美学价值，它是旅游资源质量和水平的反映。旅游资源的功能是旅游资源供开发利用的特殊功能，它和旅游资源的价值相呼应。一般说来，艺术和美学价值高的旅游资源，主要体现在观光方面；文学和科学价值高的旅游资源，主要体现在科学考察、文化旅游等方面；除此之外，还包括具有娱乐、休憩、健身、疗养和商务等功能的旅游资源。旅游资源的这些价值和功能是影响其开发规模、程度和前景的重要因素。

3. 旅游资源的数量、密度和布局

旅游资源的数量是指旅游区内可观赏景观的多少。其密度是指这些景观资源的集中程度，它可以用单位面积内景观的数量去衡量。旅游资源的布局则是指景观资源的分布和组合特征，它是资源优势和特色的重要表现。无疑，景观数量大、相对集中并且布局合理的地区是理想的旅游开发区，而景观少、稀疏并且布局不合理的旅游资源区对旅游资源的开发是极为不利的。因此，旅游资源的数量、密度和布局是区域旅游资源开发规模和可行性的重要影响因素。对旅游资源数量、密度的评价应有一个统一的标准，应按景观资源的类别、等级分别统计，以便对不同地区的旅游资源进行对比。

（二）旅游资源环境的评价

1. 旅游资源的自然环境

旅游资源所处的自然环境是指由调查区内的地质、地貌、气象、水文、生物等组成的自然环境，往往旅游资源所处的自然环境会对旅游资源的开发产生影响。比如，作为旅游资源开发地，其环境应幽静宜人。旅游者希望见到的往往是具有美感的旅游景区，酷似具有优良环境的旅游胜地。与此同时，气候条件对旅游资源的开发影响颇大。一般说来，旅游者出游应有一个适宜的温度，在旅游环境的评估指标中就有一个气候舒适度指标，旅游资源开发地一年中适于旅游的天数越多，旅游资源开发后的效益才会越明显；否则，冬天不能避寒，夏日不能消暑，对游客的吸引力将大打折扣。而水体、地质条件等自然环境本身也可以成为旅游吸引物，地质条件还对旅游资源的建设开发有重大影响。比如，在地质条件恶劣的地方，易引发地震、滑坡、泥石流，不利于旅游活动的开展和旅游资源的开发，所以，在对旅游资源进行评价时，它所处的自然环境是评价中需要关注的重点内容之一。

2. 旅游资源的社区环境

旅游资源所处社会环境指旅游资源所在区域的政治局势、社会治安、医疗保健和当地居民对旅游的认识等。旅游是一项对社会环境较为敏感的经济活动，在稳定的社会环境中它能以较快的速度发展，而一旦出现环境波动，它也会作出相关的反应。例如，在欧盟国家中实行相互免签制度，各国关系比较融洽，欧盟国家之间居民旅游十分方便，而出现政治局势不稳或战争等社会不安定因素时，会给当地的旅游资源开发及旅游业造成危害，可见旅游对社会环境的依赖程度较高。

3. 旅游资源的经济环境

一个地区旅游资源的规划与开发，必须有坚实的经济基础作为后盾。因为旅游地的建设需要一定的资金、物质、人力等。这些条件均与该地区经济发展水平密切相关。资金主要用于建设旅游地的游乐、美化、安全、卫生、餐饮、住宿、道路、场地、管理及供水、用电、通信等基础设施，其中相当一部分用于旅游资源的维修、维护、装饰、美化等建设项目。上述资金的筹措，必将依赖于这一地区的经济。评价旅游资源的开发规模，不能单纯地依赖外来投资，更重要的是调查本地区的经济发展状况，如地区国民总收入、总消费水平、居民平均收入状况、主要经济部门的收入渠道等。

旅游建设需要一定的周期，根据总体规划，在连续几年内，当地所能提供的财力、物质，均需要进一步落实。其中物资供给能力是实现旅游地开发的重要条件。建设、维护旅游资源固然需要大量器材，旅游地开发以后需要的物质则更多，还要有丰富的食品饮料供应游客，需要有众多的土特产供游客消费和采购等。这些都依赖于该地的物质总供给水平。

人力是开发旅游资源必不可少的条件。一个旅游地必须有足够的经济实力以吸引劳动力，劳动力的数量及收入水平是旅游业劳务市场的基本衡量标准。该评价工作必须予以重视。旅游从业人员拥有较高的文化素质，是旅游地开发和服务质量上乘的基本前提，但培养具有一定文化素质的旅游从业者、管理者要付出一定的经济成本和时间成本。如果旅游地居民文化素质较高，则可使这种培训成本下降。

4. 旅游资源的环境容量和承载力

旅游资源的环境容量，是指某项旅游资源自身或所处地区在一定时间条件下旅游活动的容纳能力，包括容人量和容时量两个方面。

所谓容人量是指旅游景区游览单位面积所能容纳游客的数量，它反映了风景区的用地、设施和投资规模等指标。容时量指景区游览时所需要的基本时间。它体现了风景区的游程、内容、景象、布局和建设时间等。旅游资源越复杂、越含蓄、越有趣味，它的容时量就越大；相反，那些一览无余的景观，容时量就较小。这里需要说明的是，旅游资源的容人量并不是指旅游景区中能容纳游人的最大数量，在评价旅游资源环境容量和承载力时必须要考虑旅游资源的性质及由此而决定的旅游活动的方式、观赏要求、旅游点及其周边环境、游人的反映、经济与社会效果，只有当相关要求都得到满足时，游人数量的最高值就是旅游区的最佳容量。

（三）旅游资源开发条件的评价

1. 旅游资源的区位条件

旅游资源的区位条件是旅游资源开发可行性和开发效益，以及开发规模和程度的重要外部条件，它包括旅游资源所在地区的地理位置、交通条件以及与周围旅游区之间的关系等。

2. 客源条件

旅游的客源数量直接关系到旅游的经济效益，没有一定的旅游者，旅游资源的开发难以产生良好的经济效益。客源存在时空的变化，在时间上，客源的不均匀分布形成旅游的淡旺季，这与当地气候季节变化有一定的关系；在空间上，客源的分布半径及其密度，由旅游资源的吸引力和社会经济环境决定，旅游资源特色强、规模大、社会和经济条件好的旅游区，其客源范围和数量都较为可观，相应的旅游综合经济效益也高。

3. 投资条件

旅游资源的开发需要大量资金的持续投入，旅游资源区的社会经济环境、经济发展战略以及给予投资者的优惠政策等都直接影响投资者的开发决策。为此，必须认真研究旅游资源区的投资条件和政策环境。

4. 建设施工条件

旅游资源的开发必须有一定的设施场所。这种场地主要用于建设游览、娱乐设施和各种接待、管理设施，如修建的游览道路、娱乐场所、宾馆饭店、停车场地等都属于此类。这些设施需根据不同的地质、地形、土质、供水等来修建。旅游资源的开发与上述条件有密切的关系，因此也应列为开发条件系列评价的内容。

5. 开发现有条件

有些地方的旅游资源已经经过了初步的开发阶段，那么在评价时应注意总结其开发过程中的成功经验和失败教训，找出存在的主要问题，为下一步旅游资源的开发和保护提出建设性的建议。

（四）新时代背景下旅游资源的评价

新时代的发展要求我们坚持绿水青山就是金山银山的理念。绿水青山就是金山银山强调了环境保护与经济发展的协调关系，认识到生态环境对经济可持续发展的重要性。在新时代，随着人们环保意识的增强和可持续发展理念的普及，绿水青山就是金山银山的理念更加凸显。只有保护好生态环境，才能实现经济的长期繁荣。因此，新时代需要在经济发展的过程中注重生态环境的保护与修复，实现经济与生态的双赢。同时，新时代的发展也强调构建人类命运共同体的重要性。人类命运共同体理念强调全球合作与共同发展，要求我们超越国界和地域的限制，推动全球资源的共享与互利合作。在新时代，全球化程度加深，国际交往与合作更加紧密，各国的利益和命运日益相连。面对全球性的挑战，如气候变化、环境污染和公共卫生等问题，只有通过国际合作和共同努力，才能实现共同的发展和繁荣。因此，新时代需要积极参与全球事务，倡导合作共赢的理念，推动建设人类命运共同体。在新时代背景下，旅游资源的评价也要具有绿水青山就是金山银山和构建人类命运共同体的思想。

1. 环境评价

将绿水青山就是金山银山的理念融入旅游资源评价中，强调对环境状况的评估和保护。评估旅游目的地的水资源、大气质量、土壤质量等环境指标，分析旅游活动对生态系统的影响。将环境保护作为评价的重要指标，提倡可持续的旅游发展，确保旅游活动不对生态环境造成破坏。

2. 社会经济评价

秉持绿水青山就是金山银山和构建人类命运共同体的理念，将社会经济因素融入旅游资源评价中。评估旅游活动对当地社区的经济影响，包括就业机会、收入分配等方面的考量。同时，关注旅游活动对当地社会公平性和社会福利的影响，推动旅游收益的公平分配，实现共享发展。

3. 文化遗产评价

将人类命运共同体的理念融入旅游资源评价中，注重文化遗产的保护和传承。评估旅游活动对当地文化资源的影响，包括历史遗迹、传统手工艺、民俗文化等方面的价值。重视文化资源的可持续利用，推动旅游活动与文化保护相协调，促进文化的传播与创新。

4. 参与与治理评价

强调社区参与和治理机制的评价。深化构建人类命运共同体理念，将社区居民的意见和参与纳入旅游资源评价的过程中。评估旅游活动对社区居民参与度、决策权和利益分配的影响，推动旅游资源的民主治理，实现社区与旅游业的共同发展。

基于此，在对旅游资源进行旅游规划和开发时，应强调生态文明建设的重要性。建议规划中注重对生态系统的保护和修复，推动生态旅游的发展，鼓励采用低碳、环保的技术和管理方法，减少旅游活动对生态环境的影响。强调旅游业的社会责任。建议规划中注重促进社会公平和社区参与，保障当地居民的权益，增加就业机会和提高收入水平。推动旅游业与当地社区的合作，共同分享旅游发展的成果，营造和谐稳定的社会环境。倡导文化多样性与传承，在策划建议中，注重保护和传承当地的文化遗产和民俗文化，实现文化的多样性和包容性。建议规划中注重开发具有地方特色的旅游产品和体验，鼓励游客与当地居民进行文化交流，推动文化的传播和创新。综合以上措施，将绿水青山就是金山银山和构建人类命运共同体等元素背景融入旅游资源调查与评价中，能够有效指导旅游规划和开发的可持续性，以实现旅游业的长期发展和社会共同繁荣。

第四节　旅游资源综合评价方法

旅游资源综合评价方法包括定性评价和定量评价两种。定性评价又称经验法，主要是通过评价者观察后的印象得出结论，这种方法虽然简便易行，但往往会受到评价者自身主观意向、偏好的局限。而定量评价则是将评价资源的各指标加以定量化，然后根据各个指标所占的权重进行评分的方法，这种方法可以克服评价者的主观意向，避免受个人偏好等因素的影响，使旅游资源综合评价工作更客观、更科学。

一、定性评价方法

定性评价是基于评价者（旅游者或专家）对于旅游资源的质量的个人体验而进行的，根据评价的深入程度及评价结果形式，又可以将之分为一般体验性评价和美感质量评价。

（一）一般体验性评价

一般体验性评价是对大量旅游者或旅游专家进行的旅游资源优劣排序的问卷结果统计，或对旅游地或旅游资源在报纸、旅游指南、旅游书籍上出现的频率进行统计，并综合这些统计数据确定一个国家或地区最佳旅游资源的排序，以测度旅游资源的整体质量和大众知晓度的方法。但是这种方法仅限于少数知名度较高的旅游资源或旅游地，一般的或尚未开发的旅游资源则难以采用这一方法。

（二）美感质量评价

美感质量评价是一种专业性的旅游资源美学价值的评价，这类评价一般是在旅游者或旅游专家体验性评价基础上进行的深入分析。其中，有关自然风景视觉质量的评价较为成熟，已发展成为四个公认的学派。

1. 专家学派

该学派的代表人物是林顿（Litton）。该学派认为，凡符合形式美原则的自然风景都具有较高的风景质量，而在对风景进行评价时，主要是从风景的线条、形体、色彩和质地四个方面加以评价的，强调了自然风景应符合多样性、奇特性、协调统一性等形式美的原则。除此之外，专家学派还将生态学的原则引入了对自然风景的评价之中。专家学派使用自然风景评价方法的突出特点是将待评价对象进行一系列的分类分级。

例如，美国林务局风景管理系统对自然风景质量进行评价时，首先便根据地形、植被、水体等特点，把自然风景按照自然地理区域划分出风景类型大类，再根据区域风景的多样程度划分出亚类型，亚类型是风景质量评价的基本单元，各风景类型的质量评价结果向上归类。然后，以亚类型为评价单位，根据山石地形、植被、水体的形态多样性，将风景质量划分为三个等级：特异风景、一般风景和恶劣风景。

2. 心理物理学派

该学派的代表人物为施罗德（Schroeder）、丹尼尔（Danial）和布雅夫（Bubyoff）。该学派将心理物理学中信号检测的方法引入了对旅游资源的评价当中。他们认为，旅游者对旅游资源的欣赏实际上是一种刺激—反应的关系，即旅游资源对旅游者产生视觉等感觉上的刺激，然后在心理上反应出对该资源的喜好程度。所以，该学派在对资源进行评价时首先要通过大量的调查建立一个反映风景质量的量表，然后在该量表与各风景成分之间建立起数学关系，其操作分为三步：①测量公众的平均审美态度，以照片作为工具获得公众对所展示风景的美感评价；②确定所展示风景的基本成分；③建立风景质量与风景基本成分之间的相关模型，并将已建立的模型应用于同类自然风景的质量评估中。

该学派中应用得较为成熟的是森林风景①。Schroeder和Danial曾以阔叶草、林木胸径等七个要素评估西黄松林的风景质量。一般公式为

$$S=(0.20K+0.60X+0.26G+0.04H)\\ -(0.01C+0.001P+0.02T)-3.87$$

其中，S 是西黄松林的风景质量评估量；K、X、G、H、C、P、T 为选取的七个评价要素值。

3. 认知学派或心理学派

该学派的代表人物为卡普兰（Kaplan）、吉布利特（Gimblett）和布朗（Brown）。该学派是将自然风景作为人的生存和认识空间来加以评价的，强调风景对人认识及情感反应上的意义，试图用人的进化过程及功能需要去解释人对风景的审美过程。人在自然风景的审美过程中，既注意风景中那些易于辨识和理解的特性（易解特性），又对风景中所蕴藏的具有神秘感的地方感兴趣（神秘特性），同时具备这两种特性的风景，其质量就高。

4. 经验学派或现象学派

该学派的代表人物为洛温撒尔（Lowenthal）。该学派认为，公众对自然风景的审美是其个性、经历、文化背景等众多因素的综合体现，因而将人的主观感受对自然风景评价的作用放在一个极其重要的位置上。该学派的研究方法主要是通过分析和考证文学艺术家关于风景审美的文学、艺术作品，以及考察名人日记等来分析人与风景的

---

① 杨桂华，陶犁. 旅游资源学. 昆明：云南大学出版社，1994.

守恒作用及某种审美评判所产生的背景，由于这一学派的研究成果在风景规划和服务过程中，不能直接应用，实用价值较小，所以应用范围不广。

（三）“三三六”评价法[①]

该方法是由北京师范大学的卢云亭提出的。所谓“三三六”，即“三大价值”“三大效益”“六大条件”。

三大价值指旅游资源的历史文化价值、艺术观赏价值（美学价值）和科学考察价值。

（1）历史文化价值是评价人文旅游资源的一个重要指标，特别是历史文物价值的评价应以古迹的历史意义为主要依据。我国公布的国家级、省级和县级文物保护单位就是根据其历史意义、文化艺术价值确定的。一般来说，古老、稀少与文化寓意深的资源，其历史文化价值也就高。

（2）艺术观赏价值主要指客体景象的艺术特征、地位和意义。自然风景和人文景观的景象属性和作用各不相同，一般而言，种类越多则其构成的景象也相应越丰富。在评价旅游资源的艺术观赏价值时，应从三个方面着眼：旅游资源个性的强烈程度、蕴含历史质感的深浅以及艺术性的高低。

（3）科学考察价值主要指旅游资源具有的某种研究功能。许多旅游资源本身就以科研价值吸引旅游者，如北京的故宫、山顶洞原始人遗址，西安秦始皇陵，神农架的白化动物等。

三大效益指经济效益、社会效益和环境效益。经济效益主要是指旅游资源利用后可以带来的经济收入；社会效益则指旅游资源开发所具有的人类智力开发、知识储备、思想教育等方面的功能；环境效益指旅游资源的开发是否会导致环境、资源的破坏。

六大条件指旅游资源的地理位置和交通条件、旅游资源的类型和地域组合条件、旅游资源的容量条件、旅游资源的客源市场条件、旅游开发投资条件和施工难易条件。

（1）地理位置和交通条件是确定旅游资源开发规模、旅游路线选择以及利用方向的重要影响因素。它不仅影响旅游资源的类型和特色，而且还通过旅游资源的可进入性直接影响到旅游资源开发的市场客源拓展。

（2）旅游资源的类型和地域组合条件是对旅游资源分布状况的全面评价，其不仅包括旅游资源的类型组合、景观组合，而且还包括对旅游资源空间布局密度和集中度的评价。

（3）旅游资源的容量条件是指旅游资源的容人量（人/平方米）和容时量（小时/景点）。容人量是指旅游资源开发单位面积所能容纳的游客数，容人量是旅游开发中进行用地规划、基础设施规划以及投资规模估算的依据。容时量则指游览该景点所需要花费的大概时间，它体现了旅游景点和景区的游程、内容和建设时间等。

（4）旅游资源的客源市场条件是旅游资源开发经济效益的重要影响要素之一，在单位时间内如果没有一定的客源，维持和提升旅游景点（景区）的经济效益是不可能

① 肖星，严江平. 旅游资源与开发. 北京：中国旅游出版社，2000.

的。不同的旅游景区，其景观特色、地理位置、交通条件对不同类型的旅游者会产生不同的吸引力，从而决定了该旅游景区的市场规模和空间分布。

（5）旅游开发投资条件是开发旅游资源的财力保障。目前我国已经制定了对于旅游资源开发要国家、地方、部门、集体和个人一起上的方针，其实质就是要多渠道、多形式地吸引旅游开发投资资金。因此，对旅游开发投资条件的考察是实施和落实旅游资源规划与开发的重要前提。

（6）施工难易条件。旅游资源的开发需要全面考虑开发项目的难易程度和工程量的大小。主要包括以下两个方面的内容：一个是旅游资源开发的工程建设条件，如地质、水文等自然条件；另一个是旅游资源开发的基本设施供应条件，如设施的建设条件、食品的供应条件以及建筑材料的获取条件等。

（四）资源及环境综合评价法①

上海社会科学院的黄辉实对旅游资源分别从两个方面来进行评价②。一是从旅游资源本身来评价；二是从旅游资源所处的环境来评价。

1. 从旅游资源本身来评价

从旅游资源本身来评价，他采用了六个标准：美、古、名、特、奇、用。

“美”指旅游者是否给人以美感。美感是欣赏者对于美的认识以及由美所引起的主观感情。美感固然具有历史性和阶级性，但这与人们对美的欣赏的共同性并不是绝对不相容的，而是可以互相渗透的。在评价旅游资源时，要注意资源给人的联想和旅游资源构成要素给人的综合美。

“古”即有悠久的历史。这些旅游资源反映了古代文化和古人类的生活，可以使人产生联想，增加新的感受。所以“古”具有特殊的吸引力，并且越古越有历史和科学价值。在评价旅游资源时一般要与美结合观赏，以领略历史文物的艺术价值。

“名”是具有名声的事物或与名人有关的事物。旅游资源对于旅游者来说，具有一种熟悉性。这种熟悉性或来自于文史著作或来自于各种中介物，熟悉性越广泛就越有名。

“特”指特有的、别处没有的或少见的资源。“特”来源于旅游资源的差异性。

“奇”是指给人新奇之感的旅游资源。这些旅游资源多是由当地诸多自然条件偶合形成的，在时间上不易掌握，因此对旅游者具有强烈的吸引力。

“用”是给人以使用价值的资源。这种资源，尤其是在人文旅游资源中，如手工艺品、日用品方面体现得较为明显，在自然旅游资源方面也有，如温泉、泥疗等。

这里的六个评价标准并不是相互排斥的，而是互相联系的，在评价时应综合运用。

2. 从旅游资源所处的环境来评价

在旅游资源所处的环境方面，使用的是季节、污染、联系、可进入性、基础结

---

① 马勇. 旅游学概论. 北京：高等教育出版社，1998.

② 黄辉实. 旅游经济学. 上海：上海社会科学院出版社，1985.

构、社会经济环境、市场七个指标。其具体内容与上述其他方法类似，故此处不再详细介绍。

（五）旅游资源的五级评价方法

该方法在旅游资源认定国家标准——《旅游资源分类、调查与评价》（2017 年）中被提出，今后必将成为指导旅游规划与开发实践工作的准则和依据。该方法从三个方面、八个要素对旅游资源进行评分，最终根据得分的高低将旅游资源划分为五个等级。

旅游资源评价的三个方面为旅游资源的要素价值、旅游资源的影响力和旅游资源的附加值等。这三个方面的评价内容又可以细分如下八个评价因子，即“资源要素价值”项目中含“观赏游憩使用价值”“历史文化科学艺术价值”“珍稀奇特程度”“规模、丰度与概率”“完整性”等 5 项评价因子；“资源影响力”项目中含“知名度与影响力”“适游期或适用范围”等 2 项评价因子；“附加值”含“环境保护与环境安全”1 项评价因子。此外，俞孔坚等也提出了关于旅游资源的定性评价方法，这里不再逐一详细介绍。

二、定量评价方法

（一）技术性的单因子定量评价[①]

该评价方法在评价旅游资源时集中考虑某些典型关键因子，并对这些关键因子进行技术性的适宜度或优劣判断。这种评价对于开展专项旅游活动，如登山、滑雪、游泳等较为适用。针对不同的评价对象，现在较为成熟的方法有气候适宜度评价、旅游资源景观组合度评价、专项旅游资源技术性评价等。

1. 气候适宜度评价

气候是影响旅游者旅游消费行为的重要因素。其对旅游者的影响主要表现为两个方面。

（1）影响旅游活动的质量。在不同的气候条件下，同一旅游目的地适宜开展的旅游活动是不同的。

（2）影响旅游者的消费决策。气候对旅游者的生理行为会产生直接影响，这也就是为什么人们夏天到凉爽的北方避暑、冬天到温暖的南方越冬的原因了。在对旅游资源开发的气候适宜度进行评价时，主要着眼于气候对旅游者生理舒适度的影响。

各气候要素对旅游者的生理影响是综合的，不同的气候要素组合将对人体产生不同的影响。同一气温状况下，只要空气的相对湿度发生变化，人体感受就会发生较大变化；同一温度下，风速不同，旅游者人体的感受也会有差异。因此，在评价气候适宜度时常采用温湿指数和风效指数两个主要指标进行衡量。

温湿指数（THI）的计算公式为

---

① 保继刚，楚义芳. 旅游地理学（修订版）. 北京：高等教育出版社，1999.

$$THI = t - 0.55 \times (1 - f) \times (t - 14.47)$$

其中，t 为干球温度（℃）；f 为空气的相对湿度（%）。一般在评价时将温湿指数为 15～27 时称为旅游适宜气候。

例如，位于我国东南沿海地区的福州，属于亚热带海洋性季风气候，全年冬短夏长，温暖湿润，气候宜人。年平均气温为 20～25℃，最冷月 1～2 月，平均气温达 6～10℃；最热月 7～8 月，平均气温为 33～37℃。在对福州旅游资源进行评价时，就采用了温湿指数法。温湿指数的计算结果，如表 6.2 所示，温湿指数为 15～27 的月数有 7 个月，其时间分布为 4～10 月，基本上囊括了全年旅游的黄金季节，如“五一”“十一”等。另外，福州年均温湿指数为 19.22，对旅游者来说属于较为舒适的，因此福州基本上全年适宜旅游。

表 6.2　福州各月及年均气候温湿指数一览表

月份	平均气温/℃	相对湿度/%	温湿指数
1 月	10.3	75	10.87
2 月	10.5	77	11
3 月	12.4	79	12.64
4 月	19.1	79	18.57
5 月	20.2	81	19.61
6 月	22.3	85	21.65
7 月	25.1	91	24.58
8 月	26.1	92	25.59
9 月	21.7	90	21.31
10 月	16.7	87	16.54
11 月	12.0	84	12.22
12 月	9.3	77	9.95
平均	19.7	83	19.22

风效指数（Ko）是奥利弗（Oliver）考虑风加速人体皮肤与周围空气的热交换而提出来的。其计算公式为

$$\mathrm{Ko} = (100\sqrt{V} + 10.45 - V) \times (33 - T) + 8.55S$$

其中，Ko 为不考虑人体皮肤蒸发，完全遮阴情况下空气的总冷却率（$\mathrm{kmol/m^2h}$）；V 为风速（m/s）；T 为气温（℃）；S 为日照时数（h/d）。

特吉旺（Terjung）在上述温湿指数和风效指数的基础上，于美国大陆生理气候评估中涉及两个评价指标指数：舒适度指数（comfort index）和风效指数（wind effect index），并根据温-湿以及温-风速的不同组合将舒适度指数和风效指数分别分成 11 类和 12 类，得到如下的舒适度指数表和风效指数表（表 6.3 和表 6.4）。

表 6.3 舒适指数表

代号	–6	–5	–4	–3	–2	–1	0	1	2a	2b	3
大多数人的感觉	极冷	非常冷	很冷	冷	稍冷	凉	舒适	暖	热	闷热	极热

表 6.4 风效指数表

代号	风效指数 Ko（J/m²h）	大多数人的感觉	代号	风效指数 Ko（J/m²h）	大多数人的感觉
–h	＜–1400	冻伤外露皮肤	–b	–200～–300	舒适风
–g	–1200～–1400	极冷风	–a	–50～–200	暖风
–f	–1000～–1200	很冷风	n	80～–50	感觉不明显
–e	–800～–1000	冷风	a	160～80*	热风
–d	–600～–800	稍冷风	b	150～80**	不舒适风
–c	–300～–600	凉风	c	＞160***	很不舒适

注：*表示温度为 30～32.7℃；**表示温度≥32.7℃；***表示温度≥35.4℃。

2. 旅游资源景观组合度评价

在使用旅游资源景观组合度评价时，专家常将待评价旅游资源按其品质分为四级。其中的一、二级旅游资源又被称为优良级旅游资源，三、四级旅游资源被称为中等级和普通级旅游资源。因此，优良旅游资源的比重体现了旅游资源在品位上的竞争力。该指标在数值上表示为优良级旅游资源占旅游资源总数的比重。计算公式为：

优质旅游资源比重=一、二级旅游资源 ÷ 旅游资源总量

旅游资源景观组合度是对旅游资源景观的美学评价，其计算公式为

旅游资源景观组合度 $S=S_1+S_2$

$$S_2=\left(\sum a\times 10+\sum b\times 5+\sum c\times 3+\sum d\times 1\right)\times 0.28\times 0.8$$

$$S_1=J\times 14.70\times 0.2$$

其中，J 为旅游资源丰富度；S_1 为旅游资源总体数量组合得分；S_2 为旅游资源景观空间组合得分；$\sum a$ 为一级旅游资源数量之和；$\sum b$ 为二级旅游资源数量之和；$\sum c$ 为三级旅游资源数量之和；$\sum d$ 为四级旅游资源数量之和。

该指标值越大则表明旅游资源景观组合情况越好。在编制《福建省旅游发展总体规划》时，规划编制组就采用景观组合度评价法对福建省主要旅游城市的旅游资源进行单项指标评价，收到了较好的效果。

3. 专项旅游资源技术性评价

目前国际上对诸如滨海型和滑雪型等专项旅游资源的评价方法已经日趋成熟，这对我国进一步完善专项旅游资源评价体系具有一定的借鉴意义。

（1）滨海旅游资源评价方法。2019 年 12 月，中华人民共和国自然资源部发布了最新的《海水浴场监测与评价指南》。该指南根据海水浴场水质等级、健康指数、水文状

况、气象状况、沙滩环境状况，综合判别海水浴场游泳适宜度，并将具体游泳适宜度判别分为了三类，分别为：

第一，适宜：水质状况和健康指数等级为“优”，水文、气象、沙滩要素根据表 6.5 判定均为“一类”，则判定海水浴场环境适宜游泳。

第二，较适宜：水质状况或健康指数等级有一项或两项为“良”，且未出现“差”；水文、气象、沙滩要素根据表 6.5 判定有一项或一项以上为“二类”，且未出现“三类”，则判定海水浴场环境较适宜游泳。

第三，不适宜：水质状况或健康指数等级为“差”，或水文、气象、沙滩要素根据表 6.5 判定有一项或一项以上为“三类”，则判定海水浴场环境不适宜游泳。

表 6.5　海水浴场监测要素分类指标和判据

项目			分类		
			一类	二类	三类
水质要素	生物要素	类大肠菌群[a]/（个·$100mL^{-1}$）	≤100	>100，且≤200	>200
		肠球菌/（个·$100mL^{-1}$）	≤40	>40，且≤200	>200
		赤潮发生与否	否		是
		危险生物[b]	无水母	零星无毒水母	有毒水母/大量无毒水母
	物理化学要素	透明度/m	≥1.2	≥0.5，且<1.2	<0.5
		溶解氧/（$mg \cdot L^{-1}$）	≥6	≥5，且<6	<5
		油类/（$mg \cdot L^{-1}$）	≤0.050		>0.050
		色、臭、味	海水不应有异色、异臭、异味		海水出现令人厌恶和感到不快的色、臭、味
		漂浮物	海面不得出现油膜、浮沫、藻类[c]和其他固体漂浮物[d]	海面有少量藻类或其他固体漂浮物	海面有油膜、浮沫、大量藻类或其他固体漂浮物聚集
水文要素		水温[e]/℃	≥20.0，且≤28.0	>28.0，且≤33.0	<20.0，或>33.0
		浪高	≤1.0	>1.0，且≤1.5	>1.5
气象要素		天气状况[f]	晴、少云、多云、阴	轻雾、霾、微量降雨、小雨	雾、中雨及以上强度降水、雷暴、龙卷风、阵雨、冰雹、雷雨
		气温/℃	≥25.0，且≤35.0	≥20.0，且<25.0 或>35.0，且≤40.0	<20.0，或>40.0
		风力[g]/级	≤3	>3，且≤5	>5
		海面能见度/km	≥10	≥1，且<10	<1

续表

项目		分类		
		一类	二类	三类
沙滩环境要素	油污	无油污沉积	无明显油污沉积	大面积油污沉积
	藻类	无藻类聚集	无明显藻类聚集	大量藻类聚集
	垃圾	无生活垃圾聚集	无明显生活垃圾聚集	大量生活垃圾聚集

注：a 发酵法和滤膜法检测单位为个·$100mL^{-1}$；测试片法检测单位为 CFU·$100mL^{-1}$。b 危险生物指可能对游泳者健康造成伤害或致人死亡的海洋生物，如水母、鲨鱼等；c 本标准所指的藻类为大型藻类；d 其他固体漂浮物包括塑料、橡胶、木制品或其他固体废物；e 水温为海水浴场表层水体温度；f 天气状况编码及等级划分依据相关最新标准；g 风力按照 GB/T 28591 的标准执行。

（2）滑雪旅游资源评价方法。2021 年 10 月，中华人民共和国文化和旅游部发布了最新的《滑雪旅游度假地等级划分》。该标准将滑雪旅游度假地划分为两个等级，从高到低为国家级滑雪旅游度假地、省级滑雪旅游度假地。其评定条件主要包括滑雪旅游度假地核心区面积、核心区滑雪旅游场地、核心区旅游市场规模与结构、核心区滑雪旅游设备、滑雪旅游综合服务、户外和室内休闲活动及设施、基础设施、核心区智慧旅游系统、旅游综合服务等十大方面。具体划分标准见表 6.6。

表 6.6 滑雪旅游度假地等级划分标准

评价条件	国家级滑雪旅游度假地	省级滑雪旅游度假地
滑雪旅游度假地核心区面积	面积不应少于 20 千米 ^{2}	面积不应少于 5 千米 ^{2}
核心区滑雪旅游场地	山地垂直落差不宜少于 350 米	山地垂直落差不宜少于 300 米
	雪道总面积不应少于 100 公顷	雪道总面积不应少于 25 公顷
	应有适宜比例的初级、中级和高级雪道面积	应有适宜比例的初级、中级和高级雪道面积
	核心区日最大接待游客环境容量不应少于 5000 人	核心区日最大接待游客环境容量不应少于 3000 人
	应具备举办单项或综合国际滑雪赛事的条件	能举办国家级滑雪赛事
核心区旅游市场规模与结构	单雪季游客人数不应少于 20 万人次	单雪季游客人数不应少于 10 万人次
	应以接待过夜游客为主，年过夜游客的人天数指标与年游客总人数的比例不宜少于 80%，过夜游客平均停留天数不应少于 2.5 天	年过夜游客的人天数指标与年游客总人数的比例不宜少于 60%，过夜游客平均停留天数不应少于 2 天
	应具有国际知名度	应在国内具有知名度
核心区滑雪旅游设备	应具有符合 GB 12352 客运架空索道安全规范、GB 19402 客运地面缆车安全要求的索道系统，如拖牵索道、固定式吊椅索道和脱挂式吊厢（椅）索道、地面缆车等	应具有符合 GB 12352 客运架空索道安全规范、GB 19402 客运地面缆车安全要求的索道系统，如拖牵索道、固定式吊椅索道和脱挂式吊厢（椅）索道、地面缆车等
	索道每小时单向运量应与滑雪人数、雪道规模、数量相匹配	索道每小时单向运量应与滑雪人数、雪道规模、数量相匹配
	压雪车数量不应少于 5 辆，设备正常运行	压雪车数量不应少于 2 辆，设备正常运行

续表

评价条件	国家级滑雪旅游度假地	省级滑雪旅游度假地
滑雪旅游综合服务	核心区可用于租赁的滑雪器材装备数量不应少于2500套，并有数量配套的头盔和雪镜；儿童板数量不应少于滑雪器材装备总量的15%，单板数量不应少于滑雪器材装备总量的1/3	核心区可用于租赁的滑雪器材装备数量不应少于2000套，并有数量配套的头盔和雪镜；单板和儿童板数量不应少于滑雪器材装备总量的15%
	能够对成人、儿童滑雪进行分类教学与培训；宜有虚拟现实模拟滑雪系统的旅游场所	
	应有滑雪学校，不同级别的滑雪指导员不应少于300人	
	应配备滑雪器材消毒设施并公示	应有不同级别的滑雪指导员，数量不应少于100人
	应建立客户对服务的满意度调查与评价体系	
户外和室内休闲活动及设施	应有不少于20种滑雪旅游和休闲娱乐活动项目，户外和室内休闲活动类型分别达到10种以上	应有不少于10种滑雪旅游和休闲娱乐活动项目，户外和室内休闲活动的类型分别达到5种以上
	核心区户外和室内休闲活动设施日容量宜达到滑雪旅游度假地日游客容量的1/2以上，开展多季运营	核心区户外和室内休闲活动设施日容量宜达到滑雪旅游度假地日游客容量的1/3以上
基础设施	应与周边核心旅游客源市场建立高速公路、高速铁路、航空等立体化便捷的交通联系，有抵达核心区的便捷公共交通	应与周边核心旅游客源市场建立便捷的交通联系，有抵达核心区的公共交通
	应提供便利的电动汽车等能源清洁、安全便捷的旅游交通工具，宜为游客自助出行提供多种选择，旅游交通标志和标线应符合GB 5768的要求	应提供安全便捷的旅游交通工具，宜为游客自助出行提供多种选择。旅游交通标志和标线应符合GB 5768的要求
	核心区应有停车场，宜有室内停车场。停车场应设置电子监控系统、电动汽车充电桩	核心区应有停车场，宜设置电子监控系统、电动汽车充电桩
	区域内公共卫生设施设置合理，核心区厕所应达到GB/T 18973规定的AA级及以上标准，外观及内部装饰宜富于特色，有文化气息	区域内公共卫生设施设置合理，核心区厕所应达到GB/T 18973规定的A级及以上标准
核心区智慧旅游系统	宜实现Wi-Fi全覆盖	宜设置至少1处智能化自助综合服务平台，提供中、英文2种语言服务
	宜实现全域可视化管理	
	宜推广电子票务，建立便捷移动电子支付系统	
	应用旅游交通引导系统，实现智慧停车	宜设置旅游交通引导系统，实现智慧停车
	应提供智能服务设施，提供至少中、英文2种语言的服务	
旅游综合服务	应提供常用外语服务	应提供英语1种或以上外语服务
	各种类型的住宿接待设施级配合理，达到GB/T 14308三星级（含）以上标准的住宿接待设施宜占住宿接待设施总量的50%以上，并宜具有一定数量的富有特色的非星级住宿接待设施	应有达到GB/T 14308三星级（含）以上标准星级饭店或具有相应服务水平的特色住宿接待设施
	宜配备高品质多种规格的会议设施、商务中心，并提供专业服务	宜配备先进多种规格的会议设施、商务中心，并提供相应的服务
	宜提供满足游客需求的多种特色餐饮服务	宜提供满足游客需求的地方特色餐饮服务

（二）综合型定量建模评价

综合型定量建模评价方法是在考虑多因子的基础上，运用数理方法通过进行模型分析，对旅游资源及其环境和开发条件进行综合定量评价，评价的结果为数量指标，便于不同旅游资源评价结果的比较。与前述方法相比，该方法具有客观、准确和全面的优点。

这里主要介绍价值工程法、层次分析法和指数评价法。

1. 价值工程法

价值工程法是指将价值工程原理运用到旅游资源评价之中的一种方法，所谓的价值工程法是20世纪40年代所兴起的一种现代管理方法，该方法的核心在于分析系统的功能，着眼点侧重于旅游资源的功能属性。

该方法的评价过程如下。

（1）对影响旅游资源功能的因素进行分解，如图6.1所示。

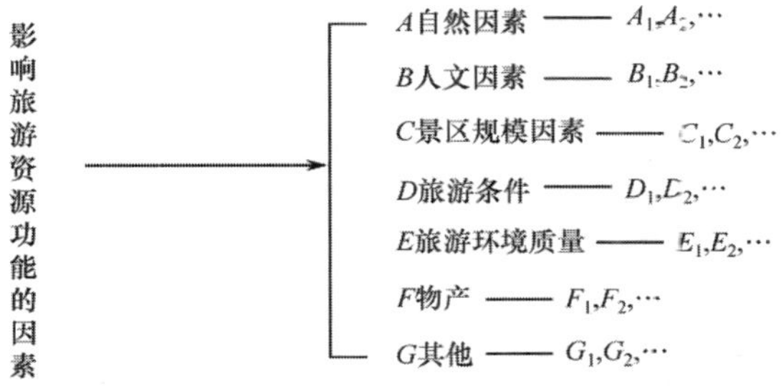

图6.1 影响旅游资源功能的因素分解

（2）对分解出来的各项功能因素进行评价计分，即对各项功能因素的因子在旅游资源当中的重要性打分，由低到高分别记0～5分，再将每一类影响功能因素的各因子的得分进行汇总，得出每一类因素在旅游资源中的重要性（表6.7）。

表6.7 功能评分平均数表 单位：分

因素	*A*	*B*	*C*	*D*	*E*	*F*	*G*
得分	19.4	10.9	6.8	4.4	3.2	1.7	0

取4分以上作为主要的因素，其余的则作为次要因素，从表6.7可以看出，评价结果中*A*、*B*、*C*、*D*为主要因素，*E*、*F*、*G*为次要因素，那么在对旅游资源评价时就针对主要因素进行评价。

（3）根据公式计算功能评价系数与各因素的标准分值（表6.8）：

功能评价系数=某类因素得分数÷各类因素得分之和

各类因素的标准分=功能评价系数×100

表 6.8　主要因素功能评价系数和标准分数表

因素	A	B	C	D
评价系数	0.467	0.263	0.164	0.106
标准分/分	46.7	26.3	16.4	10.6

（4）将各类因素的标准分按其内部各因子的得分比重分配，得到各因子的标准分。在对具体旅游资源进行评价时，依各类因素的因子进行评分，再将结果与各因子的标准分进行比较，就可以对旅游资源的功能进行评价。

表 6.9 就是对乐山市和凉山彝族自治州的旅游资源功能进行评价时得出的结果。

表 6.9　标准分计算结果一览表　　单位：分

因素	标准分	因素	标准分	乐山市	凉山彝族自治州
A	46.7	A_1	5.5	2.4	4.5
		A_2	14.0	10.5	8.8
		A_3	8.0	5.0	7.0
		A_4	6.0	5.1	3.5
		A_5	9.2	8.0	6.0
		A_6	4.0	3.5	2.2
B	26.3	B_1	14.0	10.5	8.3
		B_2	4.1	3.7	1.2
		B_3–B_4	4.2	1.8	3.6
		B_5	4.0	3.5	1.8
C	16.4			10.7	6.4
D	10.6			8.0	3.3
合计				72.7	56.6

资料来源：陈茂勋，李钟武. 旅游地学研究与旅游资源开发. 成都：四川科学技术出版社，1992.

价值工程法，虽然是一种综合性的量化评价模型，但在对旅游资源功能影响因素分解、对各因素因子的重要性评分时与人的主观评价相关，所以其评价的结果必然存在一定的主观性，比纯主观的评价方法是一个大进步，但仍然未完全摆脱主观的影响，是将主客观相结合的一种评价方法。

2. 层次分析法

旅游资源评价应包括以下几个方面的内容：旅游资源的价值；旅游景点的规模和旅游条件。对这些指标进行量化困难很大，但首先可以按重要性进行排序，采用层次分析法确定这些指标的权重。

层次分析法是将复杂的问题分解成若干层次，在比原问题简单得多的层次上逐步分析，将人的主观判断用数量形式表现出来。层次分析首先是对所研究问题的各种影响因素进行归类和层次划分，确定属于不同层次和不同组织水平的各因素之间的相互关系，在总目标（最高层）之下划分出准则层、约束层以及决策层等．不同层次间的因素便构成多目标决策树，然后对决策树中的总目标及子目标（即准则、约束等）分别建立反映影响因素之间关系的判断矩阵。

对于一个总目标 μ，各影响因素 $P_i(i=1,\cdots,n)$ 的重要性分别为权重 $\omega_i\left(\omega>0,\sum\omega_i=1\right)$ 则 $\mu=\sum\omega_i P_i$，P 为第 i 个评价因子的评分[①]，如图 6.5 所示。

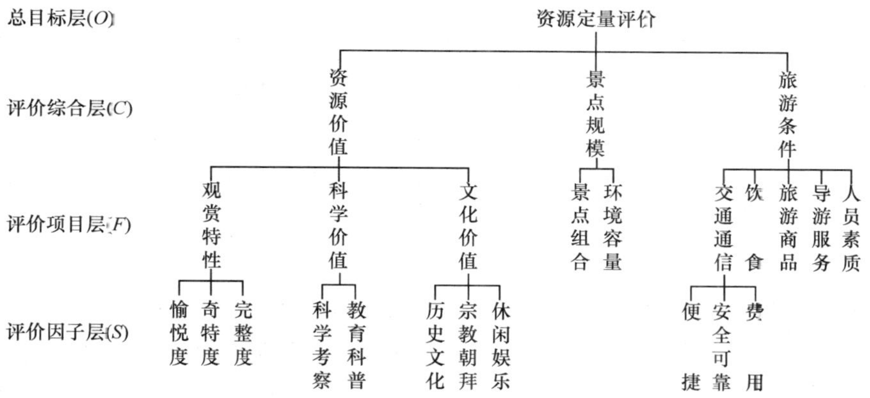

图 6.5　旅游资源定量评价模型树

对于这种评价方法，首先得确定评价因子的权重，如表 6.10 所示。

表 6.10　评价因子权重表

评价综合层	权重	评价项目层	权重	评价因子层	权重
资源价值	0.72	观赏特征	0.44	愉悦度	0.20
				奇特度	0.12
				完整度	0.12
		科学价值	0.08	科学考察	0.03
				教育科普	0.05
		文化价值	0.20	历史文化	0.09
				宗教朝拜	0.04
				休养娱乐	0.07
景点规模	0.16	景点组合	0.09		
		环境容量	0.07		
旅游条件	0.12	交通通信	0.06	便捷	0.03
				安全可靠	0.02
				费用	0.01

① 陈传康，保继刚，等. 北京旅游地理. 北京：中国旅游出版社，1989.

续表

评价综合层	权重	评价项目层	权重	评价因子层	权重
旅游条件	0.12	饮食	0.03		
		旅游商品	0.01		
		导游服务	0.01		
		人员素质	0.01		
合计	1.00		1.00		

资料来源：陈传康，保继刚，等. 北京旅游地理. 北京：中国旅游出版社，1989.

在评价项目层的 10 个因素中，观赏特征排在第一位，第二位是文化价值，第三位是景点组合。

3. 指数评价法

旅游资源的指数评价法分为三步。

第一步是调查分析旅游资源的开发利用现状、吸引能力及外部区域环境；调查内容要求有准确的统计定量资料。

第二步是调查分析旅游需求，主要调查内容有游客需求量、旅游者人口构成、逗留时间、旅游花费趋向、需求结构等；调查旅游者需求最好的办法就是在旅游市场上询问旅游者。

第三步是总评价的拟定，即在前两步的基础上，建立表达旅游资源特质、旅游需求与旅游资源之间关系的若干量化模型。旅游资源评价指数可表示为

$$E = \sum_{i=1}^{n} F_i M_i V_i$$

其中，F_i 表示第 i 项旅游资源在全部旅游资源中的权重；M_i 表示第 i 项旅游资源的特质与规模指数；V_i 表示旅游者对 i 项旅游资源的需求指数；n 表示旅游资源总项数。

最后，可以应用调查结果和评价指数确定旅游资源的旅游容量、密度、节律性和开发序位。

第五节　旅游资源调查方法

一、旅游资源调查的目的

旅游资源调查是旅游规划与开发工作的基础，所以旅游资源调查主要是围绕旅游业发展的需求，为了查明可供利用的旅游资源状况，系统全面地调查地域内旅游资源存赋数量、空间分布、等级质量、特色、吸引力、类型等要素，以便为旅游资源的综合评价、旅游资源的规划与开发以及旅游业的发展提供决策依据。

二、旅游资源调查的类型

旅游资源的调查可分为概查、普查、详查、典型调查、重点调查以及抽样调查等类型。

（1）概查。概查是指对旅游资源的概略性调查或探测性调查。这种调查是为发现问题而进行的一种初步调查，它主要是寻找问题产生的原因以及问题的症结所在，为进一步调查作准备。通常，概查可以采用较为简单的方法，不必制订严密的调查方案。概查以定性为主，一般是对大区域的旅游资源进行调查，以确定旅游资源的类型、分布、规模和开发程度。

（2）普查。旅游资源的普查一般是在概查的基础上进行的，它是对一个旅游资源开发区或远景规划区内的各种旅游资源进行的综合调查。普查以实地考察为主，因而所获取的资料最为翔实。但是，普查对于时间、人力、资金消耗非常大，调查的项目也不可能很细，对旅游资源的调查缺乏深度。

（3）详查。旅游资源的详查一般是在概查和普查的基础上进行的，首先将旅游资源普查的结果进行筛选，确定高质量的旅游资源，并将之作为开发的对象，然后再对这些旅游资源进行更为详尽的实地考察。详查除了对调查对象的景观类型、特征、成因等进行深入调查之外，还要对景观的地形高差、观景场地、最佳观景位置、游览线路等进行勘察和研究。详查结果要编制成景观详图或具体材料图件，以及文字材料。

（4）典型调查。典型调查是根据旅游资源调查的目的和任务，在被调查对象中有意识地选取一个或若干个具有典型意义的旅游资源进行调查研究。

（5）重点调查。重点调查是指在调查对象中选择一部分对全局具有重要作用的旅游资源进行调查，以掌握调查总体情况的调查方式。重点调查一般适用于只要求掌握调查总体的基本情况，调查指标较为单一，调查对象也只集中于少数旅游资源。

（6）抽样调查。抽样调查是指按照调查任务确定的对象和范围，从全体调查总体中抽选部分对象作为样本进行调查研究，用所得的结果推断总体结果的调查方式。抽样调查具有较强的时效性、较高的准确性和较大的经济性。在旅游资源调查中，对于一些不可能或不必要进行全面调查的现象，或人力、财力资源有限的情况下，最适宜使用抽样调查的方法。

三、旅游资源调查的内容

旅游资源的调查工作是十分重要的，它作为旅游规划与开发的前期工作，必然要搜集尽可能详尽的资料，因此，旅游资源调查的内容不仅仅局限于旅游资源本身的一些信息，还要对旅游资源所处的环境状况进行调查。

（一）旅游资源的环境调查

1. 自然环境调查

旅游资源自然环境调查的主要内容包括以下几个方面。

（1）调查区的概况：被调查区的名称、地域范围、面积，所在的行政区划及其中心位置与依托的城市。

（2）气候条件调查。被调查区的气候类型、气温（年均温、极高温、极低温）、盛行风，以及年均降水量及降水量的时空分布、光照强度、温度及其变化、大气成分及污染情况等。

（3）地质地貌条件：调查区的地质构造、地形、地貌及岩石的分布和分异。

（4）水体环境调查。调查区的主要水体类型，各类水体的水质、水量的变化情况以及利用情况。

（5）生物环境调查。区内的动物及植物群落的数量特征与分布，以及具有观赏价值的动植物群落数量及分布。

2. 人文环境调查

（1）历史沿革。调查区的发展历史，包括建制形成、行政区划的历次调整、发生的历史事件、调查区内名人及其活动。

（2）经济状况。调查区内的经济水平及产业状况、地区经济发展状况、地区生产总值、居民收入水平、工农业生产总值、三次产业产值及构成状况、物价水平、就业率与劳动力价格等。

（3）社会文化环境。调查区内学校、邮政、电信、医疗、环卫、安全、民族的分布状况，以及人们的职业构成、受教育程度、宗教信仰、风俗习惯、社会价值观念、审美观念等。

（二）旅游资源赋存状况调查

（1）旅游资源类型调查。针对调查区内的旅游资源进行分类、调查，对各类旅游资源的类型分布予以汇总。

（2）旅游资源规模调查。旅游资源的规模对旅游资源的吸引力和旅游资源的开发潜力有较大的影响，因此，旅游资源规模的调查内容包括：旅游资源的数量、分布范围和面积及分布密集程度。

（3）旅游资源组合结构调整情况调查。旅游资源组合结构既指资源类型上的组合结构，也指旅游资源空间上的组合结构。因此，其调查内容包括自然旅游资源与人文旅游资源的组合结构、自然旅游资源内部组合结构及人文旅游资源组合结构等，此外还要查明各类旅游资源在空间上的组合分布结构。

（4）旅游资源开发现状调查。旅游资源只有被开发出来才能为旅游业所用，因此，旅游资源按开发程度可分为已开发旅游资源、待开发旅游资源和潜在旅游资源，该项目调查就是要查明旅游资源的开发状况、项目、类型等。

四、旅游资源调查的程序

旅游资源调查从其实践的程序上可分成三个阶段。

1. 调查准备阶段

调查准备阶段是整个调查的基础，包括组成调查小组、收集整理基本资料和明确调查目的。

（1）成立调查小组。一般的旅游资源调查小组是由当地旅游规划与开发领导小组和旅游规划专家组共同组成的，这样组合而成的调查小组能在调查过程中不受太多的人为阻碍和干扰，从而保证调查工作的顺利进行。

（2）收集整理基本资料。在旅游资源调查之前，要找熟悉当地的人了解和搜集与本地区相关的地形、气候、旅游资源的分布状况，以及民风民俗等自然和人文因素，并设法取得当地的地图或航片图以备调查过程中使用。

（3）明确调查目的。调查目的明确极为重要，只有调查小组的每个组员都明确了调查的目的，才会有针对性地收集有效信息，提高调查小组的劳动效率，并以调查目标为依据制订合理的调查方案。

2. 实地调查阶段

（1）旅游资源普查。对区域内所有的旅游资源进行全面调查，形成对区域内旅游资源状况的一个大致认识，对哪些旅游资源具备开发潜力、哪些资源在当前尚不适宜开发形成初步印象，并将旅游资源的位置在地图上标识出来。

（2）旅游资源详细勘查。在旅游资源普查的基础上需要对具有开发潜力的旅游资源进行详细勘查。勘查的内容不仅有资源本身的成因、特色及旅游开发价值，还包括资源开发所需要的各项配套设施，如供电、供水、能源交通、污水处理等，以确定该旅游资源的开发重点和方向。

3. 数据整理阶段

该阶段是在实地调查后，对收集到的第一手资源以及间接资料加以整理，找出在调查中是否有遗漏的旅游资源，并从全局上对该地旅游资源的状况进行分析和评价，初步确定该地旅游资源的开发模式和方向。

五、旅游资源调查的方法

旅游学因其具有边缘学科的性质，所以引入了许多其他相关学科的分析方法。在旅游资源的调查中更是方法繁多，在实际运用中较为常见的方法如下。

1. 直接询问法

该方法是指向有关的人询问旅游资源的情况，以获取更多的信息的方式。对旅游资源最为了解的当属本地的居民，因而，在实地的旅游资源调查过程中常需要向当地的群众进行问询，以获取一般途径难以得到的关于旅游资源的详尽信息，可以直接口头询问，也可以分发调查表格进行问询。

2. 统计分析法

统计分析方法指使用统计学的方法来对旅游资源进行分类、分组等方面的分析和处理。调查与统计是密不可分的。在旅游资源调查过程中，要对自然旅游资源和人文旅游资源的六类资源进行统计，包括各类旅游资源的数量、规模、分布地点、聚集情况等。对这些旅游资源基本情况的统计分析为旅游资源的进一步分析和开发提供了依据。

3. 综合考察法

旅游资源总是分布在一定的地域范围之内，而对旅游资源分布的位置、规模、数量、特色、类型、结构、功能、旅游价值等内容的了解和认识，只有通过对调查区域实地的综合考察和全面系统的分析才能得到。

4. 遥感法

遥感法是指使用遥感技术对不易调查到的旅游资源进行考察。旅游资源实地考察受到许多环境因素的限制，会遇上操作上的困难，如对于分布在人迹罕至、深山老林里的旅游资源，我们很难去实地勘察一番。在这种情况下，遥感技术为我们提供了方便，使用遥感技术时我们要对收集到的该地域的多种比例尺、多种类型的遥感图像和与之相配的地形图、地质图进行解译。这种方式不仅能完成对待调查旅游资源的定性和定量的考察，而且还可以发现新的旅游资源，对旅游资源的考察工作大有裨益。

5. 分类对比法

该方法指将旅游资源分门别类地进行特征归纳并进行对比考察和研究。调查区的各类旅游资源，景观美感各异，将所调查的旅游资源按其形态特征、内在属性、美感吸引性进行分类，并与其同类型或不同类型的旅游资源加以比较，以得出该地域内旅游资源的共性特征和个性特征。

6. 田野勘测法

对旅游资源的分布位置、变化规律、数量、特色、特点、类型、结构、功能、价值的认知，只有通过现场综合考察，才能核实获得的各种资料，得出相关的旅游资源分析、评价意见。调查人员通过考察、踏勘、测量登录、填绘、摄像等形式直接接触旅游资源可以获得宝贵的第一手资料。只有通过专业人员的感性认识和客观分析，才能得到翔实可靠的结果。

本 章 小 结

（1）旅游资源是规划与开发的客体，是旅游地发展的重要基础。在旅游规划与开发中，对于旅游资源的调查和评价是最为重要的工作之一。

（2）旅游资源内涵丰富，种类众多，因此，对旅游资源进行分类可以从不同角度切入，如可按照其基本属性、景观组合、吸引力级别等标准对旅游资源进行分类。我国颁布的《旅游资源分类、调查与评价》（2017 年）中也提出了一套旅游资源的分类体系。此外，国外的许多专家学者也从不同的角度对旅游资源进行了归类总结。在实际规划过程中，应以国家标准为基础，在必要时可以借鉴其他旅游资源的分类标准对资源进行分类和评价。

（3）旅游资源调查是进行资源评价和编制开发规划的基础。所谓旅游资源调查是指按照旅游资源分类标准，对旅游资源单体进行的研究和记录工作。按照其内部、目的以及技术要求的不同，旅游资源调查工作可大致分为两类，即旅游资源概查和旅游资源详查。

（4）旅游资源评价是在旅游资源调查的基础上，对旅游资源的规模、质量、等级、开发前景及开发条件进行科学分析和评价，为旅游资源的规划开发和管理决策提供依据。旅游资源的综合评价内容主要包括三个方面：旅游资源特色和结构的评价、旅游资源环境的评价以及旅游资源开发条件的评价。

（5）对旅游资源评价的具体方法，可按照其手段分为定性评价和定量评价两种。定量评价的方法，又可以进一步分为技术性的单因子定量评价、综合性的定量建模评价、旅游资源的经济价值评价等。

案例分析与讨论

令人称奇的福建土楼

福建土楼，遍布福建全省大部分地区，尤以福建西南部的漳州、龙岩地区为众，其中位处南部的南靖、平和、华安等县最为集中，是一种供聚族而居且具有防御性能的民居建筑。

福建土楼历史悠久，宋元时期即已出现，明清时期趋于鼎盛，延续至今。这种土楼是举族南迁的客家人为避免外来冲击建造的一种“抵御性”城堡式住宅建筑，在经历了世世代代的发展后，逐步形成了“世界上独一无二的神话般的山区建筑模式”，创造了世界民居建筑文化的独特风格。常见的类型有圆楼、方楼、五凤楼（府第式）、宫殿式楼等，楼内生产、生活、防卫设施齐全，是中国传统民居建筑的独特类型，为建筑学、人类学等学科的研究提供了宝贵的实物资料。

福建土楼以其奇特的风格、巧妙的构筑、恢宏的规模，被誉为世界民居建筑的奇观。在福建的土楼资源中已列为全国重点文物保护单位的有华安的二宜楼，永定的承启楼、振成楼、奎聚楼、福裕楼，南靖的和贵楼与田螺坑土楼群，平和的绳武楼，它们都是福建土楼的典型代表。其中位于南靖县书洋乡上坂村的田螺坑土楼群，从山顶往下看，平面呈“器”字形，近似奥林匹克的五环，酷似山间绽开的梅花，外国人说犹如“天上掉下来的飞碟”，中国人讲更像“地上长出的蘑菇”，备受赞赏；从山脚往上看，座座土楼顺山势而建，壮丽得宛若江南“布达拉宫”，令人倾倒。

可以说，福建土楼融建筑文化、民俗文化、群众文化以及道德礼仪于一体，充分体现了客家人的高超智慧与集体力量，同时也凝聚着中华民族的优秀文化，被誉为“东方文明的一颗明珠”。今天的福建土楼，也正以夺目的光彩，吸引着海内外游客前来观光。

讨论：

你会如何对福建土楼进行旅游资源的评价？

思考与练习

1. 谈谈你对旅游资源分类的看法。

2. 试举例说明如何评价某旅游地的旅游资源？
3. 试比较分析旅游资源定性评价与定量评价的优缺点。
4. 请试为某个旅游规划项目设计一份旅游资源调查表。

第七章

旅游规划与开发的市场分析与营销对策

学习目标

1. 旅游规划与开发的市场宏观环境、旅游需求、竞争对手分析
2. 旅游规划与开发的市场调研和预测的程序及方法
3. 旅游规划与开发的营销对策

核心概念

市场分析（market analysis） 旅游需求（tourism demand） 旅游市场（tourism marketing）

本章导读

旅游业因其经济属性而对市场高度依赖，离开市场支持，旅游业的经济效益将难以实现。无论是旅游产业还是旅游目的地，都必须面对维护现有市场和开拓潜在市场的挑战。在这一背景下，旅游规划与开发中对旅游市场的分析与预测显得尤为重要。这有助于了解旅游地的市场发展现状和趋势，是实现旅游地经济效益的关键前提。因此，市场分析不仅是旅游开发规划的重要内容，也是旅游开发可行性论证的一部分。然而，旅游市场的分析必须有正确的理论给予指导，借助科学的市场分析方法来制定有针对性的市场运作策略。本章旨在系统介绍旅游规划与开发中的市场分析理论，强调旅游市场分析的重要性以及相应的方法和步骤。通过本章的系统介绍，读者将获得对旅游市场分析理论的深入了解。从理论到实践、从步骤到方法，读者将能够更好地掌握如何在旅游规划与开发中进行科学的市场分析，为实现可持续的旅游发展提供有力支持。这一章内容将为读者在实际工作中进行市场分析和制定营销策略提供宝贵建议。

第一节 市场分析的内容

市场分析的内容主要包括市场宏观环境分析、旅游需求分析以及竞争对手分析等三个方面，具体内容如图 7.1 所示。其中旅游需求分析和竞争对手分析通常也被称为旅游规划与开发市场的微观环境分析。但是，值得注意的是，这里进行市场分析的目的并非在于仅仅认识旅游市场目前的状况，而是要通过对当前市场环境和发展态势的分析，实现对未来一段时间内旅游市场发展趋势的预测，以指导旅游规划与开发的实践。

一、市场宏观环境分析

旅游规划与开发的市场宏观环境分析是指利用调查统计等分析方法对本地的社会经济环境等相关信息进行调查和分析，并为旅游规划与开发提供必要的指导。宏观市场环境包含的内容很多，该旅游地的人口状况、社会文化、经济发展现状乃至政策法规、国际形势、双边关系等均属于宏观市场环境的范畴。具体而言，我们可以将旅游规划与开发的市场宏观分析的内容分解为七个方面，即人口、经济、社会、政治、文化、地理以及技术。通过对旅游地市场宏观环境的分析，最终应该形成一个对该旅游地发展外部环境的准确认识（图 7.1）。

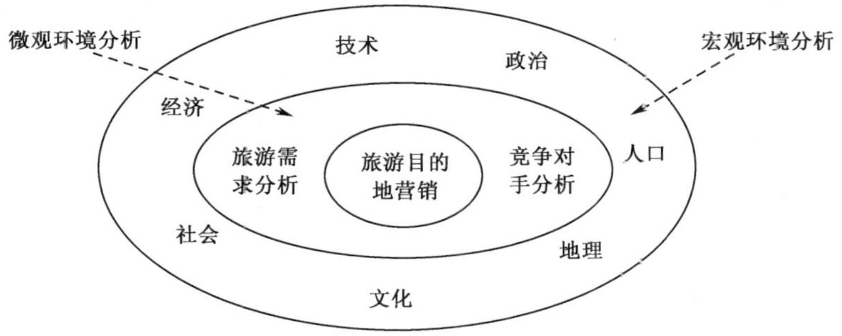

图 7.1 旅游规划与开发市场分析

（一）人口状况

人口是形成市场的一个先决条件，因为没有人口就没有购买力，在一个没有购买力的地方不可能存在着市场。因此，弄清楚人口状况对旅游开发地来说，就意味着查明可供开发的本地潜在市场规模有多大。人口状况分析的主要内容是人口规模、人口的增长速度、职业构成、年龄构成、教育程度、人口的空间构成、空间流动等。

1. 人口规模

从一般意义上说，市场发展潜力是和人口规模成正比的，人口基数大就意味着社会购买力总量大。因此，对旅游开发地人口规模的考察是对本地旅游市场开发规模的一个总体认识。

2. 人口的增长速度

人口规模这个指标只是静态地反映了当地的人口规模现状，但是，随着时间的推移，该地人口规模是会发生变化的。对人口规模的变化进行动态修正以更加准确地获取相关信息，就需要对人口的增长速度进行考察。

3. 人口职业构成

人口职业构成分析的主要内容是考察旅游开发地人口在不同职业间的分配情况。前面谈到了不同职业的人所具有的消费能力和消费习惯是不相同的，他们在旅游过程中所追求的目标也不一样。因此，对旅游开发地人口的职业构成进行分析能够间接为旅游规划工作者提供关于旅游市场消费水平和旅游产品需求类型的信息。

4. 人口年龄构成

按照前面介绍的消费者行为理论，处于不同年龄段和家庭生命周期的旅游者，具有不同的消费特征。对人口年龄构成进行分析有助于规划者把握当地旅游者的消费方式和行为规律，并据此对其进行进一步预测。

5. 人口教育程度

一般而言，旅游是一项精神消费，因为旅游者寻求的是一种主观上的满足感。由于这个特征，旅游者对旅游的需求会随着旅游者受教育水平的升高而增加。但是，受教育程度高的旅游者并不是在所有的旅游项目上都具有很强的需求力，他们在不同的旅游项目上有不同的旅游偏好。

图 7.2 是国内研究者对上海市居民出游率与学历水平高低之间关系所作的分析。从图 7.2 中可以明显地看到，上海市居民的出游率随学历水平的升高逐渐升高。可见，人口的教育构成对于旅游地的市场开发与营销有一定的影响。

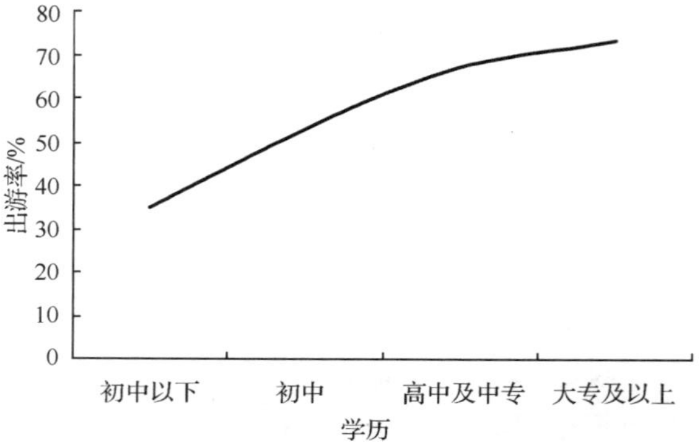

图 7.2　上海市居民出游率与学历水平高低之间关系

6. 人口的空间构成

所谓人口的空间构成主要是指人口在城市和乡村两个不同地域上的分布构成。一般而言，城市居民的生活水平较高，因而其旅游需求的比例都较乡村居民要高。因此，如果旅游地的腹地城市人口比重较大则可以说明该旅游地拥有广阔的客源市场。此外，人口的空间构成还可以指导旅游地开发和营销的方向，即适应人口城市化的特点去开发市场。

7. 人口空间流动

这里所说的空间流动不是指普遍意义上的人口流动，而主要是指当地旅游者在空间上的流动。人口的空间流动具备流量和流向两个特征，这两个特征在进行分析时是关注的焦点，具有十分重要的意义。首先，人口空间流动的流向以及流量与时间、空间维组合而成的流动密度指标，可以为旅游规划者提供了解当地旅游者空间行为特征的渠道。其次，通过对人口在空间上流动的流向分析，规划者可以更容易找出旅游市场中与本地存在竞争关系的旅游地。

（二）国民经济发展现状

国民经济发展现状的分析是宏观市场环境分析中的另一个重要对象。国民经济发展现状不仅决定了该地区旅游业发展的市场需求前景，还决定了旅游发展硬件和软件的建设基础。该部分分析的主要内容包括旅游地国民经济总量发展状况、个人收入状况和外贸收支状况三个方面。

1. 旅游地的国民经济总量发展状况

对国民经济总量发展状况进行调查和衡量是一项复杂的工作，因为经济发展涉及的方面包括：国民经济的增长速度、国民经济的增长效率以及国民经济的结构调整。

1）国民经济的增长速度

在旅游规划与开发中，旅游地国民经济总量的增长速度一般用该地区近年来国内生产总值和增长速度等指标来衡量。这些指标数值越高则说明该旅游地的经济发展态势良好，具有雄厚的发展旅游的经济基础。

2）国民经济的增长效率

国民经济如果单纯分析其发展的速度是不科学的，我们在考察旅游地国民经济增长速度的同时还要进一步探明国民经济增长背后的经济效益问题。从可持续发展的角度来说，只有高效率的经济增长才具有发展空间。在对其进行衡量时可以使用单位产出的能源耗费或借用绿色国内生产总值等经济指标。

3）国民经济的结构调整

旅游业的发展需要以第一、二产业得到一定程度的发展为前提，因此对旅游开发地的国民经济结构开展考察，有利于旅游业在该地国民经济产业中的准确定位，使旅游业的发展与经济发展同步。在考察时，应多用第一、二、三产业的产出或三大产业从业人员的数量之比来衡量。根据产业经济学的相关产业升级理论，旅游业适宜发展的产业结构应该为第一产业占的比重较小、第二产业占较大比重，同时第三产业在国民经济中占绝对优势。把握这一点对于旅游业抓住产业升级发展的机遇是十分重要的。

2. 个人收入状况

1）个人收入

个人收入是指一个国家或地区的所有个人、家庭和私人非营利性机构，在一定时期，通常是一年内从各种来源所得到的收入总和。其计算公式为

个人收入=工资+业主收入+个人租金收入

+股息+个人利息收入+社会保险金

个人收入状况是反映居民购买力强弱的重要指标。第二次世界大战结束后，世界旅游业的大发展与世界经济发达国家国民收入水平不断上升有密切的关联。从世界旅游市场来看，国民收入水平较高的国家通常也是世界主要的客源国，如加拿大、美国、日本等。

2）个人可支配收入

个人可支配收入是人们将个人收入用于日常基本生活开支后的剩余部分。个人可支配收入是影响旅游者购买力水平的决定性因素。有研究指出，当人均国内生产总值达到 300 美元时就会兴起国内旅游，而人均国内生产总值达到 1000 美元就会产生出境旅游的需求，特别是当人均国内生产总值达到 3000 美元以上时，人们就会产生远距离的国际旅游需求①。可见，旅游者可自由支配的收入越多，其用于旅游消费的收入份额也相应越高。法国统计学家恩格尔就个人的可自由支配收入提出了恩格尔系数（Engel

① 罗明义. 旅游经济学. 2 版. 北京：北京师范大学出版社，2017.

index）的概念。恩格尔系数主要体现了人民生活水平的高低，其含义为居民用于基本生活方面的消费占全部消费额的比重，计算公式为

$$\text{恩格尔系数（\%）}=\frac{\text{食品支出总额}}{\text{家庭或个人消费支出总额}}\times 100\%$$

因此，一个国家或家庭生活越贫困，恩格尔系数就越大；反之，生活越富裕，恩格尔系数就越小。国际上常常用恩格尔系数来衡量一个国家和地区人民生活水平的状况。根据联合国粮农组织提出的标准，恩格尔系数在59%以上为贫困，50%～59%为温饱，40%～50%为小康，30%～40%为富裕，低于30%为最富裕[①]。因此，只有当恩格尔系数足够小时，居民才会产生大量的旅游消费需求。

3. 外贸收支状况

旅游业作为服务出口行业，是重要的创汇渠道。因此，一个国家和地区的外贸收支状况会对旅游的发展产生一定影响。一般而言，如果一个国家和地区的外汇收入处于逆差状态，则该国货币必将在今后一段时期内趋于贬值，那么当地政府将倾向于限制国内旅游者出境，并大力鼓励国外旅游者入境旅游，以借此缓解外汇收支不平衡的压力。

（三）旅游地社会状况

旅游者都是处于一定的社会中，因而其对旅游的需求就不可避免地受到社会文化条件的影响。这里说的社会文化条件主要包括文化水平、社会阶层、相关群体和家庭。

首先，文化水平的不同是引起旅游者消费行为差异的重要因素。所谓的文化是指人类从生活实践中建立起来的信仰、价值观念和人生观念、道德、理想等的综合体。不同的世界观和价值观、不同的文化教育水平反映了人们在消费时的需求倾向，产生了旅游者对旅游产品的不同需求。因此，在进行市场分析时要考虑人们的价值观念、生活方式以及购买行为对旅游需求的影响。

其次，社会阶层是根据旅游消费者的职业、收入来源、教育文化水平来进行划分的。不同的阶层具有不同的价值观念和不同的生活方式，因而具有不同的旅游消费行为。比如，一些白领收入较高并且常常享有带薪假期，这样的群体会倾向于距离较远的度假旅游和其他的消费水平较高的专项旅游产品。

再次，相关群体是指旅游者的社会联系，是影响到旅游者行为的社会个人和团体。旅游者在与相关群体接触过程中，会逐渐将他们的规范和行为作为自己的行为准绳，从而形成一致的需求特征。

最后，家庭也是对旅游者的消费需求影响很深的一个因素，人或多或少都会受到家庭对消费行为的影响。例如，家中的孩子非常渴望去迪士尼乐园旅游，那么家中的父母就会考虑在情况允许时带上孩子去迪士尼乐园游玩，这样的情况在现实生活中是

---

① 什么叫恩格尔系数. https://wztjj.wenzhou.gov.cn/art/2014/8/27/art_1243866_2907838.html，2014-08-27.

经常遇到的。

（四）旅游地政治因素

旅游地的政治因素包括两个方面的内容：其一就是政府对旅游发展的态度和制定的政策法规；其二就是旅游地的政治氛围和社会稳定状况。

政府制定的政策法规对国民经济的发展方向等进行了规定，因而会对社会购买力和旅游市场的消费需求等产生一定影响。所以对于旅游地而言，当地政府制定的政策法规，尤其是那些针对旅游经济发展的政策法规，对旅游市场的形成和旅游者消费需求的产生起着决定性作用。比如 2015 年，我国旅游业全面融入国家战略体系，成为国民经济战略性支柱产业，旅游现代治理体系初步建立，极大地促进了我国旅游业的发展。

从旅游消费力的形成机制来看，需要两大条件：一个就是要有相当规模的可自由支配收入；另一个就是旅游者应有闲暇时间。此两大要素缺一不可。可见，旅游客源地政府在旅游者消费行为中起着相当重要的作用。旅游者可自由支配收入和闲暇时间的获得都与当地政府的政策法规有着密切关系。因为收入的分配取决于政府制定的收入分配制度，闲暇时间的获得也要以政府制定的休假制度为准。例如，国外一般都实行了带薪休假制度，因此，国外居民旅游度假的意识就较我国居民强烈。从我国的休假制度来看，以前实行的是一周六天工作制，每到周日人们都在家里忙于家务，无心旅游。而实行了一周五天工作制以来，居民大量地利用周末参与旅游。可见，政府制定的政策法规对旅游发展的影响是全面而深远的。

此外，旅游地的政治氛围和社会稳定状况对旅游发展也有较大的影响，也是市场分析的重要内容之一。例如，美国 9・11 恐怖事件之后，国际政治形势突然紧张，世界各国都实施了“反恐”措施，不稳定政治因素给国际旅游市场带来了沉重打击，当年全球旅游者人数和旅游外汇收入都有较大幅度的下降。所以，在市场分析和预测时，应将政治风险等不确定性因素考虑在内。

（五）旅游地文化背景

文化影响着人们的日常行为，不同文化背景下成长的人在生活方式、意识形态、消费行为等方面均存在较大的差异。可见，文化背景对旅游者的消费行为和旅游地的市场营销都具有一定的影响。比如，美国文化崇尚自由和自我，因此，美国人喜爱探险性的旅游活动，如登山、露营等。而日本人则较其他国家的旅游者更加喜好文化旅游和购物旅游。那么，旅游地在面对这些旅游客源市场营销时就应该具有针对性。

此外，文化背景对于旅游地旅游形象的塑造也具有决定性的意义。历史文化是从历史和文化的角度来分析旅游地所处的市场环境的。旅游地形象的建立也是与其历史文化息息相关的，比如说，山东的旅游形象是和齐鲁文化密不可分的。楚文化又是湖北旅游形象的精髓之所在。因此，旅游规划工作者对开发对象的历史文化状况进行调研，可以为规划地在市场中的形象定位提供依据。

（六）旅游地区位状况

这里的区位并不仅仅是简单意义上的自然区位，它指开发地在其所在区域的经济、交通、旅游等方面与其他地区的关系。因此，区位状况的分析主要从以下几个方面来进行：自然区位、经济区位、交通区位、旅游区位。

1. 自然区位

自然区位指的是旅游开发地所处的自然地理位置，强调该地与其他地区在空间上的位置关系。旅游开发地所处的自然区位决定了该地的自然条件，对旅游地的开发会产生很大影响。比如，高纬度地区的旅游地与低纬度地区的旅游地相比，在进行旅游规划与开发时，就有很大的差别。

2. 经济区位

经济区位描述的是旅游开发地在其所在地区的区域经济方面所起的作用和所处的地位，以及与周边地区在经济发展中的相互合作与竞争关系。众所周知，旅游业的发展是与经济的发展息息相关的，没有地区经济的带动就不会有旅游业的繁荣发展。因此，一般说来经济发达、经济区位优良的地区在发展旅游时具有较大潜力，其基础设施和旅游的配套服务能力将明显强于那些经济不发达的地区。

3. 交通区位

交通区位是区位状况分析中较为重要的一项内容，因为旅游业强调的第一要素是交通，旅游交通作为旅游业的三大传统支柱之一在其中扮演了十分重要的角色，没有旅游交通就没有旅游的通达性，人们跨地域的旅游也就不可能。在对旅游开发地进行交通区位分析时要对其陆路、水路、航空等交通要素的覆盖率和通达率进行综合分析，并在此基础上得出对该地交通区位状况的科学评价。

4. 旅游区位

旅游区位的含义可以从上述一系列区位的概念中推导出来。所谓的旅游区位就是指该地区在其所在区域的旅游活动中占据的地位，以及在区域旅游发展过程中形成的与周边地区的相互关系。对旅游开发地的旅游区位进行分析和研究，可以为旅游规划中旅游地发展竞争力分析和旅游地发展战略定位提供参考。

（七）旅游地技术水平

旅游地技术水平是指旅游规划与开发或旅游消费时的行事方式的总和，旅游地技术水平对于市场分析具有随机性影响。该影响主要表现在技术突破对旅游发展的促进上。技术进步可以大大刺激旅游者的消费需求，并为旅游地提供竞争优势。因此，在进行旅游规划与开发的市场分析时，应将新兴技术的使用作为促进旅游地发展的重要因素。

二、旅游需求分析

（一）旅游者需求要素分析

影响旅游者旅游需求的因素是多方面的，既有来自旅游者外部的因素，也有旅游者自身的因素。前者主要包括旅游产品供给状况、旅游产品价格、销售渠道和促销等因素，后者主要包括旅游者的年龄、心理等。

1. 影响旅游者需求的外部因素分析

一般来说，外部因素不是决定旅游者旅游动机的根本因素，它只是在一定程度上对旅游者旅游的时间和方式产生影响。但是外部因素同样是旅游者需求分析体系中有机的组成部分，是不容忽视的重要因素。

1）旅游产品供给状况

旅游产品的供给是旅游者产生旅游需求的前提，旅游产品的供给越丰富，旅游者所能选择的空间也就越大，旅游者的需求得到满足的可能性也越大。旅游产品供给的多样性包括旅游产品类型的多样性和旅游产品数量的多样性。世界上现有的旅游产品类型繁多。传统的产品，如观光旅游产品、度假旅游产品，这些都是较早就为人们所开发和消费的；新兴的专项旅游产品，如智慧旅游产品、生态旅游产品、文化旅游产品、主题娱乐旅游产品、旅游演艺产品、商务会展旅游产品、城市休闲旅游产品、体育运动旅游产品、乡村旅游产品、医疗康养旅游产品、夜间文化旅游产品、红色旅游产品、冰雪旅游产品、研学旅游产品、海洋旅游产品、山地旅游产品、温泉旅游产品、避暑旅游产品、内河游轮旅游产品等①，则是在旅游发展中逐渐开发出来并为人们所认识的。种类繁多的旅游产品必然会激起旅游者的旅游欲望，因此，在分析旅游者的需求时，要注意旅游产品所能够激发的旅游者的潜在需求。

2）旅游产品的价格

根据微观经济学中的经济人假设，人都是掌握了完全信息的理性经济人，他们所追求的目标是自身利益的最大化。因此，旅游产品的价格对人们的旅游需求有较大影响。总的来说，旅游产品的价格低，那么人们就会相应增加对旅游产品的需求；旅游产品的价格高，人们对旅游的消费就会三思而行。但是，人毕竟不是完整的理性经济人，人也有自己的思想。所以在某些情况下，价格低的旅游产品反而不会增加人们对它的需求量，而价格高的旅游产品则供不应求。这是由旅游产品的特殊性质所决定的，旅游产品的消费必须在目的地进行，而人们在购买旅游产品时往往并不在旅游目的地，这样一来旅游产品经销商较旅游者掌握更充分的信息，双方博弈的结果使旅游者不得已进行逆向选择。

3）旅游产品的销售渠道和促销

按照马勇教授在《区域旅游规划》一书中的阐述，旅游者从产生旅游需求到购买旅游产品的过程可以分为三个阶段：原生形象的形成阶段、次生形象的形成阶段以及

① 国务院. 国务院关于印发“十四五”旅游业发展规划的通知. http://www.gov.cn/zhengce/content/2022-01/20/content_5669468.htm，2022-01-20.

复合形象的形成阶段[①]。在各个不同的阶段中旅游者需要的信息是不同的，这就说明在旅游者产生对旅游产品的需求过程中，旅游区传递旅游地信息的渠道和效率是十分重要的。充分利用现有的各种媒体，针对不同的旅游者采取最为有效的宣传和促销方式，必定会在一定程度上增加人们对旅游产品的需求。比如，针对青年人开发的探险旅游项目，可以通过互联网来进行推广和促销，因为年轻人喜欢追求新鲜事物，网络和电子商务概念的引入会促使他们进行尝试。

2. 影响旅游者需求的内部因素分析

从事物的发展角度来说，外部环境只是对事物的发展产生影响，而真正对事物发展起决定性作用的还是内因。因此，对旅游者需求的内部因素的分析可以使我们更加深入地了解旅游者购买和消费旅游产品的原因。旅游者需求的内部因素主要包括年龄、心理、个人收入水平、个性和生活方式等。

1）旅游者的年龄

处于不同年龄段和家庭生命周期的旅游者，他们对旅游产品的需求是不尽相同的，如年轻时偏好运动康体型的旅游项目，中年时期喜欢求知娱乐型的旅游产品，老年时则偏向于休闲度假类的旅游产品，等等。同样的处于不同家庭生命周期的旅游者，其需求也是有变化的：在组成家庭之前旅游需求不是很大；结婚后就有了蜜月旅游的需求，双人旅游的浪漫之旅就受到欢迎；有了孩子，父母亲就没有太多的时间来旅游了，此时旅游形式以商务旅游为主；孩子成年后，家庭进入空巢期，收入积累就大部分用于享受生活，此时旅游的需求又达到一个高峰。

2）旅游者的心理

人对旅游产品并不是生来就有兴趣的，按照美国心理学家马斯洛（Maslow）的需求层次论，人类的需求可以分为五类：生理需求、安全需求、社交需求、尊重需求以及自我实现需求，见图 7.3。

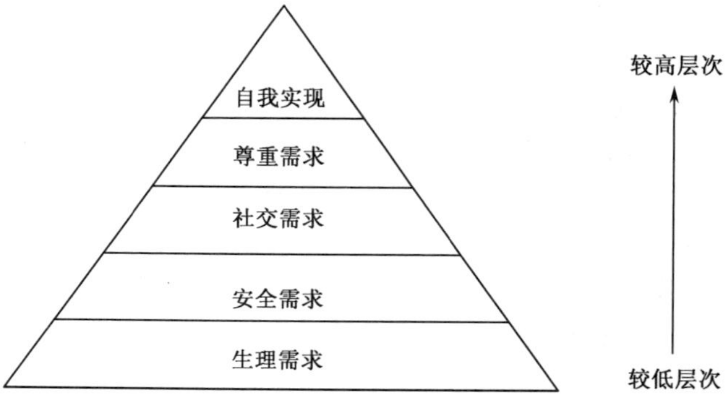

图 7.3　马斯洛需求层次图

马斯洛认为，需求是从低级到高级逐渐发展的，只有先满足了低层次的需求，才有满足高级需求的愿望，这是基本上符合事实的。而旅游需求的产生就必须是生理需

① 马勇，舒伯阳. 区域旅游规划——理论·方法·案例. 天津：南开大学出版社，1999.

求得到满足后产生的更高级的需求。

3）旅游者个人收入水平

影响旅游者对旅游产品需求的另外一个重要的内部因素就是个人的收入状况，个人收入状况越好则用于生活必需品，如吃饭、穿衣等方面的花费就越小，同时就会将更大量的资金用于更高层次的消费，旅游就是其中之一。旅游既能满足人们的社交需求，同时也能满足人们受尊重和自我价值实现的心理需求。

4）旅游者的个性和生活方式

旅游者的个性和生活方式同样也对旅游产品的需求产生巨大的作用。比如，生性好静的人会较容易选择生态旅游产品；而好动和喜欢热闹的人则会偏向于运动型的或都市旅游产品。这里就不一一说明了。

（二）市场规模分析

市场规模对于旅游规划与开发来说是一个重点内容，它是确定旅游规划与开发项目能否在将来一段时间获利的重要依据。市场规模有上下限之分，所谓市场规模的下限就是指旅游规划与开发项目所必需的最低旅游者数量，也称门槛人口。而市场规模的上限通常是依据旅游地当地的社会、经济以及生态容量共同确定，以其中最小的容量阈值为准。

对于市场规模的大小，我们通常采取三种方法对其进行分析和预测，分别是趋势外推法、经济容量法以及目标指向法。

（1）趋势外推法是实践中较为常见的一种确定市场规模的方法，该方法是指在历史市场规模数据的基础上，通过预测计算而得到的市场规模。

（2）经济容量法是从旅游地接待设施的承载力出发，通过对旅游地目前已有的和将来要建设的接待设施容量进行估算得到的未来能够接待的市场规模。

（3）目标指向法是指以旅游地的规划目标为依据，以旅游者的平均消费规模为计算标准而得出的旅游市场规模。例如，某地旅游规划的经济目标是每年实现旅游收入5000 万元人民币，而目前旅游者在该地区的消费水平为人均 100 元，可知为实现该规划经济目标，旅游地的市场规模应该是 50 万人次。

关于市场规模调查及预测的方法将在本章第二节中具体谈到，在此就不详细介绍了。

（三）市场结构分析

市场结构是对旅游客源市场的内部构成进行分析，从而为旅游地旅游市场细分和目标客源市场的确立打下基础。一般来说，旅游市场结构分析中要涉及旅游客源区位和消费者行为两大部分。旅游客源区位从大尺度上来看，一般分为国际旅游客源市场和国内旅游客源市场。国际旅游客源市场又可按照洲别或国别进行细分，国内旅游客源市场可以按照行政地域加以更进一步细分。市场细分对于旅游地确定市场营销的目标市场具有重要意义。

对旅游者消费行为的考察一般针对旅游目的、旅游动机、旅行方式、停留时间、季节性以及消费水平和消费结构等内容。比如按照旅游目的，旅游行为可被分为观光游览、探亲访友、商务、会议、度假休闲、文体交流以及其他。按照停留时间，旅游行为可被分为过夜游和一日游。按照旅游消费结构，旅游行为可被分为长途交通、游览、住宿、餐饮、购物、娱乐、邮电通信、市内交通以及其他服务。

三、竞争对手分析

识别与评估旅游开发地的市场竞争者是开发地市场分析的重要内容，其中，确定开发地面临的市场机会和发展限制因素最为关键。为了准确判断旅游开发地及主要竞争者所处的市场地位，旅游规划与开发人员需要深入、详细地对开发地的市场竞争者进行细致、准确的研究。

研究旅游开发地的市场竞争者，首先应明确什么是旅游市场竞争。在这里，笔者将其概括为：为满足某种旅游产品或服务的所有现实和潜在的购买者的需求，旅游开发地通过降价销售、产品创新、广告宣传、营业推广或公共关系等手段，不断追求优于竞争者经营业绩的一种市场行为。

从不同的角度出发，处于同一旅游市场中的竞争者主要有两种不同的种类。一是按竞争产品的范畴，可划分为同类产品竞争者、同种产品竞争者、同类需求竞争者和同购买力竞争者；二是根据波特提出的行业结构角色，可分为直接竞争者、间接竞争者和潜在竞争者。

（一）竞争者的识别

识别竞争者是进行竞争者分析的第一步。因为只有明确了竞争者的优劣势，旅游开发地才能找准自己所处的市场地位，进而才能采取有效的开发策略在竞争中占据主动。识别旅游市场竞争者主要从三个方面入手，即明确主要竞争者、识别竞争者战略以及判断竞争者的目标。

首先，明确主要竞争者。在旅游市场竞争中，拥有不同规模和实力的竞争者对旅游开发地发展的影响是不同的。旅游规划人员应着重针对主要竞争者进行分析，并将其与本地旅游进行全方位的比较评价，比较的重点应放在市场定位、产品设计和分销渠道等方面。

对于旅游开发者而言，其主要竞争者一般为同种产品或同类产品竞争者。不同的旅游目的地可以提供相同或相似的旅游产品，但是选择权在于旅游者，因而旅游市场竞争的结果主要看谁更能展示自己的特色和更能有效满足消费者的需求。而且，当旅游者面临对同类产品进行选择时，旅游目的地之间的竞争显得尤为突出和激烈。

其次，识别竞争者战略。识别竞争者战略就是要明白竞争者在干些什么以及能干些什么。根据竞争者的表面言论和行为，往往难以清楚地判断其当前所制定的战略，要正确识别竞争者的现行战略，最有用的办法就是把其战略看作是在该开发地的各个职能领域内的主要经营策略以及如何寻求把这些职能互相联系起来的途径。

为此，旅游工作者应通过积极的努力去收集相关竞争者的详细资料，而不是仅仅依靠从报刊等媒体所获得的信息，只有这样才能对竞争者作出较为准确的评价。当然，主要竞争者实施的战略究竟是什么，只有经过一段时间的持续跟踪观察才能清楚。这种直接的观察可以用其他方法来补充，具体包括有意识地访问旅游者、招聘竞争者企业内的高级管理人员，或征求行业分析专家的意见等。

最后，判断竞争者的目标。在市场竞争者识别过程中，还有一项非常重要的工作，即判断和评价竞争者的目标。判断竞争者的目标并根据这些目标来预测市场变化情况是十分重要的。了解主要竞争者在未来一段时期的规划与开发目标，有助于分析竞争者是否对其目前的地位和经营业绩感到满意，并由此推断该竞争者改变战略的可能性。此外，这种分析还能让我们预估竞争者在面对本旅游地进入市场时可能展现的应对力度，从而为我们制定更为精准的市场策略提供有力依据。

（二）评估竞争者的优势与劣势

旅游市场竞争者分析的核心内容是对旅游开发地的主要竞争者进行评估，从而为旅游规划与开发中制定有针对性的竞争策略提供依据。

旅游开发地营销管理者应该从经营业绩、发展潜力等方面对主要竞争者作全面的分析评价，常用的指标有以下五个：

（1） 竞争者的规划开发与经营目标。

（2）现有市场占有率与市场地位。根据该指标旅游开发地可以大致了解竞争者的实力，并明确应采取何种策略来与之竞争，以巩固并加强自己的市场地位。

（3）影响竞争者规划、开发与经营的因素。

（4）扩大规模或退出行业所面临的障碍。对于竞争者而言，如果扩大经营规模或退出行业时比较容易，则表明它所面临的市场竞争不是非常激烈，业界相对稳定。

（5）盈利能力及销售增长率。若竞争者一直处于盈利状态或销售额保持持续增长，则表明其实力正在逐步增强。

（三）估计竞争者的反应模式

在识别了主要竞争者并明确其战略目标及优劣势之后，旅游开发地还应根据上述结果，充分估计自身的竞争行为可能导致的后果，即分析竞争者可能会作出什么反应。按照竞争对手的反应策略可以将其分为以下几种类型。

1. 缓慢反应者

缓慢反应指旅游开发地的竞争者面对到来的竞争行为反应迟缓，且缺乏攻击力。竞争者对竞争行为反应缓慢，可能缘于以下一些原因：一是因为竞争者深信自己已经建立起顾客的品牌忠诚，目前的竞争行为对自身的市场规模不会有太大影响；二是竞争对手缺乏对市场变化的敏感性；三是竞争对手缺乏足够的资源和能力来作出反应，甚至正准备退出该行业。

2. 局部反应者

局部反应很好理解，即竞争者只对竞争行为中的部分活动作出反应，对其他部分却“视而不见”。这种情形可能是由于在旅游开发地的竞争行为中只有一部分对竞争者构成了威胁，也可能是因为竞争者受资金或人力限制，只能采取局部反应的做法。

3. 隐蔽反应者

所谓隐蔽反应，是指从表面上看旅游开发地的竞争者似乎没有对竞争行为作出反应，而事实却在暗中实施早已酝酿成熟的应对方案。这种竞争反应模式虽然不那么直接，但容易达到“以假乱真，后发制人”的效果，并往往会给竞争对手造成出其不意的攻击，因而旅游开发地的规划与开发者必须格外提防。

4. 激进反应者

激进反应指旅游开发地的竞争者对任何竞争行为都将作出强烈、快速的回应或反击。竞争者表现出这样的行为特征主要有两种原因，一是开发地的竞争行为涉及竞争者的关键性产品或市场，甚至对其根本利益造成了威胁；二是竞争者在长期的市场竞争中已经养成了一种争强好胜的习惯，并成为其文化的一部分。一般说来，第二种激进反应者比较少见。

概括而言，影响旅游市场竞争者反应态度的因素主要有以下四个方面。

1）竞争者的开发地经营目标

经营目标是决定竞争者对竞争行为反应态度的首要因素。如果一个旅游开发地以追求高市场占有率为目标，它必然会对竞价销售或竞争性广告等行为作出强烈的反应。而面对同样的竞争行为，一个以追求高回头客率为目标的旅游开发地的反应可能不会那么强烈。

2）竞争者管理层的市场预期结果

对未来一段时期内市场状况的估计结果也会影响竞争者的反应行为。如果竞争者管理层认为存在竞争的产品或市场是个极有发展潜力的增长点，并且在未来某个时候会成为该旅游地的成长机会，那么他们就会投入大量的资金和人力参与竞争，反之则不然。

3）被攻击部分的关联带动作用

“关联带动作用”指的是某类产品或某个市场在竞争者的产品或市场格局中的纽带作用。例如，某城市计划开拓东南亚旅游市场，而目前到该城市的马来西亚旅游者已达到一定规模，且该城市旅游管理部门在马来西亚设有联络站，那么对于该旅游城市的东南亚市场格局而言，马来西亚市场具有明显的关联带动性。如果被攻击的产品或市场对竞争者的其他产品或市场关联性较强，甚至是产品体系或市场格局中的一个重点，竞争者就会对其所面对的竞争行为高度重视。

4）竞争者的竞争价值取向

开发地在发展过程中会逐渐形成一套有关竞争反应的理念，具体来说就是，有的旅游地对任何竞争行为都作出强烈的反应，表现出极强的挑战性，而有些旅游地或旅游区却恰好相反。

第二节　市场调研和预测的程序及方法

一、旅游市场调研

（一）概念认识

旅游市场，指旅游供需关系的总和，也称旅游客源市场。旅游市场调研，是指运用科学的方法和手段，有目的、有系统地收集、记录、整理、分析和总结与旅游市场变化有关的各种旅游消费需求以及旅游营销活动的信息、资料，以了解现实旅游市场和潜在旅游市场，并为旅游开发、规划与经营决策者提供客观决策依据的活动。

（二）和旅游规划与开发相关的调研内容

市场调研的内容极为广泛。其中，支持旅游规划决策的主要调查内容包括客源地市场环境、市场需求、市场潜在需求、产品组合和顾客评价五种。

1. 客源地旅游市场环境调查

旅游开发规划区的生存与发展是以客源地市场环境为条件的，对开发者而言，客源市场环境是不可控因素，旅游的规划与开发活动必须与之相协调和适应。

客源地市场环境调查包括政治环境调查、法律环境调查、经济环境调查、科技环境调查、社会文化环境调查和地理环境调查。

2. 客源地旅游市场需求调查

旅游市场需求，是指旅游客源市场愿意付出一定的代价换取对旅游商品的实际要求。其特点是，游客不仅愿意按一定价格购买旅游产品，而且要为此付出闲暇时间，所购买的是一种异乡生活经历。旅游需求是决定旅游市场购买力和市场规模大小的主要因素。针对旅游者所进行的需求调查是旅游市场调查内容中最基本的部分。

（1）旅游者规模及构成调查。包括经济发展水平与人口特征；收入与闲暇；旅游者数量与消费构成，即调查旅游产品或服务的现实与潜在的旅游者数量（旅游者国籍、年龄、性别、职业、入境方式及地区分布、民族特征等），统计旅游者消费水平及构成（吃、住、行、游、购、娱等方面）和滞留时间等；旅游者对旅游产品质量、价格、服务等方面的要求和意见等。

（2）旅游动机调查。旅游动机是激励旅游者产生旅游行为到达旅游目的地的内在原因，包括身体健康动机、文化动机、交际动机、地位与声望动机等。

（3）旅游行为调查。旅游行为是旅游者旅游动机在实际旅游过程中的具体表现。旅游行为的主要形式有文化观光旅游行为、度假休闲旅游行为、专项旅游行为、会议旅游行为或特色旅游行为。

这一类需求的调查旨在调查客源市场旅游者的实际状况，如果要衡量该客源市场的需求潜力，还需要借助客源地市场潜在需求调查。

3. 客源地旅游市场潜在需求调查

客源地市场潜在需求主要通过出游率、重游率、开支率等指标来衡量。

（1）出游率：指一定时期内一个地区的出游人次与其人口的比率。

（2）重游率：指来旅游地的旅游人次与旅游人数之比，亦即旅游者来目的地旅游次数的平均值。

（3）旅游开支率：指旅游开支与其年均收入之比率。

4. 客源地旅游产品组合调查

旅游市场营销学角度的旅游产品组合，是通过生产不同规格、不同档次的旅游产品，使一个旅游区所生产的产品更为科学、合理，旅游产品结构更能适应市场的需求，从而以最小的投入，最大限度地占领旅游市场，以实现旅游区的最大经济效益。

旅游开发既是一种政府性行为，也是一种企业性行为。开发的目的是为了开拓政府所辖地区内的旅游市场，发展地区旅游业。产品组合策略同样可以从一个旅游区扩展至整个地区。当地区内实施旅游规划与开发行为，推出新的旅游产品时，必然要考虑产品组合问题，以达到弥补市场空缺、使地区内产品组合最优的目的，从而迅速占领市场，推动地区旅游业的进一步发展。因此，对客源地旅游市场内产品组合现状的调查必不可少。

对产品组合的考察主要集中在三个方面。

（1）产品组合的广度，指客源地市场现有的旅游线路的多少。

（2）产品组合的深度，指某一旅游线路中旅游活动项目的多少。如果某一旅游路线中旅游活动项目多、游客逗留时间长，则谓之产品组合较佳；反之，则产品组合较差。

（3）产品组合的相关性，指现有旅游产品的生产，与旅游生产设备——饭店、宾馆、交通、旅游景点、娱乐、旅游购物等方面的一致性。一致程度高则产品相关性就强，反之，相关性较差。

5. 客源地游客评价调查

旅游者对旅游产品或旅游目的地的评价和态度直接影响购买决策。因此进行新的旅游开发活动时，要调查收集客源地旅游者对市场内旅游产品现状的意见和评价，从而有针对性地实施开发。具体包括以下几个方面：旅游者对旅游产品的评价和接受程度；旅游者购买的频率或接受产品的程度；旅游者对旅游产品还有哪些未体现出来的要求和意见；旅游者的心理价格状态；等等。

（三）旅游市场调研的方法

对开发区客源市场的调研主要通过四种方法。

（1）搜集和整理有关旅游者的直接和间接的统计资料，包括旅游接待系统的统计资料以及旅游有关部门的统计资料。对上述资料进行综合分析，可以从宏观上把握进出本地的外来旅游者和本地旅游者的总体流量、流向和特点。

（2）观察调查。调研人员到景点大门、饭店大厅、餐厅、旅游商店、娱乐场所、机场、车站、码头等游客集散地进行观察，掌握旅游者的流向、流量、对旅游地（店、厅）的兴趣和逗留状况等。

（3）面谈和电话询问。个别探访、小组探访，访问对象既可以是游客，也可以是接待游客的各类管理经营和服务接待人员。电话询问法一般是对饭店或宾馆的外地来访游客进行电话询问，或对本地的居民进行电话询问。提出的问题要简单、明确，避免冗长、烦琐，避免引起被询问者的疑惑与反感。

（4）抽样调查。抽样调查是对客源市场的需求和反应进行调查的一种简便易行的方法，可以是随机抽样，也可以是非随机抽样，按选择抽样对象的方法不同而有所区分。抽样调查的对象主要是外来的旅游者，也可以是本地的居民，调查的对象和范围根据调查的目的和内容来确定。抽样调查表（问卷）的设计及问卷的内容可根据调查对象和目的灵活设计，一般包括旅游者状况、旅游方式、旅游花费、对旅游服务的评价，抽样调查表（问卷）一般在饭店、景点、机场、车站、码头等地散发，对填写问卷的游客赠送小纪念品。

此外，旅游市场调查按照不同的标准可以划分为不同的类型，表 7.1 就对旅游市场调查的方法进行了较为全面的分类。

表 7.1　旅游市场调查方法的分类

<table>
<tr><th colspan="4">类型名称</th><th>形式</th><th>特点</th><th>主要用途</th><th>缺点</th></tr>
<tr><td rowspan="3">按调查目的分</td><td colspan="3">探索性调查</td><td>有限访谈或查找资料</td><td>简便初步</td><td>用于了解现状，发现问题，制订调查方案</td><td>准确性差</td></tr>
<tr><td colspan="3">描述性调查</td><td>对对象基本情况的调查</td><td>客观性</td><td>广泛收集基础性信息，准备深入研究工作</td><td>工作量大</td></tr>
<tr><td colspan="3">因果性调查法</td><td>设定和控制变量，调查因变量</td><td>因果性</td><td>基于描述性调查，针对特殊问题证明因果关系</td><td>调查环境难以完全控制</td></tr>
<tr><td rowspan="6">按选择对象的方法分</td><td colspan="3">全面调查</td><td>对所有对象进行调查</td><td>全面精确</td><td>用于人口、车辆等调查。多用于全国普查</td><td>工作量巨大</td></tr>
<tr><td colspan="3">典型调查</td><td>选择典型代表</td><td>工作量较小</td><td>适用于对象庞大，且对该对象已经熟悉</td><td>较难准确选择典型</td></tr>
<tr><td rowspan="4">抽样调查</td><td colspan="2">系统抽样</td><td>排列对象，等距抽样</td><td>等距，简单易行</td><td>适于对同类对象作一般分析</td><td>对异质分析不易深入</td></tr>
<tr><td rowspan="3">随机抽样</td><td>简单随机抽样</td><td>安全随机地抽取样本</td><td>随机性</td><td>适用于对象总体均质性较高的情况</td><td>受条件制约，可能沦为任意抽样</td></tr>
<tr><td>分层随机抽样</td><td>先按质归类，再在各同质层简单随机抽样</td><td>能增强代表性，工作量大</td><td>用于异质分异明显的场合，如按年龄段分层，再研究各段分列特性</td><td>取决于设层的准确性</td></tr>
<tr><td>分群随机抽样</td><td>先按空间分群，再在各块简单随机取样</td><td>空间针对性强</td><td>常用于客源地抽样调查</td><td>异质分析不宜深入</td></tr>
</table>

续表

类型名称				形式	特点	主要用途	缺点
按选择对象的方法分	抽样调查	非随机抽样	任意抽样	视条件方便取样本	任意性	对象同质性较高时	容易出现偏差
			判断抽样	按专业人员的判断选择	取决于专业人员	对象个体极不相同，为避免误差而删除极端	受调查人员素质影响很大
			配额抽样	划分群体，规定每个群体的样本数，再任意抽样	工作量小，较平均，信度、效度较高	适用于一般性、小规模调查	调查人员素质对结果有一定的影响
按资料来源分	第二手资料调查		外部资料	政府和专业出版物	较简便	宏观调查、背景调查	时效差，难以满足专业性要求
			内部资料	档案、文件等	简便	历史、内部情况调查	
	第一手资料调查			有计划地调查专门信息	时效性强、针对性强	调查本地特定问题	成本高
	观察调查法			旁观或借助仪器观察	具有间接性、客观性特点	调查游客的行为规律及其隐含态度	原因要靠主观推测
按交流方式分	询问调查法	面谈法		面谈，可间断询问、启发判断	灵活、亲切，较准确	常用于小组专题访谈	成本较高，受调查员影响
		电话询问法		通过电话征询意见	成本低、灵活性强	用于长途或大范围较简单问题的调查	复杂问题不易配合
		邮寄调查法		问卷邮寄	较客观	常用于问题多、不便面谈，或易受调查者影响的问题	返回率低，受问卷设计质量影响
		留置问卷法		面交问卷，回家填写	较明确、具有客观性	可用于问题多且需仔细思考的问题调查	周期长，返回率较低
	实验调查法			控制变量，了解变量间的关系	具有科学性、客观性	以小规模实验为主，为推广作准备	难以完全控制试验条件

资料来源：马勇，李玺. 旅游规划与开发. 2 版. 北京：高等教育出版社，2006.

（四）旅游规划与开发市场分析的程序

旅游规划与开发在进行市场分析时的原则是：思路明晰、抽样适当、分析确切、成本节约。调研程序如下。

1）调研准备阶段

这一阶段是调研工作的开始，主要解决三个方面的问题。

（1）评估现有资料，明确调查问题。

（2）针对调查问题，确立调查目标。

（3）制订调查计划。具体包括以下内容：确定调查方法、目标人群、参考时段、抽样单位、抽样数目、调查地点，并安排训练调查员；设定研究框架，在了解样本的基础上进行问题设计；在试验性调查的基础上进行问卷设计。

2）调研实施阶段

这一阶段的主要任务是按计划系统搜集各种资料数据，包括第一手资料和第二手资料，发放问卷，实施调查，并对调查过程实施监督。

3）调研分析整理阶段

（1）平衡调查样本，编辑检查调查资料。

（2）借助一定的统计分析技术，将整理后的资料和数据进行分析、解释，得出结论，提出合理化建议。

（3）撰写呈报调查报告，为旅游规划与开发的决策提供依据。

二、旅游市场预测的方法

旅游市场预测，是对旅游市场未来需求的展望与推测。它是依据对旅游市场发展规律的认识，从过去、现在来推测未来的过程。旅游市场预测的一般工作流程如下。

（1）明确预测目标，确定预测对象（如时间、地域、内容和需求指标）。

（2）收集第二手资料，分析掌握预测条件。

（3）选择预测方法或预测模型，并制订相应的调查方案。

（4）有针对性地开展市场调查，收集掌握第一手资料，进一步收集第二手资料。

（5）对宏观市场及规划区市场范围进行需求预测。

（6）按需要进行进一步的细分市场预测。

（7）分析预测结果，进行可靠性分析与成果校核修正。

旅游市场预测的类型，可按不同的划分标准分成多种类型：按预测时间，可分为短期预测、中期预测、长期预测；按预测范畴，可分为环境预测、行业市场预测、企业市场预测；按逻辑方法分，有定性预测（如需求调查法）、推理预测（如成本率法）、定量预测（模型法）；按预测的方法分，有时间数列法、相关分析法；按模型的抽象程度分，有趋势外推模型、结构模型、仿真模型、定性模型。

（一）简单移动平均法

统计出几个月，或者几年内旅游市场的发展数据，把它们相加，计算其移动平均数，从多个时期销售量的发展趋势中，预测未来的销售额。

简单移动平均法的计算公式为

$$\text{预测值}Y=\frac{R_{n-i}+R_{n-i-1}+R_{n-i-2}+\cdots+R_n}{i}$$

其中，R 为一年中的旅游收入；i 为期数。

简单移动平均法每计算预测一期，均以以前若干期的实际数为基础，将前面一定期数范围内的平均值作为当前的预测值。期数应为一个合适的数值，随时间的不断流逝，最早一期的数值被删除，最近一期的数值被加入，滚动计算平均值。若期数过少，随机波动因素无法消除；期数过多，则不能消除前期的、作用不大的数据影响。简单移动平均法忽视了近期数值的作用，对于不断发展中的旅游目的地，其旅游接待人数不断增加、旅游收入不断上升，使用该方法进行预测，则显得有些保守而不适宜。下面举例说明。

案例 7.1

旅游收入预测

某旅游地 2015～2020 年的旅游收入如表 7.2 所示，试预测计算 2021 年的旅游收入。

表 7.2　旅游总收入情况一览表

年份	2015	2016	2017	2018	2019	2020
旅游总收入/亿元	808.00	979.00	1659.92	1767.00	1983.41	1660.56

根据简单移动平均法的公式，可以预测计算得出 2021 年该旅游地的收入情况

Y=（808.00+979.00+1659.92+1767.00+1983.41+1660.56）/6=1476.32（亿元）

（二）季节变动分析法

旅游产品具有很强的季节变动性和不稳定性，这种特性将在旅游地接待人数和旅游业收入的波动上表现出来。旅游地接待旅游者人数在不同月份、不同的季节均表现出一定的差异性，同时这种季节的差异性变动又在很长一段时间内表现为强烈的稳定性。季节变动分析法是考虑长期趋势下季节变动导致旅游者接待量变动的方法。

在进行预测计算时，应首先利用移动平均法、指数平滑法以及其他方法预测出趋势值，然后测定出季节变动比率，用以预测某月或某个季节的旅游者接待量。

一般说来，预测时所用的期数应为 3～5，即以 3～5 年内旅游地的接待情况为预测基础资料为宜。季节变动比率用 R 表示，R 用同期平均法计算各月（季）的历史平均值，除以历史上各月的总平均值得到。在已知某预测值 y 的情况下，用 y 乘以 R，即可得到各月的接待情况预测值。下面举例说明。

案例 7.2

季节变动分析的一个例子

已知某旅游地 1999～2002 年各月的旅游接待情况（表 7.3），并知道该旅游地 2003 年月平均接待游客数为 85 万人次，请预测一下 2003 年 2 月、9 月和 11 月的接待游客数。

表 7.3　某旅游地 1999～2002 年各月接待情况

月份	1999 年	2000 年	2001 年	2002 年	合计	月平均/人次	季节比率/%
1	30	36	43	52	161	40.25	34.23
2	21	24	30	37	112	28	23.81
3	60	72	82	99	313	78.25	66.54
4	83	99	114	134	430	107.5	91.41
5	96	117	130	157	500	125	106.29
6	100	120	141	164	525	131.25	111.60
7	94	116	128	153	491	122.75	104.38
8	104	126	147	172	549	137.25	116.71
9	167	201	254	303	925	231.25	196.63
10	172	209	261	317	959	239.75	203.86
11	85	102	108	128	423	105.75	89.92
12	48	56	69	84	257	64.25	54.63
全年合计	1060	1278	1507	1800	5645	1411.25	1200
年均	88.33	106.5	125.58	150	—	117.604	100

从表 7.3 中可以计算得到该旅游地 1 月的季节变动率为 40.25/117.604= 34.23%，按照此方法计算可以得到该旅游地 2～12 月的季节变动比率为：23.81%，66.54%，91.41%，106.29%，111.60%，104.38%，116.71%，196.63%，203.86%，89.92%，54.63%。

因此，在计算该旅游地 2003 年 2 月、9 月以及 11 月接待游客数时，用 2003 年预计的月接待游客数乘以该月的变动率即可。所以，计算得到该旅游地 2003 年 2 月接待游客人数为 85×23.81%=20.23 万人次，9 月接待游客人数为 85×196.63%=167.14 万人次，11 月接待的游客人数为 85×89.92%=76.43 万人次。

资料来源：根据相关资料自行整理而成。

（三）成长率预测法

这是一种最简便、常用的预测方法，其基本立足点是，旅游市场的成长率已由其他条件确定。该方法公式如下

$$Q = P_i \times T_i \times E_i$$

其中，Q 表示市场需求总量；P_i 表示预测年份的预测总人口；T_i 表示预测年份的预计出游率；E_i 表示预测年份的人均旅游消费额。

P_i，T_i，E_i 的数值，有的能直接从政府出版物中查找到，有的可以从相关资料中通过简单推算得到。成长率预测法，也可用于一些稍复杂的分析，如主要市场、发展市场、机会市场的各自未来市场总潜力，以及与提高市场占有率相关的分析等。

（四）时间数列预测法

时间数列预测法，是一种常用的定量预测方法。由于该预测方法容易受一些因素的干扰影响，故又根据不同条件细分为长期趋势、循环变动和季节变动三类专门的方法。其中，长期趋势预测法依据旅游市场在某些程度上的“一如既往”规律，将过去的市场数值，通过图解法，或移动平均法，或最小平方法，求得其未来图表区域或以直线、曲线所表示的长期预测趋势。其中，最小平方法的精度最高。

最小平方法的基本原理是，假设长期趋势的方程为 $y=f(x)$，则各点至 $y=f(x)$ 的垂直距离总和应最小。这时的 $y=f(x)$ 方程，才最能代表该预测趋势。这种使偏差平方和变为最小的数学方法，简称为“最小平方法”。如果最小平方法所研究的对象其历史数值逐年增长量基本相同，则可选用直线方程

$$Yt=a+bx$$

其中，Yt 为预测值；a、b 为求解参数。

用最小平方法配合直线方程来求解参数 a、b，方程式为

$$\sum y=na+b\sum x$$

$$\sum xy=a\sum x+\sum x^2$$

通过解二元二次方程，即可得到参数 a、b，从而建立 $Yt=a+bx$ 的直线方程预测模型。

一般而言

$$a=\frac{\sum y}{n}, \qquad b=\frac{\sum xy}{\sum x^2}$$

其中，n 为所取资料期的数目。

事实上，市场并非完全直线发展（特别在短期和中期），因此根据对象的变化发展特点之不同，还可以采用二次抛物线模型或简单指数曲线模型，其公式分别为

$$Yt=a+bx+cx^2$$

和

$$Yt=ab^x$$

案例 7.3

用最小平方法预测某地旅游收入

已知某旅游区 1993～1997 年旅游收入情况如表 7.4 所示，试预测该旅游区 1998 年的旅游收入情况。

表 7.4　某旅游区 1993～1997 年旅游收入情况

年份	时间 x	旅游收入 y/万元	xy/万元	x^2
1993	−2	120	−240	4
1994	−1	140	−140	1
1995	0	165	0	0
1996	1	200	200	1
1997	2	240	480	4

根据表 7.4 中的数据可以得到

$$\sum y = 865, \sum x^2 = 10, \sum xy = 300$$

预测 1998 年该旅游区的旅游收入，n=5，x=5

因此，$y = a + bx = \dfrac{\sum y}{n} + \dfrac{\sum xy}{\sum x^2} \times x = 313$ 万元

资料来源：根据相关资料自行整理而成。

（五）相关预测法

很多旅游规划的对象区域，因缺乏足够完整连贯的历史资料而难于选用时间数列预测法。即使这样的条件得到满足，还必须准确判断预测对象属长期趋势、循环变动，还是其他变动类型或变动亚型。一般而言，对之作出准确判断是困难的。前述时间数列预测法的局限性根源在于：它无法把握其他相关因素对未来的影响。

相关预测法，正是针对这一问题，按影响旅游市场发展的相关变量（如距离、游客收入、文化水平、年龄、游客人数）之间的关系，建立回归模型的一种预测方法。要使相关预测模型既有效，又相对简便，其关键在于对相关因子的优选：①相关因子与预测因子间的相关度越高越好。②相关因子之间的相关度越低越好。

相关预测法的工作程序是：①用相关图判定因子间的相关模型，以确定采用一元回归模型还是多元回归模型；②计算相关系数，判定因子间的相关程序；③如果因子显著相关，则配合所选的回归线求解参数，建立回归模型；④按所得模型进行预测；⑤对预测结果进行标准差检验。

相关预测模型，有一元回归模型和多元回归模型两类。一元回归模型为

$$Y = a + bx$$

如果相关系数

$$r = \frac{n\sum xy - \sum x \sum y}{\sqrt{n\sum x^2 - \left(\sum x\right)^2}\sqrt{n\sum y^2 - \left(\sum y\right)^2}} \geqslant 0.5$$

则可用最小平方法配合回归线，求解参数 a，b，从而得到一元回归预测模型。如用多元回归方程建模，方程为 $Y = a + b_1x_1 + b_2x_2 + \cdots + b_nx_n$。可见，因子的数量将显著

影响调查与计算工作量，因此必须尽量减少因子数量。

（六）仿真模型预测法

仿真模型预测法，是一种将时间数列预测法与相关预测法相结合所形成的各种综合模拟预测法的总称（如旅游发展约束引力模型组合）。其特点是，许多变量间的关系（如抑制、协作、促进、反馈），通过一群方程式进行模拟，具有相关预测法的特点；这组方程式的建立需要历史数据，因而又具有时间数列法的特点。由于该预测法所依据的市场原理和历史、现状数据较为全面，故预测结果可靠性较高。但是，它需要大量、完整、连贯的统计资料（一般的旅游规划组织者无此基础），而且需要熟练的统计师、专业人员、一定的计算机软件硬件以及较大的工作量。

第三节　旅游规划与开发的营销对策

旅游规划与开发中制定市场营销对策的目的是为了动态适应市场环境的变化，并充分利用每次市场机会，以保证市场推广活动的有效性。从不同的角度来分析，可供选择的市场开发的战略模式有很多，如形象制胜战略、竞争优势战略等。根据现代旅游业的发展趋势，这里提出了六种常用的旅游市场开发战略模式。

一、形象制胜战略

对旅游开发地而言，旅游地形象是旅游者、旅游区内部员工和社会公众对旅游开发区综合实力与服务特质的总体评价。良好的市场形象有助于旅游开发区突出自身特色，传播经营理念，建立顾客忠诚，最终实现营销目标。

1. 旅游形象设计

旅游形象是一个有机的整体，它涉及旅游业的方方面面，具有明显的综合性。旅游区形象由形象定位、形象塑造和形象标志三部分组成，这三部分恰好构成了人们常说的形象识别系统。其中，旅游区名称、旅游区标志、标准色、标准字及象征图案是旅游区形象的具体设计（图 7.4）。

2. 旅游区形象推广

市场形象能否得到有效推广会直接影响旅游开发区营销活动的效果，因为形象一旦树立就会在公众心目中形成一种思维定式，要改变这种定式是很困难的。何况，为了塑造鲜明的市场形象，旅游开发区往往要投入较多的人力和资金。

在进行市场形象推广时，应把握以下三条原则：①统一性，即在营销过程中，旅游区要用统一的标志和主题口号开展宣传，以树立旅游区的整体形象；②针对性，指旅游区应面向不同的细分市场推出相应的分体形象，从而达到强调旅游者特殊利益的目的；③效益性，即旅游区要选择合适的宣传工具，力争以最少的投入将旅游区的经营理念、产品特色等传达给尽可能多的公众。

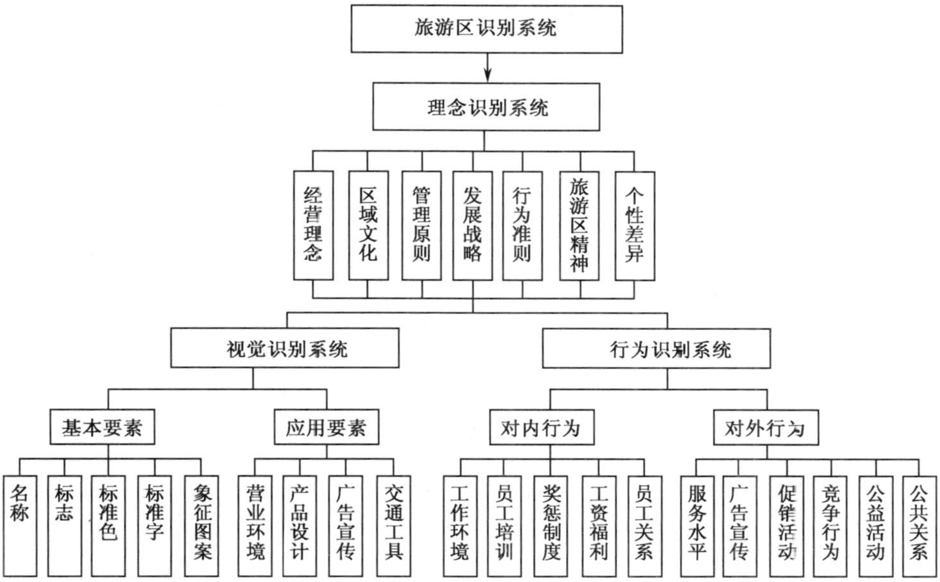

图 7.4　旅游区形象识别系统

案例 7.4

福州旅游形象体系

一、旅游主题形象

山海福都、锦绣榕城

二、旅游支撑形象

山之梦：青云天下幽、青芝天下奇、石竹天下秀

海之梦：平潭扬帆、长乐观海、黄岐望归、琅岐弄潮

福之梦：昙石寻根、宏琳访古、西禅问佛、石竹祈梦

城之梦：古巷寻踪、江滨观景、广场休闲、商厦购物

石之梦：灵石寻趣、石牌探奇、国石显宝

三、旅游辅助形象

闽清县—中华民居观止，闽中宏琳古厝

闽侯县—中华第三条母亲河，闽台人类文明的发祥地

连江县—闽江第一胜景，长门三岛观奇

马尾区—近代海军的摇篮，中华海政大博览

永泰县—华东第一河谷，青云山大峡谷

罗源县—多彩的海上田园，迷人的畲族风情

长乐区—福都长乐，通向世界的侨乡

福清市—梦圆福清—永不失落的温馨家园
晋安区—国石之乡，寿山灵石
琅岐区—幽静的生态农庄，激情的学子竞技
海坛岛—海蚀地貌大观，滨海休闲天堂

四、旅游标识物设计

一对活泼可爱的卡通式阿福（手上执有“福到”的旗子）

五、旅游品牌形象

动感的榕城福都、旖旎的滨海风光、秀丽的青云山水
璀璨的寿山灵石、古老的昙石文化、迷人的畲家风情
古朴的宏琳古厝、广深的三坊七巷、激情的名校赛艇
资料来源：根据相关资料自行整理而成。

二、竞争优势战略

竞争优势是所有营销战略的核心，因为任何一个旅游区的实力都是有限的，它不可能占领全部市场。事实上，从某种意义上来说，旅游规划与开发的市场开发活动就是旅游区充分利用一切资源，发挥竞争优势，实现营销目标的过程。制定竞争优势战略分为两个步骤：一是对行业竞争状况和直接竞争对手进行分析评估；二是选择有效的营销竞争战略。

（一）旅游区 SWOT 分析

虽然 SWOT 分析不同于详细的竞争对手评估，但其中的旅游区优势与劣势本身就是相对竞争对手实力而言的，而且把旅游区内部的优劣势与外部的机会及威胁结合起来分析（表 7.5），对旅游区制定营销决策更具指导意义。通过 SWOT 分析，旅游区可以明确自身具备的优势，改进或回避存在的不足，并把握有利于自身生存与发展的机会，从而将优势转变为旅游区的竞争力。

表 7.5　不同 SWOT 状态下的营销决策

SWOT 评价结果	营销原则	营销战略方向	营销决策
优势+机会	开拓	产品认知	占领市场、领导同行、增强旅游区实力
优势+威胁	进攻	品牌塑造	集中优势、果断还击、提高市场份额
劣势+机会	争取	个性凸现	随行就市、速战速决、抓住市场机会
劣势+威胁	保守	有效回收	降低费用、急流勇退、占领角落市场

（二）营销竞争战略决策

营销竞争战略的选择应建立在对旅游区竞争地位判断的基础上，处于不同竞争地位的旅游区会选择不同的竞争策略，但无论旅游区作出哪种竞争战略决策，都是为了

突出自身的竞争优势。一般说来，旅游区可采取四种营销竞争战略。

1. 差异化战略

所谓差异化，即旅游区向消费者提供与众不同的产品或服务，且这种“不同”被顾客认为是有价值的，他们愿意以相同或更高的价格去获得差异化的超值产品。影响差异化优势的因素可以是旅游产品的功能或其他特性，也可以是该产品营销体系中的某个环节，如支付方式、促销方式等，其基本前提是这种差异化要得到顾客的认同。

2. 低成本营销战略

低成本营销战略的竞争优势十分明显，在产品或服务质量得到顾客认可的前提下，若旅游区以低价进入市场，必将获得较高的市场占有率；若以异质等价的产品与竞争对手抗衡，旅游区将获取更大的边际利润。要实现低成本营销优势，旅游区需做好三方面的工作：①努力到达旅游区最佳规模，争取实现规模经济效应；②积极推进技术革新，减小服务、经营成本；③严格控制各项费用，提高费用资金的利用效率。

3. 集中战略

集中战略指旅游区集中人力、财力、物力，重点销售一种或几种产品，或对某种细分市场展开营销的活动。它分为低成本集中和差异化集中两类，前者强调从特定细分市场取得由成本差异换来的更大经济回报，后者立足于有效地满足特定细分市场的顾客利益。集中战略能使旅游区凭借有限的资源参与竞争，并使营销活动更具针对性，因而在中小旅游区进入市场或一般旅游区销售处于成熟期的旅游产品时大都采用这种战略。

4. 市场领先战略

市场领先战略，又称抢先营销战略，即旅游区总是把注意力集中于行业的制高点，在营销组合各要素上都比竞争对手抢先一步，从而达到“先入为主”的目的。抢先营销战略主要有六条实现途径：供应系统、新产品开发、产品价格、项目改进、目标市场和分销渠道。在实施市场领先营销战略时，旅游区必须小心谨慎，以免重蹈覆辙，或误入歧途，或为竞争对手铺路。

三、品牌支撑战略

随着世界经济一体化进程的加快和信息技术的发展，同类旅游产品在质量、功能、价格等方面的差异越来越小，品牌作为一项无形资产成了旅游区竞争力的一个重要砝码。品牌有助于旅游区宣传自己的产品，树立市场形象，建立顾客忠诚，进行市场细分，从而形成独特的竞争优势。

（一）旅游品牌塑造

对于现代旅游区而言，品牌不再是简单的产品识别标志，它已成为旅游区营销战略管理的一项重要内容。而且，在旅游行业中旅游区品牌比产品品牌更为重要。旅游品牌塑造是一个系统性工程，需要旅游区的长期努力。要树立鲜明的品牌形象，旅游区应从以下四个方面入手。

首先是挖掘资源。旅游区往往依托一个区域进行发展，在旅游区范围内的地理环境、风俗特产和历史人文等都是旅游目的地可以提炼成为品牌核心价值的重要元素。旅游目的地要优先挖掘出其关键文化要素及核心资源在区域范围中的价值，抢占所在区域的地域品牌价值。如四川稻城县利用当地特产藏香猪，曾走出一条“扶贫 + 客栈化度假小镇 + 藏香猪养殖 + 景区”的特色化旅游目的地之路。稻城县在旅游目的地的建设中，深度挖掘最有价值的藏香猪资源，延伸藏香猪的产业链条，申请其为稻城藏香猪地理标志产品，并形成了藏香猪养殖基地建设—藏香猪猪肉加工处理—藏香猪餐饮业态—藏香猪养殖培训等产业链体系，打响稻城藏香猪品牌。

其次是市场分析。市场分析是旅游品牌定位和品牌塑造的前提，要在充分认识旅游目的地资源及文化内涵的前提下，全面把握旅游客源市场发展现状及趋势，深入分析区域和同类竞合市场状况，为品牌定位作准备。

再次是品牌定位。品牌定位是塑造品牌的关键和难点，在定位的过程中，要注意旅游目的地与周边资源的区别，最好可以抢占独特的品类，争取在众多的旅游目的地中脱颖而出。

最后是品牌提升。旅游区要坚持旅游目的地的品牌提升，主要围绕以下几个方面：一是旅游目的地主题的提升；二是旅游目的地产品的提升；三是旅游目的地空间结构的提升；四是旅游目的地风貌景观的提升；五是旅游目的地游憩方式的提升；六是旅游目的地管理服务的提升。

（二）旅游品牌营销战略管理

在选择品牌营销战略之前，旅游区首先必须对旅游区或产品的品牌类型与品牌力进行科学的评价。旅游区或旅游产品的品牌力主要由两个因素决定：①品牌认知，即顾客对品牌知名度和美誉度的总体评价；②品牌活力，指旅游区或产品品牌的差异化特征与顾客的关联度。

根据自身品牌所处的市场地位，旅游区便可以制定相应的品牌营销战略了（图 7.5）。针对全新推出的主导产品，旅游区通常选择品牌培育战略，凭借精准的品牌定位，突显新产品给予消费者的独特价值和利益点；当新品牌转变为发展品牌时，旅游品牌已具有一定活力，但认知度偏低，这时旅游区应通过广告、公关等手段提高品牌的知名度和美誉度，以吸引消费者购买；对于市场占有率和知名度都较高的强势品牌，旅游区营销活动的中心任务是维护品牌地位，并通过新产品开发、产品改进等途径来挖掘品牌潜力；对于市场逐渐萎缩的品牌产品，旅游区应针对顾客需求变化创造新的品牌特色，常用的两种方法是进行品牌重新定位或将品牌投入新的市场。

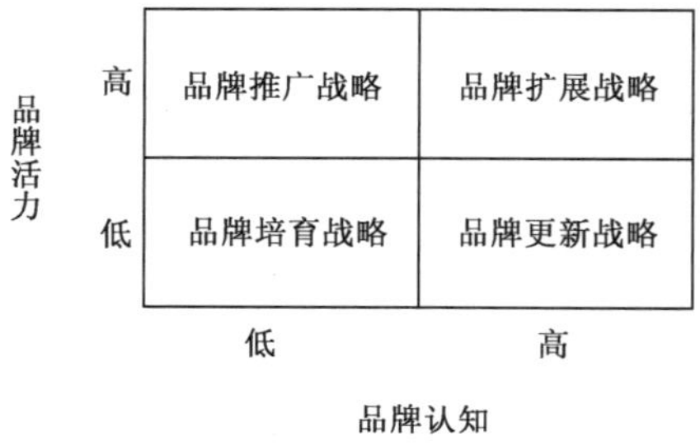

图 7.5 旅游品牌营销战略决策

四、产品升级战略

旅游产品是旅游规划与开发的市场开发活动的基础：一方面，旅游区必须根据市场需求来开发设计适销对路的产品；另一方面，特色鲜明、功能多样的旅游产品能有效地刺激和引导旅游需求。从市场营销的角度来看，旅游产品升级战略主要讨论两个问题：①旅游新产品开发；②不同产品生命周期阶段的旅游营销策略。

（一）旅游产品升级的具体内容

市场营销观点认为，凡是对产品整体概念中任何一部分进行创新，并能给消费者带来新利益的产品，都可称作新产品。一般情况下，旅游区更加强调这种创新，因为创新意味着更畅销的旅游产品和更可观的销售收入。因此，在这里我们将从改进的角度来谈谈旅游产品升级的具体内容。

1. 产品形式创新

旅游产品是以目的地游览活动为基础的有形和无形要素的组合，它一般由六个要素构成，即目的地形象、目的地景物及环境、目的地设施及服务、目的地的可进入性、具体活动安排和提供给游客的价格。旅游区变换以上任何一种组合要素都能使产品形式发生变化，如改变交通工具、增加旅游景点等。产品形式创新往往不需要额外的支出，却能给旅游者带来耳目一新的感觉。

2. 产品功能提升

产品功能指旅游产品能带给顾客的利益和效用，它是吸引旅游者的关键。从旅游需求的角度来分析，产品功能提升主要包括两层含义：①随着专项旅游的发展，旅游产品趋于专业化，以满足专项旅游者的特定需求；②现代旅游活动向主题式、参与性方向发展，这要求旅游产品在拥有核心功能的同时，尽可能多地带给旅游者其他利益。

3. 产品内容扩充

这里的产品内容指的是旅游产品的有形部分，即旅游区在宣传册或报价单中标明的正式提供的产品，如旅游景点、地方风味、文娱表演等。旅游产品内容扩充即指旅游区通过合理安排时间和控制成本，在同样的行程里，以相同的价格为顾客提供更多、更好的旅游供给要素。

4. 服务质量强化

无形服务是旅游产品的重要组成部分，高品质的服务有助于旅游区提高顾客的满意度，从而建立起他们对本旅游区的品牌忠诚。强化旅游服务质量主要通过旅游区信息提供、服务表现、售后服务等环节体现出来，其目的是提高旅游者旅行经历的方便度、安全度和愉悦度。

（二）产品生命周期各阶段的营销策略

与一般产品类似，旅游产品也要经历一个从研究、开发并投入市场，然后经历成长、成熟和衰退直至退出市场的过程。这就是旅游产品的市场生命周期，它是以旅游区销售某产品的收入及利润的变化来衡量的。在不同的产品生命周期阶段，旅游区所面临的经营环境具有明显的差别，所采取的市场营销策略也各有侧重点（表 7.6）。

表 7.6 不同产品生命周期阶段的旅游市场开发策略

旅游产品生命周期阶段	经营环境	开发策略	开发目标
投入期	产品知名度低 需求量小 竞争者少	刺激基本需求 介绍产品 建立分销网络 渗透定价	提高产品知名度 尽快进入和占领市场
成长期	市场迅速扩张 分销渠道增多 产品市场占有率提高 竞争者逐渐增多	扩大产品利润 宣传品牌 选择分销渠道 适当调价	强化产品和服务质量 迅速增强销售能力
成熟期	市场趋于稳定 分销渠道定型 营销费用增加 竞争激烈	改进产品、降低成本 进一步细分市场 提升旅游区形象 充分利用分销渠道 实施价格战略	维护市场占有率 延长产品生命周期
衰退期	需求量减小 竞争者减少	调整产品组合 集中促销 维护旅游区声誉 保留分销关系 削价或大幅度降价	有计划地淘汰滞销产品

资料来源：马勇，李玺. 旅游规划与开发.2 版. 北京：高等教育出版社，2006.

在表 7.6 中，投入期是产品生命周期的第一阶段，此时期旅游产品知名度低，需求量小且竞争者少，因而旅游区促销的重点在于宣传介绍新产品的特色、功能及其他相关情况，以刺激和引导消费者对该产品的需求；旅游产品转入成长期后，市场迅速扩张、分销渠道增多，与此同时，竞争者逐渐增多，同类产品也陆续出现，这时旅游区的营销重点应放到扩大产品利益与宣传品牌上，以增强旅游区的销售能力；到了成熟期，市场趋于稳定、分销渠道定型，此外，营销费用增加，竞争激烈，旅游区的营销重点是改进产品、降低成本，并进一步细分市场、提升旅游区形象等，以保持较高的市场占有率和延长产品生命周期；在产品衰退期，产品需求量减小、竞争者减少，旅游区应对所有产品进行重新定位，并有计划地淘汰滞销产品，实施转产或继续经营策略。

五、网络营销战略

旅游网络营销是传统旅游市场营销通过现代网络技术革新出来的一种新的旅游营销形式，它和传统旅游市场营销的主要区别在于，旅游网络营销主要是通过网络和客户进行交流。这种交流方式能够更好地使双方有时间来对旅游消费决策进行考虑。网络营销具有很多优点：传播费用低廉；能够储存大量的信息，并实现迅速发布和实时监控（检查有多少人曾经浏览该信息）；信息的表现方式多样，有动态的 Flash、图像、文字等，更新也十分方便快捷。因此，网络营销正逐步发展成为重要的市场营销拓展的媒介。目前，旅游网络营销工具主要包括旅游企业网站、搜索引擎、电子邮件、BBS、即时通信工具（以微信为代表）、社交网络（如 Facebook、微博）、手机移动客户端等。

随着网络步入 Web2.0 甚至 3.0 时代，传统的通过网页进行单向宣传的模式也已经逐步被新的互动参与的模式所取代，成为网络市场营销中的主要模式。由于网络营销追求的是曝光度与关注度，因此网络营销也成为展现各种创意的平台，线上活动、线上线下互动、基于位置的服务等花样繁多的营销手段正灿烂地绽放。

六、营销组合战略

市场营销组合是旅游区为达到在目标市场上的销售水平而对可控性营销变量进行优化组合和综合运用的管理活动。正是随着营销组合理论的产生，市场营销活动才富有浓厚的“管理”色彩。通过设计合理的营销组合，旅游区可以充分利用一切资源，发挥整体优势，增强旅游区的市场竞争力。

（一）服务业的营销组合

“营销组合”这一概念是 1964 年美国哈佛大学教授波顿（Borden）最先提出来的，同年，麦卡锡（McCarthy）对波顿的营销组合要素表予以简化，提出了具有高度概括性的 4P’s[①]理论。4P’s 理论在服务业中得到了广泛的应用，且营销组合的层面和范围不断扩大。1981 年，布姆斯（Booms）和比特纳（Bitner）对既有的营销组合理论进行修正，提出了旅游营销组合框架（表 7.7）。

表 7.7　旅游营销组合框架（7P’s）

组合要素	主要指标
产品（product）	1. 领域（range）　2. 质量（quality）　3. 品牌名称（brand name）　4. 服务项目（service line）　5. 保证（warranty）　6. 售后服务（after sales service）
价格（price）	1. 水平（level）　2. 折扣（discounts）折让（allowances）和佣金（commissions）　3. 付款条件（payment terms）　4. 顾客认知价值（customer’s perceived value）　5. 定价（price）　6. 差异化（difference）
促销（promotion）	1. 广告（advertising）　2. 人员推销（people’s saling）　3. 销售促进（sales promotions）　4. 宣传（publicity）　5. 公关（public relations）
渠道（place）	1. 所在地（location）　2. 可达性（accessibility）　3. 分销渠道（distribution channels）　4. 分销领域（distribution converage）
人（people）	1. 人力配备（personnel）：①培训（trainning）②外观（appearance）③人际行为（interpersonal behaviour）　2. 态度（attitudes）　3. 其他顾客（other customers）

① 4P 营销理论被归结为四个基本策略的组合，即产品（product）、价格（price）、推广（promotion）、渠道（place），由于这四个词的英文字头都是 p，再加上策略（strategy），所以简称为“4P’s”。

续表

组合要素	主要指标
有形展示（physical evidence）	1. 环境（environment）：①装潢（furnishing）②色调（color）③陈设（layout）④噪声程度（noise level） 2. 装备实物（facilitating goods）
过程（process）	1. 手续（procedures） 2. 机械化（mechanization） 3. 顾客参与（customer involvement） 4. 顾客取向（customer direction） 5. 活动流程（flow of activities）

资料来源：Donnelly J H，George W R. Marketing of Services.Chicago: American Marketing Association.

（二）旅游规划与开发市场开发组合的主要内容

事实上，在上述提及的七项要素中，人、有形展示和过程都是构成旅游产品的必要因素，将这些因素单独提出是为了强调它们的特殊性和重要性。与物质商品一样，旅游产品营销管理决策的核心也是 4P，换句话说，旅游规划与开发的市场开发组合同样围绕 4P 来展开。

1. 旅游产品组合

产品是旅游区市场营销组合中最重要的因素，因为产品质量的提高及其组合结构的优化是旅游区提高自身竞争力的基础。旅游区在制定产品组合决策时，应注意以下四点：①实施产品差异化战略，通过具体设计、宣传促销等行为来突出产品特色；②旅游产品的开发与组合必须针对细分市场的需要来进行，只有这样才能适销对路；③确保产品或服务质量，以树立良好的市场口碑和吸引回头客；④不断推出新的旅游产品（包括改良产品），从而赢得更多的顾客。

2. 实施促销方案

旅游促销的实质就是旅游营销者通过合理的方式，将旅游区理念、产品及服务等相关信息传递给旅游产品的潜在购买者及其他公众。旅游促销方式一般有广告宣传、营业推广、人员推销及公共关系四种，其组合策略可分推式策略和拉式策略两类（图 7.6）。前者着眼于说服顾客采取购买行为，在促销方式上以人员推销为主，辅之以营业推广和公关活动；后者则立足于强调产品特色和消费者的利益，在促销方式上多采用广告宣传和营业推广的方式。

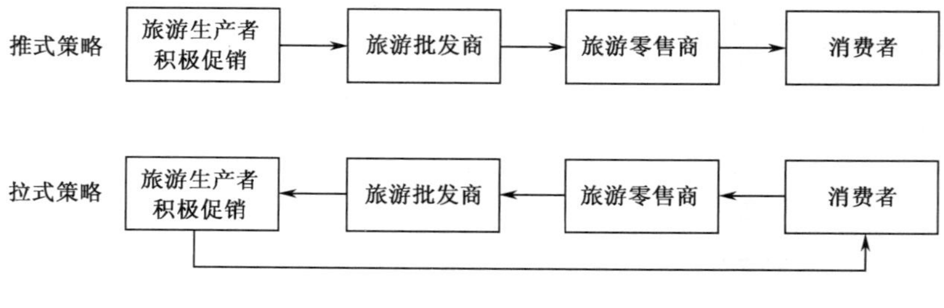

图 7.6 旅游市场促销组合策略

3. 分销渠道组合

旅游产品分销渠道，即旅游产品使用权在转移过程中所经过的各个环节连接而成的通道，从狭义上讲，就是旅游中间商的构成体系。旅游中间商具有市场调研、开拓市场、组合加工等功能，合理选择分销渠道，有助于旅游区扩大市场范围、节约营销费用和提高营销效率。旅游市场分销渠道组合主要包括分销渠道的选择，渠道成员的协调、激励与评估以及分销渠道的改进等。

4. 制定价格策略

合理的价格决策可以提高旅游区的竞争力，并有利于旅游区凭借现有资源获取更多的利润。旅游区在制定价格策略时应充分考虑五个基本因素，即市场营销目标、产品成本及利润、顾客对产品或服务的认知价值、细分市场差异以及可能的竞争性反应。

常用的定价策略有以下五种：①当旅游区推出新的产品或服务时，采取渗透价格策略，以尽快收回成本或提高市场占有率；②针对关键细分市场展开价格促销活动，以提高本旅游区产品在主要细分市场中的份额，并削弱竞争者的地位；③当旅游区能将产品成本控制到较低水平时，可采取合理的降价，以扩大销售量和阻止竞争者进入；④以总额较低的价格提供系列产品或给予一定的折扣，以刺激中间商和顾客的购买积极性；⑤对某种旅游项目实行亏本销售，但同时又通过高价售出其他配套产品来收回利润。

本章小结

旅游规划与开发市场分析内容可以归纳为三个方面，即旅游规划与开发的市场宏观环境分析、旅游需求分析、竞争对手分析。随着信息技术的不断发展，市场分析的方法也正发生着日新月异的变化。

旅游市场调研是获取旅游规划与开发市场营销分析资料和数据的重要来源之一，通常使用的市场调研方法主要包括以下类型，即搜集和整理有关旅游者的直接和间接的统计资料、现场观察调查法、面谈和电话询问、抽样调查等。

制定旅游规划与开发的市场营销对策主要是为了动态适应市场环境的变化，充分利用每次市场机会，保证市场推广活动的有效性。通常使用的市场营销对策主要包括六种，即形象制胜战略、竞争优势战略、品牌支撑战略、产品升级战略、网络营销战略、营销组合战略。

案例分析与讨论

用广告牌与你对话

一般我们看到的广告牌都是静止的，而下面的这个村子把火车站的一个广告牌改造成一个可以进行通话的屏幕。屏幕的另一头是一个坐在村子山上怡然自得的白发老爷爷，他在山上打开电脑，直接跟火车站的路人来了一次视频聊天。

他直接叫住蒙圈的路人，只要你同意现在出发，他就可以通过广告牌打印一张最近出发的车票给你，来场“说走就走的旅行”，你就可以和他一起吃个野外下午茶喽。大叔还贴心地亲自帮一个年轻人打电话给老板请假，最后，这些接受邀请的路人来到老爷子所在的山上，他们一起在山上吃了顿饭，当然这一切，全程通过火车站的广告牌播放出来。

资料来源：没有知名度的村子，旅游营销怎么搞？. https://www.sohu.com/a/154091131_196049，2017-07-03，有改动。

讨论问题：

1. 试分析上述目的地营销方式给你留下的最深印象之处。

2. 请思考，有哪些方法能够让上述营销活动获得更加理想的效果？

思考与练习

1. 试以一个你熟悉的旅游目的地为例，谈谈你将如何开展旅游规划与开发市场调研工作。

2. 如何通过现代化的创新营销方式使旅游地规划与开发取得理想的效果？

3. 你认为旅游目的地营销系统应包括哪些基础性的模块？

4. 试选择性使用第三节中的六个旅游市场营销战略，为你熟悉的某一旅游目的地制定市场营销策略。

第八章

旅游规划与开发的主题定位和功能分区

学习目标

1. 旅游规划与开发的主题定位
2. 区域主题旅游形象及其特征
3. 区域旅游形象的形成过程
4. 旅游区域空间结构的演变
5. 区域旅游功能分区的原则
6. 典型的空间布局模式
7. 旅游线路的优化设计

核心概念

旅游规划主题（theme of tourism planning） 区域旅游形象（regional tourism image） 主题定位（theme positioning） 形象定位（image positioning） 功能分区（functional zoning）

本章导读

区域旅游的主题定位与功能分区是旅游规划与开发中的关键内容，它们决定了旅游地区今后的发展主题和方向。这对于塑造区域旅游特色、树立区域旅游形象以及优化区域旅游空间结构等具有重要意义。本章将主要聚焦于旅游规划与开发的主题定位和功能分区，从主题定位、形象定位以及功能分区三个维度进行系统介绍。通过本章的系统介绍，读者将获得对区域旅游主题定位和功能分区的深入理解。从确定主题、塑造形象，到规划功能区域，读者将掌握如何在旅游规划与开发中进行有效定位和划分。这一章的内容将为读者提供宝贵的理论和实践指导，有助于他们更好地规划和开发区域旅游资源。

第一节　旅游规划与开发的主题定位

旅游规划与开发需要依赖一定的主题来进行，主题是区域旅游规划的核心。因此，旅游规划与开发过程中旅游区主题的确定是关系到旅游区未来发展方向和特色的关键。切合实际的旅游主题定位可以充分发挥旅游开发地旅游资源的优势，广泛吸引客源；而不准确的主题定位往往会让旅游开发地在激烈的市场竞争中处于不利的地位，阻碍当地旅游业的发展。

一、旅游规划主题的内涵

在牛津词典里，“主题”（theme）这个词的意思是：在音乐中，被不断重复和不断扩张的那个旋律。在旅游规划中，旅游主题也同样具有这样的特征。旅游主题是在旅游区的建设和旅游者的旅游活动过程中被不断地展示和体现出来的一种理念或价值观念。一般而言，旅游规划主题的内涵要从三个方面来加以理解，这三个方面同时也是旅游规划主题定位的三个重要环节，即区域发展目标、区域发展功能和区域形象。

（1）旅游区的发展目标是旅游区未来发展的总方向，确定旅游区发展目标是一项综合性非常强的工作，它必须充分考虑旅游区的各种内外环境，涉及政治、经济、文化等领域，往往需要投入大量的精力和时间来加以不断修订。而一旦确立了发展目标，那么它将从根本上影响旅游区的功能定位和旅游区形象的树立。因此，在旅游规划主题定位中，确定旅游区的发展目标是最重要的环节，它决定了旅游区发展的总方向。

（2）区域发展功能是依据规划制定的发展目标，并以旅游区的旅游资源和社会经济发展水平为基础来确定的。发展功能的确定在很大程度上受当地旅游资源的影响，因为旅游功能的体现需要有相应的旅游产品作为支撑，而旅游产品的设计又与当地的旅游资源息息相关。可以说，旅游区发展功能定位是从自身的旅游产品支撑上来体现旅游区的发展目标的。

（3）区域形象可以对外展示本地风采，旅游地往往通过构建旅游目的地形象系统向旅游者传达旅游地的相关信息。因此，旅游区形象定位从根本上而言是确定本地区旅游特色基调的过程，旅游区形象的定位实际上总括了旅游区的发展目标和功能定位，是发展目标和功能定位的外在表现。

综上可知，旅游规划的主题是由三大要素组成的有机体系。其中，区域发展目标是根本性的决定因素，是实质性主体；区域发展功能则是由发展目标决定的内在功能；区域形象是发展目标的外在表现。所以，我们可以将旅游规划主题的内涵归纳为“一体两翼”。

二、旅游规划主题定位的层次

旅游规划的主题要从三个方面来理解。在实践过程中，旅游规划主题定位也是从上述三个方面来加以确定的。规划主题的制定过程可划分为三个层次（图 8.1）。

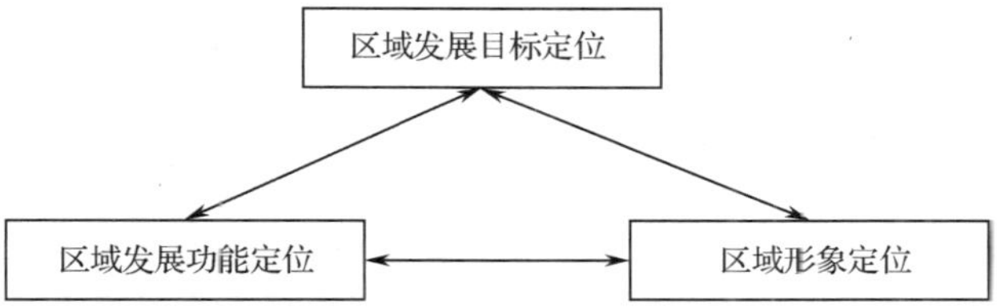

图 8.1 旅游规划主题定位层次示意图

（一）区域发展目标定位

区域发展目标的定位是确立区域旅游主题的第一步。所谓的目标是指某项规划决策、研究工作等努力的方向和要求达到的目的。从某种意义上看，目标是一种价值的标准，体现目标制定者的价值取向。但是目标又需要人们通过努力来实现，因此目标必须具备可达性、约束性、时效性与一致性等特征。缺乏现实意义的目标是空想的，没有实现的可能，也不会激励人们的斗志；没有约束力的目标不能将人们凝聚在一起，为共同的目标奋斗；不具备时效性和一致性的目标同样也是毫无意义的。

在旅游规划与开发上，旅游区发展目标定位的内容具备多元化的特征。例如，一般意义上的旅游区发展目标的外延主要包括经济发展目标、居民生活水平目标、社会安定目标、环境与文化遗产保护目标、基础设施发展目标等。而从时效上看，旅游区规划与开发的发展目标可以分为总体战略目标和阶段性目标两大类型。制定旅游规划与开发目标的作用是监控旅游开发的实际产出与总目标之间的差距以判断旅游区规划和开发能否成功，并找出原因加以反馈和修正。如果就旅游业而言，旅游规划和开发的主要目标则是追求商业利润与经济增长，促进环境保护；而地方政府方面的目标则偏向于增加就业、税收、外汇收入，以及关注人民生活水平提高及基础设施改善等。

那么，如何确立该旅游开发区域的旅游发展目标呢？大多数情况下，人们将一般意义上的旅游发展目标和旅游业角度上的发展目标交叉考虑并结合该地区地方政府的目标得出区域旅游规划与开发的目标定位。目前为旅游规划界所公认的旅游区发展目标框架如下：

1. 满足个人需求

不同的旅游者，他们的旅游动机不尽相同。因此在市场经济条件下，满足旅游者的个人需求是旅游区发展的最根本目标之一。它主要包括以下几个方面：安静与休息，同时参与消遣和体育运动；回避喧嚣，同时与当地居民适当接触；接触自然与异域风俗，但拥有家庭舒适感；隐匿或独居，但有安全保障与闲暇机会。

2. 提供新奇经历

对大多数游客而言，他们所向往的旅游经历是逃避常规生活中的高密度人群、快节奏的生活压力与严重污染的环境。因此，旅游区发展目标中应体现出“回归自然”的特色，如安静、生活节奏变慢、放松身心，与阳光、海水、森林、山地等亲密接触，异质文化与生活方式的新型体验。

3. 创造具有吸引力的旅游形象

旅游规划和开发应尽可能赋予旅游区一种新颖的个性特征，同时使得这种旅游区的个性特征易于游客辨识、记忆和传播。例如，地区资源特色的最佳利用，采用当地材料建设；展示地区属性，营造特别的旅游气氛；对设施赋予富有想象力的处理，反映区域风貌与气候属性；为游客提供与当地居民、工艺品与风俗习惯接触的机会。

（二）区域功能定位

一个旅游区的功能是多方面的，其具体功能的确定，同样要综合多方面的因素。概括而言，旅游区规划和开发的功能可从四个方面来进行交叉定位，如图 8.2 所示。

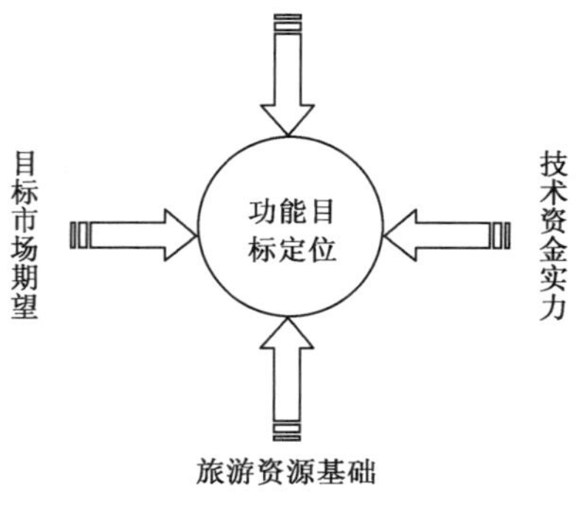

图 8.2　区域功能定位示意图

在具体的功能细分上，区域旅游的功能可划分为以下三个向量：

1. 经济功能

旅游业的发展能够为景点所在地带来大量游客和消费，同时吸引投资，提高当地经济水平，对缩小贫富差距、平衡区域经济发展有促进作用；旅游业的发展能够拉动区域内其他相关行业，如餐饮、住宿、交通、零售等的发展，促进产业系统的形成；旅游业作为一种劳动密集型产业，能为当地提供大量就业岗位，缓解就业压力，同时减少本地居民外出打工的数量，缓解诸多社会问题；旅游业的发展能有效增加政府税收，为地方财政提供稳定收入来源，保证国家的稳定发展。

2. 社会功能

社会功能，即该旅游区对旅游需求适应的主要类型，它对应于旅游消费行为层次，根据旅游需求的不同可以相应划分出不同的旅游区功能类型，如自然风光旅游区、度假旅游区、综合旅游区、民间风情旅游区等。

3. 环境功能

环境功能，即旅游区开发完成及后期管理实施过程对自然环境的影响作用，由此又可划分出如下功能类型：依托利用环境型，如自然风光旅游区——长江三峡等；有限开发型，如生态旅游区等；改善环境型，如沙漠绿洲等；人工改造环境型，如大型主题公园等。

（三）区域形象定位

区域形象定位，即在旅游规划与开发中，通过旅游区的空间外观、环境氛围、服务展示、公关活动在旅游者心目中确定一个明确的综合感知形象，借助此形象定位，一个庞大而属性综合的旅游区在旅游者的人际传播和区域市场中便有了一个明确的立足点和独特的销售优势。在区域旅游形象定位时，要从以下几个方面来加以体现，即旅游区的物质景观形象、社会文化景观形象、旅游企业形象以及核心地区（地段）形象。所谓的旅游区物质景观形象是指旅游区所具有的体现旅游形象功能的那些景观，如旅游区的背景景观、旅游区的核心景观和旅游区的城镇建设景观等。社会文化景观形象，即由当地居民的居住、生产、生活等活动所构成的目的地的社会文化景观。企业形象和核心地区（地段）形象是由当地的旅游企业和旅游核心区的形象来体现区域旅游形象定位的。

区域旅游形象的定位在旅游规划与开发主题定位中是较为关键的部分，它直接体现了旅游区主题定位的其他两个方面的内容。此外，从旅游者选择旅游目的地的模式上来看，区域旅游形象的意义也是十分重大的。莱松斯基提出了旅游者的目的地选择通用模式，该模式包含有八个变量、九种关系以及两个外生变量。该模式的具体内容，如图 8.3 所示[①]。

在该旅游者旅游目的地选择模式中，最具意义的是将旅游目的地按照旅游者目的地意识分为四类，即可选类（optional）、惰性类（inert）、无效意识类（unavailable）以及不宜类（inept）。

所谓可选类旅游目的地是指无论从经费、时间上来说，还是从需求等方面来说都是可行的旅游目的地。惰性类旅游目的地是指那些吸引力不大或已经多次光顾的旅游

① 转引自邹统钎. 旅游开发与规划. 广州：广东旅游出版社，1999.

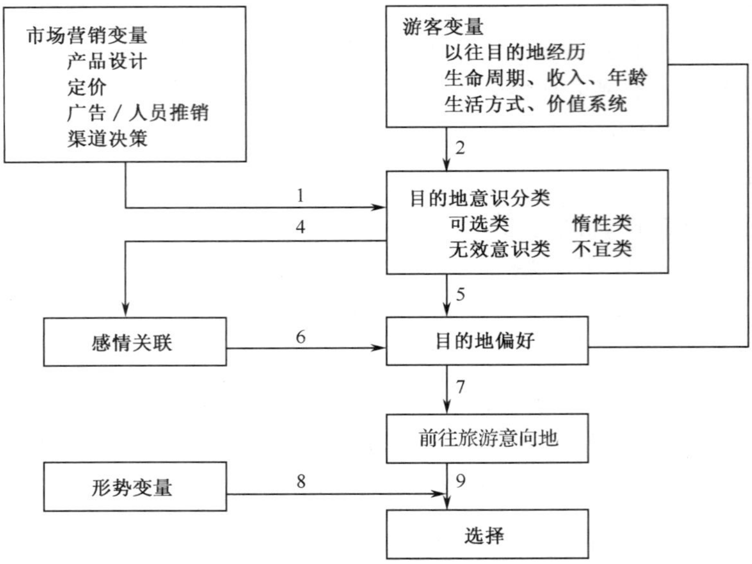

图 8.3 旅游者目的地选择模式

目的地。无效意识类旅游目的地是指那些旅游者主观上希望前往但是由于受到时间、资金等的限制而无法成行的旅游目的地。而不宜类旅游目的地是指与旅游者的需求相左的旅游目的地。这种目的地的旅游者意识分类是从旅游目的地选择的可行性方面进行划分的，旅游目的地意识分类成为旅游者目的地选择的主要依据之一。

旅游者目的地选择的另一个重要依据就是感情关联因素。所谓感情关联是指旅游者的特别感受与独特旅游地之间的关联性。从旅游心理学的角度来看，这种感情关联实际上就是旅游地主题形象在旅游者心中的映射。比如，“阳光、沙滩与玩笑”会使旅游者联想到西班牙，而庆典与歌剧院会使人联想到伦敦。一般而言，如果旅游者对于某一旅游目的地形成了正面的持久感情关联，则其很可能会选择该旅游目的地。

可见，旅游目的地形象定位是吸引旅游者的关键，对于今后旅游目的地客源市场的拓展和旅游吸引力的持久提升都具有重要意义。

第二节 旅游规划主题形象定位

随着旅游业在世界范围内的快速发展，人们越来越明显地认识到，旅游地的主题旅游形象将成为吸引旅游者最关键的因素之一。旅游地的形象定位和塑造也成为中外旅游规划界亟待探讨的一个重要课题。因而，我们有必要在此对旅游规划中的主题旅游形象定位问题作一个全面的审视。

一、区域主题旅游形象及其特征

形象是旅游区的生命，也是其形成竞争优势最有力的工具。个性鲜明、亲切感人的旅游形象以及高质量的旅游产品可以帮助旅游地在旅游市场上较长时间地占据垄断地位。而这种垄断力的来源是产品差异性与服务个性化。如果旅游区的旅游产品质量一般、主题旅游形象模糊，则很容易使游客感觉到旅游经历平淡无味，缺乏激情，因而造成游客回头率低。纵观世界旅游业发达的国家和地区，它们无不具有鲜明的主题旅游形象，如瑞士的旅游形象为“世界公园”；西班牙为“3S 天堂”和“黄金海岸”；中国香港为“购物天堂”和“动感之都”；等等。因此，在旅游规划和开发中，形象的塑造是提升竞争力的关键。区域主题旅游形象可以归纳为某一区域内外公众对旅游区总体的、抽象的、概括的认识和评价，它是旅游区的历史、现实与未来的一种理性再现。区域旅游形象是一个非常复杂的概念，从旅游美学的角度来看，它由三个维度构成：功能——心理维；实征——幻象维；泛征——特征维，如图 8.4 所示。

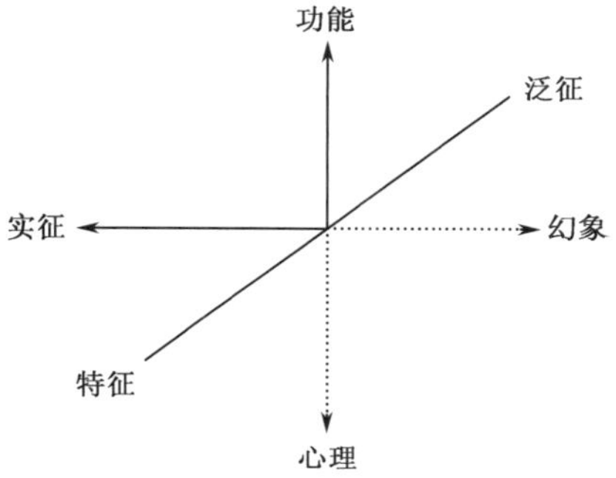

图 8.4　区域旅游形象三维构成示意图

功能——心理维度从物质和精神性、可衡量和不易衡量两个角度研究旅游目的地的特征。功能性特征是物质性的、可衡量的；心理性特征是精神性的、不易衡量的。

实征——幻象维度是从心理学和消费者行为学的领域研究旅游目的地形象的本质，即旅游目的地提供的整体产品被旅游者以真实特征和幻象两种方式来理解，实征是可以在旅游目的地得到求证的实际功能性特征和心理性特征；而幻象是旅游目的地真实特征投射到人们内心世界的画面。

泛征——特征维度表示目的地形象有平凡普遍的一面，由此可以与其他目的地基于其功能性特征和心理性特征进行排序和比较。功能性特征主要包括价格水平、交通体系、气候、接待类型等。心理性特征主要包括友好程度、安全、服务质量等。但同时目的地的形象也有其独具特色的一面，包括独有的特色和事件（功能性特征）或特殊地方的品位（心理性特征）。

旅游目的地形象的塑造主要受到可接触信息的限制。人们对旅游地形象的感知是建立在其对实际旅游经历的反应上。旅游形象随着人们所接受信息的变化而呈现动态改变，往往受亲友的口头传播、学习教育与公众传媒的影响。旅游地形象不但被人为设计，而且可以被重新创造。主题旅游形象表现为以下特征：

（一）综合性

旅游区的形象是由多种因素构成的，其丰富的内涵表现为主题旅游形象的综合性。

1. 内容的多层次性

区域旅游的形象内容可分为物质表征和社会表征两个方面。

物质表征主要包括旅游区的外观设计、环境氛围营造、休闲娱乐活动的安排、服务质量、园林绿化、地理位置等。在物质表征中具有实质性的要素是旅游区的旅游产品质量，旅游产品质量是以服务为主体的，因为旅游消费者的满意程度是由旅游服务的实绩决定的。因此，旅游产品质量在旅游者心中是与区域主题旅游形象直接关联的。

社会表征主要包括旅游区的个人储备、技术力量、经济效益、工作效率、福利待遇、公众关系、管理水平、方针政策等。在社会表征中，协调好旅游区和公众之间的关系是塑造良好形象的有效途径。

2. 心理感受的多面性

旅游区形象是旅游区在旅游者心目中的感性反应。由于每个游客的观察角度不同，因人而异、因地而异、因时而异，即每个旅游者都是从自己的特殊位置来观察旅游区的，因而决定了旅游者对旅游区形象的心理感受呈现出多面性。例如，旅游区在其员工心目中的形象和旅游区在旅游消费者心目中的形象存在差异，旅游消费者一般都是从评价旅游区的旅游产品的角度来认识旅游区的形象的，而旅游区的员工则往往是从旅游区的工作环境、管理水平、福利待遇等方面来认识旅游区形象的。

（二）稳定性

旅游区主题旅游形象一旦形成，便会在旅游者心目中产生印象，一般来讲这种印象所积累成的形象具有相对的稳定性。

旅游区的形象是通过它的载体之一——旅游区的“硬件”反映出来的。首先，稳定性源于旅游区所具有的客观物质基础，如旅游区的建筑物、地理位置、员工队伍等，在短期内不会有很大的改变，只要旅游区的物质基础是稳定的，旅游区所树立的形象也是稳定的。其次，这种稳定性还反映在游客具有相同的心理机制，这种相同的心理机制表现为游客好美恶丑、从善弃恶的人之常情，他们对旅游区具有大体相同的审美观和好恶感，这一点也决定了旅游区的形象具有相对稳定性。旅游区形象的相对稳定性可以给旅游区带来两种完全相反的效果。

对于那些主题旅游形象良好的旅游区，相对稳定的良好形象所带来的积极效果对于旅游区的深入开发和经营管理十分有利，即使在服务和经营管理活动中出现了一些小问题，也能得到旅游者的相应谅解。

而对于那些主题旅游形象较差的旅游区，形象相对稳定的负面效应会使这类旅游区难以马上摆脱不良形象所造成的消极后果。有时甚至作出许多积极的努力之后，仍不能得到旅游者的理解和支持，唯有通过长期的不懈努力才能逐渐改变公众对该旅游区的不良看法。

（三）可塑性

旅游区主题旅游形象具有相对稳定性，并不意味着旅游区形象是一成不变的，只不过旅游区主题旅游形象的改变是一个缓慢的渐进的过程。

人们对旅游区的认识是通过信息的传递而形成的，信息传递的作用表现在两个方面。一方面，它向消费者传导关于无形的服务质量方面的形象；另一方面，又使这些无形的旅游服务质量有形化。例如，图片可使无形服务有形化，让游客观看闭路电视、幻灯片和旅游区的风景电影，便于旅游者和旅游区之间的双向沟通。由于服务的无形性和易变性，对旅游消费者来说，“满意”的含义常常是多方面的。要使旅游者真正感受到旅游的无限乐趣，就必须在每次服务中保证较高的质量。若产品的质量得不到保证，在游客心目中到该旅游区旅游的期望值就会降低，从而导致游客购买旅游产品的兴趣下降，最终降低甚至破坏旅游者心目中的旅游区的主题旅游形象。

二、区域旅游形象的构成体系

区域旅游形象是一个多因素、多层次的系统，它可划分为总指标层、次指标层、子指标层、组类指标层、基础指标层和原始指标层。图 8.5 体现了从总指标层到基础指标层共五层的指标体系。另外，基础指标层下还包括原始指标层。

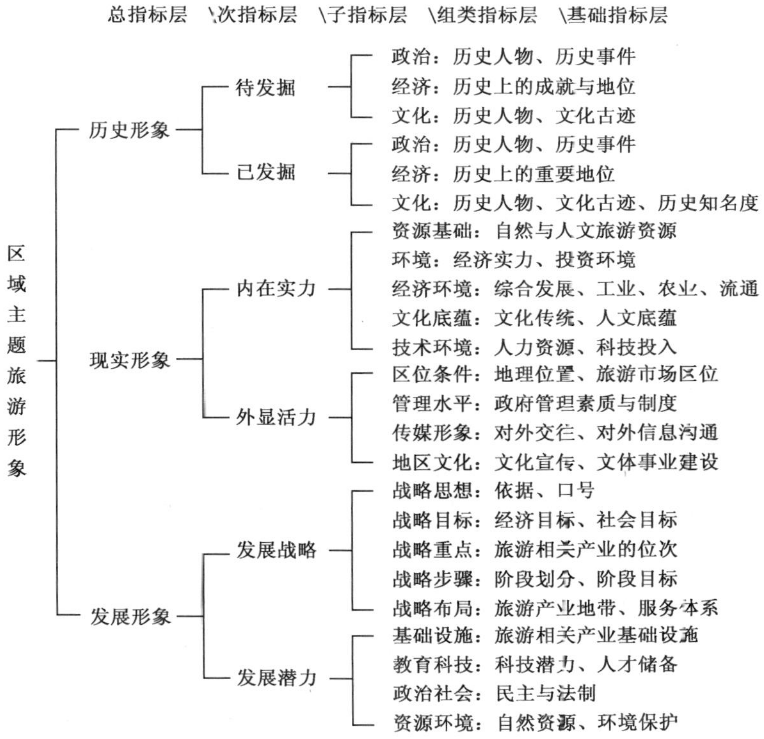

图 8.5　旅游区主题旅游形象构成示意图

三、区域旅游形象的形成过程

从时间序列上看，旅游区主题形象的形成过程可划分为三个阶段，即原生形象阶段、次生形象阶段和复合形象阶段。

第一阶段原生形象阶段，即指游客在决定旅游之前，头脑中已经存在一系列旅游区域作为可选方案，并在心目中由经历或教育而形成对各个旅游区的形象认识，即原生形象。

第二阶段次生形象阶段，即游客有了旅游的动机并决定要去旅游时，他就会有意识地搜集有关各备选旅游目的地的信息，并对这些信息进行加工和比较选择。其方式主要是参阅有关旅游资讯的杂志、报纸、电视节目以及从旅游企业和旅游管理机构的宣传中提炼出有用的信息，并在心中加工形成次生形象。

第三阶段复合形象阶段，即旅游者对各可选旅游目的地的旅行成本与预期收益进行比较以作出选择决策。等到达旅游目的地实地旅游之后，再通过自己的旅游经历并结合以往的旅游知识形成一个综合性更强的旅游地复合形象。日后人们便可依据形成的复合形象对各备选旅游目的地进行比较选择，以决定是故地重游还是另择他地，如图 8.6 所示。

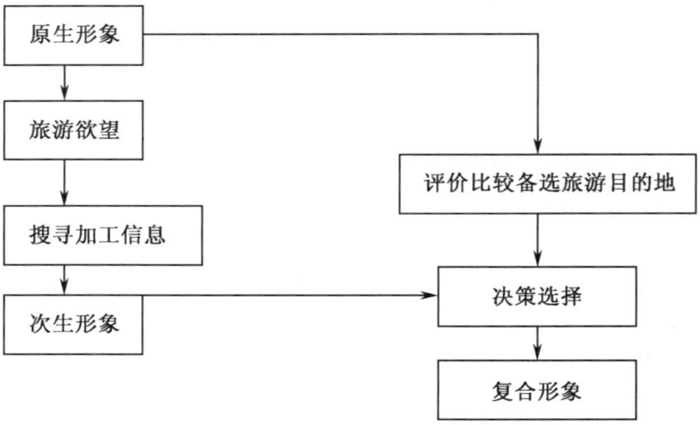

图 8.6　区域旅游形象形成过程示意图

从以上旅游区形象的形成过程可以看出，旅游区在旅游者心目中形象的形成过程与旅游的产品和服务的性质、宣传促销活动是密切相关的，而旅游区的主题形象正是按照形象的形成过程，通过以下方式和渠道，传播到各个旅游消费者的心目中的。

1. 经营活动

旅游区的经营管理活动是其主要内容。旅游区通过经营活动为旅游者提供所需要的产品和服务，从而为旅游区的形象传播提供了一种最基本的传播展示方式。同时，广大游客正是通过旅游区的产品和服务享受来了解和认识旅游区形象。

2. 符号标识

这是传递旅游区形象的重要载体。它除了指文字、语言外，还包括名称、标志、颜色、字体等（即视觉识别）。

3. 传媒沟通

传媒沟通，即旅游区的新情况和新动向，通过传播媒介扩散出去，以吸引旅游消费者的注意力，或者是通过传媒信息沟通为旅游区消费者提供咨询服务，如介绍新的产品和设备的改造翻新等。

4. 服务态度

旅游区一般把商业性饭店作为临时居住地，而游客却希望自己在整个逗留期间的每天 24 小时内受到热情款待，正因为如此，旅游区必须激发每个员工的服务激情，表现出良好的服务态度，同客人建立亲切关系，并提供 24 小时连续服务，从而为旅游者营造一种“宾至如归”的旅游感觉。

5. 实物展示

实物也是传播形象的重要渠道。实物是指旅游区的硬件产品及其形状、质量、性能、标志等，此外，也包含整个旅游区的建筑物、营业场所、空间布局、环境氛围等，旅游区可以通过这些有形的手段来传播旅游区的形象感知信息。

四、形象定位三要素

形象定位就是针对目标市场通过服务实物和宣传控制，在公众心目中树立起地区的独特形象风格的。美国著名营销专家菲利普·科特勒（Philip Kotler）对定位理论进行了系统化、规范化的描述，他指出：定位就是树立组织形象、设计有价值的产品和行为，以便使细分市场的顾客了解和理解本企业组织与竞争者的差异①。形象定位的差异是由以下三个要素决定的：

1. 主体个性

主体个性，即旅游区主体的品质个性和价值个性。主体个性是指旅游企业、组织或旅游产品的品质和价值内涵的独特风格。唯物主义强调物质决定意识，所以形象定位必须以主体的存在特性为基础，充分挖掘本地区的自然旅游资源特性和人文底蕴（文脉），并提炼加工成为本地区独特的销售主张（unique selling proposition，USP）或形象推广立足点。

2. 传达方式

传达方式指的是把主体个性有效准确地传递到目标受众的渠道和措施。主体个性如果不能被有效传达，受众则无法去了解和把握其内涵。传达方式主要有营销推广、广告与公关策划等宣传方式。有些旅游地区，主体个性化并不一定有太多的优势，但如果其传达到位，同样可以造就突出的、与众不同的地区形象。

3. 受众认知

在完成主体个性确定及使用有效的传达方式之后，真正达成形象定位的衡量标

① 菲利普·科特勒. 营销管理. 10 版. 梅汝和，梅清豪，周安柱译. 北京：中国人民大学出版社，2001.

志，则是受众认知。受众认知是指旅游区主题旅游形象被目标受众（旅游者）所认识、知晓与感受的程度。公众对于地区形象的认知和消费是一种文化性的消费，他们在获得物质所需的同时，也获得了精神感受上的满足，这里起到作用的是受众认知。

五、地区旅游形象塑造

（一）塑造工具

旅游区形象的塑造主要通过两种工具实现，即产品—服务与公关宣传。

产品—服务的最终感知在游客旅游经历中反映出来，因此通过产品—服务来塑造主题旅游形象主要从功能属性、心理感知等方面入手。

公关宣传是一种功能十分强大的形象塑造工具，具有较强的针对性和灵活性。人们在旅游活动前的形象感知和心理决策要经历三个阶段：第一阶段是梦想阶段，即梦想一个理想的旅游；第二阶段则是搜集信息与估计能真正享受理想旅游的可能性；第三阶段是实现旅游决策阶段。因此，相应的公关管理和广告宣传策略应该是旅游区在旅游者的梦想阶段提供“形象”广告；第二阶段则是旅游区提供信息“咨询”广告和服务，即提供有关信息；第三阶段则是旅游区应提供与旅游者面对面的“直接”广告。针对旅游者对旅游区主题形象感知的三个阶段也应采取不同的宣传方式。比如，在原生形象形成阶段，主要采用信息性的宣传方式，即为那些对本旅游区没有印象的潜在旅游者提供大量的关于该旅游区的信息。其宣传形式可以是多种多样的，主要目的就在于让旅游区的主题旅游形象对潜在旅游者形成浅层次的刺激；在次生形象形成阶段，则应采用劝说性的宣传方式，促使旅游者将该旅游区作为旅游目的地，这种宣传方式主要针对将该旅游区列入备选旅游目的地的潜在旅游者；在复合形象形成阶段则采用回忆性宣传方式，主要针对回头客。

（二）节庆活动

旅游区主题旅游形象的塑造仅仅靠上述的两种形象塑造工具不能产生持续稳定的效果，在旅游区主题旅游形象的塑造中，旅游区旅游主题节庆活动往往和主题旅游形象紧密结合，这是因为一个鲜明而且一致的主题节庆活动往往能稳定地在人们心目中形成一种积极的形象。通过主题节庆活动的策划和宣传，人们往往能通过记住几句简单的口号、几条易记的词句就能把旅游区的名字同一种直观形象联系在一起。

我国旅游主题节庆活动开展得有声有色，从 1992 年开始尝试推出我国自己的旅游口号（表 8.1）。

表 8.1　中国大型旅游活动年主题一览表

年份	旅游口号/主题
1992	“友好观光年”：“游中国，交朋友”
1993	“中国山水风光游”：“锦绣河山遍中华，名山胜水任君游”
1994	“文物古迹游”：“保护文物古迹，促进旅游发展”

续表

年份	旅游口号/主题
1995	“民俗风情游”：“中国——56个民族的家”；“众多的民族，各异的风情’；“探访中华民族风情，难忘神奇经历”
1996	“休闲度假游”：“96中国——崭新的度假天地”
1997	“中国旅游年”：“12亿人喜迎97中国旅游年”；“游中国——全新的感受”
1998	“98华夏城乡游”：“中国改革开放20年”；“现代城乡，多彩生活”
1999	“生态环境游”：“返璞归真，怡然自得”
2000	“神州世纪游”：“文明古国，世纪风采”
2001	“体育健身游”：“中国——新世纪、新感受”；“跨入崭新世纪，畅游神州大地”
2002	“民间艺术游”：“民间艺术，华夏瑰宝”；“体验民间艺术，丰富旅游生活”
2003	“烹饪王国游”：“游历中华胜境，品尝天堂美食”
2004	“百姓生活游”：“游览名山大川、名胜古迹，体验百姓生活、民风民俗”
2005	“红色旅游年”：红色旅游“年”
2006	“2006中国乡村游”：“新农村、新旅游、新体验、新风尚”
2007	“和谐城乡游”：“魅力乡村、活力城市、和谐中国”
2008	“2008中国奥运旅游年”：“北京奥运、相约中国”
2009	“中国生态旅游年”：“走进绿色旅游、感受生态文明”
2010	“中国世博旅游年”：“相约世博，精彩中国”
2011	“2011中华文化游”：“游中华，品文化”“中华文化，魅力之旅”
2012	“中国欢乐健康游”：“爱旅游，爱生活”
2013	“2013中国海洋旅游年”：“美丽中国，海洋之旅”
2014	“美丽中国之旅——2014智慧旅游年”：“美丽中国，智慧旅游”；“智慧旅游，让生活更精彩”；“新科技，旅游新体验”
2015	“丝绸之路旅游年”：“游丝绸之路，品美丽中国”“新丝路、新旅游、新体验”
2016	“丝绸之路旅游年”：“漫漫丝绸路，悠悠中国行”；“游丝绸之路，品美丽中国”；“神奇丝绸路，美丽中国梦”

通过这些主题节庆活动，中国旅游在世界人民心中的形象变得更加清晰和独特，极大地促进了中国旅游业的发展。可见，在旅游规划过程中要塑造一种持久而独特的旅游区主题旅游形象，就应充分利用主题节庆事件来实现以下三项目标：

（1）把旅游区宣传成一个充满各种迷人故事的地方，可树立本地区友好、文化多样的形象。

（2）通过大型焦点事件来吸引公众传播媒介，产生某种光环效应，把旅游区宣传成一个令人向往的目的地。

（3）配合一系列小的事件来吸引有各种志趣的游客。

旅游节庆活动的策划应注意各种节庆事件之间的连贯性、一致性，使其相互补充、相互协调，使主题更加鲜明突出，从而避免形象的离散和自相矛盾，故应注意以下三点：

（1）主题的塑造必须和旅游区的吸引物相协调，举办一个或多个节庆活动以使主题更加活泼、生动。

（2）举办一种特别活动，使此活动成为旅游区永久性、制度化的旅游识别标志，使其为本旅游区所独有，并成为本地区象征。

（3）举办同一多次活动，如体育活动，以塑造“××方面最激动人心的旅游区”的形象。

案例 8.1

华侨城西部集团以丰富文旅供给赋能美好生活

华侨城西部集团，作为中国文旅产业的领军力量，在广袤的西部大地上深耕细作，以匠心独运的文旅项目，不仅绘制了一幅幅绚丽多彩的自然与人文交织的画卷，更在推动地方经济发展、促进文化交流、提升民众生活质量方面发挥了不可估量的作用。

自成立以来，华侨城西部集团始终秉持“优质生活创想家”的核心理念，不断探索和创新，将独特的文旅资源与现代科技、文化艺术深度融合，打造了一系列具有鲜明地域特色和国际视野的文旅产品。从特色小镇到美丽乡村，从田园综合体到新一代主题乐园，再到文化博览项目，每一个项目都承载着对美好生活的向往与追求，为游客提供了丰富多彩、体验深刻的旅行选择。

随着文旅市场的不断发展和变化，华侨城西部集团紧跟时代步伐，积极拥抱数字化、智能化等新技术，推动文旅产业向现代服务业转型升级。通过运用大数据、云计算、人工智能等先进技术，提升游客的个性化服务体验，优化企业管理流程，提高运营效率，为文旅产业的创新发展注入了强劲动力。

同时，华侨城西部集团还深刻洞察市场趋势，精准把握消费者需求，针对当前热门的近郊游、露营等旅游方式，推出了一系列符合市场需求的特色产品和活动。无论是黄龙溪欢乐田园的音乐露营节，还是剑门关双旗美村的夏日美村露营计划，都以其独特的魅力和丰富的体验吸引了大量游客的关注和参与，进一步推动了文旅市场的繁荣与发展。

在“中国旅游日”等重要节点，华侨城西部集团更是积极响应国家号召，推出了一系列旅游惠民政策和文化活动，旨在让更多游客享受到旅游的乐趣和实惠。这些举措不仅增强了游客的获得感和幸福感，也提升了景区的知名度和美誉度，为文旅产业的可持续发展奠定了坚实基础。

展望未来，华侨城西部集团将继续秉持“优质生活创想家”的初心和使命，不断创新创想，以更加多元化的文旅产品和更加优质的服务体验，满足人民对美好生活的向往和追求。同时，集团还将积极履行社会责任，推动文旅产业与地方经济的深度融合，为西部地区的社会进步和经济发展贡献更大的力量。

资料来源：中国旅游日 | 华侨城西部集团以丰富文旅供给赋能美好生活.

http://sc.people.com.cn/n2/2022/0519/c345528-35276241.html，2022-05-19，有改动。

六、形象传播策略

旅游区的主题旅游形象传播主要有两种传播策略，即正面强化策略和负面消除策略。

1. 正面强化策略

（1）多样化形象。旅游区展示给旅游者的形象范围比较广泛，可以避免给人们造成“该地区只有单一特点”的错觉。香港在 1998 年推出的“香港——动感之都”地区形象计划中，设计了许多表现当地旅游吸引物的图片、介绍当地艺术品的插页、抽象派油画、地区标志物、购物街、娱乐中心、国际会展活动等，这些多样化的形象可以使公众心目中的目的地形象比较全面而丰富。在旅游区的目标市场比较多的情况下，它可以达到打动多个细分市场旅游者的效果。

（2）稳定型形象。当一个地区拥有一个正面形象时，便可以采用不断利用旅游区发展的新信息去巩固过去主题旅游形象的策略，使原有的正面形象不断得到强化和稳定。

2. 负面消除策略

（1）幽默型形象。旅游区营销者以幽默的方式建立地区新的亲切感人的正面形象，对消除本地区以往的负面特征而言，该策略特别有效。旅游区应以照片、漫画的形式向旅游者展示焕然一新的情景，并将这种生动的形象作为校正该旅游区主题旅游形象的工具。

（2）否定型形象。否定型形象，即不断向目标市场灌输本地区革新后的正面形象，而该新形象应特别针对过去的负面形象进行否定，该策略对扭转原有的不良形象所产生的负面影响会产生直接影响。

综上所述，旅游区的特色即主题旅游形象之所在，唯有充分发掘旅游区与众不同的风采、独特的个性和特有的文化内涵底蕴，才能将区域主题旅游形象具体而鲜明地映入旅游者心目中，从而在旅游市场上形成独特的销售主张，进而产生较强的旅游吸引力、诱惑力和感召力。

第三节　区域旅游空间功能分区

区域旅游的空间功能分区是旅游规划与开发过程中的一项重要的工作，它不仅有利于旅游区的规划和开发，更有利于今后旅游区建设和经营中的管理。当今的旅游规划，大到一个国家和省级的规划，小到一个风景区、主题公园，都是按照功能对空间进行划分的。这样做可以更好地协调旅游区的功能，并提升旅游区的综合功能。

一、旅游区域空间结构的演变

（一）空间结构形态的演变阶段

区域旅游的功能分区实际上是在现有旅游区空间结构的基础上对旅游区功能在空间上的重新定位。因此，我们在进行区域旅游空间功能分区时，应对旅游空间结构的演变阶段及其发展动因有一个初步了解。

区域旅游空间结构从时间纵轴的角度来看，基本上经历了由极点形态向点轴形态、点—轴—圈形态以及网状形态演变的过程。

极点形态的空间结构大多出现于旅游地发展的初期，此时，旅游吸引物较为单一，旅游资源的主体地位十分明显。旅游者在空间流动上也表现为以该极点为核心的中心辐射状分布。此时区域空间中旅游吸引力较强的 1～2 个旅游发展极点之间也较少存在紧密联系，仍以独立发展为主（图 8.7）。

图 8.7　区域旅游空间结构极点形态示意图

随着旅游极点的发展，极点的涓滴效应会日渐显著，因而极点与极点间交通线路沿线会出现一系列新兴的旅游发展节点，这些旅游发展节点与原先的极点和线路一道共同形成了区域旅游空间结构的点轴形态（图 8.8）。

图 8.8　区域旅游空间结构点轴形态示意图

可见，区域旅游空间结构的点轴形态是区域旅游在极点带动下有所发展的结果，它使得区域旅游中点与点之间产生了一定的联系，其联系的基础就是以旅游交通线路为主的人流、信息流等。

在区域旅游空间结构的点轴形态下，各个节点之间的发展态势会受到其内部和外部因素的影响而呈现出较大的差异性。发展条件较好的节点，其周边会出现一些新的旅游景区景点，这些新兴景区景点均以区域旅游发展节点为依托进行发展。在空间布局上，新兴景区景点表现为紧密环绕旅游发展极点的一个圈，于是，区域旅游的空间结构就进入了第三个发展阶段，即点—轴—圈形态阶段（图 8.9）。

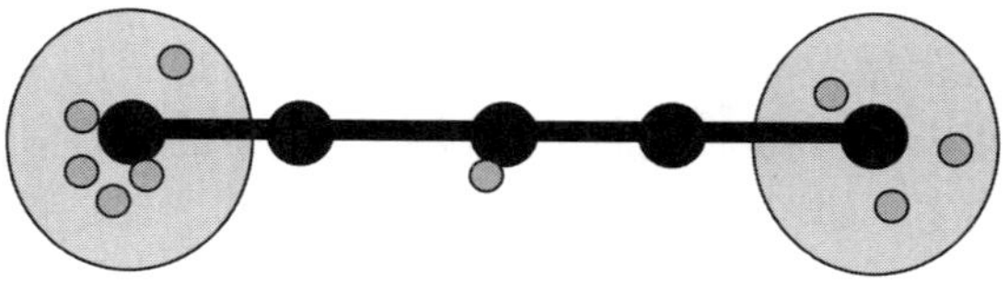

图 8.9　区域旅游空间结构点—轴—圈形态示意图

区域旅游空间结构演化的一个更高阶段就是网状形态阶段，该阶段中由于新旅游点的不断涌现和旧有旅游点的不断扩张发展，点与点之间存在着复杂的相关联系。这些旅游点在空间上表现为以点、线、面为主的网状结构。通常这种网状结构的旅游区具有一定的阶层性，即存在高级空间网络和次级空间网络之分。一般而言，区域旅游越发达则网状结构的层次数量越多（图 8.10）。

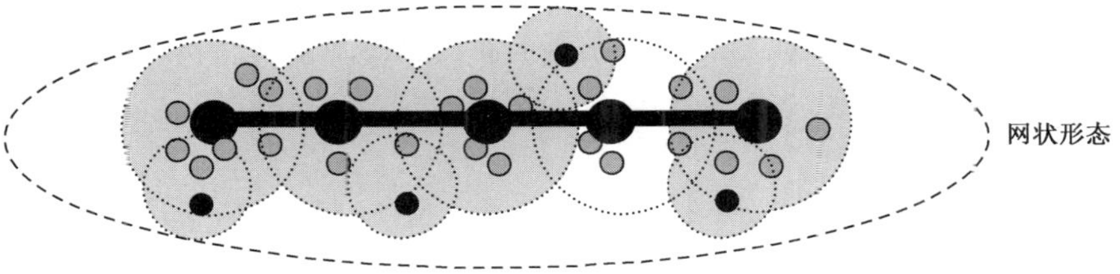

图 8.10　区域旅游空间结构网状形态示意图

（二）空间结构演变的动力机制分析

区域旅游空间结构形态的演变机制归根到底可以归结为两个方面，即旅游区内部发展的推动力和外部影响因素对空间结构的影响力。

旅游区内部发展的推动力主要是指旅游地的开发与建设。区域旅游开发的直接结果就是导致区域旅游吸引力在空间上的重新分配。在区域旅游空间结构演变过程中，新兴景区景点的出现就是得益于区域旅游开发。区域旅游开发不仅促进新兴区域旅游节点的产生，更为重要的是，随着区域旅游的开发，一系列旅游基础设施逐步完善，尤其是道路交通系统的改良和完善对区域旅游空间结构变化更是产生了决定性的影响。在区域旅游开发实践中，旅游交通条件是旅游区发展的重要依托。只要旅游交通条件改善了，旅游区就会进入加速发展的阶段。对于区域旅游空间结构而言，旅游交通系统往往起到发展轴线的作用，旅游交通系统延伸到哪里，旅游区的空间扩展就延伸到哪里。因此，区域旅游开发会带来旅游交通条件的改善，从而引起旅游区空间结构的变革。

区域旅游空间结构演变的外部影响要素主要是指空间结构各构成要素之间存在的竞争与合作的关系。

区域旅游各节点之间为争夺资源和客源市场会产生竞争，区域旅游节点之间的竞争会导致区域旅游空间结构演变产生排斥力。从区域旅游竞争的类型上来分析，区域旅游各节点间的竞争可分为替代性竞争和非替代性竞争。所谓替代性竞争是指共性大、个性小，并且是相对区位邻近的旅游目的地之间的竞争。非替代性竞争是指处于竞争状态的旅游目的地之间既有一定的共性，更有其独特的个性，两个旅游目的地之间竞争优势点有所区别。可见，替代性竞争的激烈程度较非替代性竞争要激烈。保继刚（1994）就喀斯特石林的旅游开发进行了空间竞争分析，结果发现喀斯特石林旅游地的空间竞争是一种替代性竞争，在同一地域内，只能开发景观价值更大、知名度更高的石林[①]。

不同的旅游目的地除了存在竞争性的关系外，还具有一定的互补性。互补性旅游目的地的结合不但不会挤占客源市场，还会相互增强它们在各自同类竞争对手中的竞争力，因此，旅游规划与开发中会经常通过区域联合来增强它们的吸引力和竞争力。如在《福建省旅游业发展总体规划》中，就辟专章对福建与省内、省外主要旅游目的地的旅游区合作进行了规划，其中"闽台旅游协作圈"概念的提出更是堪称区域旅游合作的典范。区域旅游目的地之间的合作需求促使旅游地空间结构各要素在一定程度上集中。

二、功能分区的原则

（一）突出分区原则

这是旅游空间规划的核心原则，在旅游规划与开发中，必须通过各种产品与服务来突出旅游区主题形象的独特之处，并通过自然景观、建筑风格、园林设计、服务方式、节庆事件等来塑造与强化旅游区的形象。当地居民的文化方式及居民对游客的态度也对旅游区的主题形象起着重要作用。

（二）集中功能单元原则

对不同类型的设施，如住宿、娱乐、商业设施等功能分区采取相对集中的布局方式。游客光顾次数最多、密度最大的商业娱乐设施区域，宜布局在中心与交通便利的区位，如大饭店、主要风景点附近，并在它们之间布设方便的路径，力求使各类服务综合体在空间上形成聚集效应。

（1）在开发方面，集中功能单元的布局能使基础设施低成本、高效益，而且随着旅游规划与开发的深入与市场规模的扩大，新的旅游后勤服务部门更易生存。实践经验表明，当饭店与社会餐馆相邻布局时，更容易形成综合的市场竞争优势。

（2）在经济方面，集中布局带来的景观类型多样性还可以吸引游客停留更长时间，从而增加地方经济中旅游服务部门的收入，带动社区经济的发展。

（3）在社会方面，集中布局有利于游客与当地居民的交流与沟通，有利于社会风俗的优化，进而可将其开发成一种新的旅游吸引物。同时，许多旅游设施可以兼供当地社区居民使用，一举两得。

（4）在环境方面，集中布局有利于环境保护与控制，对污染物的处理亦更为有效，敏感区能得到有效保护。在深度开发区内，通过制定合理的设计标准，能够实现连续的、系统化的控制管理。

集中布局可以防止布局散乱，亦可防止对主要自然景观造成视觉污染；另外，集中布局也有利于主题形象的形成，规模集聚效应对举办各种促销活动可以产生一定的整体规模优势。

---

① 保继刚. 喀斯特石林旅游开发空间竞争研究. 经济地理，1994（3）.

（三）协调功能分区原则

协调表现在处理好旅游区与周围环境之间的关系、功能分区与管理中心之间的关系、功能分区之间的关系、主要景观结构（核心建筑和主体景观等）与功能分区之间的关系。

在规划设计时，有些功能分区具有特殊生态价值而被划为生态保护区，而旅游娱乐区则可承受较多的外界干扰，规划设计中通过适当的合理划分，并引入适当的设施可使其达到最佳的使用状态。另外，协调功能分区还应对各种旅游活动进行相关分析，以确定各类活动之间的互补、相依或相斥关系，从而有效地划分功能分区，据此确定各种设施的位置等，如野餐区必须具备良好的排水条件、浓密的遮阴、稳定的土壤表层和良好的植被覆盖及方便的停车场。

（四）合理规划线路原则

旅游区内交通线的规划应充分考虑游客旅游过程中的心理特性，以实现符合人体工程学的有效的动线规划，设计必须依照顺序推进，以建立理想的空间布局关系。

旅游区内部交通网络应高效且布局优化，路径与园林景观得到有效配置，并建立公共交通系统，采用步行或无污染的交通方式，限制高速行车，使行走与休息均为一种享受。相距较远的景点之间应配备公共汽车，邻近景点间应设置人行道或者配备缆车等，这样做可使内部实现低污染的交通优化。

空间布局还应体现出层次，在区内布置有效的眺望点系统和视线走廊，如在一些制高点、开阔地带或主要景观地区设置一系列的眺望亭与休息区，让游客能在区内最佳视点充分观看到自然景观。

（五）保护旅游环境原则

环境保护的目的是保障旅游区的可持续发展，它包括两个方面的内容：①保护旅游区内特殊的环境特色，如主要的吸引物景观；②使旅游区的游客接待量控制在环境承载力之内，以维持生态环境的协调演进，保证旅游区的土地合理利用。另外实施环境保护时，还要充分体现以人为本的原则，即旅游区最终是为人类旅游活动而设计的，实现人与环境的协调，也就是规划应同时满足旅游功能及美学上的需求，以实现经济价值观与人类价值观的平衡、为游客创造充满美感的经历体验、满足低成本开发及营运技术上的要求、提供后期旅游管理上的方便。

案例 8.2

福州市旅游发展的功能分区

根据福州市旅游资源的类型、特征、分布以及旅游业发展的现状，在福州市旅游功能分区规划中，采用点—轴—圈式的布局模式，将福州市旅游空间发展格局定位为：

一心、二轴、三圈、十二区。

其中，一心是指福州市闽都旅游核心区。它是福州市都市旅游发展的极点所在，它通过对周边区域产生集聚和辐射作用，可以带动福州市旅游业的发展。闽都旅游核心区展现了古老的历史风情和现代化的都市景观，集都市观光、商务休闲、购物娱乐等功能于一体。

二轴指闽江旅游发展轴线、海滨旅游发展轴线。闽江旅游发展轴线和海滨旅游发展轴线是最能体现福州市旅游景观特色的地带，也是福州市旅游资源丰富、旅游开发条件较好的区域。因而上述两个带状区域是福州市旅游业整体实力提升的传动带，闽都旅游核心区的积聚作用和辐射作用也沿两条轴线向外传递，有利于促进沿线旅游业的发展。所以，闽江带和海滨带是福州市旅游业发展的潜力之所在。

三圈指福州市旅游发展在空间上形成都市旅游景观核心圈（都市商业游憩区）、都市旅游景观腹地圈（环城市游憩带）、都市旅游景观拓展圈（旅游合作圈）的“三圈组合”都市旅游发展空间格局。三个圈层分别展示了不同的主题和功能，将福州市闽都旅游核心区与周边县（市）紧密联系在一起，共同构成了福州市旅游经济发展圈。

十二区是指在福州市旅游业发展的点、轴、圈中分布的十二个旅游功能区。这些旅游功能区包括罗源畲族风情民俗旅游区、罗源海上田园度假旅游区、长乐名人故里观光旅游区、永泰青云山水观光旅游区、闽清宏琳厝民俗旅游区、闽侯昙石文化科考旅游区、平潭海岛休闲度假旅游区、琅岐生态康体休闲旅游区、福清石竹宗教休闲旅游区、马尾船政文化体验旅游区、晋安寿山国石观光旅游区、连江长门观光旅游区（表 8.2）。

表 8.2　福州市旅游发展总体布局一览表

区划	名称	地区	资源特色	旅游主导功能
一心	闽都旅游核心区	福州市建成区	都市景观、商业游憩氛围	商务休闲
二轴	闽江旅游发展轴线	长乐—福州市城区—闽侯—闽清	江滨风光、生态资源	生态、度假
	海滨旅游发展轴线	罗源—连江—琅岐—长乐—福清—平潭	山海景观、多元宗教、民俗风情	度假、康体、宗教朝圣、寻根祭祖
三圈	都市旅游景观核心圈	福州市城区	文化内涵深厚、都市景观鲜明	会展、购物
	都市旅游景观腹地圈	福州市近郊	人文与自然景观兼备，相得益彰	康体、娱乐
	都市旅游景观拓展圈	福州市周边所辖市县	自然风光优美、环境清新、山水资源丰富	探险旅游、观光农（渔）业旅游
十二区	罗源畲族风情民俗旅游区	罗源霍口	森林生态、畲族风情	民俗文化
	罗源海上田园度假旅游区	罗源湾	山海风光、渔家生活	渔业观光
	长乐名人故里观光旅游区	长乐区	名人文化、山水风光	名人寻踪、康体娱乐
	永泰青云山水观光旅游区	永泰青云山	自然山水、森林生态	河谷观光、康体休闲
	闽清宏琳厝民俗旅游区	闽清宏琳厝	民居观止、八闽风俗	民俗体验

续表

区划	名称	地区	资源特色	旅游主导功能
十二区	闽侯昙石文化科考旅游区	闽侯昙石山	闽台人类文化	科考旅游、寻根访祖
	平潭海岛休闲度假旅游区	平潭县	海蚀地貌、海岛风光	康体、度假
	琅岐生态康体休闲旅游区	琅岐区	生态农业、滨海风光	观光农业、康体休闲
	福清石竹宗教休闲旅游区	福清石竹山	多元宗教、秀丽山水	宗教朝拜、康体休闲
	马尾船政文化体验旅游区	马尾区	历史遗迹、现代工业	历史寻踪、工业旅游
	晋安寿山国石观光旅游区	晋安区	璀璨国石、秀丽山水	康体、求知
	连江长门观光旅游区	连江长门炮台	闽江胜景、历史遗迹	观光、历史寻踪

资料来源：根据相关资料自行整理而成

三、典型的空间布局模式

旅游区是通过为游客提供一种愉悦的经历来实现其经营目的的。创造愉悦的旅游经历主要是通过旅游辅助设施、娱乐活动与旅游服务来实现的，并从游客对旅游区的实际感觉中体现，它包括对总体环境、设施风格、档次、色彩、活动性质、气氛、服务的态度等方面的感知。设施、娱乐活动及服务综合体配置应以市场需求与竞争为导向。旅游区规划和开发在地域空间上应体现为完整的设施—活动—服务综合体，如表 8.3 所示。

表 8.3　旅游分区规划中的设施—活动—服务综合体

类别		规划要点
旅游设施	上层设施	住宿设施：确定风格、密度、级别，预测规模、考虑未来扩建的可能
		餐饮设施：确定风格、类别，预测餐位规模、确定消费服务方式
		康体设施：设施类型的配置与选择，辅助设施的配置
		旅游辅助设施：功能定位，分区配置方案、设施标准与服务标准
	基础设施	供水系统：客房日耗水量、体育设施耗水量、水库及储水系统、输水管道
		供电系统：客房日耗电量、高峰负荷预测，预备发电系统，电力系统设施
		通信设施：电话网、移动电话基站、电报、电传
		保健设施：中心医院、医疗室、旅游紧急救护站
		排水系统：污水日产量预测，污水处理中心，排水系统
		交通网络：主交通干线、景区交通线、步行小径
娱乐活动	室内	舞厅、卡拉 OK、博彩、健身中心、室内泳池
	户外	高尔夫球场、网球场、户外游泳池、赛马场、山地滑雪道
服务	导游服务	旅游信息咨询、旅游导购、娱乐向导、景区导游
	教练服务	体育及娱乐项目教练培训
	后勤服务	委托代办业务、托儿服务、残疾人辅助服务

资料来源：根据相关资料自行整理而成。

在旅游区的功能分区和布局上存在着以下一些布局模式：

1. 环自然风景点或娱乐中心布局

在自然风景魅力突出的旅游区，通过此布局模式可进一步增强自然风景点的吸引力，布局重点是娱乐，其次是住宿。

2. 环旅馆布局

缺乏明显的核心自然景点的旅游区，通过此布局模式可以使豪华（或特色）旅馆成为核心，布局的重点是旅馆的建筑风格和综合服务设施体系。

3. 野营地式布局

适用于景点分散、当地条件又不宜建大型旅馆的旅游区，这种模式是以对整个旅游区恰当的亚区划分为基础，兼顾亚区之间的功能互补性，重点对亚区的旅游服务设施进行布局。

4. 社区—旅游吸引物综合体

这种布局方式是 1965 年由 Gunn 首先提出的，这种布局方式是在旅游区中心布局一个社区服务中心，外围分散形成一批旅游吸引物综合体，在服务中心与吸引物综合体之间有交通连接。

5. 三区结构布局模式

弗斯特（Forster）提出旅游区空间开发的三区结构模式，核心是受到严密保护的自然区，在该保护区内限制乃至禁止游客进入。围绕它的便是娱乐区，在规划娱乐区时可以配置野营、划船、越野、观景点等服务设施。最外层是服务区，为游客提供各种服务，有饭店、餐厅、商店或高密度的娱乐设施，如图 8.11 所示。

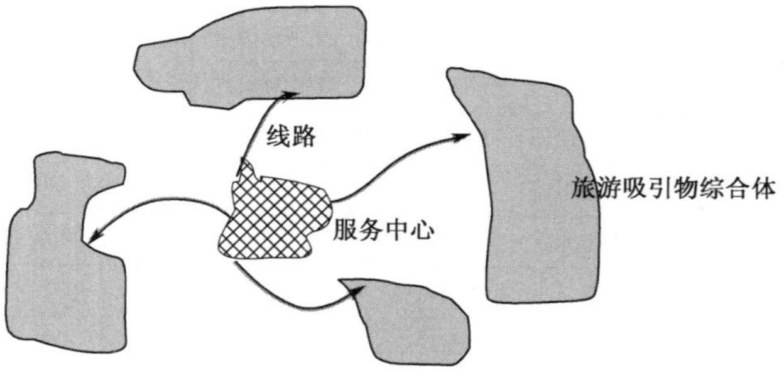

图 8.11　三区结构空间布局示意图

美国国家公园土地利用规划就采用了这种方法，将国家公园分成核心区、缓冲区和边缘区三个部分。核心区是指中央自然保护区，对旅游者的进入加以严格限制。缓冲区是指美国国家公园的一般管制区。最外层是周边游憩区，主要为旅游者提供食、住、行、游、购、娱等服务。

6. 双核式布局

该布局模式由特拉维斯（Travis）于 1974 年提出的，通过精心的设计，将服务功能集中在一个辅助型社区内，处于保护区的边缘，如图 8.12 所示。

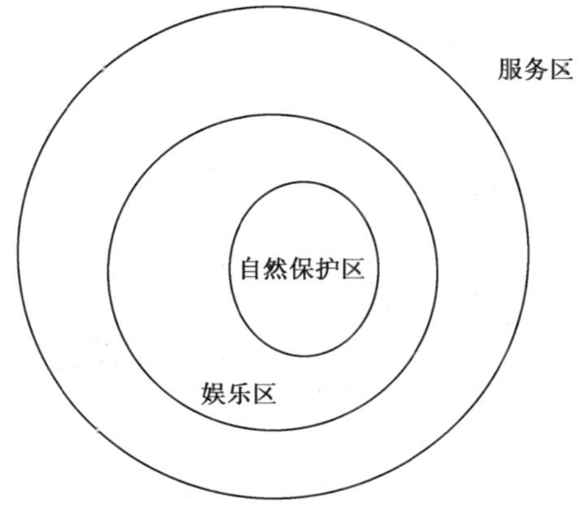

图 8.12　双核式空间布局示意图

7. 组团式布局

组团式布局在城市规划中比较多见，其主要是在有限的空间内将功能加以分散，使得空间功能和结构得以优化。其主要标志是旅游区用地由集中布局逐步到分散布局，旅游区的中心功能分散到多个中心去，共同形成一个合力，起到“大中心”的作用。旅游区呈现组团式发展的主要原因是旅游区规模的不断扩大，特别是旅游区进入加速发展阶段后，原有的空间布局模式很难适应新的发展形势的要求。同时，现代旅游者和旅游地当地居民更加注重旅游环境的保护和生活环境的质量提升，而现代交通和通信技术的迅猛发展又为旅游区分散布局提供了强有力的保障。所以，现代旅游区空间结构开始呈现出从向心结构向离心结构、由单心结构向多心结构发展的态势（图 8.13）。

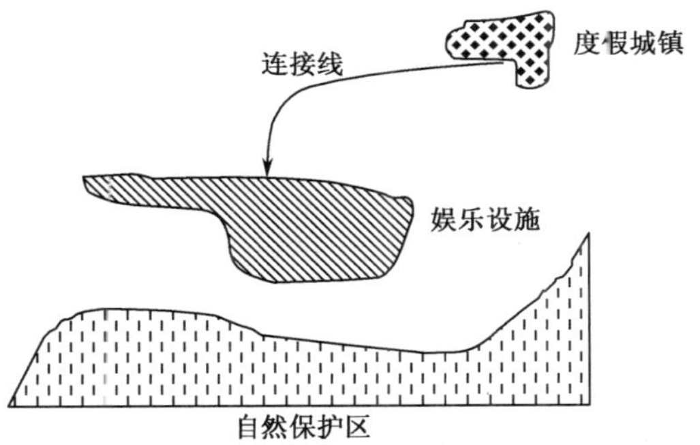

图 8.13　组团式空间布局示意图

8. 多组团式布局

旅游区空间布局的多组团式实际上是组团布局模式的一种复合形式。从图 8.14 中可以看出，一个多组团式的空间布局是由多个组团构成的。多组团式的空间布局模式是旅游地发展到较高阶段的产物，一般多见于旅游城市中。比如，深圳海滨度假城旅游规划中就采用了多组团式的旅游布局模式，通过建设多个旅游功能组团，可以形成许多具有完善旅游功能的小型旅游区。

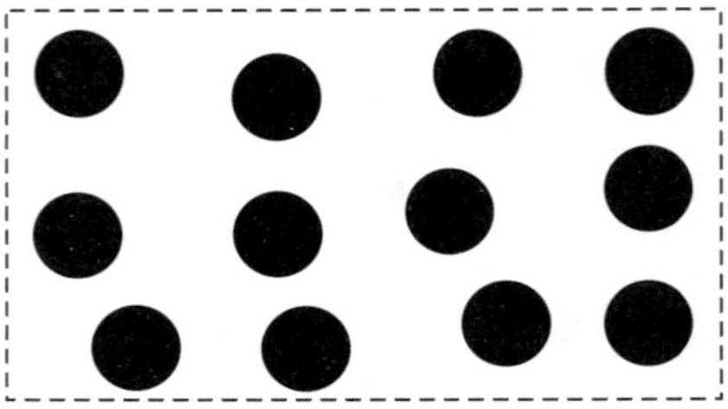

图 8.14 多组团式空间布局示意图

四、旅游线路的优化设计

（一）旅游线路的界定

旅游线路具有不同的含义。①通俗层次上的提法，指在旅游地或旅游区内游人参观游览所经过的路线，它仅是某种行动的轨迹，仅涉及旅游通道。在这种意义上，它和“游览线路”是同义词。②专业层次上的提法，是旅游经营者或旅游管理机构向社会推销的产品。在时间上，它包括从旅游者接受旅游经营者或旅游管理机构的服务开始直至圆满完成旅游活动、脱离旅游经营者或旅游管理机构的服务为止；在内容上，则包括在这一过程中旅游者所利用和享受的一切，涉及行、食、宿、游、购、娱等各种旅游要素，并且各环节环环相扣、密切配合，有机安排在事先确定的日程中。所以，此种旅游线路的含义远较其通俗提法丰富。它是根据旅游需求和旅游供给两方面因素而设计的综合性产品。本书侧重于从第二种含义来探索旅游线路的开发与组合推广。

（二）旅游线路的演化与产生

1. 经营中的自我完善

它是在长期的旅游实践中自然形成，而后经旅游经营者或旅游管理机构加工完善的。

2. 旅游者意愿的选择

旅游者根据个人爱好和价值选择标准，凭经验在多个旅游线路多方案中加以取舍，这种选择被其他旅游者广泛认同接受，久而久之形成了一种选择倾向性，便逐步成为成熟的旅游线路。

3. 旅游线路的类型

传统的旅游线路设计面向包价旅游（package tour），其中主要是团体包价旅游。

随着包价旅游在旅游市场中所占比重的相对减小，旅游线路设计开始针对散客服务推出散客小包价旅游。目前，旅行社或旅游信息中心为散客设计的旅游线路有两种形式：①组合选择式线路，即对整个旅程设计有几种分段组合线路，游客可以自己选择，并且在旅游中可以改变原有选择（分段）；②跳跃式线路，即旅行社提供的只是整个旅程中几小段线路或几大段服务，其余皆由旅游者自己设计。例如，日本的旅行公司已提供从全包（full package）至搭带（zero package）五种不同的包价服务。归纳目前对旅游线路的类型划分，主要有以下方法：

（1）空间跨度分类法。从旅游线路跨越的空间尺度来区分，线路的设计分为两大类型：①大中尺度的旅游线路设计，它包括了旅游产品所有组成要素的有机组合与衔接，即前述的线路设计；②小尺度的旅游线路设计，即旅游景区的游览线路设计，这在很大程度上与旅行社无关，而属于旅游地线路规划的范畴。

（2）属性组合分类法。根据旅游者行为和意愿的特性，旅游线路大致可分为周游型和逗留型两类。周游型线路的特点在于旅游目的是观赏，线路中包括有多个旅游目的地，同一位旅游者重复利用同一条线路的可能性小；逗留型线路的特点是线路中包含的旅游目的地数量相对较少，旅游的目的多是度假性质的，同一旅游者重复利用同一线路的可能性大。根据周游型和逗留型旅游者的行为属性所设计的成本（费用、距离）最小化行为或非成本最小化行为（即单纯地满足最大化行为），可以将旅游线路划分为四类，如图 8.15 所示。

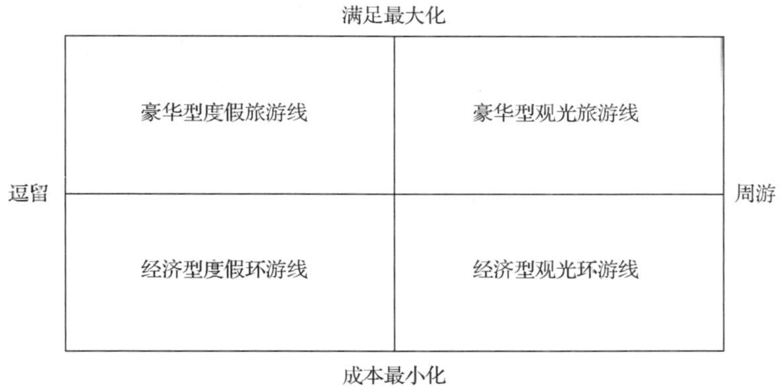

图 8.15　旅游线路类型示意图

（3）功能目的分类法。功能目的分类法是依据该旅游线路为旅游者提供的相应旅游功能来划分的。按这种标准划分出的旅游线路具有明确的市场导向作用，在旅游促销中能够为旅游消费者提供明确查找的线索。

（三）旅游线路的设计

1. 旅游线路设计的原则

1）市场导向原则

设计的关键是适应旅游市场的需求，即必须最大限度地满足旅游者的需要。旅游者行为的基本规律是最大效益原则，他们对旅游线路选择的基本出发点是以最少的旅游时间和旅游消费比来获取最大的有效信息量与旅游享受。因此，游览时间、游览项目，以及在途时间和花费的比值将影响游客对线路的选择。因此，在一条旅游线路中，应包括必要数量的著名、有价值的旅游景点。但是，如果将旅游资源的最精华部分都组织在有限的旅游线路中，其他旅游资源将被冷落，区域旅游将难以获得综合效益。因此，目前倾向于将旅游热点、温点和冷点进行搭配以组织旅游线路，但旅游者又不一定接受，解决这一问题的根本出路在于加大开发力度，提高目前旅游温点和冷点的文化品位。

2）突出主体原则

突出主体原则，即每一旅游线路应具有自己独有的特色，以形成鲜明的主题，此特色或主题的形成主要依靠将性质和形式有内在联系的旅游点串联起来，在食、住、行、游、购、娱等方面选择与此相应的表现形式。此外，为了更好地突出旅游资源主体，应注重旅游者游览时间的安排，以便在最合适的时间让旅游者观赏到最佳景观。一般来说，以水体为主要景物的景点安排在清晨游览为宜。如果是以观赏性植物为主的景点，则多以下午游览更佳。以山体为主的景点，一般又以傍晚游览比较好。黄昏夕阳的映照，能勾勒出山峰起伏连绵的形态；山后余晖散射的云天，更加显现出山体的雄浑气势。

以上仅为风景观赏的一般规律，至于每个具体的景点在何时游览较好，则需要根据具体情况作具体的研究。我们在进行游线设计时，应当认识到由于每个景点在不同时辰的观赏效果是不一样的，所以，其中总有某个时辰是观赏的最佳时间，应注意尽量在景点呈现其最佳景色的时候，将游人安排到该点游览。

3）游程多样原则

旅游线路应为由一些旅游依托地和尽可能多的不同性质的旅游点串联而成的环形回路，以避免往返路途重复。有时表现为环形主线路上连接重要旅游依托地作为中心的多个小环形支线或多条放射中心。对此环形旅游路线，应注意将线路上旅游商品最丰盛、购物环境最理想的景点，尽量安排在游线所串联景点的最后。因为在旅游活动即将结束之前，游人的购物欲最为强烈。而在旅游刚开始的时期，游人不太愿意购物。因此，我们应根据游客的这一购物心理，将主要购物地安排在最末一站，这样有利于旅游者大量采购各种物品，而不会产生携带不便的麻烦。

4）合理搭配原则

在旅游路线的设计中，必须充分考虑旅游者的心理和体力、精力状况，并据此安排其结构顺序与节奏。同样的旅游项目，会因旅游路线的结构顺序与节奏的不同而产生不同的效果。如果把质量品位最高的景点串联安排在前，相对较差的景点安排在后，那么游人在对这条游线进行游览时，虽然获得的第一印象颇好，但随后他在旅游过程中不断地付出更多的时间、体力，却因有前面的高质量的景点作参照，而感到后面游览的景点不如最初的景点，就会产生一种“失望感”。所以，一条旅游路线应如同一部艺术作品，体现序幕—发展—高潮—尾声。在条件许可时，旅游线路规划应尽可能体现出上述特点。

另外，旅游路线设计应注意人体生物节律对游览心理的影响。就人体的生物规律来说，经一夜充分休息后，每天上午是精力最为充沛的时段。旅游者上午的猎奇、求知欲望较为强烈，心理上希望并能在实际上收集和感知的环境信息量最大。因此，上午的旅游线路安排最好是沿途及景点上景观比较丰富的景区，以满足此时游人求知的心理需求。如果上午游览景观的丰富度和信息量不足，就容易使人产生游览内容不够丰富甚至缺少内容的感觉。而中午进餐之后，旅游者大多进入了“饭饱神虚”的状态，此时旅游者感知环境信息的欲望大为减退。因此，午后的游程安排应分散淡化，因此应等到旅游者重新进入兴奋状态后再逐渐丰富游览内容。总之，游览内容的丰富度应尽量与游人一天中对旅游环境感知欲望的强弱相吻合，恰到好处地为游人提供适量的感知景物对象，以满足旅游的求知需求。

5）机动灵活原则

在设计旅游路线时，不宜将日程安排得过于紧张，应留有一定回旋余地；在执行过程中，也必须灵活掌握，以保证落实原旅游路线行程的基本项目为原则，同时也应制订局部变通的方案，以应对紧急情况。此外，旅游线路设计还要考虑如何推出多条具有不同的旅游时间、不同的价格档次的旅游线路来适应和满足各种不同需求的旅游者，以使旅游线路的运作有利于旅游地食、宿、停车等接待工作的安排。

2. 旅游线路设计框架

旅游线路设计与旅程设计是一项技术性（经验性）非常强的工作，它涉及以下几个基本问题：其一，旅游产品针对的目标市场是什么，其可能的变化趋势如何，这决定了旅游线路设计的需求背景；其二，与接待地区经济发展水平、国际旅游发展水平、服务管理水平等相联系的旅游供给一体化程度，即地区旅游产业内外关联和协调能力如何；其三，旅游者在接待地区消费旅游产品时，其行为的自主程度如何，或者说，接待地区政府和旅行机构操纵和引导旅游客流所起到的作用。这些构成了旅游线路设计、销售的大背景，在一定时间内，旅游线路的设计和经营都受制于以上因素，而欠发达地区旅游业发展表现得更为明显。

旅游线路作为旅游产品销售的实际表现形式，包含了多个因素，要将多个因素有机地组合起来以适合不同客源市场是相当有难度的，而且，在现实生活中任何旅游者都不会是绝对的成本最小化行为者，也不会是绝对的单纯满足最大化行为者，而是处于两者之间，只不过不同的旅游者在两者之间的倾向程度不一。因此，旅游线路的设计在总体上应该保持一定的弹性。

3. 设计程序

旅游线路设计需考虑四类因子：旅游资源（旅游价值）、与旅游可达性密切相关的基础设施、旅游专用设施和旅游成本因子（费用、时间或距离）。旅游线路的设计大致可分为四个步骤。

（1）确定目标市场的成本因子，它在总体上决定了旅游线路的性质和类型。

（2）根据游客的类型和期望确定组成线路内容的旅游资源的基本空间格局，旅游资源的对应旅游价值必须用量化的指标表示出来。

（3）结合前两个步骤的背景材料对相关的旅游基础设施和专用设施（住宿等）进行分析，设计出若干可以选择的线路方案。

（4）选择最优的旅游线路方案（可以有几条）。其中，第三个步骤的工作最富经验性（技术性），设计中必须对第二个步骤给出的基本空间格局不断进行调整，以形成新的、具有综合意义的空间格局。

本章小结

旅游主题是区域旅游规划的核心理念，一般而言，旅游规划主题的内涵要从三个方面来加以理解，这三个方面同时也是旅游规划主题定位的三个重要环节，即区域发展目标、区域发展功能和区域形象，并在此基础上对旅游开发地的区域发展目标、区域发展功能以及区域形象等内容进行设计。

旅游主题形象具有综合性、稳定性和可塑性的特点。旅游主题形象的构成，从旅游美学的角度来看，大致由三个维度构成，即功能—心理维度、实征—幻象维度、泛征—特征维度；从构成体系的角度来看，又可将其分为历史形象、现实形象以及发展形象；从形象形成的过程来看，可分为原生形象、次生形象和复合形象。

在旅游形象的塑造方面，旅游区形象的塑造主要通过两个工具实现，即产品—服务与公关宣传。除此之外，对于旅游形象塑造和推广更具效率的途径是举办具有特色和吸引力的节庆活动，通过节庆活动可以生动地将旅游地的主题形象展现在游客面前。

区域旅游功能分区是旅游地开发中进行项目布局和空间结构划分的工作。在旅游区的功能分区和布局上存在着以下的一些布局模式，即环自然风景点或娱乐中心布局、环旅馆布局、野营地式布局、社区—旅游吸引物综合体、三区结构布局模式、双核式布局、组团式布局、多组团式布局。

案例分析与讨论

山东蓬莱——从“人间仙境”到“东方神话城”

素以“人间仙境”为旅游品牌形象不断开拓旅游市场疆土的山东蓬莱，多年来以其独特的历史文化，每年都吸引着200多万名国内外游客前来观光旅游。为使这座著名的中国优秀旅游城市更好地走向国际市场，2005年，这座城市将其品牌形象定位于——“东方神话城”。

为进一步开拓国际市场，让外国游客能更加深刻地了解、接受蓬莱的历史文化，近年来，蓬莱旅游部门的领导多次赴欧洲、美国、日本、韩国等地进行考察，并邀请国内外专家、学者进行科学论证，对蓬莱独有的旅游资源进行深度挖掘，将“蓬莱神山”同古希腊神话中的奥林匹斯山相媲美，将蓬莱阁同古埃及伊西丝神庙相联系；将八仙过海神话传说赋予东方神话的魅力，并分别用英语、法语、德语翻译制作了具有东方特色的旅游宣传品，让东西方文化产生共鸣，吸引更多的国外游客到蓬莱观光旅游。蓬莱还将“东方神话城”作为其在国际市场上的品牌形象进行推广。

蓬莱不仅仅是座“东方神话城”，还是一座美丽的“现代和平城”。自 2000 年起，已成功举办了五届中国蓬莱“和平颂”国际青少年文化艺术节，吸引了 120 多个国家和地区的 10 多万名青少年参加，被联合国教科文组织称为“人类迄今为止，呼唤和平最大规模的集会之一”。如今，这座古老的“东方神话城”已经成为世界人民迎接和平女神的地方。

资料来源：蓬莱打出文化牌“东方神话城”进军国际市场. http://www.jiaodong.net/news/system/2005/03/02/000710169.shtml，2005-03-02，有改动。

讨论问题：

1. 山东蓬莱旅游形象从“人间仙境”到“东方神话城”有何进步之处？
2. 结合案例思考旅游地形象塑造的关键要素是什么。

思考与练习

1. 旅游规划主题定位可以分为哪三个层次，它们之间的关系如何？
2. 区域旅游的形成过程对于旅游地规划和管理有什么启示？
3. 旅游线路的设计应该综合考虑哪些方面的要素？

第九章

旅游规划与开发的项目创意设计

学习目标

1. 旅游项目的分类
2. 旅游项目创意设计的特征
3. 旅游规划与开发项目创意设计的原则
4. 旅游项目创意设计的方法、内容、程序和影响因素

核心概念

旅游项目（tourism project） 旅游项目创意设计（creative design of tourism projects）

本章导读

旅游项目的创意设计是一种思维成果的创造过程，旨在在深入调研的基础上，借助设计人员的理论知识和实践经验，为满足旅游者和委托方的需求而选择合适的发展方案。这一过程要求设计人员兼具专业知识和创造力，以实现旅游项目的成功设计。本章将重点介绍旅游项目设计的基础知识、创意设计的原则，以及创意设计的内容和程序，帮助读者在旅游项目创意设计领域建立坚实的基础。通过本章的深入介绍，读者将获得对旅游项目创意设计的全面理解。从基础知识到创意原则、从内容到程序，读者将能够更好地准备和应对旅游项目创意设计的挑战。

第一节 旅游项目设计的基础知识

旅游项目创意设计需要我们对旅游项目进行全面认识，全面了解旅游项目的基本概念、分类以及旅游项目创意设计的特征等。本节将从这些内容出发对旅游项目及其创意设计予以介绍。

一、旅游项目的基本概念

谈到旅游项目，在旅游者的心中一般都会有一个常识性的心理感知，即那些实际存在的可以触摸和感觉到的仪器和设施，如游乐场里的各种吸引人的新颖娱乐设施等。但是，这仅仅是旅游项目中一个很小的部分，旅游规划与开发中旅游项目的概念和内涵比旅游者的通常理解要广泛得多。

旅游规划与开发中所说的“旅游项目”是一个外延十分广泛的概念。简单地说，旅游项目就是各种现实化的旅游资源，即由各种现实和潜在的旅游资源转化而来的、能真正创造价值和财富的旅游吸引物。因此，旅游项目并不是简单的旅游资源，而是要将已经存在的旅游资源经过人为的改造和设计，使其独特魅力更加突出地展现出来。旅游项目是连接旅游者和旅游资源之间的一座名副其实的桥梁。世界上有许多的国家和机构对旅游项目的概念进行了界定，比较常见的有以下几个：

苏格兰旅游委员会在 1991 年对“旅游项目”进行了界定，即旅游项目应该是一个长久性的旅游吸引物，旅游项目的主要目的是让公众和旅游者得到消遣的机会，做他们感兴趣的事情，或者是受到一定的教育，而不应该仅仅是一个游乐场、一场歌舞剧或电影、一场体育竞赛等。旅游项目不仅应该吸引严格意义上的旅游者、一日游者，而且还要对当地居民具有一定的吸引力①。

华尔士（Walsh-Heron）和史狄文斯（Stevens）于1990年将旅游项目描述为具有如下特征：①吸引旅游者和当地居民来访，并为达到此目的而经营；②为到来的顾客提供获得轻松愉快经历的机会和消遣的方式，使他们度过闲暇时间；③将其发展的潜力发挥到最大；④按照不同项目的特点来进行有针对性的管理，使游客的满意度最高；⑤按照游客的不同兴趣、爱好和需要提供相应水准的设施和服务②。

从上面所给出的两个对旅游项目的表述中，我们不难发现其中有一些特点是共同的：①旅游项目应该为旅游者提供消遣以度过闲暇时间；②旅游项目的吸引力应该长久，并且其吸引的对象不能仅仅是旅游者，一日游者和当地居民也应该是旅游项目的吸引对象；③对旅游项目需要进行一定的管理，并在经营中创造一定的经济效益。

在了解了国内外旅游研究者对旅游项目概念的阐述之后，我们对旅游项目应该已经形成了初步认识。实际上，上面归纳出的三个共同点就是旅游项目概念中所包含的三项重要内容。综合目前国内外旅游界对旅游项目的认识，在此，我们可以将旅游项目归纳为：借助于旅游地的旅游资源开发出的以旅游者和旅游地居民为吸引对象，为其提供休闲消遣服务、具有持续旅游吸引力，以实现经济、社会、生态环境效益为目标的旅游吸引物。

这里所说的“旅游吸引物”是一个广义的概念，它既包括了传统意义上的旅游线路、旅游景点，也包括了旅游地的节庆活动、文化背景以及旅游地的旅游商品。可见，广义的旅游项目是一个非常繁杂的体系，它涉及旅游业的食、住、行、游、购、娱等各个方面，既包括了旅游吸引物本身等主要性项目，还包括了为旅游活动的开展提供服务的辅助性项目。由于旅游规划与开发是从系统化的角度对旅游地的发展作出统筹性的安排，因此，本章中谈到的旅游项目如无特别说明，一般均指广义的旅游项目。图9.1就是广义旅游项目的示意图。

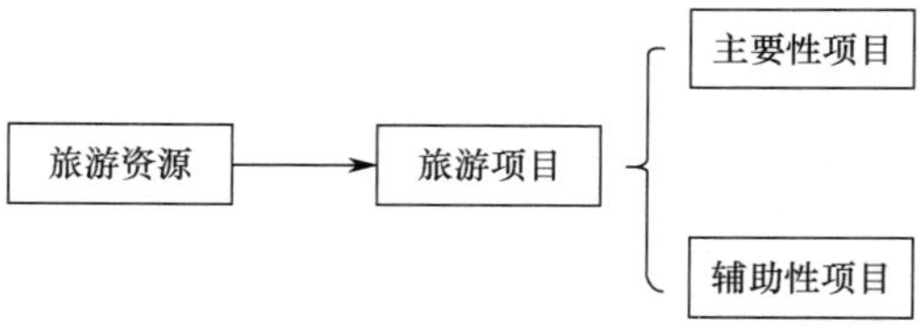

图9.1　广义旅游项目构成示意图

二、旅游项目的分类

旅游项目按照研究的目的和观察方法的不同可以分为多个类别，其中较为常见的有主体分类法和环境分类法。

主体分类法是以旅游者的个人特征作为分类标准对旅游项目进行类型划分的方法。一般而言，旅游者特征包括旅游者的旅游目的、职业、年龄、组织形式、消费方

① 钟永德，陈晓磐. 旅游景区管理.武汉：武汉大学出版社，2009.

② 钟永德，陈晓磐. 旅游景区管理.武汉：武汉大学出版社，2009.

式、旅游时间、旅游的距离等。例如，按照旅游者的旅游目的，可以将旅游项目分为观光型旅游项目、度假型旅游项目以及生态型旅游项目等；按照旅游者的旅游组织形式，可以分成单身旅游项目、情侣旅游项目、居家旅游项目等；按照旅游者的消费方式，可分为高消费旅游项目、低消费旅游项目等。根据旅游主体的特征，我们可以得到旅游项目的如下分类，见表 9.1。

表 9.1　旅游项目主体分类法

分类方法	旅游项目类型
旅游目的	观光型旅游、度假型旅游、生态型旅游、专项旅游
主体职业	学生、自由职业者、体力劳动者、脑力劳动者、退休人员
主体年龄	儿童、青少年、成人、老人
组织形式	单身旅游、情侣旅游、居家旅游、群体旅游、自主旅游、组团旅游
消费方式	高消费、低消费、包价旅游、奖励旅游
旅游时间	一日游、周末旅游、短期旅游、工作旅游
旅游距离	近郊旅游、远郊旅游、中程旅游、远程旅游、国际旅游

资料来源：国家旅游局人事劳动教育司. 旅游规划原理. 北京：旅游教育出版社，1999.

环境分类法是以旅游项目所依托的环境作为分类标准而划分的不同类别。比如，按照旅游项目所处的自然环境可以分为海岸旅游项目、山岳旅游项目、湖泊旅游项目等；按照人居环境可以将旅游项目分为乡村旅游项目、都市旅游项目等。根据环境分类法，可以得到如下旅游项目分类表，见表 9.2。

表 9.2　旅游项目环境分类法

分类方法	旅游项目类型	细分
地球圈层	大气圈	宇宙、天象
	水圈	海水、淡水
	岩石圈	山岳、平原、岩洞
	生物圈	植物、动物
	智力圈	文化、科技、历史、生活
自然环境	自然地区	自然保护区、海岸旅游区、荒漠旅游区、山岳旅游区、湖泊旅游区、溶洞泉瀑旅游区
	过渡地区	平原水乡旅游区、风情民俗旅游区、旅游度假区
人居环境	人类聚居地	历史遗迹区、旅游城镇旅游区、现代城镇旅游区

资料来源：国家旅游局人事劳动教育司. 旅游规划原理. 北京：旅游教育出版社，1999.

此外，旅游项目还有各种分类方法。例如，按旅游空间的不同，可以将旅游项目分成室内旅游项目、城区旅游项目、乡郊旅游项目、区域旅游项目、国内旅游项目、国际旅游项目、洲际旅游项目乃至星际旅游项目；按照旅游活动的状态，可以将旅游项目分为主动旅游项目和被动旅游项目；按照社会内容，可以将旅游项目分为自然生态旅游项目、历史旅游项目、文化旅游项目、科技旅游项目、写作旅游项目等；按照组织目的，可将旅游项目分为科学教育旅游项目、商务旅游项目（会议旅游项目）、考察旅游项目、休养旅游项目、体育旅游项目以及宗教旅游项目等①。

从旅游活动构成的六要素来看，我们也可对旅游项目进行一个系统分类，即交通类旅游项目、餐饮类旅游项目、住宿类旅游项目、购物类旅游项目、观光游览类旅游项目以及娱乐类旅游项目。在上述旅游项目分类的基础上，我们可以将现有的旅游项目加以分类汇总，并形成一个旅游项目库，从而为我们的旅游项目创意设计工作提供充足的信息资源。

三、旅游项目创意设计的特征

旅游项目创意设计是一门新兴的策划学，是指以具体的旅游活动项目为对象，体现一定的功利性、社会性、创造性、时效性、超前性的大型策划活动。

（一）功利性

项目策划的功利性是指策划能给策划方带来经济上的满足或愉悦。功利性也是项目策划要实现的目标，是策划的基本功能之一。项目策划的一个重要的作用，就是使策划主体更好地得到实际利益。

项目策划的主体有别，策划主题不一，策划的目标也随之有差异，即项目策划的功利性又分为长远之利、眼前之利、钱财之利、实物之利、发展之利、权利之利、享乐之利等。在项目策划的实践中，应力求争取获得更多的功利。在进行策划创意、选择策划方法、创造策划谋略、制订策划方案时，要权衡考虑，功利性是项目策划活动的一个立足点、出发点，又是评价一项策划活动成功与否及成果佳否的基本标准。因此，一项创意策划必须具备功利性，在注意策划功利性的同时，还要注意策划投入与策划之利的比例是否协调，策划创意即使再完美，如果策划之利低于策划投入，那么这个策划也不能被称为好的策划，甚至可以说它是失败的案例。

从20世纪90年代开始举办的“哈尔滨冰雪旅游节”的策划，就充分体现了旅游项目策划的功利性。

哈尔滨在推出冰雪旅游节的同时，又举办了冰雪交易会，并与外企和国内大型企业联手推动节日期间文化、艺术、体育活动的全面展开。为了扩大冰雪旅游节的影响，哈尔滨以冰雪旅游节为契机，针对旅游市场展开全方位的联合促销攻势，即通过旅游目的地营销和冰雪交易会的贸易营销，塑造哈尔滨“东方莫斯科”和“冰雪世

---

① 国家旅游局人事劳动教育司. 旅游规划原理. 北京：旅游教育出版社，1999.

界”的旅游形象，同时，哈尔滨还注意积极打造良好的商业形象。在这样强劲的营销攻势下，美国、日本、法国以及东南亚各国的与会人员以及全国四面八方的商务旅游者云集“冰城”，为哈尔滨带来了良好的经济效益。2023 年 3 月 19 日，为期三天的 2023 哈尔滨冰雪博览会在哈尔滨国际会展体育中心闭幕，来自 19 个国家和地区的 500 余家企业以“线下+线上”形式共同参展，现场共展出各类冰雪展品 3000 余件，累计吸引 155 万人次专业观众线上线下参观，实现意向成交额 25.6 亿元①。此外，会展和节庆活动还派生了大量的旅游消费收入。可见，哈尔滨冰雪旅游节为促进哈尔滨旅游事业的发展作出了不可磨灭的贡献。

（二）社会性

旅游项目的策划要依据国家和地区的具体实情来进行，它不仅要注重本身的经济效益，更应关注它的社会效益，经济效益与社会效益两者的有机结合才是旅游项目策划的意义所在。因此，旅游项目策划要体现一定的社会性，只有这样才能为更多的受众所接受。

（三）创造性

旅游项目创意设计作为一门新兴的策划学，也应该具备策划学的共性，即创造性。

旅游项目设计的创造性主要表现在新型旅游项目的推出上。新事物代替旧的事物本身就是一个过程。因此，旅游项目创意设计要在市场中保持一定的竞争优势，就必须要有创造性的新思路、新创意、新策划。良好的旅游项目创意设计应具备创造性，“鹦鹉学舌、照葫芦画瓢”，照搬、模仿、抄袭别人固有的项目不能算作是真正的项目设计。

此外，旅游项目设计的创造性还表现在旅游项目设计应随具体情况的变化而加以调整，即需要旅游项目设计人员具有创造性的思维，不能抱残守缺、因循守旧，要不断地创造新的方法。对于别人成功开发的旅游项目，我们也不要生搬硬套，要善于依据客观情况来努力创新。只有这样，设计出的旅游项目才能别具一格，对旅游者来说才会具有较强的吸引力。我国主题公园的发展就是一个很好的反面教材，如珠海珍珠乐园的连年亏损、云南民族文化村选址的失败、海南中华民族村的停业、福州西游记宫被拆除等，这些主题公园失败的主要原因就是在主题的选择上缺乏新意，因而导致了同类主题公园的恶性竞争。

创造需要丰富的想象力，需要创造性的思维，同时也必须具备相关知识。因此，增强旅游项目策划的创造性，必须要从策划者的想象力与灵感思维入手。

（四）时效性

旅游项目创意设计具有明显的时效性。旅游项目设计的时效性主要是由旅游资源

---

① 2023 哈尔滨冰雪博览会圆满落幕. http://harbin.joyhua.cn/hebrb/20230320/html/content_20230320001001.htm，2023-03-20.

的时效性和旅游需求的时效性所决定的。旅游项目的设计必须以旅游资源为基础，但是某些旅游资源必须在特定的时间段才能为旅游者利用。例如，山地滑雪旅游项目也只有在冬季才能开展，樱花观赏项目只能在春季举行，泼水节、火把节等节庆旅游项目都有明确的时间规定。因此，当以这些旅游资源为基础开发设计旅游项目时，就应严格把握其有效期限。

此外，旅游者的旅游需求也是随着时间的推移而不断变化，旅游项目的一个重要作用就是要满足旅游者休憩娱乐的需求，因此，旅游项目的生命周期与旅游者的需求具有一致性，当旅游市场需求发生变化时，旅游项目也应作出适当调整以适应需求的变化。

（五）超前性

制订旅游项目策划方案时，必须能够在一定程度上预测未来行为的影响及其结果，必须对未来的各种发展、变化的趋势进行预测，必须对所策划的结果进行事前事后评估。因此，旅游项目设计者肩负着重要的任务，即项目的设计策划必须具备一定的超前性。为此，旅游项目设计者必须做到设计的意识超前和技术超前。

设计的意识超前要求旅游项目设计者掌握大量的资讯信息。旅游项目策划要具有超前性，就必须经过深入的调查研究。“没有调查，就没有发言权。”同样，没有经过深入细致的调查研究，超前的项目策划意识也就无从说起。要具备超前的项目策划意识，就必须一方面加强项目设计者自身的理论修养，另一方面要深入调查，获取大量真实全面的信息资料，对旅游市场需求的发展趋势有全面的了解。

旅游项目设计的技术超前性是指在项目设计时应使用最为先进的技术，如利用旅游地信息系统收集相关信息、通过 Auto CAD 制作项目设计图、使用 3Ds 等三维软件制作动态的项目效果视频等。先进的技术和设计手段的使用是项目设计成功的重要保证。

四、旅游项目与相关概念之间的关系

从上述分析中我们可以看出“旅游项目”是一个综合性的概念，其包含的内容极其广泛，旅游业中的任何组成部分都可以在某种程度上与旅游项目联系起来。那么旅游项目与旅游业的其他概念之间是什么样的关系呢？下面我们将从旅游项目与旅游资源、旅游产品和游乐（娱乐）项目的比较入手来了解旅游项目与其他相关概念之间的区别与联系。

（一）旅游项目与旅游资源

关于“旅游资源”的概念，我们在第一章中已经用了一定的篇幅对其进行了详细的介绍，因为旅游资源是旅游业发展的重要基础，是旅游规划与开发工作的前提条件，没有旅游资源的旅游开发最终只能是“巧妇难为无米之炊”。旅游项目则是旅游业发展的重要前提条件，没有旅游项目的旅游业是不可能存在的，旅游项目对于旅游业的发展来说就如同顶梁柱一样，支撑着旅游业的顺利发展。

首先，旅游资源所具有的经济特征是一种潜在的经济性。旅游资源的经济性特征是指能够产生巨大的经济效益、旅游资源具有不可再生性以及旅游资源对于不同的人来说具有差异性的旅游价值。之所以说旅游资源的经济性是潜在的，是因为旅游资源本身并不能够吸引游客前来，它必须经过一定的开发、包装或者营销宣传。因为没有最起码的营销宣传，就不可能吸引旅游者前来，没有一定的开发就不可能产生经济效益。

旅游项目与旅游资源相比具有较强的经济性。因为旅游项目是已经开发成形的旅游吸引物，它本身就需要花费一定的资金和进行一定的人员投入，其产生的目的就是为旅游地创造巨大的经济效益。因此，旅游项目的经济性是可以通过具体的经济指标加以衡量的，旅游投资者可以从旅游项目的运转情况来判断其营利性。

对于旅游资源的不可再生性和旅游价值的个体差异性，旅游项目也与其有较大的差异。旅游项目一般来说是由人工开发而成的，一般可以被重复建设；旅游项目的旅游价值也应该是在较大范围内被人们所认可的。上述各国对旅游项目的概念表述中都强调了对旅游者和旅游地当地居民的吸引力，可见，旅游项目对于大多数的旅游者来说，其旅游价值大体上是一致的。

其次，旅游资源所具有的空间特征在旅游项目上体现得也不明显。旅游资源由于其自然属性决定了其具有空间属性的特征，即地域性、不可替代性、综合性、组合性和相似性。这些特征在旅游项目上就没有较为明显的体现。

旅游项目在地域空间上是可以被重复建造的，一地所拥有的旅游项目在另一个地方同样可以见到，著名的主题公园迪士尼乐园在全球范围内的扩张就是一个很好的例子。这些旅游项目具有相同的特色，因此相似的旅游项目之间具有较强的替代性，它们同样能够满足旅游者的某些方面的需求。

最后，旅游项目较旅游资源具有较强的文化性。旅游项目是人们设计建造出来，在其设计的过程中就体现了设计者的一种理念，映射出了一种文化内涵，因此，无论是什么样的旅游项目都是人类文明的体现，体现了较强的文化性特征。

旅游资源和旅游项目之间是一种依托的关系，即旅游项目的开发必须以旅游资源的存在为基础，而旅游资源的吸引力实现必须借助于旅游项目。可以说，旅游资源是旅游业生产所必需的原材料，而旅游项目就是旅游业生产过程中的初级产品，两者都是旅游业在发展过程中不可缺少的组成部分。

（二）旅游项目与旅游产品

“旅游产品”也是在旅游规划与开发中经常接触到的一个基本概念，旅游产品和旅游项目之间实际上应该存在一种类似于点与线的关系。旅游规划与开发意义上的旅游产品同样有广义和狭义之分。所谓广义的旅游产品通常指的就是旅游线路，也就是将一系列的旅游景点（区）以及节庆活动等旅游项目串接起来，为旅游者提供满意、印象深刻的旅行，使其获得一次值得回忆的愉快经历。而狭义的旅游产品指的则是单纯意义上为旅游者提供物质和精神享受的那些旅游景点或节庆活动等。

可见，旅游项目与旅游产品的概念是十分相近的，但是又有一定的区别。

首先，旅游产品所包含的内容比较广泛，而旅游项目的内涵则稍窄一些。广义的旅游产品一般来说可以被分为核心产品、基础产品和形式产品三个层次，三个产品层次组合起来就构成了整体旅游产品。其中，旅游核心产品是指向旅游者提供一种印象深刻、愉悦身心的旅行经历；而旅游基础产品是指为了让旅游者得到一次愉快的旅行经历，必须借助的餐饮、住宿、交通、游览、购物、娱乐等方面的基本物质保障；旅游形式产品则是指各种具体的物质手段和产品概念在市场中所表现出的外观形式，即服务、价格、质量、品牌、促销手段、特色、通达性、安全、方便性以及距离等[①]。而旅游项目的内容一般是包括旅游景点景区、旅游节庆活动、民风民俗、旅游商品甚至包括某些旅游服务在内的各种旅游吸引物，旅游项目是构成旅游线路的基本要素。

其次，旅游项目较旅游产品来说具体一些。旅游项目是一个个具体的、可以为旅游者所感知的旅游吸引物，而旅游产品不同，它比较抽象。旅游者在出游之前一般都很难十分真实、确切地感受到旅游经历，并且旅游产品在其生产的过程中不仅受客观条件的限制，而且还可能会由于人为的原因造成游客在旅游过程中存在一定的风险。这种情况在旅游项目上就很少出现，旅游项目能在一定时期内保持相对的稳定性，受外界的干扰较少。

综上所述，旅游产品和旅游项目是两个不同而又相联系的概念。旅游产品是将各种旅游项目和旅游服务以及基础设施组合起来，对外进行销售的无形产品。旅游产品可以被无限出售，基本上不存在磨损和折旧。旅游项目则是各种旅游吸引物的综合体，与旅游产品相比包含的内容较少，但是稳定性却相对较强。

（三）旅游项目与游乐（娱乐）项目

我们从字面上就能找到旅游项目与游乐项目的区别。所谓游乐（娱乐）项目就是为了帮助人们度过闲暇时间，给人们提供精神和物质享受的服务和娱乐设施，它也是以营利为其目的的。这样的游乐项目主要是一些主题公园、游乐园以及酒吧、歌舞厅等。很显然，这些游乐项目不一定是为旅游者服务的，只是为人们提供一些闲暇娱乐的场合及设施。旅游项目则不同，它不仅包括游乐（娱乐）项目，还包括其他一些涉及食、住、行、游、购等方面的设施和服务。

因此，游乐（娱乐）项目属于旅游项目中的一个小类别，为人们提供与娱乐相关的设施和服务，它与旅游项目的关系是部分与整体的关系。

以上我们一起探讨了旅游项目与其他几个与之相类似的概念之间的区别与联系，通过这些比较，我们能够更进一步认识旅游项目的内涵，这对于我们在旅游规划与开发中更好地进行旅游项目的规划和设计具有十分重要的意义。

---

① 岳怀仁. 风景旅游区经营与管理. 昆明：云南大学出版社，1998.

第二节 旅游规划与开发项目创意设计的原则

旅游规划与开发的最终结果是要让旅游地通过旅游项目的创意设计和开发，达到吸引旅游者到本地旅游并获取巨大的经济、社会、生态环境效益的目的。而旅游项目的创意设计并不是一项简单的工作，它需要旅游规划的专业人士在充分地分析旅游地的资源优势与社会、经济、文化背景的前提下，根据实际情况进行的创意设计。在创意设计时必须遵循一定的原则，要用这些原则来指导旅游规划与开发中的项目创意设计。

一、旅游项目创意设计的总体原则

旅游项目的创意设计就其名称而言，重点就落脚于“创意”二字。所谓的创意也就是说要有所创新，即在新的旅游资源条件下、在新的旅游市场形势下，如何通过表现形式或旅游项目内容的变化与更新，来使新的旅游项目更适合该旅游地的发展。但是，以市场经济为主导的社会中，旅游项目无论怎样更新、怎样创新，都必须遵守一个最基本的原则，这个原则可以用一句话概括为：“人无我有，人有我新，人新我转”。这句话应该是每一个旅游规划人员在进行旅游项目创意设计的时候要牢记在心的。它从旅游项目的开发上对创意的含义作了进一步的具体解释，是成功进行旅游项目创意设计的根本。

（一）人无我有

“人无我有”是旅游项目创意设计，也是创新最基本的含义之一。所谓“人无我有”，即创造一个别的旅游地或旅游景区从来没有过的旅游项目，属于完全彻底意义上的创新，也是创新的第一个层次。这种创造需要深厚的经验积累，想达到这种旅游项目创新的水平也非一日之功，必须对其他旅游地的资源赋存状况、发展现状以及旅游项目的保有情况作一个最基本的调查和了解，其后才能根据本地所特有的优势创造设计出全新的旅游项目。

在实践过程中，这种完全意义上的创新性项目设计是越来越少了，其原因主要可归纳为两点。①从旅游项目创造的可能性来说，现在随着旅游地开发的热度越来越高，许多旅游地都设计了不少旅游项目，这些旅游项目大都参考了世界上旅游业发达地区的旅游项目，因此，旅游项目的空白面较小，留给旅游规划者进行创造性的旅游项目设计的空间不大。②从旅游地可供开发的旅游资源来看，旅游项目的设计需要将旅游资源来作为基础，由于某些旅游资源所具有的普遍性和类似性，大多数旅游开发地没有其独到的、具有特别明显优势的旅游资源。因此，在进行旅游项目的设计时，旅游规划工作者很难跳出许多地方都有的同一的旅游项目，更不用说进行创造性的项目设计了。

虽然在目前条件下进行旅游项目的创造性设计存在一定的困难，但是，“人无我有”作为指导旅游规划与开发的项目创意设计的首要原则是应该被人们所重视的，它是旅游项目创意设计的最基础的层次。

（二）人有我新

“人有我新”是旅游项目创意设计的另一个重要的理念，人有我新从创新性上对旅游项目的创意设计进行了具体的阐释，即如果一个旅游项目，其他的旅游地或旅游景区已经存在了，或者已经在旅游者中比较流行了，那么在新的旅游地的开发过程中，我们是继续将该旅游项目原封不动地照搬借用过来，还是将其进行一定的改进后再引入呢？

在人有我新的设计原则指导下，答案就十分明确了。一个旅游项目在一个地方适合，在另一个旅游地就不一定是适合的。因为不同游客的需求取向是不同的，不同旅游地的旅游氛围和文化背景也是不相同的，只有针对该旅游地的实际情况进行旅游项目设计，才能真正把握住旅游地的特色和旅游者的需求。这种创新在旅游项目创意设计中应该算是第二个层次，即改造型的创新。

该设计原则要求旅游规划工作者在进行旅游项目设计时，注意旅游项目的差异性，这是有其旅游心理学依据的。我们常说，旅游者的一个重要旅游动机就是求新、求异、求知，那么在旅游项目上如何能满足旅游者的这一重要需求呢？当然就是通过一些与众不同的旅游项目来吸引旅游者。而这些特别的旅游项目的来源主要有两个：一个就是创造一些新颖的旅游项目，这也就是第一个原则指导下进行的旅游项目创造性创新；另一个就是将其他旅游地所拥有的旅游项目进行本土化改造，使其充满浓郁的本地风情，从而与其他同类型的旅游项目形成差异，成为一个新的旅游项目，吸引旅游者。这第二个获取新颖旅游项目的方法就是人有我新原则的体现。在改造型的创新中，既可以是在旅游项目的硬件基础上加以创新，如提高旅游项目中的科技含量、采用新兴的科学技术等，也可以是从文化氛围或其他的软件上对旅游项目进行改造。

（三）人新我转

旅游项目创意设计的一个重要特征就是要有创新性。在旅游项目创意设计的总体原则中，“人新我转”是对创新性的再次强调。“人新我转”的含义是指当一个旅游项目在别的旅游地已经存在，并且在目前的条件之下，本地区无法通过创新措施使得本地的旅游项目超过其他旅游地时，旅游开发地应该主动放弃这种旅游项目，来寻找新的市场空间，并开发出新的旅游项目。

“人新我转”原则真正落到实处需要旅游规划人员具备较强的市场分析和预测能力，更需要一定的勇气和魄力。旅游市场的竞争是激烈的，要退出一个市场和进入一个市场的难度是同样巨大的，因此，旅游规划人员在对旅游项目进行设计时要努力挖掘旅游资源的内在潜力，力求所设计的旅游项目能在原有的其他旅游项目的基础上有一定的创新。当这种创新性的项目设计无法完成时，就应该及时地转向另一个旅游项目的设计，以求在新的旅游市场上形成自己独有的旅游项目，获得旅游者的认可，以此提升本旅游地的旅游竞争力。

"人无我有、人有我新、人新我转"，这是旅游项目创意设计中必须坚持的主要原则，这三句话是一个统一的整体，它们从旅游项目设计的角度讲述了旅游项目设计时应以创新性为设计的标准，体现了旅游市场竞争力的核心就是创新力的竞争，因此在进行旅游项目创意设计时要在充分考虑了本地旅游资源的实际情况基础上，力求设计的旅游项目突出本地特色，并与其他地区的旅游项目之间具有一定的差异性，使之具有吸引力。而当旅游项目创新性的创造或改造都无法提升旅游地的旅游吸引力的时候，旅游规划者就要通过寻找新的旅游市场作为突破口，设计出既能满足旅游者的需求又具有本地旅游特色，并与其他旅游地相区别的旅游项目。

二、旅游项目创意设计的其他原则

旅游项目创意设计的过程除了要遵循以上几项主要原则之外，还要以下列原则为指导。

1. 因地制宜的原则

旅游的本质是追求奇异，追求与自己原来的生活环境、生活习俗不同的感受和观感。因此，旅游项目必须含有与多数旅游者不同的生活环境以及生活习俗。同时，旅游开发地由于地理环境、历史发展、生产基础、资源人口、民族等的构成条件不同，必然会存在显著的地区差异，即使是同一资源，在不同的旅游开发地中也会呈现出不同的特征。

因此，进行旅游项目的创意设计时，离不开旅游资源条件的支持，只有在充分研究了解旅游地各种资源条件的基础上，才能因地制宜地开发设计出具有鲜明地域特色的旅游项目。

2. 整体优势的原则

旅游项目的设计要服从全国的、区域性的旅游、经济发展需要，不能盲目地、不切实际地超前发展，应从整体的利益最大化来进行设计。在旅游项目的设计上要充分调动旅游开发地的旅游资源以及食、住、行、游、购、娱等行业来实现旅游地以及更大区域内旅游、经济的大发展。

3. 综合设计的原则

旅游开发地内部的各项资源不是相互孤立且无联系地排列在旅游开发地内的，而是相互影响、相互关联的一个整体系统。因此，在旅游项目创意设计中，对旅游开发地各项资源的不同配置、不同组合，都会对旅游项目的整体功能产生影响，尤其在创意设计的旅游项目是以自然旅游资源为基础时，旅游项目与环境有着更为密切的关系。经过了漫长岁月的自然发展和系统的自组织作用，自然旅游资源与环境已经处于一种稳定的、循环的动态平衡状态之中。利用自然旅游资源进行旅游项目的创意设计，其旅游项目可能会打破自然旅游资源与周边环境之间的动态平衡状态。因此，为了维持旅游开发地内各项资源之间稳定的联系，使旅游地的经济发展呈现出持续发展的势头，在旅游项目创意设计时要遵循的另一个原则，即要综合考虑所设计的旅游项目对周边环境和旅游资源本身的影响。

4. 现实性的原则

旅游项目创意设计是一项现实性较强的工作，设计出的旅游项目要具备较强的可操作性和经济上的可行性。因此，在设计旅游项目时应立足于旅游地开发实际，从旅游资源赋存、投资来源、科技实力水平、旅游市场需求等方面来评价和衡量所设计的旅游项目是否具有一定的现实性。

5. 一致性的原则

旅游项目的创意设计关系到旅游地未来的发展前途，是一项十分重要的工作。但是在设计工作中切忌短期行为的发生，要想使旅游地能够实现可持续发展，就必须重视旅游地发展远景目标和开发趋势，尽量避免设计出滞后的旅游项目，每一个旅游项目的设计和建设都应处于旅游地发展的规划控制之下，与旅游地的长期发展规划保持高度的一致性。

6. 三大效益的原则

三大效益的原则是一个关系到旅游地可持续发展的问题，旅游项目的创意设计就其目的而言，是为了获得巨大的经济利益、促进当地经济发展、满足人们对休闲生活的需求。但是在满足经济利益的同时也不能忽视了旅游项目所带来的社会效益和生态效益。因此，旅游项目创意设计时要保证将经济、社会、生态环境效益统一起来综合考虑。

7. 品质优先原则

我国旅游业的发展目前正进入高质量发展的阶段，在旅游项目的设计与开发方面，应该注重以品质优先，以为游客提供优质的体验、为居民提供优质的环境作为目标。在旅游服务、旅游基础设施、公共服务项目等方面多花心思、多投入精力，最终提高游客的满意度。

8. 体验导向原则

旅游项目的体系构成正从传统的景区景点型向全时、全季、全产、全业、全服务、全境进行转变，而这种转变的本质就是强调游客能够享受全面优质的体验。因此，在旅游项目设计时，需要注意到体验的全程性和体验的设计感。

所谓体验的全程性就是指旅游项目的设计不仅要关注游客到达之后的现场体验感，还要上溯到游客抵达前以及考虑到离开后的各种体验。而体验的设计感则需要建立在对体验概念与内涵的充分了解基础之上。

第三节　旅游项目创意设计的内容与程序

一、旅游项目创意设计的方法

（一）头脑风暴法

头脑风暴法又称集体思考法或智力激励法，于 1939 年由奥斯本首先提出的，1953 年此方法被进一步丰富和理论化。

所谓的头脑风暴法是指采用会议的形式，如召集专家开座谈会以征询他们的意见，把专家对过去历史资料的解释以及对未来的分析有条理地组织起来，最终由策划者作出统一的结论，在这个基础上，找出各种问题的症结所在，提出针对具体项目的策划创意。

使用这种策划方法时，策划人要充分地说明策划的主题，提供必要的相关信息，创造一个自由的空间，让各位专家充分表达自己的想法。因此，参加会议的专家的地位应当相当，以免产生权威效应，从而影响另一部分专家创造性思维的发挥。专家人数不应过多，应尽量适中，因为人数过多，策划成本会相应增大，一般 5～12 人比较合适。会议的时间也应当适中，时间过长容易偏离策划方案的主题；时间太短，策划者很难获取充分的信息。这种策划方法要求策划者具备较强的组织能力、富有指导艺术，能够抓住策划的主题，调节讨论气氛，调动专家们的兴奋点，从而更好地挖掘专家们潜在的智慧。

头脑风暴法的不足之处体现在以下几个方面。首先，邀请的专家人数受到一定的限制，如果挑选不恰当，则容易导致策划失败。其次，受某些专家的地位及名誉的影响，有些专家不敢或不愿当众说出与己相异的观点。这种策划方法的优点是：获取广泛的信息、创意，互相启发、集思广益，在大脑中掀起思考的风暴，从而启发策划人的思维，想出优秀的策划方案来。

（二）德尔菲法

德尔菲法是在20世纪60年代由美国兰德公司首创和使用的一种特殊的策划方法。德尔菲法是古希腊的一座城市，因阿波罗神殿而驰名，由于阿波罗有着高超的预测未来的能力，故德尔菲成了预测、策划的代名词。

所谓德尔菲法是指采用函询的方式或电话、网络的方式，反复地咨询专家们的建议，然后由策划人作出统计，如果结果不一致，那么就再征询专家意见，直至得出比较统一的方案。这种策划方法的优点是：专家们互不见面，不能产生权威压力。因此，该方法可以自由地充分地发表自己的意见，从而得出比较客观的策划方案。

运用这种策划方法时，要求专家具备与项目策划主题相关的专业知识，熟悉市场的情况，精通策划的业务操作。专家的意见得出结果后，策划人需要对结果进行统计处理。但是这种方法缺乏客观标准，主要凭专家判断，再者由于次数较多、反馈时间较长，有的专家可能因工作忙或其他原因而中途退出，从而影响策划的准确性。

在德尔菲法的实施过程中，始终有两方面的人在活动：一是预测的组织者；二是被选出来的专家。

首先应注意的是德尔菲法中的调查表与通常的调查表有所不同，它除了有通常调查表向被调查者提出问题并要求回答的内容外，还兼有向被调查者提供信息的责任，它是专家们交流思想的工具。德尔菲法的工作流程大致可以分为四个步骤，在每一步中，组织者与专家都有各自不同的任务。

德尔菲法的基本步骤如下。

1. 开放式的首轮调研

（1）由组织者发给专家的第一轮调查表是开放式的，不带任何条条框框，只提出预测问题，请专家围绕预测问题提出预测事件。因为如果限制太多，会漏掉一些重要事件。

（2）组织者汇总整理专家调查表，归并同类事件，排除次要事件，用准确术语提出一个预测事件一览表，并将之作为第二步的调查表发给专家。

2. 评价式的第二轮调研

（1）专家对第二步调查表所列的每个事件作出评价。例如，说明事件发生的时间、争论问题和事件或迟或早发生的理由。

（2）组织者统计处理第二步专家意见，整理出第三张调查表。第三张调查表包括事件、事件发生的中位数和上下四分点，以及事件发生时间在四分点外侧的理由。

3. 重审式的第三轮调研

（1）发放第三张调查表，请专家重审争论。

（2）对上下四分点外的对立意见作一个评价。

（3）给出自己新的评价（尤其是在上下四分点外的专家，应重述自己的理由）。

（4）如果修正自己的观点，也应叙述改变理由。

（5）组织者回收专家们的新评论和新争论，与第二步类似地统计中位数和上下四分点。

（6）总结专家观点，形成第四张调查表，其重点在于争论双方的意见。

4. 复核式的第四轮调研

（1）发放第四张调查表，专家再次评价和权衡，作出新的预测。是否要求作出新的论证与评价，取决于组织者的要求。

（2）回收第四张调查表，计算每个事件的中位数和上下四分点，归纳总结各种意见的理由以及争论点。

值得注意的是，并不是所有被预测的事件都要经过四步。有的事件可能在第二步就能达到统一，而不必在第三步中出现；有的事件可能在第四步结束后，专家对各事件的预测也不一定能达到统一。但是，不统一也可以用中位数与上下四分点来作结论。事实上，总会有许多事件的预测结果是不统一。

（三）拍脑瓜法

拍脑瓜法又称创意法，是指旅游项目策划人收集有关产品、市场、消费群体的信息，进而对材料进行综合分析与思考，然后打开想象的大门，形成意境，但不会很快想出策划方案，它会在策划人不经意时突然从头脑中跳跃出来。

拍脑瓜法其实并不是在短时间内一拍即完，而是经过一个长时间的前提准备工作，思绪积累到一定程度，自然而然地流露出来，它需要策划人具备一定的项目策划功底，且拥有渊博的专业知识。策划人要像蜜蜂采蜜一样，从各种鲜花中一点一滴地采集最有效的成分。

（四）灰色系统法

系统是指相互依赖的两个或两个以上要素所构成的具有特定功能的有机整体。系统可以根据其信息的清晰程度，分为白色、黑色和灰色系统。白色系统是指信息完全清晰可见的系统；黑色系统是指信息全部未知的系统；灰色系统是介于白色和黑色系统之间的系统，即有一部分信息已知而另一部分信息未知的系统。灰色系统法是指利用一些已知的行为结果，来推断产生该行为的原因或未来模糊的不确定性行为的方法。使用该方法进行旅游项目设计主要是通过现有旅游者的行为模式，推导出未来可能拥有客源市场并获得成功的旅游项目的形式。

（五）智能放大法

智能放大法是指对事物形成全面而科学的认识，然后在这种认识的基础上对事物的发展作夸张的设想，运用这种设想对具体的旅游项目进行设计与策划。

由于这种方法受到时间、地点以及人文条件的制约，因此，具体操作时要靠项目策划人自己来准确把握。

这种策划方法容易引起公众的议论，形成公众舆论的焦点，进而很快提高其知名度，形成炒作的原料。“没有想不到的，只有做不到的”就是这种策划方法的原则。但是这种策划方法并不是一味地往大处想，而是在现有的客观条件下，合理地考虑到公众的心理承受力。也就是说，智能放大法是有一定风险的，太过于夸张容易导致项目策划向反方向发展，而彻底改变项目策划的初衷。

二、旅游项目创意设计的内容

由于旅游项目的创意设计是一项系统工程，它需要在对旅游区进行合理功能分区的基础上，综合利用各个功能分区内的各种资源开发出能够吸引旅游者的旅游项目。因此，旅游项目设计所涉及的内容是十分繁杂的。总的来说，应该包括以下几个方面。

1. 旅游项目的名称

设计的旅游项目到底是什么名称，这是旅游项目创意设计的一个重要内容。旅游项目的名称是连接旅游项目与旅游者的桥梁，在对旅游项目命名时要仔细揣摩旅游者的心态，力争通过一个有创意的名称来吸引广大旅游者的眼球。

2. 旅游项目的风格

在旅游规划与开发中，旅游项目创意设计是一项基础性的工作，它的工作重点主要是对旅游地的旅游项目进行创意设计和总体安排，而不可能是设计出较为细致的建设图纸，这是在旅游区修建性详规中需要解决的问题。因此，在旅游规划与开发中，工作人员要将该旅游项目的特色或者风格描述出来，使得人们能够感受到和把握其中所蕴含的民风民俗和文化氛围，并以此来控制旅游功能分区的发展方向。具体而言，在风格限制方面，可以规定下列内容。

（1）旅游项目中主要建筑物的规模、形状、外观、颜色和材料。

（2）旅游项目中建筑物的内部装修的风格，如建筑内部的分隔、装修和装饰的材料。

（3）与旅游项目相关的旅游辅助设施和旅游服务的外观、形状和风格，如旅游项目的路标、垃圾箱、停车场、购物商店、洗手间以及旅游餐馆（餐厅）所提供服务的标准和方式。

3. 旅游项目的选址

一般说来，旅游项目是一个有形的实体，因此它具有时间性和空间性特征。在地域空间上，规划中要明确给出每一个设计出的旅游项目的占地面积以及其建设的大致地理位置，这两个内容必须具体到在实际中可以在空间进行定点的程度。具体如下：①旅游项目的具体地理范围；②旅游项目中建筑的整体布局，以及各个建筑物的位置以及建筑物之间的距离；③旅游项目中所提供的开放空间及布局。

4. 旅游项目的产品体系

旅游项目中必定形成一个综合性的产品体系，这些产品要么是一些关于民风民俗的节庆活动，要么就是一些参与性较强、娱乐性较强的游乐产品，但是不管是哪一类的产品都不可能是用单一的产品来供给旅游者，必定是有多种多样的产品供旅游者选择。所以，在旅游项目的创意设计中，要明确表明什么是该旅游项目的主导产品或主导品牌，什么是该旅游项目的支撑项目和品牌等。具体可以分为：规定旅游项目所能提供的产品类型；确定主导产品或活动。

5. 旅游项目的实施与管理

从系统论的角度出发，旅游项目创意设计应该具有全程性特征，即交接了旅游项目设计文本和图纸并不是旅游项目创意设计结束的标志，它还应涉及项目建成后的日常经营管理以及项目在新的市场环境下如何调整等问题。所以，旅游项目设计还应对旅游项目的工程建设管理、日常经营管理、服务质量管理以及经营成本控制等内容进行明确的规定。

三、旅游项目创意设计的程序

旅游项目创意设计是应用旅游的相关知识，将预期开发的旅游资源进行包装，并将其表述为让投资商能看得懂的投资方案的过程，最终结果是要能够吸引广大投资商来积极开发旅游资源。在旅游项目创意设计的实践中，一般可分为以下几个步骤或程序。

1. 旅游开发地的环境分析

旅游开发地的环境分析是旅游规划与开发中进行项目创意设计的一个首要步骤。当前旅游市场竞争是十分激烈的。旅游规划人员在设计旅游项目时，要想通过创新性的开发来达到胜人一筹的目标，就必须要首先了解旅游地竞争对手的情况以及影响竞争的各种内、外部的环境因素。关于环境因素的分析，我们已经在进行旅游市场分析时作了详细的介绍。所谓对旅游开发地的内部环境进行分析，主要是对旅游开发地的自然资源、人力资源、物力资源和财力资源的分析，通过分析了解旅游地的人才储备情况、基础设施水平和开发的资金实力；而对旅游开发地的外部环境分析，则主要是分析旅游市场上的市场需求状况、旅游地之间的竞争状况和旅游市场上的旅游需求趋势。在此分析的基础上，建立对旅游开发地的社会文化背景的认识以及对旅游市场进行较为深入的了解。

2. 分析开发地的旅游资源特色

旅游项目的特色是由当地的旅游资源特色所决定的，这是因为旅游项目布置于旅游开发地，需要与区域旅游环境和氛围保持一致。这就需要旅游项目创意设计者在规划前期工作，即旅游资源调查过程中，对旅游开发地旅游资源进行仔细分析，并针对不同的旅游功能分区提出各个旅游分区的旅游资源特色，以此作为设计该旅游功能分区旅游项目的基调。

3. 旅游项目的初步构思

在进行旅游项目的创意设计时，首先是要提出旅游项目的构思。所谓的旅游项目的构思就是指人们对某一种潜在的需要和欲望用功能性的语句加以刻画和描述。对于旅游项目设计的构思不能够依赖于偶然的发现或灵感的火花，而是要在真正了解该区域旅游资源特色的基础上，通过不断地刺激思维得到的。这些刺激可以是来自规划人员自身的发散性思考，也可能是来源于旅游规划与开发中所涉及的人或企业，如通过调查旅游者、旅游专家学者、旅游的竞争对手、旅行社等来寻求构思的原型。

4. 旅游项目构思的评价

在经过了一番分析和思考之后，规划人员已经拥有了许多基本上成型的关于旅游项目的构思，可是这些构思并不代表它们将全部为旅游规划所采纳和吸收，即在确定旅游项目之前要对已有的项目构思进行甄别。

由于旅游项目创意设计的市场导向要求，以及随着项目设计的发展、市场导向作用的日益增强，对项目构思要进行成本估算和营销测试，通过这种方式来对旅游项目的创意构思进行甄别，将那些成功概率较低的旅游项目构思淘汰，而保留那些成功机会比较大的构思，以便于在建设时能将资金集中到几个项目上，提高旅游项目的服务水平和品牌知名度。

5. 旅游项目的设计

在对已有的旅游项目构思进行甄别之后，就是旅游项目设计的最后一步，即将旅游项目的构思落实成为实实在在的旅游项目创意，并最后通过招标的方式吸引投资者来投资建设。这个步骤的主要工作就是将上面形成的旅游项目构思加以完善和进一步具体化，不仅要从总体上对旅游项目的创意进行不断完善，而且在一些细节方面，旅游项目的设计者也要从小处着眼，以人性化的设计理念为指导，将较为抽象的旅游项目的构思转变成独具地方特色的、深受旅游者欢迎的旅游项目。

6. 项目策划书撰写

在一系列前期工作结束后，应着手编写项目策划书。项目策划书的主要构件有以下几项。

（1）封面。封面主要包括策划组办单位、策划组人员、日期、编号等。

（2）序文。序文主要阐述此次策划的目的、主要构思等。

（3）目录。策划书内容的层次排列，给阅读者以清晰的全貌。

（4）内容。策划创意的具体内容。在撰写内容时需注意以下几项要求：文笔生动，数字准确无误，运用方法科学合理，层次清晰。

（5）预算。为了更好地指导项目活动的开展，需要把项目预算作为一部分在策划书中体现出来。

（6）策划进度表。策划进度包括策划部门创意的时间安排以及项目活动本身进展的时间安排，在制定时间时要留有余地，具有可操作性。

（7）策划书的相关参考资料。项目策划中所运用的二手信息材料要标注引用来源，以便查阅。编写策划书要注意以下几个要求：①文字简明扼要；②逻辑性强、时序合理；③主题鲜明；④运用图表、照片、模型来增强项目的主体效果；⑤具有可操作性。

案例 9.1

武汉东湖风景区楚风园项目设计方案（部分）

楚风园位于渔光村东南沿湖一侧，面积约 4.2 公顷，距东湖风景区听涛景区梨园大门仅百余米。楚风园拟建成一座开放式公园，使东湖环湖沿岸的景点以点、线、面组成一个有机的整体，为广大市民提供更多的休闲场所。

一、楚风园的设计指导思想

由于楚风园地处渔光村附近，且与梨园大门仅百余米距离，故无论从地理环境还是从人文景观来说，它都应是听涛景区延伸的一个有机部分，是一个符合楚地风情的自然山水园。

二、设计原则

本着以上指导思想，其具体设计原则应包括以下几点。

（1）布局、造景特色应与听涛景区的特色相辅相成，形成一个延伸的有机体。

（2）全园要简约化、民俗化、特色化。

（3）因为周围的居民较多，要充分考虑全园的实用性、功能性。

（4）在尽量少破坏原有的地形、地貌以及植被的前提下，因循就势地进行布局。

（5）要使全园的景观视线通透，能充分欣赏湖面及沿湖美景。

三、总体布局

总体布局是以南北两个端点连线为划分界线，将大部分建筑与单体放在沿湖大道的远视距区域内，即东南区，而近沿湖大道和西北区域则为视线相对通透的风景林区，当然两者还是有些部分互为穿插。这样一来，即使沿路一侧的景观视线不受阻碍，又使游人在建筑物上的视线更加通透。另外，这样的布局可形成一个很有理念的意向空间，既有流动感又相互穿插，从而避免过于僵硬和呆板的界限感。

四、具体分区规划设计

1. 主入口及驳岸（广场入口区）

主入口及停车场作为人流的集散中心，把它设在西南角，一是因为其原址是房屋群，故基质平坦坚硬，易于铺砖；二是因为此处为人流密集区，此广场可用来疏通人群、车流，方便交通；三是此处与听涛沿岸遥遥相对，广场作为一种强调符号可引导游人视线，吸引游人。

主入口的形式以鸳鸯豆、五十一兽座屏的雕塑及背景植物为主，形成一个虚化通透的“门”，入口广场处火凤凰的模纹花坛意为楚人的图腾。而鸳鸯豆门及五十一兽座屏则体现了楚文化的历史渊源和精髓。整个构图形式将古典与现代相融合，而且散发着源远流长的楚文化气息。入口处颇具功能性的绿化花坛将人流集散地与停车场进行了有效的分隔，且做到有机统一。而南边一侧利用现有鱼塘的驳岸，将其改造为游船的码头，使主入口处的水路、陆路交通非常便利。

2. 茶室、石舫（休闲区）

在主入口的东南上端临水处建一茶室，让人们饮茶时体会到“极目楚天舒”，而茶室旁一古香古色的旱井更显意境和品位。在茶室的水面前方建一石舫，可让游人登船临水远眺，感受一下李白当年“长风破浪会有时，直挂云帆济沧海”的诗情画意。

3. 中心广场（活动区）

服务中心广场依山势临水而建，依山傍水的开阔地带很能吸引人们驻足停留，而山上控制点处的祈天求雨台以及广场上的鬲更是能聚焦人们的视线，使楚文化的勃勃生机给游人留下深刻的印象。

4. 亭、桥、岛及雕塑（游览区）

“小桥流水人家”的田园山水风光在此充分再现。岛上的渔夫濯缨、岸上的牧童笛声、水边的亭桥廊榭、满池的亭亭红莲，让游人在这个不大的水体环境中对鱼米之乡的山水人情流连忘返。

5. 晚风廊、樟树林、枫香林区域（游览区）

借“停车坐爱枫林晚，霜叶红于二月花”的诗意，在枫香林中建一晚风廊，而幽静深沉的樟树林与瑟瑟红叶的枫香林则将四季之景渲染得有声有色（声为踏步与沙沙落叶之声，色为瑟瑟红叶之秋色）。

6. 水体

对原渔光村的人工鱼塘进行合理的填挖，使之达到非同凡响的景观效果。

在东边最大的人工塘处，由于堤上有大量柳树，故对其进行合理的保留取舍，使“直线”变“虚线”，即有隔断、有连接，有遮有透，若隐若现，别有一番情趣，再将水面破开，使整个湖面有缩有放、有线有面，形式变化多样，更富意境与自然，而水边的湖石则更显自然情趣，宛如一幅自然山水画。

7. 植物自然景观

尽量保留原来自然景观，如原有地形、原有片状风景林，故保留并扩充了原来的枫香林、樟树林，使其成为主体自然景观，再点缀一点观花植物，如白玉兰、桂花、紫薇等，而在其片状区则点缀些耐阴的杜鹃。

在植物布局上，做到与建筑空间相互补充，形成相对应的开敞空间、围合空间等，做到疏密有致、开放自如。

资料来源：马勇，李玺. 旅游规划与开发. 2 版. 北京：高等教育出版社，2006.

四、旅游项目创意设计的影响因素

旅游项目是旅游规划与开发的设计者在当地旅游资源的基础上设计出的现实旅游吸引物。因此，旅游项目上凝结了旅游规划工作者辛勤的劳动，是对旅游资源的再创造。由于人与人之间是存在一定的差别的，对同一事物的认识也会因为人们看问题的角度不同或对问题认识的不同而相去甚远。在进行旅游项目的创意设计时，面对同样的一个旅游地，每一个旅游规划者都会有自己独到的见解和项目设计方式。因此，我们要搞清楚，在进行旅游项目的创意设计时有哪些因素对其产生影响。

总的说来，在旅游项目创意设计中有三个因素是十分重要的，会对设计的质量产生影响，这三个因素分别是规划者和开发商、旅游资源的赋存状况和旅游市场状况。

（一）旅游规划者和开发商

旅游规划者和旅游项目的开发商是旅游项目创意设计中的一个最主动的要素，只有充分调动旅游规划者的科研积极性和热情，才能保证将其工作效率和创新精神发挥到极点。旅游规划者在进行旅游项目创意设计时，最为重要的素质就是项目设计的经验和旅游规划工作的信息度。

1. 旅游规划工作者的经验

一般来说，一名优秀的旅游项目创意需要一支优秀的旅游规划队伍作为保障，有经验的旅游规划队伍应该包括拥有各方面知识和技术的人才，这些规划组成员应该具有丰富的规划经验，能够在市场分析的前提下进行科学判断，明白什么样的旅游项目适应什么样的旅游市场环境。从某一方面来说，旅游规划工作是一种对经验要求较高的工作，较为丰富的规划经验可以在进行规划时为旅游规划工作者提供更多的思路。因此，旅游规划工作者要善于在实践中学习，见多识广才能够胸有成竹。但是，旅游项目设计中的创新性要素是不能缺少的，而这种创新性的工作对于年轻人来说是比较适合的。因此，在旅游规划组的成员构成中要注意年龄的合理搭配。

综上所述，旅游项目的创意设计是一项需要丰富经验和创新性的工作，要保证开发出令人满意的旅游项目，旅游规划组应该是由经验丰富的各方面专家组成的，并且注重队伍中年龄层次结构的合理性，能够将经验性开发和创新性设计完美地结合起来。

2. 旅游规划工作的信息度

所谓旅游规划工作的信息度是指在进行旅游项目设计时，规划工作人员对各方面信息的敏感程度和处理的效率。旅游项目的创意设计实际上是一种信息导向型的设计，它一方面要了解旅游市场上需求方面的信息，另一方面要了解旅游市场上供给方面的信息，只有充分掌握了这两方面的信息，才能设计出新颖、别致、具有独特魅力、满足旅游者需求的旅游项目。

旅游规划工作者的信息度要从其硬件和软件两方面来考察。首先，信息处理的硬件。硬件主要是各种信息数据收集整理时所使用的仪器、设备等。如果这些硬件设施条件优良，则在旅游项目设计时可以大大提高信息的收集和整理效率。其次，信息处理的软件。信息处理的软件包括与信息处理硬件相配套的软件、高素质的信息管理人员以及拥有信息收集的网络，这些方面都会对旅游项目设计产生一定影响。

3. 开发商的实力

从国际和国内的旅游开发实践来看，旅游项目的设计是比较耗费资金和时间的，旅游项目的设计、建设以及经营管理的过程中都需要大量的资金作为支撑。因而，旅游开发商的实力也会对旅游项目的创意设计产生一定影响。这一点不仅影响旅游项目创意设计的质量，还会对旅游项目的经营产生长远影响。因此，在一些国家，大型的旅游项目都由大型公司或地方或国家政府出面主持开发。

（二）旅游资源的赋存状况

旅游项目的设计是以旅游资源为基础的。旅游资源为旅游项目，或者其自身经过开发成为旅游项目的一个组成部分。缺少了旅游资源的支撑，旅游项目的创意设计将变得十分空洞和苍白。一般在旅游项目的创意设计之前要先对旅游地进行详细的旅游资源调查和市场调查，这就从设计程序上体现了旅游资源对旅游项目设计的重要影响。可以想见，没有较高品位的旅游资源，仅仅依靠人造的几个景点和几个参与性的活动是不可能吸引旅游者的，更是难以创造出巨大的经济效益。

因此，旅游地的旅游资源赋存状况会从素材上限制旅游项目的设计，这就导致世界上许多旅游资源丰富而且集中的旅游地或景区的发展速度越来越快、经济效益越来越好，而旅游资源匮乏的地区试图发展旅游业却难以获得成功。可以说，旅游资源的赋存状况对旅游项目创意设计的影响是绝对性的，没有了创作的素材，再高明的规划设计师也难以设计出有创意、吸引力强的旅游项目。

（三）旅游市场状况

一个旅游项目被设计出来并付诸实施后，成功与否最终还是要到市场上去检验。因此，在众多的旅游项目创意设计的影响因素当中，旅游市场状况是最为重要的外部影响因素之一。

首先，当今的世界是市场经济的天下，任何的商品都要到市场中才能体现它的价值，旅游项目同样要到旅游市场中去实现其自身价值，只有在旅游市场上受到旅游者青睐的旅游项目才能称得上是一个成功的创意。

其次，旅游项目的开发设计是和旅游规划与开发的市场定位息息相关的，旅游地在规划和开发时应该有自己的旅游市场营销战略，其中市场的定位就确定了该旅游地的目标市场范围。那么在进行旅游项目创意设计时，旅游项目设计人员应该分析旅游目标市场消费者的消费心理和消费习惯，并进行有针对性的设计，只有这样才能保证旅游项目定位与旅游地的发展目标保持一致。

本章小结

旅游项目是以旅游资源为基础，以旅游者和旅游地居民为吸引对象，为其提供休闲消遣服务、具有持续旅游吸引力，以实现经济、社会、生态环境效益为目标的旅游吸引物。在实际中经常按照主体分类法和环境分类法对其进行分类。

在旅游项目创意设计时，必须遵守的总体原则是“人无我有、人有我新、人新我转”，其中所包含的意义为创新性。无论是从无到有，从有到新，还是从新到转，都体现了旅游市场竞争力的核心就是创新力的竞争。

在旅游项目创意设计时，主要有以下方法，即头脑风暴法、德尔菲法、拍脑袋瓜法、灰色系统法、智能放大法。

案例分析与讨论

渥太华监狱酒店给你一个独特的夜晚

这是渥太华的监狱主题酒店，位于尼古拉斯大街 75 号，是北美唯一一座由监狱改造而成的旅馆，办理入住时还要拍“囚犯照”呢！

外部是森严高耸的围墙，有不同的房型可选择，整个酒店基本保持了监狱的外观和内型，地方虽小却是一项独特的体验。慕名投宿的人不光是为了猎奇，也是为了方便——这里距离加拿大最著名的旅游胜地、议会和总理府所在的国会山，走路不过 7 分钟。

以下是部分入住旅客的评价摘录：

“我住在小牢房里面，是一次很奇妙的体验。酒店有免费提供的监狱游，我胆子比较小，最后一天离开的时候才参加的。确实知道了事实的真相之后有点后怕。哈哈哈，但却是很舒服的酒店，超级新鲜的经历。”

“猎奇，挺好玩的一个酒店，早餐和地理位置都很不错。监狱的感觉还是有的，不错。”

“住的是单人间，很小的空间，纯粹是体验感受的，不适合多日居住，不适合家庭，不适合夫妻，适合年轻人体验，是全自助式的青年旅社，地理位置不错，周围有很多吃饭的地方，离购物中心等也方便。酒店包早餐，虽然简单，但是可以了。”

资料来源：2017 一定要挑战的 10 个脑洞大开的旅行狂想！https://www.sohu.com/a/

123857513_383553，2017-01-09，有改动。

讨论问题：

1. 该监狱酒店为什么能够吸引游客光顾？
2. 此项目开发时主要体现了项目策划的哪些原则？

思考与练习

1. 试比较旅游项目、旅游产品、旅游资源等与旅游规划相关概念之间的异同点。
2. 旅游项目创意设计应该遵循哪些原则？
3. 试以某旅游地为例，谈谈你将如何对其进行旅游项目创意设计。

第十章

旅游规划与开发的导向模式

学习目标

1. 旅游规划与开发的资源导向模式
2. 旅游规划与开发的市场导向模式
3. 旅游规划与开发的形象导向模式
4. 旅游规划与开发的产品导向模式

核心概念

资源导向（resource orientation） 市场导向（market orientation） 形象导向（image orientation） 产品导向（product orientation）

本章导读

旅游规划与开发的演进过程可以分为不同的发展阶段。在不同的阶段中，人们形成了独特的旅游规划与开发理念，这些理念在一定程度上指导了发展方向，从而形成了不同的导向模式。总体而言，旅游规划与开发的发展经历了资源开发阶段、市场开发阶段、形象塑造阶段和产品开发阶段。本章将从这四个发展阶段入手，深入分析和介绍每个阶段的旅游规划与开发的导向模式。通过本章的深入分析，读者将获得对旅游规划与开发不同阶段的导向模式的深刻理解。从资源开发到市场开发，从形象塑造到产品开发，读者将能够更好地把握旅游规划与开发不同阶段的特点和要点。

第一节 资源导向模式

资源开发阶段是旅游规划与开发所经历的第一个阶段，此时人们对旅游规划与开发的认识还只是停留在过分注重旅游资源品质的层面。旅游资源成为旅游规划工作者关注的焦点。在这一时期，旅游规划与开发已明显地表现出旅游资源导向的特征，因而我们将之称为资源导向型的旅游开发模式。

一、资源导向模式产生的背景

1. 资源导向模式产生的社会背景

资源导向模式产生于旅游规划与开发的早期。此时，旅游还尚未成为人们生活中的重要组成部分，旅游活动的开展也还不普遍。这一阶段大致相当于我国20世纪70年代末改革开放之初的一段时期。由于该时期旅游活动开展得不频繁，对旅游规划与开发的研究也就不太为人们所重视。因而其研究还处于一个比较初级的阶段。从事旅游规划与开发的工作人员也不是纯粹的旅游工作者，大部分只是从与旅游相关或相近专业转行而来的专家学者。这些学者由于受到其专业的限制，在进行规划时难免会留有一定的本专业的烙印。严格说来，该阶段中对旅游地的规划与开发是不全面的，甚至没有体现出系统的规划内容，充其量只能称之为旅游资源的开发。这就使得这一时期的旅游规划与开发只具有一种单一的开发理念，即只注重对旅游资源本身的分析和开发利用。

2. 资源导向模式产生的实践背景

由于资源导向模式的局限性，地理学的一些相关理论成为旅游规划与开发初级阶段中唯一的也是最重要的理论基础。地理学作为一门理论积淀深厚的基础学科，在我国旅游业发展之初，地理工作者就开展了系统而广泛的研究，特别是积极参加了全国各地旅游资源的普查和旅游规划与开发的一系列实践工作。因此，我国的地理工作者依据区域开发理论中的“地域综合体”的思想和当时正在兴起的“区域发展战略”的系列研究成果，对旅游规划与开发的基本概念和内涵提出了一些卓有成效的见解，并形成了具有地理学特色的旅游规划与开发的基础理论。

二、资源导向模式的内容

（一）资源导向模式关注的焦点

旅游规划与开发的资源导向模式关注的焦点集中体现在旅游资源的调查、分类评价以及对这些旅游资源的规划与开发等方面。这一关注的焦点是由当时的旅游业发展水平及其在国民经济和社会发展中的影响所决定的。

首先，改革开放之初旅游还未成为人们生活休闲的一个重要组成部分。这一阶段我国的旅游业尚未独立出来，仅被当成一种外事接待活动，完全没有经济性的目标。无论是从旅游者还是从旅游开发地来看，都没有体现出多少开发热情和必要的需求。这样的环境当然无法激起旅游规划工作者的研究热情。因而，其开发的目标和关注的焦点就只能集中在旅游资源上，对旅游者的需求和旅游开发地的利益很少加以考虑。

其次，该时期的旅游市场尚未形成。旅游者和旅游企业还未能成为旅游活动中的主体，在缺乏“看不见的手”的情况下，旅游资源的开发和合理配置的效率是十分低下的，旅游规划和开发人员市场意识也是十分淡薄的，根本不能从市场需求上来寻求旅游资源开发的新思路。因而在这样的情形下，只能从研究者专业角度出发来对旅游资源作出基本的评价和开发安排。

最后，旅游规划与开发人才的缺乏也是导致该时期旅游规划与开发焦点仅能集中于旅游资源本身的原因。在旅游业发展的初期，旅游教育没有得到应有的重视，导致旅游专业人才的极度缺乏。而旅游业中直接从事服务及管理的人才开发和储备情况稍好一些。正是由于旅游专业人才的缺乏，旅游规划与开发的体系不够系统完整，很难对旅游活动中涉及的食、住、行、游、购、娱等方面进行系统的规划与开发，因而只能停留在旅游规划与开发的基础层面，即仅对区域旅游资源进行评价和开发。

（二）资源导向模式的规划思路

资源导向模式的一个重要的学科理论基础就是地理学。在地理学的区域开发理论中，区域旅游是一个十分重要的概念。所谓区域旅游就是在旅游资源分布相对一致的空间内，以旅游中心地为依托，依据自然、地理、历史等条件和一定的经济、社会文化条件，根据旅游者的需要，经过人工的开发和建设形成的有特色的旅游空间区域。旅游规划与开发是发展区域旅游的基础，对区域旅游的发展具有十分重要的意义，它是从区域旅游整体的自然、经济、社会、交通和区位等条件出发，对旅游空间的各要素进行综合性的统筹规划与开发。

旅游规划与开发在不同类型的旅游区域内，其规划的内容和重点是不同的。对于那些旅游资源赋存丰富、旅游业发展较为成熟，以及那些具有潜在旅游发展条件的地区，其规划与开发中必然会涉及对区域旅游发展战略的研究，必然要包括旅游发展的战略目标和相应对策的研究。毋庸置疑，在制定区域旅游发展战略时，必须以旅游资源结构为基础，充分考虑社会经济的影响，从而确定该区域的长期发展规划。因此，该导向模式下的规划思路就是从本地旅游资源的基础情况出发，制定适合本地旅游发展的开发计划和进行旅游业发展战略的研究。

（三）资源导向模式的特征

资源导向模式是旅游规划与开发的一种基础导向模式，它是以旅游资源的评价和开发为主要内容，在开发时从旅游资源的赋存状况入手，根据旅游资源的空间分布和类型结构的组合情况来确定其开发方式。具体而言，旅游资源导向模式具有以下几项特征。

1. 基础性特征

众所周知，旅游资源是旅游业发展的基础性要素，在旅游资源导向开发模式中，旅游资源被置于十分重要的位置，旅游规划和开发工作都紧紧围绕旅游资源的分类、评价以及特色分析而展开。这样一种紧紧围绕旅游资源进行的旅游规划和开发模式自然也就体现出较强的基础性特征。

2. 主观性特征

这里所谈到的主观性与一般意义上的不同，并非指在旅游规划与开发的资源导向模式中人们想当然地进行开发。实际上，该模式的主观性特征是指旅游规划与开发仅从本地旅游资源的赋存情况出发，而不考虑旅游市场的需求以及与周边地区的竞争，实行的是从资源到产品的开发路线而非现在的市场到产品模式。

3. 局限性特征

由于资源导向模式具有主观性的特征，因此，其不可避免地显现出一定的局限性，该局限性主要表现在区域上，即对旅游资源的深入细致研究会导致旅游规划和开发时以单个旅游资源类型为出发点来强调旅游产品的优化和组合，而忽略对区域内各种类型旅游资源的综合开发以及对区域外部的合作开发缺乏整体综合开发。

三、资源导向模式的适用范围

虽然旅游规划与开发的资源导向模式较为初级和简单，但并不能说资源导向模式在旅游规划与开发实践中的指导意义不大。在现实的旅游规划与开发工作中，资源导向模式对于旅游规划和开发还是具有一定指导意义的。

由于旅游规划的资源导向模式是以分析旅游开发地的资源特色和品质为主，而对市场、政策、开发配套条件等方面考虑相对较少。因此，资源导向模式主要适用于对旅游资源品位高、吸引力较强的传统旅游开发地进行深度开发。因为这种区域由于旅游资源的品位较高而吸引了众多慕名而来的旅游者，即使没有经过开发也往往具备较好的区位条件和基础设施条件。因此，这些旅游地规划与开发的重点就不仅在于旅游市场的选择、配套设施的建设以及旅游人力资源的开发上，而且在于通过何种方式开发旅游资源使得旅游资源所蕴含的价值被最大限度地挖掘出来。

第二节　市场导向模式

市场开发阶段是旅游规划与开发演进到一定程度，人们对市场在旅游业中的重要性有了较多的认识之后出现的一个新阶段。在这一阶段中，旅游规划工作者不仅注重旅游资源的开发，而且将更多的精力放在对旅游市场的分析上，以期能通过市场的开发来带动区域旅游业的快速发展。此时的旅游规划与开发模式则被称为市场导向型的旅游开发模式。

一、市场导向模式产生的背景

（一）市场导向模式产生的社会背景

市场导向模式产生于旅游规划与开发的发展时期。在市场导向模式时期，旅游活动的开展日益频繁，国内和国际的旅游与交往日益增多，旅游作为一种休闲生活方式已经走入了人们的生活当中。旅游活动的巨大经济效益初步为人们所认识，旅游业已经成为世界上公认的新兴朝阳产业。随着旅游人数的增加，旅游市场也逐渐形成并达到一定的规模。

随着旅游业的迅猛发展，人们对旅游业的关注程度逐渐提高，训练有素的旅游专门人才也开始大量涌现，参与旅游规划与开发人员的专业背景也呈现多样化趋势，其中有旅游、地理、历史、经济、管理、工程等背景的专业人才都被融合进了旅游规划与开发的研究之中。在这样的背景情况下，旅游规划界研究的问题出现了一些变化，其中一个明显的变化就是研究问题的范围有了较大幅度的扩展。在此之前，旅游规划界研究的范围大都集中在旅游资源的开发上，而该阶段其研究的重点除了关注旅游资源的开发，还增加了与旅游市场相关问题的研究。这些研究范围的扩展较大程度上丰富了旅游规划与开发的研究内容，并且逐渐显示出其重要性。旅游开发的市场分析与定位已成为旅游规划与开发中必不可少的内容，市场导向成了这个时期旅游规划与开发的重要特征。

（二）市场导向模式产生的实践背景

进入20世纪90年代之后，随着旅游业的发展，全国各个地方都意识到发展旅游业的必要性，特别是一些地方政府开始感到发展旅游业与增强地方的开放性和投资吸引力有着十分密切的关系。于是，在一些旅游资源特色并不突出的地区，地方官员们也非常乐于提倡发展旅游业。从理论上来讲，发展旅游业必须以一定的旅游资源特色为基础进行综合开发才能获得成功。然而事实上，一些地区尽管本身没有什么具有特别吸引力的旅游资源，但他们就是凭借其拥有的区位优势和广阔的客源市场，通过创造性地开发，也获得了较大的成功。

这种与传统的主要依赖旅游资源优势大相径庭的旅游开发理念和开发模式的成功使人们开始提出疑问：旅游规划与开发真的必须依赖基础旅游资源吗？另外，经济的发展也大大提高了人们的市场意识，旅游规划与开发界也开始反思原有的规划理念和模式。例如，城市规划界开始反思原来计划经济体制下的城市规划思想，探讨适应当前市场经济模式的城市规划。与此同时，旅游规划界也提出在市场机制下的旅游发展规划。最原始的出发点应该是了解旅游市场的需求，其中潜在的需求可能比现实的需求分析和把握更重要。因而，对旅游市场中现实和潜在需求的研究及预测便成了旅游规划与开发中不可缺少的组成部分。

二、市场导向模式的内容

（一）市场导向模式关注的焦点

顾名思义，市场导向模式所关注的内容就在于旅游市场，并且整个旅游规划与开发都要以市场为研究的核心，一切规划都要以市场的需求分析为前提。尽管如此，旅游规划与开发并非完全一味地只关注市场这一要素，而对其他因素置之不理。实际上，关注市场分析的基础仍然是注意本地的旅游资源赋存状况和特色，其规划与开发是将旅游市场的需求与当地的旅游资源组合相结合，针对市场上各种需求类型，开发出相应的旅游产品以满足不同旅游消费者的需要，获取最大的经济效益、社会效益和生态效益。

旅游市场需求特征与类型之所以成为旅游规划与开发关注的重点是由以下因素造成的。

首先，市场经济的发展促进人们观念上的转变。市场经济在经济体制中主体地位的确立使得价值成为衡量产品的关键性指标，而价值只有通过市场才能表现出来。在这种情况下，人们的思想观念有了较大程度的转变，他们认识到旅游规划与开发是一项经济性的社会活动，要想使旅游规划和开发获得较大的经济效益必须满足市场的需求、得到市场的认同。因此，对旅游市场中的现实和潜在需求的分析就成为保证旅游规划与开发经济效益的前提条件。

其次，经济利益的驱动。市场经济条件下旅游市场中的主体，包括需求方和供给方，均为利益驱动型的“经济人”。需求方即旅游消费者要求自身需求被最大化地满足，而供给方即旅游规划与开发工作者则要求自己所生产的产品在市场上获得最大的经济效益。于是，旅游规划与开发工作者就学会了“察言观色”，旅游消费者需要什么样的旅游产品，就为其设计和开发什么样的旅游产品。

（二）市场导向模式的规划思路

以市场导向模式为指导的旅游规划与开发的思路不是有什么资源便开发什么，而是市场需要什么便开发什么。于是，客源市场分析作为一项重要的内容出现在旅游规划的报告中。但是，要真正理解市场导向的含义，就必须在实际的旅游规划与开发工作中以市场需求为中心。然而，并非所有的旅游规划都能做到以市场为导向。目前有些规划往往以市场导向为标签，在对旅游资源进行评估、分析时，仍然就资源论资源，缺乏对旅游资源的市场价值的评估，而游离于市场需求之边缘，甚至是资源开发与市场分析形成“两张皮”，旅游规划与开发市场导向名不符实。另外，大多数的旅游规划与开发对旅游市场的分析过于概念化和简单化，缺乏对本地旅游市场的细分，更缺乏对旅游市场的定位。

所谓市场导向模式主要体现在通过市场分析为旅游地提供开发方向，让旅游资源的开发与市场需求进行有效的对接。旅游地的规划与开发有了市场需求的引导则可最大限度地发挥区域规划的综合优势，通过满足旅游消费者的需要而获得最大的经济效益和实现区域旅游的可持续发展①。

（三）市场导向模式的特征

1. 敏感性特征

市场导向模式是在对本地旅游资源进行科学认识的基础上，兼顾旅游市场需求的一种旅游规划与开发模式，旅游市场的变化性就决定该模式不可避免地带上敏感性特征，在旅游市场中变化是常态，多变的市场环境、多变的市场需求就决定了不同时期开发出的旅游产品是各异的。为了满足旅游消费者的多变需求，旅游规划与开发工作者必须对需求的趋势十分敏感。

2. 客观性特征

该模式的客观性特征是和旅游规划与开发的资源导向模式的主观性特征相对的。这里的客观性包括两层含义：其一，该模式下的旅游规划和开发工作仍然是在科学评价旅游资源的情况下进行的；其二，旅游产品的设计和开发是以客观实际的旅游市场需求为依据的。

3. 组合性特征

市场导向模式对市场的强力关注就决定了市场导向模式下的旅游规划与开发不仅注重本地各种旅游资源的组合开发，而且要对区域间的经济联动性有一定的思考，规划时能将区域市场中的竞争与合作有机结合，在竞争中求合作，以合作促竞争。

第三节　形象导向模式

在形象塑造阶段中，人们形成了一种整体开发的理念。在这种整体开发理念的指导下，旅游规划工作者尤其注重旅游地整体旅游氛围的营造，突出旅游地的主题形象和特色，以便旅游地对外宣传营销和旅游者对旅游地形成总体感知。该时期呈现出的即是形象导向型的旅游开发模式。

---

① 李蕾蕾. 旅游地形象策划：理论与实务. 广州：广东旅游出版社，1999.

一、形象导向模式产生的背景

1. 形象导向模式产生的社会背景

由资源导向、市场导向到形象导向，旅游规划与开发所包含的内容由简单到复杂，所参考的理论依据由单一到多元，参与规划编制和研究人员的学科背景同样呈现出了复合型的趋势。总体说来，形象导向模式是旅游规划与开发进入演进发展阶段时才开始出现的一种创新化的开发模式。

在旅游规划与开发演进发展阶段，大众化旅游的普及度越来越高，可供旅游者选择的旅游目的地数量也在增多，旅游市场上呈现出异常激烈的竞争态势。在这种激烈的市场竞争环境中，各旅游企业或旅游目的地均陷入旅游增长乏力、经济效益不佳的困境，这一状况与世界旅游业的迅猛发展形成了一定的差距。面对这种状况，人们开始寻求利用旅游规划与开发的新模式来推动旅游业的可持续发展。

2. 形象导向模式产生的实践背景

在形象导向模式出现之前，旅游规划与开发的实践通常都是依靠高质量的旅游资源以及满足旅游者消费需求的旅游产品来进行的。但是，随着旅游规划与开发的进一步发展，旅游规划工作者认识到，打造一流的旅游资源和迎合市场需求的旅游产品，并不是一件易于做到的事情，而且他们发现旅游者对旅游目的地的选择并不总是取决于上述因素，旅游开发地的知名度、美誉度、认知度，以及影响旅游地形象的某些因素可能更为重要。因此，旅游规划与开发工作中应当优先解决待开发地区的旅游综合形象定位问题。为此，在进行旅游规划之前应研究旅游者对旅游目的地的认知情况，并设计出一整套能有效地传播旅游地目标形象的方案，只有这样的规划与开发才能适应不同类型旅游开发地的要求。正是在这种背景下，旅游规划与开发才出现了新的变化，旅游形象定位和策划成了旅游规划与开发的重要内容，甚至在某些旅游规划与开发中形象策划与定位甚至成了唯一目的。应该说，这一发展变化与当前世界上旅游规划与开发的发展趋势是基本一致的。

此时，旅游规划与开发便进入了一个全新的时期，即以区域旅游形象为导向的规划与开发模式时期。

二、形象导向模式的内容

（一）形象导向模式关注的焦点

形象导向模式是从系统开发的角度，对旅游目的地进行整体的形象策划和旅游业发展规划，它通过对目的地旅游形象的塑造与提升来达到区域内旅游资源的有效整合和可持续开发利用的目的。该模式中关注的焦点问题包括：旅游地的综合开发以及旅游地的整体形象塑造与提升。

1. 旅游地的综合开发

形象导向模式是将旅游地作为一个有机的系统来进行形象设计和推广的。系统论认为，系统是由一组相互依存、相互作用和相互转化的客观事物所构成的具有一定目标和特定功能的整体。实际上，旅游就可以被视为一个系统，因为在旅游活动中，旅游者要通过旅游媒介到达旅游目的地，其构成要素有旅游活动的主体——旅游者、旅游活动的客体——旅游产品，以及为旅游活动提供各种服务的旅游中介组织。那么旅游地也就形成了一个完整的系统，即在一定的区域直接参与旅游活动的各个因子相互依托、相互制约形成的一个开放的有机整体。这些因子是相互影响、相互制约的，旅游地系统中任何一个部分的变化都会导致整个系统的变化。

因此，在旅游规划与开发时，规划工作者要关注如何将旅游地系统的各个组成部分综合起来共同开发，以实现其协调发展，获得经济、社会和生态环境效益。一般来说，旅游规划与开发是将旅游地系统的各个部分按照其内在的功能联系，组合成为一个完整的整体，并对该旅游地综合体进行包括市场、资源、产品、形象、营销、环境、人力、资本等内容的全面综合开发，使旅游地的开发和其今后的经营与管理达成一致，促进旅游地产业结构的调整和升级。这就是旅游开发地今后能够保持持续稳定发展的关键所在。

2. 旅游地的整体形象塑造与提升

从旅游心理学的角度来看，旅游者对旅游目的地的认识首先要通过感觉器官形成一定的初始印象，然后才有可能进一步进行考察和研究，进而选择其作为旅游的目的地。可见，在旅游地的开发过程中，旅游者对旅游目的地的选择不是受制于客观环境本身，而是受到旅游地给旅游者形成的认知形象的影响。因此，旅游规划与开发中要使旅游开发地取得良好的经济效益就必须对旅游地的旅游主题形象进行统一的设计策划和传播规划，这是形象导向模式条件下旅游规划与开发工作中的另一个需要关注的焦点。

旅游地的形象塑造是一项十分复杂的工作，它包括的内容十分繁杂，从形象塑造的工作程序来看，在进行旅游规划与开发时要着重关注以下内容。

首先是旅游形象的调查。旅游形象的调查是旅游地形象设计和塑造的基础之所在，旅游形象调查的主要内容是：旅游地形象的现状调查和识别，即在旅游者当中了解人们对该旅游地的认知情况，看旅游地在旅游者的心目中是一个什么样的旅游形象，由于这个形象是旅游者现存的心理认知，可以为未来旅游地整体形象的塑造提供依据和参考。因此在对旅游地形象的现状进行调查时，主要从两个方面开展工作：其一是调查旅游开发地的现有旅游形象的构成要素；其二就是调查旅游者获得对旅游地心理感知信息的渠道。这两项内容将提供塑造旅游地形象的元素和传播旅游地形象的途径。

其次是旅游地形象的设计和策划。旅游地主题旅游形象要依据上述调查的结果进行定位和开展具体的设计。形象设计的内容包括：旅游地的形象识别系统，包括旅游口号和旅游标志的设计，以及旅游地旅游企业的形象策划、旅游地形象传播的途径和媒介策划等。

最后是旅游地形象的提升。也就是说，在完成了初步的形象设计之后，对旅游地的各项资源进行整体的形象整合，整合和提升旅游地形象的途径主要是媒体的传播和各种旅游节庆活动的开展。形象整合可以使旅游者对旅游地产生一个清晰的、生动的、富有吸引力的印象。

（二）形象导向模式的规划思路

在旅游地深入开发研究中，系统开发理论和综合开发理论成为指导旅游规划与开发的重要理念。它要求规划工作者从整体的角度对旅游地进行深入思考，即对旅游地的资源进行评价。具体来说，规划者需对旅游地的资源进行全面评价，精心选择主题，塑造独特的形象，精准定位市场，并制定有效的营销策略，确保这些环节形成一个协调统一、高效运作的有机系统。这一理念旨在确保所有环节均围绕一个共同目标展开，从而塑造出一个完整、统一的旅游形象，并通过恰当的渠道在旅游市场中广泛传播，以提升旅游地的知名度和吸引力。而鲜明的旅游形象将更能获得人们的关注。这样的旅游地也就能在激烈的市场竞争中占据有利的竞争地位，迅速摆脱低速发展的态势，进入新一轮高速增长的时期。因此，形象导向模式下的旅游规划与开发的思路是以旅游地的综合形象来满足市场需求的，走的是“资源-形象-市场”的发展道路。

（三）形象导向模式的特征

1. 系统性特征

形象导向模式的系统化特征主要包括如下两层含义。

首先，把旅游地的规划与开发作为一个整体系统来看待。开发的对象不仅集中于旅游资源，而且旅游地的企业和人也是规划与开发的对象，即在旅游规划与开发时，要对旅游地内为旅游活动提供食、住、行、游、购、娱等服务的旅游企业和部门进行统筹规划，为其发展制定一个中长期的规划，同时为了保证旅游系统发展的可持续性，还必须对旅游地的旅游人力资源开发制定长期规划。可见，旅游地的规划与开发是一个繁杂的系统工程。

其次，旅游地形象的塑造具有较强的系统性。从形象的塑造上来看，旅游地形象塑造要综合考虑其历史形象、现实形象以及随着旅游地的发展可能出现的未来形象。另外，旅游地主题形象需要一系列的辅助形象和活动予以支持，这些均体现了旅游地形象的塑造是一项系统化的工作。

2. 稳定性特征

旅游规划与开发对旅游地形象的塑造是经过综合考虑，在充分分析了区域内外环境之后进行的，因而其设计的形象要在规划期内通过适当的手段不断强化，并在今后的一段时期内努力维持并促进形象的提升。所以在形象导向模式中，旅游规划和开发所制定的旅游地形象塑造战略应该是具有相对的稳定性特征的。

3. 主题性特征

由于形象导向模式是从旅游地的主题形象塑造入手来进行旅游规划与开发的，因此主题性特征就成为形象导向模式的重要特征。该特征最为突出的表现就是在塑造旅游地形象时要充分体现该旅游地的主题和特色，并在推广形象时紧紧围绕该主题形象，使旅游消费者能切实感受到其鲜明的旅游形象。

第四节　产品导向模式

产品开发阶段是指旅游业发展到一个较高的层次之后，人们不仅仅满足于简单观光型的旅游活动和旅游资源的浅层次开发，而是需要进入更具有吸引力的旅游项目和主题活动的阶段。该时期中，这种强烈的市场需求迫使旅游规划工作者将规划的重点转向了旅游产品及项目的开发和创意上。此时呈现出的就是产品导向型的旅游开发模式。

一、产品导向模式产生的背景

1. 产品导向模式产生的社会背景

产品导向模式是旅游规划与开发演进到成熟发展阶段时出现的一种旅游规划与开发模式。该阶段旅游活动已经成为人们日常生活中的一个重要组成部分，并且成为人们休闲活动的首选方式。与此同时，旅游规划与开发意识也深入人心。在旅游资源富集的地区，经过了旅游资源的初步开发，旅游区的建设已初具规模，而面临的主要问题是如何提升该区域的旅游竞争力和旅游吸引力。而那些旅游资源赋存状况不甚理想的地区也出于发展的考虑，立足于制定出起点较高的旅游发展规划。从旅游消费者方面来看，由于旅游活动已成为一种大众化的消费行为，旅游者对旅游活动的认识和要求都得到了相应的提高，旅游消费行为也日趋成熟。人们不再满足于自然旅游资源的初级开发和陈列观光式的基础层面的旅游产品，他们需要具有一定主题的旅游产品和系列化的旅游活动，希望能通过互动式的相互交流和沟通来深入体验旅游活动所带来的乐趣。这是该阶段所表现出来的旅游者新的消费需求。

从旅游规划与开发的工作状况来看，在旅游规划与开发的成熟期，由于加强了对主题产品和旅游活动项目的设计，因而，一些系统科学的理论和工程规划专家介入到了旅游规划与开发之中。旅游规划与开发呈现出工程化的特征。此外，随着旅游产品项目创意设计的出现，项目投资分析等也成了旅游规划与开发中必不可少的内容，这些旅游项目的投资策划分析为旅游地的招商引资提供了依据。

2. 产品导向模式产生的实践背景

在旅游规划与开发的实践活动中，有许多开发成功的旅游地都是依靠人造景观而获得成功的，如美国著名的迪士尼乐园，就是完全依靠人们创作的可爱的动画人物形象和高、新娱乐设施产生巨大的旅游吸引力来实现的。位于我国深圳市的华侨城集团也是精于发展人造旅游主题公园的企业，他们不仅在深圳开发出了举世闻名的世界之窗、锦绣中华·民俗村、欢乐谷等主题公园，还在外地协助其他开发商进行人造景观的规划与开发管理。

许多新型旅游产品及项目的兴起和成功开发带动了旅游业的蓬勃发展，与此同时也对旅游规划与开发的理念产生了一定的影响，促进了产品导向模式的形成和发展。

二、产品导向模式的内容

（一）产品导向模式关注的焦点

产品导向模式是从区域旅游资源状况和开发现状出发，规划与开发出富有本地特色的旅游产品，并引导旅游者进行消费的一种开发模式。该模式与市场导向模式相比更具有主动性，旅游规划工作者将规划与开发的主动权掌握在自己手中，通过自己的智力劳动创造出旅游产品并通过一定的营销策划和市场推广介绍给旅游者。所以在该模式中，人们关注的焦点主要有三个：①本地旅游资源的可利用度；②对开发出的旅游产品进行市场推广策划和营销规划；③最为重要的一条，即旅游规划与开发要获得经济和社会、生态环境效益，就要提高旅游开发地的资源可利用程度。

首先，基于旅游资源开发出特定的旅游产品。由于产品导向模式是“供给—需求”模式，因而旅游产品的规划与开发便成为一个关键环节。在进行旅游产品开发时，旅游资源的开发价值和开发条件会引起较为广泛的关注。因为开发的价值、开发的条件会直接影响旅游产品开发的可行性以及开发旅游产品的类型。在产品导向阶段，旅游产品的开发是具有较大风险的，决策不当就会导致旅游规划不但不能带给旅游开发地以良好的经济效益，反而会使旅游地陷入进退两难的尴尬境地。

其次，对开发出的旅游产品进行市场推广策划和营销规划，是将产品推向旅游市场的另一个关键性环节。在产品导向模式下，不仅要有实力将旅游产品推向市场，让消费者对旅游产品有所感知并选择它。如何针对目标市场中的消费者而选择适当的营销手段和营销工具进行市场开发和推广是关系到旅游规划与开发成败的关键，是产品导向模式中最令人关注的焦点之一。

最后，任何旅游地进行规划与开发都是要获得经济和社会、生态环境效益。因此，在以旅游产品为导向的开发模式下，对旅游项目的投资可行性进行分析是任何一个旅游投资商所看重的，所以在产品导向的旅游规划与开发中，旅游产品的投资可行性分析是必不可少的重要内容。

（二）产品导向模式的规划思路

旅游规划与开发从单纯关注旅游资源的分析与评价，转向对旅游市场的需求重视，进而又转向关注以旅游产品为中心的旅游规划与开发，特别是人工创造的旅游景点开发所获得的高额经济效益，使旅游规划与开发者和旅游投资商意识到，那些并不具备传统的自然旅游资源与人文旅游资源优势的地区，通过精心地策划和开发市场对路的旅游产品，也可以获得从无到有的旅游收益，也可以发展成为旅游城市或旅游目的地，这个时期的旅游规划与开发，偏重旅游项目和产品的创意设计，其规划思路就是走“市场–资源”相结合的规划道路。

（三）产品导向模式的特征

1. 综合性特征

旅游地的开发需要旅游规划与开发工作者策划出独具吸引力的旅游产品，而旅游产品的开发是一项综合性较强的工作。从旅游者的需求角度来看，旅游消费者对于旅游的经历有各种不同的要求，这就决定了旅游产品的开发在横向和纵向上要有层次。比如，在横向上，旅游规划与开发工作者要尽量策划出类型丰富的旅游项目和节庆活动；在纵向上，规划者要注重不同层次旅游项目和活动的有机组合。从旅游产品的供给角度来看，旅游地在进行开发时会推出主导型的旅游产品、辅助型的旅游产品以及支撑型的旅游产品。因此，旅游规划与开发的产品导向模式体现出了较强的综合性特征。

2. 创新性特征

既然该模式是立足于本地资源实际开发旅游产品，那么在设计产品时必定要与其他旅游地的旅游产品形成差异。如果每个旅游地开发出的都是同质旅游产品，则这些同质产品在市场上的认可度一定不高，因为旅游者追求的是旅游产品的个性化，因此，旅游规划工作者在对旅游地进行综合规划与开发时必须注重创新性，不断推出具有差异性的旅游产品，以展现旅游开发地所独有的个性特征。

3. 经济性特征

产品导向模式由于是与具体的旅游产品或项目相关联的，因此，必然会具有较其他规划导向模式更明显的经济性特征。该经济性主要是通过对旅游项目的投资分析来体现的。在具体的规划文本中，会包括各个具体旅游项目的投资年限、回收期、建设规模、预期收益等经济指标，并且会附带旅游项目的投资可行性分析报告。

4. 动态性特征

由于产品导向模式是通过旅游项目和旅游节庆活动的策划来达到吸引旅游者的目的的，因此，旅游规划和开发工作者在进行旅游项目和节庆活动设计时创意要富有前瞻性、产品形式要不断变化，从而体现出旅游产品常新、常异的特点，达到创造旅游需求、吸引旅游消费者的目的。

通过对上述四种旅游规划与开发模式的分析和评价，我们对其内容应该有了一个比较清楚的了解。总的来说，资源导向模式、市场导向模式、形象导向模式以及产品导向模式是旅游规划与开发的发展过程中不断产生的新的规划理念，它们是逐步演进不断成熟和发展的。表 10.1 对四种旅游规划与开发的导向模式的异同点进行了适当的归纳。

表 10.1　旅游规划与开发导向模式比较一览表

模式 比较项目	资源导向	市场导向	形象导向	产品导向
核心概念	旅游资源的品质的把握	旅游市场需求的把握	旅游形象的整合与塑造	旅游产品与项目的把握
基本分异点	注重旅游资源分类和评价	注重旅游市场分析与定位	注重旅游的形象定位与推广	注重旅游产品与项目的策划

续表

模式 比较项目	资源导向	市场导向	形象导向	产品导向
学科基础理论	地理学	地理学、消费者行为学	地理学、消费者行为学、市场学	地理学、消费者行为学、市场学、系统科学
规划方法与技术	定性方法	定性与定量方法的结合	综合的方法	系统工程的方法
文本内容与形式	资源评估+开发措施	资源评估+客源市场分析+开发措施	资源评估+客源市场分析+旅游地形象策划与传播方案+开发措施	资源评估+客源市场分析+旅游地形象塑造+项目策划与可研+开发措施
发展阶段	起步阶段	初步发展阶段	渐进发展阶段	成熟发展阶段

资料来源：根据相关文献自行整理而成。

本章小结

旅游规划与开发呈现出不同的导向模式。总的说来，旅游规划与开发的发展主要有四大导向模式，即资源导向模式、市场导向模式、形象导向模式、产品导向模式。

资源导向模式主要有以下特征，即基础性特征、主观性特征、局限性特征；市场导向模式主要有以下特征，即敏感性特征、客观性特征、组合性特征；形象导向模式主要有以下特征，即系统性特征、稳定性特征、主题性特征；产品导向模式主要有以下特征，即综合性特征、创新性特征、经济性特征、动态性特征。

案例分析与讨论

迪士尼主题公园：以产品导向模式塑造的成功案例

迪士尼主题公园是世界上最著名的主题公园之一，以其独特的魅力和创新的旅游产品吸引着数以百万计的游客。迪士尼主题公园的成功可以归功于其在产品导向模式方面的精心规划和开发。

规划时在产品导向模式方面的成功之处包括以下几个方面。

创新的主题和故事：迪士尼主题公园以创新的主题和故事吸引游客。每个迪士尼主题公园都有自己独特的主题，如童话故事和迪士尼角色。这种创新的主题设计让游客能够身临其境地进入一个奇幻的世界。例如，迪士尼乐园以童话故事和迪士尼角色为主题，通过建立迪士尼经典动画中的故事场景，创造了一个令人梦幻般的奇幻世界。近年来，迪士尼还推出了新的主题，如《星球大战》和《复仇者联盟》等，吸引了更广泛的观众群体。

综合的旅游体验：迪士尼主题公园注重为游客提供全面的旅游体验。除了提供丰富多样的游乐设施和娱乐表演外，迪士尼主题公园还提供多样化的餐饮选择、精心设计的景点和装饰，以及与迪士尼品牌相一致的高品质服务。这种综合的旅游体验使游客能够享受到独特而令人难忘的旅程。迪士尼度假村内设有主题酒店、餐厅、购物区等，为游客提供全方位的娱乐和休闲体验。

高品质的服务：迪士尼主题公园致力于提供卓越的服务，确保游客能够享受愉快和舒适的体验。友好的工作人员、细致入微的客户关怀和专业的服务标准都是影响迪士尼主题公园成功的关键因素之一。

持续地创新和更新：迪士尼主题公园不断进行创新和更新，以保持其吸引力和竞争力。这包括引入新的游乐设施、增加新的主题区域、改善和更新现有的设施等。通过持续的创新和更新，迪士尼主题公园保持了作为旅游目的地的新鲜感和吸引力。迪士尼推出了Magic Band（魔法手环），这是一种智能手环，游客可以用它进行门票支付，进而获得快速通行等互动体验等。此外，迪士尼还引入了增强现实和虚拟现实技术，为游客带来更具沉浸感和互动性的体验。

资料来源：根据相关资料自行整理而成。

讨论问题：

1. 迪士尼主题公园在产品导向模式方面的成功案例体现在哪些方面？
2. 如何运用产品导向模式来塑造一个成功的主题公园？
3. 迪士尼主题公园如何通过创新和提供综合的旅游体验吸引游客？

思考与练习

1. 如何从事物发展的角度来认识旅游规划与开发的导向模式？
2. 试比较旅游规划与开发各导向模式之间的差异。
3. 未来旅游规划与开发的导向模式会有什么新的变化？

第十一章

旅游规划与开发的可行性分析

学习目标

1. 旅游规划与开发可行性分析的分类
2. 旅游规划与开发可行性分析的内容及其过程
3. 旅游规划与开发可行性分析的理论基础
4. 旅游规划与开发可行性分析的方法

核心概念

可行性分析（feasibility analysis） 资金时间价值（time value of capital） 现金流量（cash flow） 费用效益（cost-effectiveness） 概率分析（probability analysis）

本章导读

旅游规划与开发的可行性分析是评估规划内容在经济和技术层面的可行性，对于指导具体实施具有至关重要的作用。本章将着重介绍旅游规划与开发的可行性分析问题，通过结合理论和案例的方式，帮助读者深入了解旅游规划与开发可行性研究的相关理论和方法。本章共分为三节，涵盖旅游规划与开发的可行性分析概述、可行性分析的理论基础以及可行性分析的方法。通过本章的详细介绍，读者将获得对旅游规划与开发可行性分析的全面认识。从概念到方法、从理论到实践，读者将能够更好地在旅游规划与开发中进行可行性分析，为项目决策提供有力支持。

第一节 旅游规划与开发的可行性分析概述

一、可行性分析的概念

所谓可行性分析是指在旅游项目投资之前，对该项目的经营及经济收益进行评估，从而确定该项目在经济上是否具有可行性的一系列对相关市场的调查分析和预测活动，可行性分析是任何一个项目投资之前所必不可少的重要步骤。每个旅游项目的建设都包括了三个阶段，即投资前阶段、投资阶段和服务经营阶段，每个阶段都为最终的盈利作着准备。项目投资建设的目的是为了在将来的一段时期内，以较快的速度收回投入的资金并能在经营过程中产生可观的经济效益。因此，可行性分析就是要在投资者投资之前充分了解市场行情、预测市场发展趋势，调查经营过程中将要面临的竞争环境，对旅游项目的选址及建设经营过程中的原材料、燃料、动力、劳动力、设备等的来源和价格进行分析，对服务与经营过程中将要产生的成本与收益进行比较，以确定该项投入的营利性，为旅游投资者提供科学决策的依据。

二、可行性分析的原则

可行性分析是决定一个旅游项目投资正确与否的关键，涉及投资者的经济利益，有时甚至会对当地的经济产生较大的影响。因此，在对旅游规划与开发进行可行性研究时一定要遵循以下原则。

1. 科学性原则

可行性分析是一项十分严肃的工作，它所产生的作用是巨大的。因而，在进行可行性分析时要力求科学、准确，这既包括在评估过程中要采用更新的科学资料作为依据、以科学的分析理论作为指导，也包括评估者自身要有严谨的、实事求是的工作态度，并且在可行性分析的工作小组中要有相关方面的专家进行工作指导。旅游规划与开发项目涉及的内容十分广泛，国民经济中三大产业都与之有或多或少的联系。此外，气候、地形等自然因素，人口分布、流动等社会因素都对旅游规划与开发有一定影响。因此，在可行性分析过程中要力争收集到客观、准确、最新的相关数据和资料，并且要依靠现代科学技术和专业知识。所以在可行性分析工作小组中要聘请一定数量的经济学、地理学、旅游学、社会学、人口学、生态学等方面的专家，对旅游开发项目的各个方面进行客观的、公正的、独立的、不受外来影响的技术、经济的可行性研究。

2. 责任细分原则

责任细分原则是指，在对旅游规划与开发项目进行可行性分析时，将分析的具体内容分配到具体专家手中，并由该专家对该部分的可行性分析承担责任。旅游规划与开发项目是一项高风险的项目，因此，论证过程要充分、彻底，这就从客观上要求可行性评估必须是建立在责任制的基础之上的。所以，只有将所需解决的问题加以细分，让参与可行性分析的工作人员从各自不同的岗位和层次、不同的方面和角度承担与自己的职权相称的风险和责任，才能尽可能减少可行性分析过程中的盲目性和随意性，才能保证可行性论证工作的严肃性和科学性。在具体旅游项目建设过程中，经常会出现“产生问题后找不到负责人”的现象，这固然与我们的传统管理模式和观念有关，但更重要的原因是没有建立一个责权明晰的管理制度。所以，在项目可行性分析过程中要建立“责任到人”的制度，以保证可行性分析的科学性及项目投资后的良好效益。

3. 微观、宏观经济效益一致的原则

旅游业是近年来增长速度较快的产业。随着人们闲暇时间的增多、收入的提高，旅游业的收入也日益增加，而投资者愿意将其资金投在旅游资源的开发项目上，也是因为看中了旅游业的“朝阳产业”“可持续发展产业”的属性，其最终目的是通过投资能获得较高的投资回报率，是为了个人和企业的利益，即微观经济效益。而我们这里所说的宏观经济效益则是指旅游项目的建设和经营对国民经济的贡献度。在进行旅游规划与开发的可行性评估时，不仅要考虑项目本身的获利情况、财务生存能力，还应当考虑该项目的宏观经济效益。从根本上来看，宏观经济效益和微观经济效益是一致的，提高企业的经济效益是提高宏观经济效益的基础，而宏观经济效益的提高又是实现企业经济效益的前提，但是宏观经济效益和微观经济效益在进行项目可行性分析时是处在两个不同层面上的。只有当两者的评估结果一致时，该旅游投资项目才能被通过；反之，则不应通过。有些情况下，两者的分析结果相矛盾。此时应该以整体利益即宏观经济利益为重，微观利益服务于宏观利益。

4. 三大效益统一的原则

旅游业在世界上被称为“低碳产业”“民间外交”“朝阳产业”，说明旅游业在经济、社会、生态诸方面都有一定的影响，这些影响有正面的，也有负面的。诚然，旅游业因其乘数效应的作用，使该产业收入在国民经济运行当中得以成倍放大；旅游业因对旅游资源的依赖性，而对其进行开发性的保护有利于环境的保持和改善；旅游业因其异地性和流动性而使各国人民得以进行沟通、交流、增进相互了解。但是我们也要看到，一旦旅游市场不景气，该产业的乘数效应也会将这种不景气加以放大而使国民经济受损；旅游活动的开展、游客人数的增多当超过一定额度后将对旅游地环境造成不可挽回的影响，造成环境的恶化；外来文化的进入对本地独有的特质文化会产生冲击，可能导致珍贵的文化资源变异、消亡。此外，旅游活动中的突发事故会对该旅游地的形象造成较坏影响。例如，千岛湖游船事件使得随后几年日韩游客减少。因此，可行性分析不仅要针对经济效益，而且要将经济、社会、生态三大效益结合起来分析。

三、旅游规划与开发可行性分析的分类

1. 按照资源开发可行性分析的工作步骤分类

按照资源开发可行性分析的工作步骤，可将可行性分析划分为以下三类：投资机会分析、初步可行性分析、具体可行性分析。

（1）投资机会分析。投资机会分析是指在一个确定的地区或部门内，在利用现有旅游资源基础上所进行的寻找最有利的投资机会的研究，主要目的是为投资的工程建设项目提出建议，它不需要对具体数值加以计算，只是根据已占有的数据分析市场潜力、竞争形势等初步的内容。

（2）初步可行性分析。初步可行性分析是指在进行投资机会分析的基础上，对旅游规划与开发的可行性进行深一步的研究，主要是对市场容量加以详细考察，对经济状况加以分析，对资源存赋状况加以评估，并确定是否有进行最终具体可行性分析的必要。

（3）具体可行性分析。具体可行性分析是指通过初步可行性分析后，对旅游规划与开发所进行的深入的经济、技术论证，达到这一程度后，要进行各种开发方案的比较，计算出大致的投资回收期、每年净收益、所能占有的旅游市场份额等经济指标，供投资者参考。

2. 按照旅游规划与开发可行性分析的内容分类

按照旅游规划与开发可行性分析的内容，可以将其分为旅游规划与开发主题设计可行性分析、旅游规划与开发的区位选择可行性分析以及旅游规划与开发的财务效益可行性分析。

主题设计、区位以及财务效益是旅游规划与开发可行性分析的重点，同时也是旅游规划与开发可行性分析与其他类型项目可行性研究的主要区别之所在①。

1）旅游规划与开发的主题设计可行性分析

旅游规划与开发的主题设计是技术可行性研究的重点。旅游区的项目产品往往具

---

① 陈南江. 旅游项目可行性研究. 中国投资与建设，1997，（11）.

有形式单一、品牌忠诚度不易建立以及建设风险大的特点，一旦旅游区开发主题选择不当，旅游区建设后不仅难以产生效益，甚至连塑造景观和引进娱乐设施的巨额成本都无法收回。因此，旅游规划与开发的主题设计可行性分析要考察区域旅游规划与开发的主题以及旅游项目设计是否符合旅游市场的需求，是否与当地旅游资源的特色一致，即旅游规划与开发的主题设计可行性分析就是要保证旅游规划与开发沿着正确的方向前进。

2）旅游规划与开发的区位选择可行性分析

旅游产品通常是一些不可移动的景观、娱乐设施及服务，其消费特征是广大旅游者离开其常住地、到达旅游目的地进行购买和消费，因而距离阻抗成为影响旅游产品销售的重要因素，从空间尺度上来看，旅游目的地的客源市场一般随距离增加呈现出衰减的迹象。旅游项目的市场空间的向心集聚而不是网络扩散，导致旅游规划与开发的区位选择具有重要意义。

旅游规划与开发的选址包括一次选址（宏观区位）和二次选址（微观区位）两种类型，其间的可行性分析应充分考虑到自然因素、市场因素以及社会因素对旅游规划与开发区位条件的影响。具体分析的内容，如表 11.1 所示。

表 11.1　旅游规划与开发选址的影响要素

影响因素	内容
自然因素	场所的美学特征、水源条件、地形地貌条件、气候条件
市场因素	客源市场、是否靠近潜在市场、是否具有可进入性、设施条件如何、是否有竞争对手、是否有潜在的可开发资源
社会因素	土地费用、扩建因素、地方政策条件、民意人情条件、人力资源的可用性、生态环保工作的推进情况

资料来源：自行编制而成。

3）旅游规划与开发的财务效益可行性分析

旅游规划与开发的一个重要的目标就是为旅游目的地开发资源，获取经济效益。因此，对旅游规划与开发的财务效益进行分析是实现旅游规划与开发经济效益的保证。在进行财务效益分析时，应着重分析旅游规划与开发的概率风险、敏感性以及盈亏平衡点（break even point，BEP），以期通过对旅游规划与开发的财务数据分析为规划与开发的可行性提供量化的支撑。

3. 按旅游规划与开发的投资主体分类

按旅游规划与开发的投资主体分类，可分为政府投资的旅游规划与开发项目可行性分析、国内企业投资的旅游规划与开发项目可行性分析、“三资”企业投资的旅游规划与开发项目可行性分析等。

4. 按旅游规划与开发的规模分类

按旅游规划与开发的规模分类，可分为全国旅游规划与开发可行性分析、全省旅游规划与开发可行性分析、市域旅游规划与开发可行性分析、县域旅游规划与开发可行性分析等。

四、旅游规划与开发可行性分析的内容及其过程

在旅游规划与开发可行性分析时，其分析的内容主要包括如下几个具体方面。

1. 确定旅游规划与开发的目的

究其实质，可行性分析就是考察一个旅游投资项目能否达到所预期的目的。因此，预期所能达到的目的是衡量旅游规划与开发是否可行的一个基本指标。有的旅游规划与开发是为了获取更大的经济效益，然而，也有一些旅游规划与开发的项目不完全是获得经济效益，而是为了获得经济、社会、文化等方面的综合效益或是为了实现某种特殊的目的。因而在可行性研究中，首先就是要明确该旅游规划与开发的目的是什么。

2. 分析待开发旅游资源的赋存状况及其特色

旅游资源是开发活动的标的物，因而其赋存状况和特色将决定其开发的潜力。一般来说，旅游资源数量越多、越丰富，所具备的开发潜力越大；旅游资源在空间上集中程度越高，开发后的影响效果越大；旅游资源所蕴含的文化底蕴越深厚，开发后对游客的吸引力越大；旅游资源特色越明显，则资源开发后该地旅游业的竞争实力越强。由此可以看到，对旅游资源的赋存状况及特色进行分析、评价，可以大致估算出资源开发后的效果，这对于研究旅游规划与开发的可行性提供了一定的评价依据。

3. 调查拟开发旅游资源的市场情况

旅游规划与开发的最终目的是为了获取经济上的利益，而经济利益的实现必须发生在市场中。因此分析旅游资源的开发是否可行，也要就其相应的旅游市场进行调查、分析，看旅游规划与开发所预期的利益在市场中有无实现的可能。该内容主要是调查类似旅游市场的发展规律、市场容量，并预测该地旅游规划与开发后市场对其产品和服务的需求量，以确定旅游规划与开发的规模、程度和提供的产品与服务。

4. 研究旅游规划与开发的环境可行性

研究旅游规划与开发的环境可行性，即研究旅游规划与开发地的宏观经济状况、金融市场的开放性和融资成本、利率水平的高低、政府对旅游规划与开发是否有指导性的优惠政策；旅游资源所处的地理位置、气象、水文、地质、地形等自然环境条件和旅游规划与开发地的交通运输状况、供水、供电、供热、供气等市政基础设施配备条件。投资环境、建设环境越优越则旅游规划与开发的成本也就相应越低，那么，旅游规划与开发目标的实现即资源开发的可行性也就越高。

5. 研究旅游规划与开发的时间周期、开发的内容、建设的标准，以及主要设施的布局

旅游规划与开发可以是一次性进行，也可以是分次分批分段进行，这取决于旅游资源的状况和开发的规模。一般说来，旅游资源的开发要分段进行，这样做的目的在于对建设和营业后所出现的问题进行分析，从而便于对可行性分析加以调整使之更加

适合于现实情况。通常先选择兴建一些具有示范性质的启动项目，这些均为旅游资源的初步开发所必需拥有的服务项目，然后再继续兴建一些投资额更大、功能更强大的旅游项目，最终完成旅游资源的完全开发，对于旅游规划与开发的内容、建设的标准及主要设施的布局也要经过慎重讨论，论证后再予以通过。

6. 研究旅游规划与开发过程中所需的资金数额、流动资金及其来源或筹措方式

旅游业中的不同部门其资金的需求量是不同的，根据对旅游业中不同部门的就业——资本指数和就业产出指数加以分析，可知，旅游业中的酒店、旅行社等部门的资本密集性明显高于餐饮和旅游商店部门。因而对于不同部门的建设项目，所需资金额也要具体地进行有针对性的分析，并确定其筹资渠道，以保证旅游规划与开发过程中的资金供应。

7. 确定旅游规划与开发的人力资源、原材料及其他资源的来源

人是生产力中的最主要的因素，因而旅游规划与开发后要有一定的人力资源才能保证旅游业的正常运转。从某方面来说，旅游业是以服务为导向的行业，同时也是资本密集型的行业，因为提供的服务需要以一定的物质条件作为基础才能实现。然而，旅游业所需的人力资源并非普通的简单劳动力，而是有一定职业素养、接受过专业学习的专业从业人员，所以在对旅游规划与开发进行可行性分析时，对资源规划与开发过程中，所需的旅游人力资源的供应情况和提供服务过程中所必需的原材料及辅助设施供应情况要加以评估，以保证旅游企业的正常运营。

8. 确定旅游规划与开发的环境与地区影响及应对策略

研究旅游规划与开发对环境和周围地区的作用和影响，以及所应采取的相应措施来充分发挥旅游规划与开发所带来的积极作用，抑制和抵消旅游规划与开发所造成的消极的负面影响。

虽然上面曾提到过旅游业对旅游资源的开发属于一种保护性的开发，但在追求利益的过程中，难免会出现一定的盲目性，对生态环境及社会造成一定的不良影响。所以，在进行可行性分析时，要充分考虑旅游规划与开发对周围环境的影响，以免造成对资源的破坏性开发。

9. 开展旅游规划与开发投资效果及效益评估

研究旅游规划与开发的投资效果及开发后旅游业运营过程中的经济效益、社会效益及环境效益，投入资金和贷款的偿还方式和期限并综合做出该资源开发项目可行或不可行的结论。

旅游规划与开发可行性研究的过程与上述内容的顺序大体上一致，只是可行性研究的工作不是一次性就能完成的，鉴于其涉及面非常广，相关的学科理论非常繁杂，必须反复多次地向专家学者征询意见以及在现实中模拟检验，通过反馈信息对旅游资源的开发可行性评价进行修正，最后得出的结论才具有科学依据和准确性。具体过程见图 11.1。

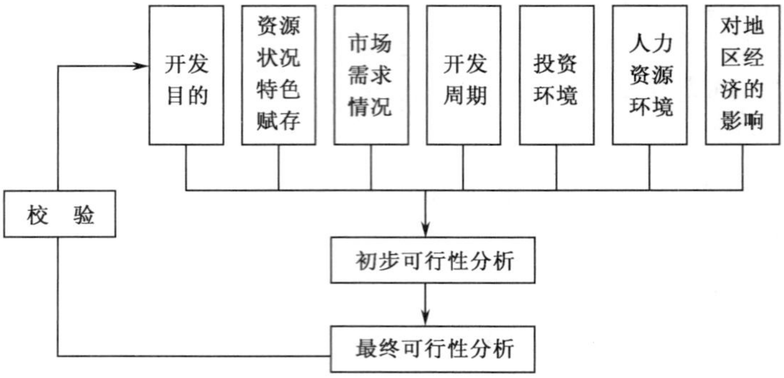

图 11.1 旅游规划与开发可行性研究过程

10. 编写可行性研究报告

可行性研究报告是旅游规划与开发可行性分析的主要成果形式，同时也是旅游区向地方旅游主管部门进行项目申报立项的必要文件。在可行性研究报告中，编制者应对旅游规划与开发项目的背景条件、发展目标、市场预测、风险因素分析以及财务衡量指标等内容进行系统说明。

案例 11.1

旅游规划与开发项目可行性研究报告编制提纲

一、总论

（1）申请项目的概述，应包括项目的主要内容、创新点，项目的主要功能等。

（2）简述项目的社会经济意义、目前的进展情况。

（3）简述该地区建设该项目的优势和风险。

（4）项目计划目标。

其一，总体目标，包括项目执行期间（从项目起始时间到计划完成时间）计划投资额；项目完成时达到的目标、实现的年接待能力等。

其二，经济目标，包括项目计划完成时累计实现的旅游收入增加值、旅游外汇收入、净利润等。

其三，技术、质量指标，包括项目计划完成时达到的主要技术与性能指标（需用定量的数据描述）、执行的质量标准、通过的国家相关行业许可认证及企业通过的质量认证等。

其四，阶段目标，在项目执行期内，每一阶段都应达到的具体目标，包括进度指标、技术开发指标、资金落实额、项目建设情况、实现的旅游收入等。每一阶段目标应是比较详细的、可进行考核的定性定量描述。

（5）主要技术、经济指标对比，列表对项目实施前后的相关指标进行详细比较。

二、旅游项目的技术可行性和成熟性、可靠性分析

（1）项目的技术可行性论述。

（2）项目的成熟性和可靠性论述。

三、旅游项目产品市场调查与竞争能力预测

（1）该旅游项目产品的主要功能，目前主要客源市场的需求量，未来市场需求预测；旅游项目产品的经济寿命期，以及该项目目前处于寿命期的阶段。

（2）该旅游项目产品的国内外市场竞争能力，替代进口或出口的可能性，预测本旅游项目市场占有份额，以及近期内市场占有率的增长情况，并说明预测的依据。

四、旅游项目实施方案

1. 旅游项目开发计划

详细描述旅游项目开发工作、准备工作、市场开拓工作的进展计划，以甘特图[①]（图 11.2）的形式列出，并明确标出完成各项工作预计所需时间及达到的阶段目标。

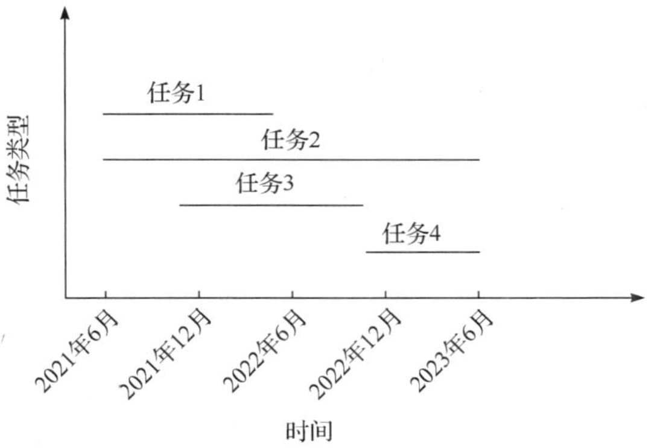

图 11.2　甘特图

2. 旅游项目建设技术方案

论述该旅游项目的技术路径，并说明在开发过程中将采取的具体技术方法和预计实现的技术参数，提出可以解决上述技术问题的备选方案。

3. 营销方案

论述该旅游项目产品主要的目标市场以及该旅游项目的销售和服务网络等。

4. 其他问题的解决方案

简述旅游活动过程中的“三废”情况及处理的措施和方案。

五、投资预算与资金筹措

1. 投资预算

近期完成的投资额，即提出申请之前该旅游项目已实现的投资额，并分项说明资金来源及主要用途。估算该旅游项目在执行期内的计划新增投资。

① 甘特图是查看项目进程最常用的工具图之一，也叫线条图或横道图，由二维坐标构成，其横坐标表示时间，纵坐标表示任务。企业应将基金项目执行期内的各项任务分解，每项任务用一条横线表示，其长度是完成这项任务所需的时间，将横线按任务的起止时间放在图内。

根据项目计划新增投资情况，编制新增固定资产投资估算表和流动资金估算表。

2. 新增资金的筹措

对新增投资部分，需阐述资金筹措渠道、预计到位时间、目前进展情况。

3. 资金使用计划

根据项目实施进度和筹资方式，编制资金使用计划。

六、经济、社会效益分析

1. 项目投资成本分析

按财务制度的规定，估算项目产品的年运营成本和期间费用，并提供计算运营成本的必要条件；说明对旅游项目运营成本产生负面影响的主要因素以及可采取的对策。

2. 旅游项目盈利预测

根据旅游项目产品的成本和市场分析，预测该旅游项目产品进入市场的情况，并编制该项目 5 年的盈利预测表，包括收入预测、成本预测、利润预测等。

3. 旅游项目经济效益分析

根据旅游产品营销情况和客源市场占有情况的分析，预测该旅游项目在规划期限内累计可实现的收入、净利润、缴税总额以及创汇等情况。

4. 旅游项目投资评价

计算旅游项目的净现值、内部收益率、投资回收期。

5. 旅游项目社会效益分析

论述该旅游项目的实施将对提高地区经济发展水平的影响，对合理利用自然资源的影响，对保护环境和生态平衡以及对节能可能产生的影响。

七、项目可行性研究报告编制说明

（1）可行性研究报告编制单位名称、基本情况、负责人、联系电话。

（2）可行性研究报告编制者姓名、年龄、学历、所学专业、工作单位、职务、职称。

八、附件

项目可行性研究报告的专家论证意见。

论证意见包括：

（1）对项目可行性研究报告的真实性、科学性、立项意义的评价；

（2）对项目可行性研究报告中技术水平描述的准确性、技术路线可行性的评价；

（3）对项目投资预算的评价；

（4）对项目能否如期完成总体目标、经济指标、技术质量指标、进度目标等内容的评价，并提出修改意见；

（5）其他有关建议；

（6）专家论证组专家名单：包括姓名、年龄、工作单位、学历、所学专业、现从事专业、职务职称、联系电话、身份证号码及专家签名。

资料来源：马勇，李玺. 旅游规划与开发. 2 版. 北京：高等教育出版社，2006.

第二节 旅游规划与开发可行性分析的理论基础

旅游规划与开发可行性分析就其实质来说，就是依照经济学的一般原理，对于旅游规划与开发过程中的投入、成本和产出进行衡量，看其是否满足预先设定的开发目的。因此，这项工作对技术性有一定的要求，这就需要在进行实际评估前了解和掌握在旅游规划与开发可行性分析中要运用的一般原理，在旅游项目可行性分析过程中常用的理论有资金的时间价值理论、现金流量理论以及经济效益理论。

一、资金的时间价值理论

任何一个旅游项目由于它的建设周期不同，其产生的费用和效益的发生期也就不尽相同，但是通常情况下，在最后作出投资决策前，需要对几个不同的项目做一个比较，选出其中的最优者作为投资方案。这就要求评估人员在进行旅游规划与开发可行性分析时，将不同时期所发生的费用和效益转化为在同一时期中的费用和效益额，也就是将不同时期的费用和收益变成在同一时期中可以比较的数值。这就是将要涉及的资金的时间价值理论。

（一）资金时间价值的概念

资金的时间价值，指的是货币在流转过程中随着时间的推移而价值不断增长，它表现为一定数量的货币资金在不同的时点上具有不同的价值。但是，我们要注意到并不是所有的货币资金都具有时间价值，而是只有那些参与了社会生产的进入社会资金循环的货币资金才可能具备时间价值。

对于资金时间价值的产生，马克思早就指出，当货币在资本主义生产基础上转化为资本时就可以“由一个一定的价值变为一个自行增殖、自行增加的价值。……货币除了作为货币具有的使用价值以外，又取得了一种追加的使用价值，即作为资本来执行职能的使用价值”①。而这种产生的追加价值就是因为货币与一定的生产要素结合，在生产过程中产生的利润。这个利润就是最初投入货币资金的时间价值。

从马克思的理论来看，资金时间价值的产生是以社会资金的集聚所产生的资金盈余单位和资金短缺单位为前提的。随着社会资金在少数人手中不断集聚，逐渐产生了一些依靠资金的借贷关系的食利者阶层，他们将手中多余的货币借给那些资金缺乏者，而不断地从资金借款人手中拿过作为这部分资金报酬的利息，这部分利息就是借出去的资金在借款期内的时间价值。实际上利息指占用了货币使用权而必须付出的代价或放弃资金的使用权所获得的报酬，它的大小取决于社会上资金的供求关系。资金供过于求则资金十分丰富，资金的稀缺性降低、资金的使用权出让的价值就低，也就是资金在一定时期内的时间价值就低；反之，则资金的时间价值较高。

---

① 中共中央马克思恩格斯列宁斯大林著作编译局. 资本论（第三卷）. 北京：人民出版社，2004.

除了利息外，利润也被用来表示货币的时间价值。利润和利息在本质意义上没有区别，只是利息描述的是将资金投入借贷过程中的价值增值，而利润则是描述将资金投入生产流通领域所产生的价值增值。因此，在计算资金的时间价值时，两者是无差别的。

而西方经济学家对于货币时间价值的解释是从人的偏好着手的。偏好是西方经济学中研究消费者的一个重要概念，它是指消费者根据自己的意愿对可能消费的商品组合进行的排列，也就是消费者将可能的几种消费品按自己的消费效用排序，效用最大的排在前面，从而得到一个数列。西方经济学家认为，人们对资金的时间偏好是资金时间价值产生的源泉，他们认为人们对当前一定质量和数量的资财的估价和以后对同样质量和数量的资财的估价是有差异的。一般来说前者的估价大于后者，从而产生了货币的时间价值。因此放弃现有的资财具有一定的风险性。比如，在存在通货膨胀率的情况下，由于物价水平的日益升高，同等数量的货币所具有的购买力是日益降低的。在这种情况下，日后重新占有这份资财时，其真实价值已大打折扣。除了物价因素影响以外，还有信用风险，即放弃现有的资财，将它出让给别人使用，一旦使用人出现经济状况不佳，那么这份资财就有不能收回或不能全部收回的风险，对于一个理性的经济人，他必然在高风险面前要求高额的回报。这就决定了投资于高风险行业资金具有较高的时间价值。放弃现有的资财除了有风险性外，还要损失资财所有人的一部分利益。因为资财所有人牺牲了他自己现时使用的权利，而将现时的使用推迟到将来使用，根据消费的时间偏好假设，将来对资财使用的效用小于现时对资财使用的效用，因此，借款人在还款时要在本金之外支付一定的附加额以弥补所有者因推迟使用这部分资财造成的损失。

（二）资金时间价值的决定因素

1. 资金的使用时间

根据西方经济学家的推理，资金出让的时间越长，则说明资金所有者延迟消费的时间也就越长，而依消费者对消费的时间偏好，则我们可以认为资金的时间价值是对资金所有者延迟现时消费的一种补偿，因此，资金的使用时间越长则资金所有者损失的效用越大，该资金的时间价值也就越高。

2. 资金的数量大小

对于单位资金来说，一个单位资金在一定时间内的时间价值假设为 1，则资金数量越大那么相应地其时间价值也成倍地增长，所以很容易理解时间价值的大小与资金的数量大小成正相关关系。

3. 资金的供求关系

在市场经济条件下，是以市场为基础来配置资源的，货币资金的配置同样也需要在市场中进行。货币资金的供应多，那么其相应的时间价值量将有所降低，而如果货币资金的供应量较少，而需求量较多，则产生需求者之间为获得资金而进行竞争，其结果必然是货币资金的单位时间价值上升。

4. 资金的使用目的和回收方式

资金的时间价值大小与资金的使用目的和回收方式有很大的相关性。不同的使用目的，如将这些资金用作生产资金进行周转和用于旅游投资，产生的风险就有很大的不同。如果将资金用来临时周转，缓解资金的短缺，风险性是很小的。而如果将资金投入旅游的规划与开发，则会因为政策、经济环境的变化、以及人们生活习惯的改变而产生较大的不确定性和风险性。因此，一般说来资金投资目的的风险性越大则该资金使用的时间价值就越高，反之则越小。

另外，资金的时间价值还与回收方式有关，通常的资金回收方式有：分期等额还本付息、分期付息、最后一次偿还本金、到期一次性还本付息、分期递增还本付息。很显然，不同的资金回收方式所产生的风险是不同的，在现实中一般采用的是分期等额还本付息和分期递增还本付息两种方式，较少使用的是分期付息、最后一次性偿还本金和到期一次性还本付息，因为这两种回收方式对于资金所有者来说风险过大。如果使用该回收方式则时间价值将大得令资金使用者无力支付，所以资金的时间价值与资金的回收方式也有很大的关系。

5. 相关部门的利润率

按照政治经济学的观点，作为借贷资本的资金，实际上是从职能资本运动中独立出来的特殊资本形式，利率的高低应取决于平均利润率的高低。因为利息来源于职能资本，其大小就不能高于社会的平均利润率，否则资金使用就得不到任何利润，他也就不会去借入资金了；但也不可能为零，否则资金的所有者将得不到任何利润。因此，资金的时间价值总是介于社会平均利润率和零之间。

（三）资金时间价值的计算

在计算资金的时间价值时，我们接触得最多的概念当属利率了，利率指的是一定时期中的利息额与本金之比，通常用百分比的形式表示，它是计算利息的尺度。利率根据计算的时段不同可分为年利率、半年利率、月利率等，按照计算的方法可分为单利率计息和复利率计息两种。

下面，我们具体来看一看在单利和复利计算方式下，货币时间价值的计算。在单利计算方式下，利息的计算只以本金为基数，而本金上产生的利息不额外计息。

因此，单利计息时利息的计算公式为

$$F=P（1+ni）$$

其中，F 为本息和；n 为计算期数；i 为单利利率；P 为本金。

在复利计息方式下，不仅本金要计算，而且由本金在本期派生的利息在下一计息期间也要计息。

因此，复利计息有时也被形象地称为“利滚利”。复利计息时利息的计算公式如下

$$F=P（1+i）^n$$

该式表示本金和利息均在末期，一次性取出时的本利和。其中，F、P、i、n 与

以上公式的含义一样。

二、现金流量理论

（一）现金流量的概念

现金流量从文字上看既然是“流”就必然有流入和流出的量，通常现金流量是指将旅游项目整个视为一个独立的系统，在旅游项目的筹划、设计、施工、投入经营的过程中，各年里所发生的现金流入量与现金流出量之和。因此，在现金流量的概念中包括了现金流入量、现金流出量和现金净流量。现金流入量是指旅游开发过程所引起项目的现金收入的增加额；现金流出量则指旅游开发过程所引起的项目现金支出的增加额；而净现金流量，可想而知，是指现金流入量与现金流出量之间的差额。这里需要注意，现金是一个广义的概念，它既包括了各种货币资金，又包括了旅游开发过程中需要投入的一些非货币资源的变现价值。

（二）现金流量的表示方法

“现金流量”对于大多数人来说是一个比较抽象的概念，因为它所说的现金并非指现实中、手中保有的那种纸币，而是广义上的现金，它实际上指有价值资产的变现价值。正是由于现金流量的广义定义，它的构成因素十分复杂，不仅现金、存款、资本金溢价、实收资本等属于其构成因素，甚至连技术进步、生产率提高而造成的税金减少也属于现金流量，因此，在日常经济活动里，如何描述刻画现金流量便成了一个需要解决的问题。

在实际发生经济活动时，人们为了准确地分析现金流量的变动情况，通常采用现金流量图来描述现金的流动情况，图 11.3 便是一个典型的现金流量图。

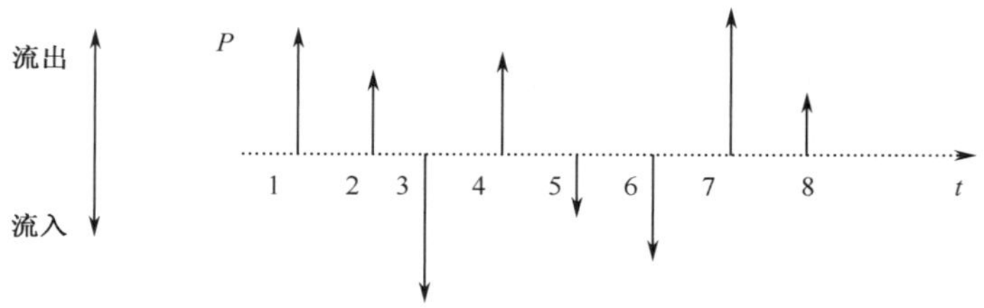

图 11.3 现金流量图

在图 11.3 中，横轴代表时间，用 t 表示；纵轴则代表了现金流量。在绘制现金流量图时，要先确定横轴的哪一方为现金流入，哪一方为现金流出，这可以人为规定。例如，图 11.3 中就人为规定了在时间轴上方的表示现金流出，在时间轴下方的为现金流入。当发生现金流量的时候，先在时间轴上找到与现金流量对应的点，然后根据现金流的大小和方向在图中绘制出相应的箭头，这里需要注意的是绘制箭头的长度要和现金流的大小成比例。

有了现金流量图这个工具，我们就可以轻易地得出净现金流量了，在一段时期内净现金流量是流入减去流出量，若结果为正值则表明该时期内现金流量的方向为流入，若结果为负则说明该时期现金流量的方向为流出。

（三）现金流量理论的应用

在理解了现金流量概念的基础上，我们可以对旅游规划与开发可行性研究中的现金流量问题进行初步分析。

总体上来看，旅游规划与开发中现金流量的流入与流出分别表示了旅游项目的收支情况，流入大于流出则表明该旅游项目整体上呈现出增长的态势，但是这也不能一概而论。在旅游规划与开发的不同阶段现金流量的方向和大小应该具有一定的差异性。通常在旅游项目建设的初期，由于以项目投资为主，较少出现旅游收入的情况，因此，此时的现金流量方向必然是以流出为主，表明旅游项目开发建设单位对该项目的大量投资。在旅游项目投资开发初期，现金流量以大量流出为正常。

待到旅游项目开发建设基本完成并投入使用时，随着旅游者的大量进入，旅游项目创造的旅游收入也不断增加，这些旅游收入在现金流量图上就反映为现金的流入，此时旅游项目的现金流入量会逐渐增加，以至于超过现金的流出量而使现金净流量为流入。所以，到旅游项目的建成期和成长期，现金净流入量越大越好。

在财务上，一般使用现金流量表来描述旅游项目或旅游企业经营中的现金流量情况。表 11.2 就是××公司 2021 年度现金流量表。

表 11.2　××公司 2021 年度现金流量表　　单位：万元

项目		2021-12-31	2021-09-30	2021-06-30	2021-03-31
经营活动产生的现金流量	销售商品、提供劳务收到的现金	63 468.79	495 601.53	334 225.74	127 445.52
	收到其他与经营活动有关的现金	25 453.34	26 013.83	17 131.77	9 950.17
	购买商品、接受劳务支付的现金	179 019.38	147 071.22	104 727.47	39 395.68
	支付给职工以及为职工支付的现金	187 915.94	140 123.73	96 017.68	52 103.94
	支付的各项税费	40 316.41	31 556.41	24 918.11	14 470.66
	支付其他与经营活动有关的现金	24 838.92	22 507.04	15 482.47	11 405.42
	经营活动产生的现金流量净额	230 831.47	—	110 211.78	—
投资活动产生的现金流量	处置固定资产、无形资产和其他长期资产收回的现金净额	4 303.01	2 587.33	1 942.78	352.09
	收到其他与投资活动有关的现金	129 043.44	95 291.74	87 244.05	58 668.99
	购建固定资产、无形资产和其他长期资产支付的现金	74 179.62	58 496.06	39 800.49	25 989.93
	投资支付的现金	1 526.41	881.33	326 41	—
	支付其他与投资活动有关的现金	103 890.00	79 340.00	54 840.00	22 850.00
	投资活动产生的现金流量净额	–45 448.10	–40 134.50	–5 076.26	10 181.16

续表

项目		2021-12-31	2021-09-30	2021-06-30	2021-03-31
筹资活动产生的现金流量	吸收投资收到的现金	302 117.60	132 590.00	2 470.00	82 470.00
	取得借款收到的现金	173 120.00	173 120.00	93 120.00	49 120.00
	偿还债务支付的现金	340 900.00	312 600.00	169 300.00	122 000.00
	分配股利、利润或偿付利息支付的现金	52 834.32	39 013.23	24 240.89	1 084.65
	支付其他与筹资活动有关的现金	142 871.01	97 968.91	65 320.84	41 883.05
	筹资活动产生的现金流量净额	–4 070.95	–143 872.14	–113 271.73	–33 377.70

三、费用效益原理

（一）基本概念

“费用”“效益”这两个词对人们来说一点儿也不陌生。在经济活动中，任何一个理性的人都会尽量减少费用，增加效益，也就是以最小投入获得最大的产出。但这里说的费用效益原理并不是指生产过程中的投入、产出原理，而是指旅游项目的投资过程中产生的劳动、物资所费和该项目所产生的经济、社会、生态三大效益。费用-效益的评价方法按其评价角度和方法的不同可被分为财务评价和国民经济评价，该方法是对旅游项目投资进行可行性分析时，使用得最普遍的一种方法，它最早主要应用于发达国家公共建设项目的社会效益的评价，后来逐渐被世界各国引用来进行普通旅游项目的可行性研究。

（二）费用效益分析的内容

费用效益方法在旅游项目的投资可行性分析中被用来分析项目所产生的国民经济效果，也就是说主要用来衡量该旅游项目对区域内国民经济的影响。其内容大致有：衡量项目的经济效率、衡量项目的投资收益率、衡量项目对区域经济的关联性以及对环境因素的影响。

这里说的效益，不仅仅指产出的多与少，还包含了产出的效率问题，也就是要衡量该旅游项目对社会经济运行效率的作用。在经济学中，衡量一个经济的效率是用影子价格，所谓影子价格就是指当社会资源进行了最优配置，生产的组织达到最优时，资源、产品供求平衡时的价格。影子价格在理论上是存在的，但实际中很难得到。因此，人们往往根据一些宏观经济的运行情况，换算出一个影子价格，并将其作为价格标准来衡量该项目是否在经济上具有可行性。这样的做法有助于更准确地评估旅游项目的经济效益和潜在风险。

在旅游项目开发可行性分析中，投资收益率是投资方尤为关注的一个评估指标，投资方愿意投资于该项目而非其他项目，不仅是因为该旅游项目能产生回报，更为重要的是该项目能产生高于社会平均最低投资收益的效益，而在衡量社会平均最低收益率时，人们通常会使用社会折现率这个指标，社会折现率是国家对投资项目所获得收益的最低预期。因此，看一个旅游开发项目是否可行应将其预期收益率与社会折现率进行比较。

在经济运行中，各产业、各行业之间都有着千丝万缕的联系，区别仅仅在于有的行业联系多，有的行业之间联系少；有的行业以“前关联”为主，有的行业以“后关联”为主，有的行业“前、后关联”兼而有之，旅游业就是典型的前后关联兼而有之的行业。从社会经济的角度来看，行业关联度越大，则对该地区经济发展的带动作用越明显，通常用相应的乘数大小来衡量。

此外，旅游项目的开发对周围环境的影响也要加以评价和衡量。环境既包括自然、生态环境，又包括社会、经济环境，但通常情况下，这些环境是不易找到指标进行衡量的。因而对项目开发的效益进行分析时，要将其产生的无形的影响考虑在内，以确定该开发项目是否可行。

第三节 旅游规划与开发可行性分析的方法

旅游规划与开发因其涉及面的广泛性，决定了在可行性评价中要从多角度、使用多种方法来综合评价。前面曾经介绍了旅游规划与开发可行性分析的过程，在初步评估之前要针对该地的市场需求情况、旅游资源的特色和赋存情况、国民经济运行状况、环境的保护状况进行分析，并结合旅游规划与开发的目的进行初步评估，以考察旅游规划与开发的目的能否基本实现。这个分析的过程描述起来比较简单，但是在实际操作中则要使用多种方法。在此，将介绍在旅游资源规划与开发可行性分析中使用的一些常规方法。

一、市场需求情况分析

对旅游规划与开发地的市场需求情况进行分析是为了揭示出该地旅游市场的结构及其对旅游产品的需求状况。市场虽然是不断变化的，但是其变化过程具有一定的规律性，找出市场运行的规律性并依照规律来分析、预测未来市场的变化方向则是旅游规划与开发可行性分析的基础，在进行市场需求状况分析时经常使用的方法有市场调查法、需求预测法、市场趋势分析法。

（一）市场调查分析法

该方法主要是为了在可行性分析前弄清楚社会对该旅游产品的需求情况，也就是要弄清“5W2H”，即 who——谁会产生对旅游产品的需求，what——这些人需求的旅游产品到底是什么，why——他们为什么会产生这种需求，where——他们希望在哪里通过何种方式购买这种旅游产品，when——他们在何时会产生这种需求，how many——他们对该旅游产品的需求量有多大，how much——他们愿意购买该旅游产品所能支付的价格。

市场调查按照调查的范围可分为全面市场调查和随机抽样调查两大类。全面市场调查是指针对所有的市场上的消费者进行调查得出完整的市场需求信息，但是在一般情况下，该方法很难办到：一方面，因为市场的变化非常迅速，全面市场调查总是跟不上市场变化的步伐。另一方面，即使能够对市场进行全面调查，调查的成本也过于昂贵，往往是得不偿失。因此，人们在进行市场调查时会选择随机抽样调查。该调查是在市场上随机地选择一些消费者作为样本，通过对样本的分析来得出整个市场的基本情况。

市场调查所采用的基本方法有：访问法、观察法以及实验法等。

所谓访问法也被称为询问法，是指调查工作人员通过口头询问、开会座谈、书信询问、填写表格等方式来与被调查者沟通以了解市场需求状况的一种市场调查的方法。在运用这种方法之前，工作人员应花大量的精力致力于设计调查问卷，具体包括问卷的问题和选择项、问卷的形式、回收方式等。访问法按照调查表格的发放和回收方式可分为面谈调查、邮寄调查和留置调查（由工作人员将调查表留置于被调查对象处，并说明调查表的填写要求，而由被调查者日后回答后交回调查表的一种方式），在制作调查表时要注意，不能过多地涉及个人的情况，即使要涉及也不能过于具体，否则会引起被调查者的不满和抵触情绪。

观察法是指调查工作人员亲自从侧面观察被调查对象，取得第一手调查资料的调查方法，在进行客流量等方面的调查时，这种方法被经常用到，该方法由于在使用时，被调查对象没有意识到自己正接受调查，因而客观性较强，但需要投入大量的人力、物力才能完成，因而适用的范围不广。

实验法是指先将旅游产品在一定范围内进行试销，通过实验对比分析以取得一定市场上相关市场份额的方法，这种方法一般需要的时间比较长，且普适性较差，得出的结论在其他市场上不一定适用。

（二）需求预测法

所谓需求是指一定市场上人们有支付能力的欲望和要求。需求与宏观经济形势、消费者的收入水平、消费习惯及政策导向有关。

宏观经济形势良好时，人们对未来的预期看好，因而会减少为满足未来的安全需求的储蓄，而增加现时的旅游需求；反之，人们将限制自身的消费而为将来着想；当消费者收入水平较高时也会增加其需求的数量；消费者的消费习惯对市场上的需求量有很大影响，这可以从国民储蓄率中窥之一斑，中国的消费者习惯于将收入中的大部分储蓄起来，尽量减少现时的消费，而国外的消费者则流行“今天花明天的钱”。除了依靠消费者的行为方式和宏观形势来预测需求外，还可以通过旅游产品的不同生命周期来预测市场的需求量。

（三）市场趋势分析方法

市场趋势分析方法是一种依靠过去经验值而将其外推的市场预测方法。最常用的计算方法有移动平均法和线性回归分析法。这些方法的使用只是从过去发生的旅游市场现象出发，一切以过去的市场为基础，对市场上突然发生的变动不能予以反映，这是该方法的不足之处。但是随着信息的积累，该方法对旅游市场整体的变动趋势刻画得较为准确，因而被人们广泛使用。

移动平均法：该方法的主要目的在于将过去的旅游市场情况加以修饰使其变得均匀，以期更准确地反映旅游市场动向。其基本公式如下：

若设 x_i 为时间系列中时点观测值，每次计算时移动平均值的数据个数为 n，则 t 时总时的移动平均值 M_t 为

$$M_t = \frac{1}{n}(x_t + x_{t-1} + \cdots + x_{t-n+1}) = \frac{1}{n}\sum_{i=0}^{n-1} x_{t-i}$$

这个 M_t 在移动平均法里面被当成 t+1 时点的预测值。在计算过程中，n 值取得越大，则 M_t 数列越均匀，预测值的准确率就越高。

线性回归分析法：客观世界中，一个事物的发展变化常引起另一个或一些事物发生相应的变化，在这个变化过程中的相互关系被称为相关关系，线性回归就是找出事物发展变化过程中的相关因素，并利用统计、分析的方法得出一个相关因素之间的数学模型。其具体方法如下。

建立一组反映预测时，与自变量之间因果关系的样本

$$x_1, x_2, \cdots, x_n$$

$$y_1, y_2, \cdots, y_n$$

绘制散点图，若从图中看出两者呈现出线性相关特征，则建立一个线性回归方程 $y = a + bx$。其中，y 为预测对象，x 为自变量，a、b 为待定回归系数。

据最小二乘法得出回归系数

$$b = \left(n\sum x_i y_i - \sum x_i \sum y_i\right) \div \left[n\sum x_i^2 - \left(\sum x_i\right)^2\right]$$

$$a = \left(\sum y_i - b\sum x_i\right) \div n$$

将 a、b 代入线性回归方程则可以预测市场的发展趋势了。

二、旅游资源的特色和赋存状况分析

旅游规划与开发的一个重要基础就是要求旅游资源的品位高，即要具有一定的开发价值，而资源的品位具体说来就包含了旅游资源的特色和规模、集聚程度。旅游者开展旅游活动是为了追求一种新的环境、新的生活方式。为了满足游客的这种求新求异的需求，则必然要求待开发的旅游资源具有其独特的魅力，而形成与其他旅游地异质的新的旅游目的地，这是影响旅游规划与开发能否取得成功的一个关键因素。为此，在旅游规划与开发之初就要对旅游资源进行特色和聚集度上的评估。

旅游资源特色评估属于审美的范畴，因而受人的经历、价值观等主观因素影响较大，对特色的评估结果也是因人而异，所以一般采取民意测验法和专家评议法，又可

分为一般经验评价和美感质量评价。

一般经验评价就是向旅游者调查，让其回答旅游资源的优劣顺序，或统计旅游资源在常见报刊和旅游书籍、旅行指南上出现的频率，或邀请专家评议，从而找出国家或地区内最出色的旅游资源，但这种方法不能对待开发的旅游资源进行评估。

美感质量评价，是在旅游者或旅游学方面的专家体验的基础上深入分析，建立规范化的评价模型，然后由专家根据这些模型给待开发的旅游资源打分，这种评价方式对未开发的旅游资源同样适用，并且评价的结果多具有可比性的定性尺度或数值，其中对自然旅游资源的视觉美评价技术已发展得较为成熟。

旅游资源的规模和聚集程度主要用一定地域范围内拥有旅游资源的多少来衡量，它不仅有量的标准，还有结构方面的评价，即各类旅游资源的组合情况如何，这些方法在对旅游资源评价时已作了介绍，在这里就不再重复。

三、国民经济运行情况和环境分析

国民经济运行情况和环境分析也就是对旅游规划与开发的大环境进行科学评判分析。旅游业的发展除了需要一定数量的资金投入和具备一定的旅游基础设施支撑外，还需良好的国民经济运行环境和健康、稳固发展的宏观经济做后盾。同时，旅游资源的开发对区域经济的发展、环境的保护都有不同程度的影响，而这些方面的分析笔者已在本章第二节作过介绍了，本节就不再赘言。

四、不确定性分析①

前面我们做出的可行性分析和预测都是在目前各种宏观经济环境不变基础上所做的假设。但是实际上，影响旅游规划与开发可行性研究的因素都处于不断变化当中，因此，这些因素我们都无法进行准确地预知，具有一定的不确定性，从而使得建立在预先估测基础上的旅游规划与开发的可行性研究不可避免地带有一点风险性。所以，在旅游规划与开发的可行性研究过程中必须对这种不确定性加以处理，估计旅游规划与开发可能承担的风险，保证其综合效益的实现。

这里我们说的旅游规划与开发的不确定性分析主要是针对上述的不确定性问题所采取的处理方法，其主要包括敏感性分析、盈亏平衡分析以及概率分析三种方法。

（一）敏感性分析

敏感性分析是指通过分析、测算旅游规划与开发项目的主要制约因素发生变化时引起经济效果评价指标变化的幅度，了解各种因素的变化对实现预期经济目标的影响程度，从而对旅游规划与开发项目在各种风险中的承受能力作出判断。在旅游规划与开发的整个过程中会有许多不确定性因素对旅游规划与开发项目的经济效果产生影响，但影响程度各不相同。有些因素微小的变化就会引起经济效果评价指标产生较大

---

① 马钧，毛瑛. 投资项目决策. 北京：中国经济出版社，1997

的变化，甚至变化超过了临界点，这些因素被称为敏感性因素；反之，有些因素在较大的数值范围内变动却只引起经济效果评价指标很小的变化，这些因素被称为不敏感因素。敏感性分析就是在众多的不确定因素中，确定哪些是敏感性因素，哪些是不敏感性因素，并分析敏感性因素对旅游规划与开发项目的影响程度。

旅游规划与开发项目的敏感性分析主要步骤如下。

1. 确定具体经济效果评价指标作为敏感性分析的对象

评价旅游规划与开发项目的经济效果指标有很多，都可以作为敏感性分析的指标。但对于某一具体的旅游规划与开发项目而言，没有必要将所有的指标都作敏感性分析，因为不同的旅游规划与开发项目有其不同的特点和要求，即使是同一旅游规划与开发项目在不同的阶段也有不同的需求。因此，敏感性分析的指标选择应针对实际的需要来确定。选择的原则有以下两点：①敏感性分析的指标应与确定性分析的指标相一致，不应超出确定性分析所用指标的范围。②确定性经济分析中所用指标比较多时，应选择最能够反映该旅游规划与开发项目经济效益与经济合理与否的一个或多个重要指标，并将之作为敏感性分析的对象。

2. 选择需要分析的不确定因素

对旅游规划与开发项目产生影响的不确定因素很多，严格来说，几乎所有对旅游规划与开发项目产生影响的因素都具有或多或少的不确定性。但是，在实际工作中我们不需要对所有的不确定因素进行敏感性分析。如前所述，有些因素虽然具有不确定性，但是对经济效果的影响较小，只有那些敏感性因素才会对经济效果评价指标产生较大影响，对这些因素我们应该做敏感性分析。一般我们找出那些对于旅游规划与开发项目经济效果评价具有较大影响，同时又在整个规划期内有可能发生重大变动的因素作为敏感性因素。

3. 确定旅游规划与开发项目经济效果评价指标对各种敏感性因素的敏感程度

旅游规划与开发项目对不确定性因素的敏感程度可以表示为，某种因素或多种因素同时变化时导致经济效果评价指标的变化程度。常用的计算方法是，假定除敏感性因素外，其他因素都是固定不变的。然后根据敏感性因素的变动，重新计算有关的经济效果评价指标，并将其与原指标值进行对比，得出其变动的程度。这样即可得出该指标对该不确定性因素的敏感程度。根据各敏感性因素在可能的变动范围内不同幅度的变动，得出经济效果评价指标相应的变化率，建立起一一对应的数量关系，并用图或表的形式表现出来。

敏感性分析图的做法为，根据上面计算所得数据，以纵坐标表示经济评价指标，以横坐标表示各种不确定性因素的变化率（%），绘出各种不确定性因素的变化曲线，如图 11.4 所示。其中与横坐标夹角最大的曲线即为最敏感因素变化线。同时，在图上还应标出经济评价指标的临界点，某种不确定因素对经济效果评价指标的影响曲线与临界线的交点所对应的某个不确定性因素的变化幅度就是该因素允许变化的最大幅度。

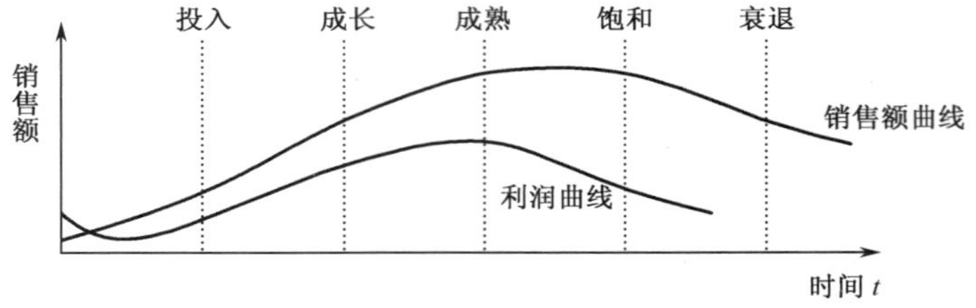

图 11.4 旅游规划与开发项目敏感性分析图

4. 通过分析比较找出旅游规划与开发项目的最敏感因素，并对规划项目的风险情况作一判断

根据上一步的计算分析结果，对每种敏感性因素在同一变化幅度进行比较，选择其中导致变化幅度最大的因素，然后根据最敏感因素的多少及其对经济效果评价指标的影响程度来判断该旅游规划与开发项目的风险大小。

（二）盈亏平衡分析

旅游规划与开发项目的盈亏平衡分析主要着眼于经营上的 BEP 的分析，即对项目投资产量、成本和盈利之间的平衡关系进行分析，找出旅游项目投资在产量、产品价格和产品成本等方面的盈亏界限，据此判断在各种不确定因素作用下方案的风险情况。

盈亏平衡分析的常用方法主要有三种，即线性盈亏平衡分析法、非线性盈亏平衡分析法、优劣盈亏分析法。这里主要介绍线性盈亏平衡分析法。

线性盈亏平衡分析是指投资项目的销售收入和销售成本与产品销售量呈线性关系情况下的盈亏平衡分析。这种线性关系可表示为

收入函数：$R = PQ$

成本函数：$C = F + VQ$

其中，R 为销售收入；P 为单位产品价格；Q 为产品销售量；C 为销售成本；F 为固定成本；V 为单位产品变动成本。

线性盈亏平衡分析方法主要采取图表法和解析法。

1. 图表法

图表法就是将收入函数和成本函数在同一坐标图上描述出来，构成线性量—本—利分析图，也称盈亏平衡图。图中的两条直线的交点就是 BEP。

图 11.5 中，纵坐标表示销售收入与销售成本，横坐标表示产品产销量，销售收入线 R 与销售成本线 C 的交点即为 BEP，BEP 所对应的销售量 Q^*是盈亏平衡产销量或称保本量。在 BEP 的右边销售量大于保本量，销售收入大于销售成本，项目盈利；相反，在 BEP 左边，销售量小于保本量，销售成本大于销售收入，项目亏损；只有在 BEP 点上，项目不亏不盈。BEP 点越低，项目的盈利机会越大，亏损的风险就小，项目投资的生命力就越强；反之，风险就大。

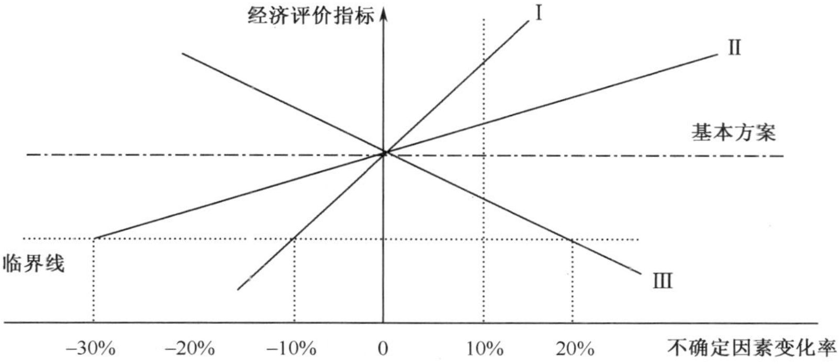

图 11.5　图表法

2. 解析法

解析法是指通过求解方程，求得 BEP。在销售收入和销售成本与销售量呈线性关系的情况下，可以很方便地用解析法求出以产品产销量、生产能力利用率、产品销售单价、单位产品变动成本等表示的 BEP。

根据盈亏平衡原理，在 BEP 上，销售收入 R 与销售成本 C 相等，即有

$$QP = C_F + C_V = F + VQ$$

由此等式推导可得

（1）盈亏平衡产量或销售量，即保本量

$$Q^* = \frac{F}{P-V}$$

（2）盈亏平衡销售收入

$$R^* = \frac{PF}{P-V}$$

（3）BEP 价格

$$P^* = V + \frac{F}{Q_0}$$

（4）BEP 单位产品变动成本

$$V^* = P - \frac{F}{Q_0}$$

（5）盈亏平衡点生产能力利用率

$$E^* = \frac{F}{P-V}Q_0$$

案例 11.2

景点规划方案的 BEP 选择

某旅游景区的规划有两种方案，经预测其相关数据，如表 11.3 所示，试通过对两方案进行 BEP 分析来加以选择。

表 11.3 某旅游区甲、乙规划方案的预测数据表

指标	甲方案	乙方案
固定成本/元	3 000 000	2 500 000
单位变动成本/（元/人）	2	3
单位报价（门票）/元	20	20
税率/%	2%	2%
接待能力/人次	220 000	200 000

甲方案中，盈亏平衡时旅游景区接待游客量为

$$Q^{*}=\frac{F}{P-V}=\frac{3\,000\,000}{20\times(1-2\%)-2}=170\,455\text{ 人}$$

生产能力利用率为

$$E^{*}=\frac{170\,455}{220\,000}=77.5\%$$

乙方案中，盈亏平衡时旅游景区接待游客量为

$$Q^{*}=\frac{F}{P-V}=\frac{2\,500\,000}{20\times(1-2)\%-3}=150\,602\text{ 人}$$

生产能力利用率为

$$E^{*}=\frac{150\,602}{200\,000}=75.3\%$$

因此，从生产能力利用率看，甲方案稍优。但从盈亏平衡接待游客看，乙方案优于甲方案。

若按照两种项目方案设计的接待游客数量，则两个方案的盈利分别为

甲方案：（220 000–170 455）×[（1–2%）×20–2] = 871 992 元

乙方案：（200 000–150 602）×[（1–2%）×20–3] = 820 007 元

由此可见，此时的甲方案盈利率多于乙方案。

（三）概率分析

所谓概率分析，是指用概率来分析、研究不确定性因素对项目经济效果影响的一种不确定性分析方法，具体而言，是指通过分析各种不确定因素在一定范围内随机变动的概率分布及其对旅游规划与开发项目经济效果的影响，对项目的风险情况作出比较准确的判断，从而为旅游规划与开发项目决策提供更为准确的依据。

概率分析的目的是通过确定影响项目经济效果的关键因素的可能的变动范围及其概率分布，对方案的净现金流量及经济效果评价指标作出某种概率描述，如求解概率期望值和估计各种净现值出现的概率，从而对项目的投资风险情况作出更准确的判断，为项目决策提供依据。概率分析常用的分析方法有期望值法、决策树法以及模拟法等。

进行旅游规划与开发的项目概率分析通常要经过以下几个步骤。

（1）选择一个或几个不确定性因素，作为概率分析的对象。可以选择根据敏感性分析确定的最敏感因素作为分析对象，也可以选择估计最有可能变化的敏感性因素作为分析对象。

（2）在对方案有用的范围内确定未来可能的状态及每种状态可能发生的概率。

（3）根据对未来状态的估计值及其概率计算期望值 E。期望值是借助于概率加权计算的平均值，因此它包含了风险对潜在结果的影响，是一种含有风险的经济变量的标准度量，风险的大小反映在方差 σ 上。期望值和方差的计算公式为

$$E(x)=\sum x_i p_i = x_1 p_1 + x_2 p_2 + x_3 p_3 + x_4 p_4 + \cdots + x_n p_n$$

$$\sigma(x)=\sqrt{\sum_{i=1}^{n}[E(x)-x_i]^2 P_i}=\sqrt{E(x^2)-[E(x)]^2}$$

式中，$E(x)$ 为变量 x 的期望值；x_i 为随机变量的各种取值；P_i 为随机变量的概率；$\sigma(x)$ 为变量 x 的方差或标准差；$E(x^2)$ 为随机变量 x^2 的期望值。

（4）根据各个不确定性因素的期望值和各种变化的概率分布，来求解旅游规划与开发项目经济效果评价指标的期望值和各种可能数值的概率分布。

（5）对旅游规划与开发项目进行风险分析。根据上述的计算结果，可以绘出投资风险分析决策树图或风险分析表和曲线，这些图表和曲线是进行风险分析的基础。

案例 11.3

旅游区投资方案比较

某旅游规划中有两个投资计划，要对其在各种经济情况下的经济效益进行比较评估。各种经济情况下的概率分布，如表 11.4 所示。

表 11.4 某旅游规划的甲、乙投资方案在各种经济情况下的概率分布

	经济状况	各种状况发生的概率/%	年经济效益/万元	期望效益/万元
甲方案	衰退	0.2	40	8
	正常	0.6	80	48
	繁荣	0.2	100	20
乙方案	衰退	0.2	70	14
	正常	0.6	100	60
	繁荣	0.2	130	26

两个方案的投资风险计算如下：

甲方案：根据上述公式可得 $\sigma(x)=19.6$，则风险系数为：$19.6\div(8+48+20)=0.26$。

乙方案：根据上述公式可得 $\sigma(x)=19.0$，则风险系数为：$19.0\div(14+60+26)=0.19$。

可见，甲方案的风险系数大于乙方案，因此，甲方案稍优。

资料来源：马勇，李玺. 旅游规划与开发.2 版. 北京：高等教育出版社，2006.

本 章 小 结

可行性分析是在项目开发建设前，对该项目的经营及经济收益进行评估，以确定该项目在经济上是否具有可行性的一系列相关市场的调查分析和预测活动。在进行市场需求情况分析时，常用的方法有市场调查法、需求预测法、市场趋势分析法；在对旅游资源的特色和赋存状况进行分析时，一般采取民意测验法和专家评议法；在进行不确定性分析时，常用的方法主要包括敏感性分析、盈亏平衡分析以及概率分析三种。

旅游规划与开发工作对技术性有一定的要求，这就需要在进行实际评估前了解和掌握在旅游规划与开发可行性分析中要运用的一般原理，在旅游项目可行性分析过程中常用的理论有资金的时间价值理论、现金流量理论以及经济效益理论。

利用资金的时间价值概念以及现金流量的分析理论对旅游规划与开发过程中的投资与收益进行财务核算。如果项目的投资收益率高于社会平均收益率或行业平均收益率，则该项目可行。在具体的计算上可根据实际情况选择适当指标。

案例分析与讨论

江苏福禄贝尔科幻乐园项目投资的启示

江苏吴江福禄贝尔科幻乐园位于江苏吴江市（现为吴江区），占地 1800 亩，于 1993 年起开始筹建。当初，投资人将其定位为“拥有不亚于日本迪士尼的硬件设施，是东南亚地区最大的高科技动感科技乐园”。1996 年经过三年筹建的“福禄贝尔”闪亮登场，机器人迎宾、激光电影显奇、一个接一个的科技演示区、蜂拥而来的宾客，为其成为超越迪士尼乐园的企业标杆开了一个不算太差的头。然而由于营业成本居高不下，入不敷出，经营每况愈下，游客寥寥无几，开园不到一年时间，就彻底夭折了。与此同时与当地主管部门以及电力等部门的矛盾日渐突出，更因职工工资难以发放，遭哄抢而倒闭。

江苏吴江福禄贝尔科幻乐园项目不成功原因有以下几点：

选址不当：福禄贝尔科幻乐园位于江苏苏州吴江嚧墟镇，虽靠近淀山湖，但毕竟不在上海，交通便捷程度远不如距离更远的苏州、无锡。

盲目乐观，雇佣太多员工：开业后，盲目乐观使其将每天的游人量设定为 15 000 人，雇员与游人的比例为 1∶5，所以在 1996 年 8 月乐园开发之前就雇佣了 3000 名员工。开业后，人均日游客量不足 150 人，市场远远达不到预期规模。

投资过大：项目规划设计对于当时来说，过于超前，导致投资过大（超一亿美金），加上营业成本居高不下，入不敷出，经营每况愈下，导致资金链断裂。

资料来源：旅游规划不成功案例解析：4.江苏福禄贝尔乐园.

http://www.haisan.cn/archives/view-1915-1.html，2016-10-13，有改动。

讨论问题：

1. 如果时光倒流，让你对福禄贝尔科幻乐园进行项目投资分析，你会考虑哪些因素？

2. 如何评价这个项目的投资可行性？

思考与练习

1. 旅游规划与开发的可行性分析可以分成哪些类型。
2. 试说明旅游规划与开发可行性分析包括的内容。
3. 旅游规划与开发可行性研究的基础理论有哪些。
4. 试以某旅游地为例，谈谈如何进行旅游规划与开发可行性研究。

第十二章

旅游规划与开发的效益评估

学习目标

1. 旅游规划与开发的评估原则
2. 旅游规划与开发效益评估的内容体系
3. 旅游规划与开发效益评估的方法

核心概念

效益评估（benefit evaluation）

本章导读

效益评估是对旅游规划与开发结果进行综合评价的重要手段。这里的效益不仅仅指经济效益，还包括旅游规划与开发所带来的社会和生态环境效益。因此，一个优秀的旅游规划与开发方案应该以为旅游地带来综合效益为目标。本章将从旅游规划与开发效益评估的原则、效益评估的内容以及效益评估的方法三个方面进行分别介绍，帮助读者全面了解如何进行有效的效益评估。通过本章的系统介绍，读者将获得对旅游规划与开发效益评估的全面认识。从原则到内容、从方法到应用，读者将能够更好地理解如何在实际工作中进行综合效益评估，为项目决策提供有力支持。这一章内容将为读者提供宝贵的理论和实践指导，帮助他们更加科学地评价旅游规划与开发的效益。

第一节　旅游规划与开发的评估原则

旅游规划与开发是一个长期而复杂的过程，在旅游规划与开发中会涉及众多自然和人文因素。因此，旅游规划与开发效益评估也需要对自然与人文的多个要素进行考察评估。如果考察不周全，必然会得出片面的或者不科学的结论。因此，在旅游规划与开发的效益评估过程中必须自觉遵守以下几项原则。

1. 客观公正的原则

客观公正的态度是正确认识事物的前提条件，旅游规划与开发效益的评估工作是涉及区域旅游可持续发展的一个重要评估项目，因此对评估的对象必须持有客观公正的态度。对于旅游规划与开发所带来的经济效益要进行客观实际的评价，既不能任意夸大其效益，也不能对旅游规划与开发所能带来的经济效益视而不见，要力争做到评估结果客观实际。

2. 科学实际的原则

在对旅游规划与开发进行效益评估时应具有严谨科学的态度和精神，同时，还要运用正确的方法对其进行评估。仅有客观公正的态度而没有科学的手段也是得不出理想结果的。在对旅游规划与开发效益进行评估的过程中，应该大量地运用数理统计、经济学、生态学、人口学、社会学等学科的理论和方法，力求通过科学地分析得出其效益评估结果。

3. 全面系统的原则

旅游规划与开发涉及人类社会及自然界的各个方面，具有多层面的影响，并发挥着深层次的作用。因此，在进行旅游规划与开发效益评估时，应综合考虑经济、社会、环境多方面的影响和带来的综合效益。比如，经济上所产生的效益比较明显，可以用一定的方法和一定的指标加以运算来衡量；而对于旅游规划与开发所带来的环境效益则会有各种各样的表现形式，并且大部分不容易评价。此外，旅游规划与开发带来的环境好转和恶化，其结果则需要较长时期才能体现出来，而在评估期内由于难以考察而容易为人们所忽略，致使得出的结论不准确。因此，在旅游规划与开发的效益评估过程中，要全面综合地考察所涉及的评估对象，特别是在制定评估指标时要尽可能地全面反映出旅游规划与开发所能产生的各种效益。

4. 适度超前的原则

旅游规划与开发是一个长期的开发项目，该项目对于周边环境的影响更是长期性的。在对旅游规划与开发效益进行评估时，不能仅对旅游规划与开发目前所产生的效益进行近期评估，而应该在评估的时效性方面适度超前，应有一定的预见性并作好长期评估。可应用一定的预测、演绎手段甚至可以采用计算机进行模拟，来对未来一定时期内旅游规划与开发所产生的经济、社会、环境效益进行综合评估。

5. 力求定量的原则

对旅游规划与开发效益进行评估，也就是对旅游开发过程中发生的投入产出进行数量上的衡量并加以效益比较。既然是数量上的衡量与比较，就要求对开发过程中的投入和开发后所产生的效益进行量化分析，并且在制定指标时要采用统一的标准，以便开展不同地域或时段上的横向和纵向的比较。

6. 可持续性的原则

旅游开发活动的进行，在促进社会经济发展的同时，也可能会对环境造成破坏。过度的开发行为很容易产生杀鸡取卵、涸泽而渔的消极影响，这种舍本逐末的开发方式对社会可以说是百害而无一利。因此，在进行旅游规划与开发效益评估时，应具有可持续发展的观念。可持续发展的关键就在于正确认识人与自然、人与人的关系，要求人类以高度的智力水准与泛爱的责任感去规范自己的行为，创造和谐的世界，要达到自然—社会—经济的高效和谐、循环再生、协调有序、运行平稳的良性状态。所以，在进行旅游规划与开发效益评估过程中，不能单纯考虑经济效益或者社会效益，而是应该通盘考虑，综合分析旅游规划与开发对社会、经济、环境的影响，并就其发展的可持续性进行评估。

第二节　旅游规划与开发效益评估的内容体系

区域旅游资源的开发和旅游活动的开展会给当地的经济发展、社会意识及生态环境造成很大的影响。对于旅游规划与开发效益的评估，也应该从经济、社会和环境三个方面来进行，而不应有所偏废。

一、经济效益评估

所谓经济效益，一般是指人们在社会生活中由于贯彻经济原则，以尽量少的劳动消耗（包括物化劳动和活劳动的消耗）和尽量少的资源占用（包括自然资源、社会资源和经济资源）而产生出尽量多的使用价值和价值量。因此，经济效益就表现为劳动消耗和资源占用与产出的使用价值或价值量之比。在实际计算上表现为投入费用与产出收入的比较。在通常的比较情况下，投入和产出的比较会出现以下几种情况：①以较小的投入量获得较高的收入，在这种情况下，经济效益为最大；②以较高投入获得较大产出，此时经济效益是靠粗放经营取得的，第一种情况次之；③以较小的投入获得较小的收益，该情况中，投入规模较小因而没有形成规模积聚效应，收入状况欠佳；④以较高的投入却获得较少的产出，对资源实际上是造成了浪费，为所有情况中经济效益最低者。

旅游规划与开发的经济效益是指在旅游业发展过程中，旅游产品和旅游资源开发的投入与旅游业产出之间的比较，在价值的形式上则表现为生产旅游产品的费用和经营旅游产品所获得的收入的比较。旅游规划与开发的经济效益包含的范围极广，既包括微观经济效益，又包括宏观经济效益，在评估旅游规划与开发经济效益时，不仅要研究个别旅游企业的经营情况，还要注意整个社会由于旅游规划与开发而获得的经济效益。

1. 旅游规划与开发的微观经济效益评估

旅游规划与开发的微观经济效益是指旅游企业和部门在开发、生产、经营旅游产品的过程中投入与产出的比较，即向旅游者提供直接服务的旅行社、旅游交通运输部门、酒店、餐饮、景点、娱乐场所等旅游企业在开发和提供旅游产品对物化劳动和活劳动的占用与消耗和企业所获得的经营成果的比较。

2. 旅游规划与开发的宏观经济效益评估

旅游作为一种经济活动，它的开展必然会产生收入，并且由于旅游业所特有的关联性而导致其他与旅游业有联系的国民经济行业收入增加。另外，旅游业作为国民经济第三产业中较具潜力的行业，对于国民经济结构的改善和升级起着促进作用。开发旅游资源不仅能大力推进第三产业的全面发展，也会将第一、二产业融于其中共同发展。此外，国际旅游被称为一种特殊的国际贸易形式，旅游接待国在获取国际旅游者带来的旅游外汇的同时，也要投入大量的人力、物力、财力，以保证充足的旅游服务设施供给来满足各类旅游者的需要，旅游规划与开发的宏观经济效益是指在旅游经济活动中社会投入的活劳动、物化劳动、自然资源的占用和消耗与旅游业及全社会经济效益的比较。

二、社会效益评估

现代旅游的快速发展所带来的不仅是社会收入的增长、财富的转移和积聚，而且对人类社会也产生了巨大的影响。旅游业在国际上被称为“民间外交”，由于旅游是不同国家、不同宗教、不同种族以及具有不同生活方式的人们之间交往的手段。因此，旅游过程有助于增进国际了解，加强国家与国家之间的和平友好关系；旅游规划与开发对于促进民族文化的保护和发展有较大的帮助，旅游开发地所特有的民族文化是旅游活动中一道亮丽的人文风景线，是无价的人文旅游资源。随着旅游资源的开发和旅游业的发展，社会中散落的民族文化、手工艺技术等都将被重新收集整理和集中，这对于社会来说是一笔宝贵的财富；旅游资源的开发和旅游业的发展要求各地区需进一步完善公共设施和旅游配套设施，包括交通、电信、邮政、金融、电力供应和给排水工程，各种市政建设也要加大投资力度，这不仅有利于旅游业的健康稳定发展，更可以改善人们的生活环境，方便人们的生活。此外，随着国际旅游的开展，国外商务客人、技术考察的游客会促进旅游目的地与客源地之间的技术交流、文化知识的传播。旅游业的不断发展也在客观上要求提高旅游服务中的科技含量，对一些旅游基础设施，如交通运输工具、电信工具等加以改进升级，这些都将大大提高旅游目的地的配套水准，对全社会的有序发展会产生很大的推动作用。

但是，我们也应该看到，随着外来旅游者的不断涌入，旅游目的地的居民的正常生活会受到不同程度的干扰，并且随着流动人口的增加将使社会的稳定性降低。

旅游规划与开发社会效益的评估就是要进行全面的分析，综合评估其对社会的正面影响和负面作用，并对这两方面进行分析比较，以确定是其正面效应大于负面效应，还是旅游规划与开发负面效应大于正面效应。

三、环境效益评估

为了吸引旅游者，旅游规划与开发的管理者会注重对环境资源的保护，一些珍稀的动植物资源和原生景观就会得以保存下来，环境状况也将得以改善。这些都是旅游规划与开发对环境改善的促进作用。但是，随着旅游者的进入，旅游目的地的自然、社会及游览环境会受到不同程度的影响。如果过分追求经济利益、加之管理不善的话，游客人数在超过风景区游客容量后将会使该地的利益环境产生不可逆转的退化。如果游客对于旅游环境的保护意识不强，旅游企业的环保宣传工作又不到位，游客就会自觉或不自觉地破坏自然环境和旅游景观。例如，一些旅游景区出现严重的“白色污染”。北京故宫博物院内的金砖也由于游客的过度触摸而出现明显的凹痕、一些重点保护的人文景观周围被游客留下“某某到此一游”的题词，所有这些都是对旅游环境的人为破坏。若加上旅游地的投资力度不够，造成生态保护设施的超载，则大量的生活垃圾没有经过任何处理就排入自然环境之中，将可能造成自然环境更为严重的污染。因此，对于旅游规划与开发环境效益的评估主要集中在对该地自然、社会、旅游环境的正面和负面影响方面。

第三节 旅游规划与开发效益评估的方法

综上所述，旅游规划与开发的效益评估就是指将其成本和收益进行比较，以收益减去成本得出效益大小。这个过程（原理）说起来十分简单，但是如果操作起来却不是一件容易的事情。因为旅游规划与开发涉及的不仅是经济利益，还会涉及环境、社会等诸多复杂的利益关系。评估的时间范围不仅包括现时的状况，还应该包括有一定的时间超前性，也就是人们常说的预见性。基于旅游规划与开发效益评估内容的繁杂性，以及时间上的预见性特点，我们在评估时必然要多种方法并用，既要使用旅游学、经济学、统计学、数理统计等学科的方法，还要运用社会学、人口学、生态学、行为学等学科的分析方法；既要使用定量分析，还要合理地使用一定的定性分析方法，并且是定量分析要与定性分析紧密结合。下面我们将分别介绍旅游规划与开发的经济效益、社会效益和环境效益的评估方法。

一、旅游规划与开发的经济效益评估

对于旅游规划与开发的经济效益评估，大家应该不会感到陌生，企业的盈亏分析、国民经济运行的分析，这些都是在日常生活中经常遇到的经济效益分析问题。一般说来，经济效益评估的方法是先针对评估对象制定一系列评估指标，分别就其成本和收入进行评价，然后对成本和收益加以综合比较而得出结论。在对旅游规划与开发效益进行评估时，我们要分别对旅游规划与开发的微观经济效益和宏观经济效益加以评估。

1. 旅游规划与开发的微观经济效益评估

企业是市场经济中的微观组成部分，旅游企业也就自然而然地成了该地区旅游规划与开发和旅游活动开展、游客接待的基本单元。微观经济效益评估的对象便是旅游企业，对旅游企业进行效益评估的第一个步骤就是界定企业的成本和收益。

旅游企业的成本是指旅游企业在一定时期内（通常为一年）为生产旅游产品而发生的各种消耗和支出的货币价值表现，通常按照旅游企业费用的经济用途可分为营业成本、营业费用、管理费用、财务费用等。

营业成本是指旅游企业在业务的经营过程中直接支出的费用，具体包括以下内容。

（1）各种营业过程中的原材料成本，如饭店、餐饮业中的食品、饮料，烹饪中所使用的调料、配料及燃料等；旅游饭店洗衣部、工程部所耗费的洗涤剂及其他原材料等，以及各种旅游企业代客户收付的各项费用，这些均应计入营业过程中发生的原材料成本项下。

（2）营业过程中，企业因使用人力资源必须支付的劳动力报酬。

旅游企业的营业费用是指企业的各营业部门在经营过程中所发生的各项费用，如运输费、装卸费、包装费、保管费、保险费、燃料费、水电费、展览费、广告宣传费、邮电费、差旅费、经营人员的工资、奖金津贴、补贴和服装费等。

旅游企业的管理费用是指企业为了组织和管理经营活动而发生的各项费用以及企业统一负担的费用，包括管理层员工的工资、职工福利费、服装费、会议经费、办公中的低值易耗品费用、工会经费、职工教育经费、失业保险费、劳动保护费、董事会费、外事费、租赁费、咨询费、审计费、诉讼费、排污费、绿化费、土地使用费、土地损失补偿费、税金、折旧费、修理费、无形资产的摊销、开办费、交际费、坏账损失、上级管理费以及其他管理费。

旅游企业的财务费用是指旅游企业在经营期间发生的利息净支出、汇兑净损失、金融机构手续费、投资于金融资产的损失费、因加息和筹资而产生的各项费用。

旅游企业的收入是指在旅游企业的经营过程中和经营活动之余所发生的收入，旅游企业收入可分为营业收入和营业外收入。营业收入又可分为主营业务收入和其他业务收入等；营业外收入是指旅游企业的固定资产盘盈和变卖所得的净收益，如罚款的净收入、无法支付出去的应付账款、礼品折价收入和其他非营业性的收入等。

旅游企业的经济效益就表现为旅游企业的收益与成本的差，用公式表示如下：

旅游规划与开发的微观经济效益=旅游企业营业利润+投资净收益

+营业外收入净额

其中，营业利润=旅游企业营业收入–（营业成本+营业费用+管理费用+财务费用）。

在实际评估过程中，我们无须对以上各项指标逐一计算，这些指标都可以从企业所提供的年度损益表中查出。但是要注意，我们所要评估的旅游规划与开发微观经济效益并非只是一味地考察旅游企业的盈利状况，我们还应该从旅游企业利用资源的效率、盈利的效果上来加以评价，如对旅游企业的劳动生产率、单位收益的物耗、资金占用和使用效率等方面进行考察。这就要求我们选取一定的指标对上述方面加以衡量，对于旅游企业的劳动生产率，这里可以用单位产出的劳动消耗这个指标来衡量：

劳动消耗=一段时期内的劳动消耗量÷该时期内的产出水平

其中，一段时期内的劳动消耗量可以用该时期内员工的工资来计算，该时期的产出水平可以用旅游企业的营业收入总额来替代。

对于旅游企业生产过程中的物耗水平可以用单位产出中的物耗额来计算：

物耗额=一段时期的总物耗量÷该时期内的产出水平

对于企业占用资金的情况，以及使用资金的效率可以分别用流动资金占用率和流动资金利用率这两个指标加以衡量：

流动资金占用率=流动资金占用额÷营业收入

流动资金利用率=营业收入÷流动资金占用额

可见，这两个指标实际上是互为倒数关系的一对指标，但是将分子、分母一颠倒就在经济上表示了不同的含义。

通过上述介绍我们可以知道，在评价旅游规划与开发微观经济效益时，不仅要从收益的大小来考察，更要从旅游企业取得这些收益的效率上来考虑，否则就算是微观经济收入再高，但是它浪费了很多的旅游资源或者说对于当地旅游资源的包装、销售没有达到最优的状态，那么我们也不会给予其很高的评价。

2. 旅游规划与开发的宏观经济效益评估

旅游规划与开发是旅游经济活动开展的一个重要前提，而旅游经济活动因其涉及食、住、行、游、购、娱六大方面而对国民经济的整体运行具有巨大的带动作用。旅游活动开展较早的地区，经济增长的速度也相应较快，有些学者甚至将旅游业称为"永远的朝阳产业"。我国《"十四五"旅游业发展规划》指出，旅游业作为国民经济战略性支柱产业的地位更为巩固，旅游成为促进经济结构优化的重要推动力，成为打赢脱贫攻坚战和助力乡村振兴的重要生力军。各省、自治区、直辖市和重点旅游城市纷纷将旅游业作为主导产业、支柱产业、先导产业，放在优先发展的位置，为旅游业营造优质发展环境。对旅游规划与开发的宏观经济效益的评估，实际上就是对旅游规划与开发后旅游经济活动对国民经济增长的贡献率、旅游规划与开发对国民经济产业结构调整的贡献率及该地旅游业发展的乘数效应三个方面加以评估。

1）旅游规划与开发对国民经济增长的贡献率评估

该项主要是针对旅游经济收入占国民经济比重来进行的。一般情况下是借助旅游统计年鉴，或中国统计年鉴中官方公布的旅游业收入与当年国内生产总值相比较而得出，表示旅游业在国民经济中所占份额的大小，该比例越大则旅游业在我国的经济发展中所处的地位就越高，旅游业对当地国民经济的增长贡献率就越高，旅游规划与开发的宏观经济效益就相应要好。

2）旅游规划与开发对国民经济产业结构调整的贡献率评估

上面旅游规划与开发对国民经济增长贡献率的评估是单纯从量的角度上来评估旅游规划与开发的宏观经济效益，但是我们应该看到，国民经济增长的内容不仅是量上的增长，更应该包含有质的方面的规定性。在量的方面，国民经济主要表现为某段时期内国民经济增长的速度和幅度，而在质的方面，国民经济则体现在国民经济结构的优化和升级上。

人类的经济发展依次经历了第一、二、三次产业革命，其间国民经济的产业结构也发生了相应变化，由最初的第一产业为主，到现在的以第二、三产业为主，第一产业在国民经济中所占的比重日益降低。而旅游经济因其巨大的盈利性和普及性，吸引了越来越多的投资者和从业人员加入旅游业。因此，旅游业的发展对区域内的国民经济结构优化，产业重心向第二、三产业尤其是第三产业转移起着很重要的作用。我们在旅游规划与开发对该地国民经济结构优化中的效益评估，就是要评估旅游业对产业结构优化的作用大小。对此，我们要从投入产出变化和从业人员的变化上综合衡量。对于旅游业的投入产出分析要借助国民经济统计手段计算出从第一、二产业转移出来投入到旅游业的资金额占旅游业投资增加额的比重。而对于从业人员的分析，也相应地计算出从第一、二产业中转移出来加入到第三产业中从事旅游服务工作的人数占旅游业从业人员增加的比重，这两个数值越大，则说明旅游规划与开发对国民经济结构优化的作用越强。

3）旅游业在国民经济中的乘数效应及其关联作用

所谓旅游业的乘数效应是指旅游者在访问一个国家或地区时，为了购买与整个旅游活动相关的服务和商品需要支付一笔费用，这部分收入在经济学中被称为原生消费，这个最初的一轮消费对于直接提供给游客旅游产品和服务的旅游企业来说就形成了营业毛收入。这些收入被用来给企业的员工发放工资，向旅游企业的上游和下游部门购买营业所需的产品和服务，同时旅游企业的员工在获得工资后将产生新的派生需求，旅游企业的上游和下游的企业员工同样也会产生派生需求，就这样一笔旅游者的消费在国民经济的运行过程中周而复始地产生了多倍于自己的需求，旅游业对经济运行的放大作用就被称为“旅游业的乘数效应”。

在评估旅游业在国民经济中的乘数效应时，通常使用收入乘数（M）这个指标，收入乘数是指在一段特定的时间内，最初的旅游花费在旅游目的地导致的总的累计性收入效果与原生消费比较的倍数。对于旅游收入乘数的计算，一般用旅游最初花费导生的收入总值，即旅游业的直接收入、间接收入与诱导收入之和与旅游业直接收入的比率，即

$$M=\frac{P+S}{P}$$

其中，P 表示旅游业所获得的直接收入，S 表示旅游业所派生的收入，在数值上等于旅游业产生的间接收入加上旅游业产生的诱导收入。

另外，由于旅游活动包括了食、住、行、游、购、娱等方面，具有跨行业的性质，因此旅游企业的经济活动就不仅包括旅游者的接待工作，它还联系了社会的交通运输、商业、娱乐业、工业等其他行业，与其上游资源供应企业和下游旅游产品的分销企业都有密切的联系，可以看出旅游业具有大产业的特征，因此我们除了研究旅游业的乘数效应外，还要研究它与其他行业的关联度。

二、旅游规划与开发的社会效益评估

旅游资源开发后，随着旅游活动的开展，旅游者将大量涌入旅游目的地，这在给当地经济带来巨大的旅游收入外，还给当地的社会造成一定程度的影响。

这些影响中既有正面的影响也会有负面的影响。正面的影响，诸如旅游业的发展促使当地的政府和企业大力投资于基础设施的建设，为旅游业发展创造条件。这些投入在为旅游企业的经营活动创造了条件的同时，也为当地的居民创造了一种高质量的生活环境。另外，旅游者流入旅游目的地将带入一些风俗、文化习惯，同时将旅游目的地的一些风土人情带到外部世界，这对于旅游目的地与其他各地的文化交流会有一定的帮助。而旅游对社会产生的负面影响主要在于游客过多后对居民造成的影响。因此对旅游规划与开发的社会效益进行评估时，要对其产生的社会收益和社会成本进行综合衡量才会得出结论。

1. 旅游规划与开发对旅游目的地社会基础设施条件的改善

旅游业是一项以旅游者为对象的服务性行业，一个最基本的标准就是让游客玩得满意、开心并获得物质和精神上的享受。而游客要得到美好的精神享受，是以一定的物质基础为前提的。如果一个地方的住宿、餐饮、交通等条件很不完善，游客在当地住得不方便，那么，即使当地有再美的风景，游客也不会有什么好心情去欣赏。因

此，在旅游规划与开发的过程中，需要加大对该区域公共基础设施的投入。由于公共基础设施这一类社会公共产品主要是为社会大众配置的，而非营利性设施，并且其投资额大、回收期长。一般企业很难将资金投入到该领域。因而，这就需要政府利用其财政收入投入到这部分公共设施的建设上去。在旅游规划与开发中，这种公共基础设施的投入是旅游业发展的一个先导条件，如果政府不先对交通、通信、电力供应、给排水工程等加以建设，企业将无法进入该地区发展。所以，政府基础设施的投入一方面将为企业优化投资环境，为企业的发展铺平道路，鼓励旅游企业开发利用本地丰富的旅游资源，使当地的社会经济状况得以改善；另一方面，由于社会公共设施的服务对象是社会大众，因而该区域内的居民也会因为政府对基础设施的大量投入从中获得便利和满足感，这无疑将增进该地区的社会福利。

旅游规划与开发在改善投资环境、提高当地居民生活福利水平的同时，还需要设立一些评价指标。通过这些指标得出数据，然后运用横向、纵向比较的方法来评估旅游规划与开发的作用。除此之外，由于社会福利水平是一个具有一定主观色彩的衡量指标，因此我们在衡量时还要参考当地居民和游客的切身感受，用他们的感受来修正我们的评估结果。在对旅游规划与开发优化投资环境和提高居民福利水平所发挥的作用进行评估时，可建立以下几个衡量指标：该地域内人均拥有的公路里程，平均每个企业拥有的公共设施等。

在对居民和旅游者的感受进行评价时，可以针对公共设施现状通过采取分发抽样调查问卷的方式来进行，在将其回收汇总后，得出人们对该地各项公共设施的感受评价。最后，通过采用德尔菲法对于抽样调查得出的关于人们对各项公共设施的感受评价项给出权重，通过加权计算得出人们对该地基础设施的主观评价数值。

2. 旅游规划与开发对旅游目的地社会就业环境的改善

由于旅游业是以一定的旅游资源为基础，以服务为导向的行业，因而其劳动密集型的特征十分明显。这个特征对于发展中国家特别有利。因为发展中国家的劳动力资源非常充足而且工资水平较低，而资本资源就明显不足。因此，发展旅游业可以为社会提供一定数量的就业机会。就业机会的多少与该地接待游客的多少有关。另外，由于旅游经济所具有的乘数效应和波及效应，在产生直接就业机会的同时，也会产生间接的就业机会。旅游业的规划与开发能够直接创造大量的就业机会。随着旅游目的地的开发和建设，需要大量的人力资源来支持旅游业的运营，包括酒店、餐饮、交通、导游、景区管理等领域。这些就业机会的创造，不仅有助于缓解当地的就业压力，还能提高居民的收入水平。旅游规划与开发不仅创造就业机会，还能提高就业质量。通过提升旅游服务水平和质量，从业人员能够获得更好的职业发展机会和更高的薪资待遇。同时，旅游业的发展还能推动相关产业的升级和转型，为当地居民提供更多的就业机会和更好的职业发展空间。

在对旅游规划与开发产生的就业机会评估时，主要是利用经济统计的方法和手段，比较该地在一段时期内接待的游客增加数与该地新增的旅游直接就业人员和派生的间接就业人员人数，其结果为旅游业的就业乘数。该乘数可以用来衡量旅游业创造就业机会的能力大小，该乘数数值越大则旅游规划与开发的就业效益就越大。

3. 旅游规划与开发对旅游目的地社会文化的影响

旅游规划与开发涉及面非常广，对社会文化也有一定的影响。游客旅游的目的除了欣赏不同的自然风光，更主要的还是要感受异域所独有的人文风情。在旅游过程中，人文旅游资源才是灵魂。但是，人文环境是一定地域经过历史的不断冲刷而形成的，游客的大量涌入会在一定的程度上对该地人文旅游资源带来一定程度的影响。在某些情况下，随着游客的大规模进入，该地域原居民的生活方式、思维方式也会受到外来文化的冲击而发生变化，甚至会导致原有文化的消亡。对于旅游者来说，原有地域文化的减弱和消亡就意味着原来的异质旅游区变成了同质旅游区，其旅游价值将大为降低。这对于一个旅游区来说无疑是一种巨大的损失。

三、旅游规划与开发的环境效益评估

环境是人类生存和发展的基本条件，而丰富多彩的旅游资源和优美良好的旅游环境不仅是旅游业生存与发展的前提条件，也是旅游业可持续发展的物质基础。旅游活动的开展要以一定旅游资源的存在为前提。

无论是人文旅游资源还是自然旅游资源，都存在于一定的环境中，旅游规划与开发既包括对人文、自然旅游资源的挖掘，也包括对旅游资源周围的环境加以优化，使之适合游客赏玩。从这一方面来说，旅游规划与开发会对旅游地起到改善环境的作用；而另一方面，每一个旅游地在一定时期内接待游客的能力是有限的，如果在某一时期进入旅游区的游客数量过多，超过了旅游地的环境容量，那么不仅游客得不到良好的旅游体验，当地的环境也会受到很大程度的损害。

一般地说，旅游规划与开发最重要的一个原则是要让旅游资源开发地受益，不仅包括在经济上受益，而且在环境上也同样要求受益。所以旅游规划与开发过程，对于旅游开发地的环境保护作用是明显的，它会要求旅游开发区内的环境达到一个较高的水平，以给人一种愉悦的享受。根据《城市污水再生利用 景观环境用水水质》，中国对景观环境用水水质标准的要求见表 12.1。

表 12.1　景观环境用水的再生水水质标准

序号	项目	观赏性景观环境用水			娱乐性景观环境用水			景观湿地环境用水
		河道类	湖泊类	水景类	河道类	湖泊类	水景类	
1	基本要求	无漂浮物，无令人不愉快的嗅和味						
2	pH（无量纲）	6.0～9.0						
3	五日生化需氧量（$BOD_5$①）/（mg/L）	≤10	≤6		≤10	≤6		≤10
4	浊度/NTU②	≤10	≤5		≤10	≤5		≤10

① BOD5（biochemical oxygen demand）是一种用微生物代谢作用所消耗的溶解氧量来间接表示水体被有机物污染程度的一个重要指标。

② 散射浊度单位（nephelometric turbidity unit）。

续表

序号	项目	观赏性景观环境用水			娱乐性景观环境用水			景观湿地环境用水
		河道类	湖泊类	水景类	河道类	湖泊类	水景类	
5	总磷（以P计）/（mg/L）	≤0.5	≤0.3		≤0.5	≤0.3		≤0.5
6	总氮（以N计）/（mg/L）	≤15	≤10		≤15	≤10		≤15
7	氨氮（以N计）/（mg/L）	≤5	≤3		≤5	≤3		≤5
8	类大肠菌群/（个/L）	≤1000			≤1000		≤3	≤1000
9	余氯/（mg/L）	—					0.05～0.1	—
10	色度/度	≤20						

注：未采用加氯消毒方式的再生水，其补水点无余氯要求；“—”表示对此项无要求。

武汉东湖旅游风景区曾经水质非常好，可是在城市的发展中，由于规划不当，城市的一部分生活、生产污水就近排入了湖中，致使东湖水质一度下降。近年来，武汉市政府开始着手整体开发东湖风景区。因此，下大力气对湖水加以整治、截污，近几年已使东湖水质大为改善，面貌也焕然一新，已焕发出旅游发展的新的活力。在“五一”、“十一”及春节三大旅游旺季，东湖吸引了国内外众多的旅游者前往游览。

由此可见，旅游规划与开发对环境质量的提高有很大的促进作用，这不仅表现在水体旅游资源的开发要求上，而且，对地质地貌类的旅游资源、生物类的旅游资源等均有其开发与环保的标准。如将生物旅游资源开发地划分为三个圈层：核心保护区、边缘区和外围区。核心区是不允许游人进入的，边缘区可以适当介入并开展对环境影响不大的旅游活动，这样就对生物环境的保护作了一个硬性的规定。所以，在对旅游规划与开发环境质量的提高效果进行评估时，可以借鉴旅游规划与开发要求中的相关指标进行衡量，通过这些指标的纵向比较，可以得出该地在旅游规划与开发过程中，环境质量的变化情况。

在评估时，我们还要对旅游活动超载所带来的负面效应作一个衡量。因为人类活动对环境的影响是缓慢的。所以衡量旅游者活动对旅游目的地环境所产生的负面影响不能仅通过当地环境恶化的情况进行测量，这种方法显然需要很长的时间才能产生结论，并且到那个时候，环境恶化的趋势也许已经无法扭转。我们在这里所希望衡量的旅游活动对旅游地环境的负面影响，是指旅游资源、旅游生态环境遭到过量旅游活动的冲击，质量不断下降的结果。因此，我们可以将对环境质量的衡量转化为一定时期内游客数与该地旅游生态环境容量之间的比较，即游客人数超过该地的生态环境容量会对环境产生负面影响，超过的数值越大则负面的影响就相应越大。所以确定了一个地区的旅游生态环境容量，那么对旅游活动产生负面影响的衡量问题也就迎刃而解了。

生态容量的确定，是立足于维持当地原有的自然生态质量，即基于自然对于旅游所产生的污染物能够完全吸收净化的能力。因此，一地环境生态容量的大小，也决定了是否需要用人工的方法处理污染物，如果需要，处理的能力应该有多大。一般情况下，旅游者在旅游地所产生的污染物，应当在旅游地及其附近予以净化、吸收，不应向外区域扩散。故旅游容量的测定，以旅游地为基本的空间单元。环境生态容量的大小，取决于一定时间内每个游客所产生的污染物数量，以及自然生态环境净化与吸收污染物的能力。对于环境生态容量成为游客接待限制因子的旅游地可以采取人工处理部分污染物的办法扩大旅游接待能力。这里称为扩展性生态容量。下面给出环境生态容量和扩展性生态容量的计算方法：

F——环境生态容量即每日接待游客的最大允许值；

F'——扩展性生态容量；

P_i——每位游客每天产生的第 i 种污染物量；

Q_i——每天人工处理掉的第 i 种污染物量；

S_i——自然生态环境净化吸收第 i 种污染物的数量；

T_i——各种污染物的自然净化时间，一般取一天；

N——旅游污染物的种类数。

如果完全靠自然生态环境来处理旅游污染物，则必然有以下的等式成立

$$F\sum P_i - \sum S_i T_i = 0$$

所以，$F = \dfrac{\sum S_i T_i}{\sum P_i}$

对于采取人工方法处理部分污染物的旅游地，则应该有

$$F'\sum P_i - \sum S_i T_i \sum - \sum Q_i = 0$$

所以，$F' = \sum S_i T_i + \dfrac{\sum Q_i}{\sum P_i}$

环境生态容量的测定最重要的是确定每位游客一天所产生的各种污染物量和自然净化与吸收各种污染物的数量两个参数，这两个参数在各国各个地区可能差别会很大。但是在绝大多数旅游地，旅游污染物的排放量都超过旅游地自然生态环境的净化与吸收能力，因而一般都需要对污染物进行处理，如建立专门的污水处理厂，这种污染物人工处理系统成为大多数旅游地必备的基本设施。

本 章 小 结

在旅游规划与开发的效益评估过程中需要自觉遵守以下几项原则：客观公正原则、科学实际原则、全面系统的原则、适度超前的原则、力求定量的原则、可持续性的原则。

旅游规划与开发的效益评估涉及多个方面，主要包括经济效益评估、社会效益评

估和环境效益评估三个方面。

在对旅游规划与开发的经济效益进行评估时，要分别对旅游规划与开发的微观经济效益和宏观经济效益加以评估；在对旅游规划与开发的社会效益进行评估时，要考虑旅游规划与开发对旅游目的地社会基础设施条件的改善、旅游规划与开发对旅游目的地社会就业环境的改善、旅游规划与开发对旅游目的地社会文化的影响三个方面；在对旅游规划与开发的环境效益进行评估时，要将环境生态容量的测定纳入评估范围。

案例分析与讨论

武陵源重返“绿镜头”的曲折之路

一个绿色的武陵源又回到了自然怀抱。从1998年的“黑镜头”到2004年的“绿镜头”，世界自然遗产武陵源走过了一条由“乱”到“治”的阵痛之路。

位于湖南省境内的武陵源风景名胜区由张家界国家森林公园、索溪峪自然保护区和天子山自然保护区组成，核心景区面积369平方公里。奇峰、怪石、幽谷、秀水、溶洞是武陵源的“五绝”，其中的石英砂岩峰林峡谷地貌更是世所罕见。

1992年，武陵源因符合世界遗产中的“拥有极度出色的自然美，或是具备美的要素之超优质自然现象、地区”标准而被列入《世界遗产名录》。此后，“世界遗产”这块金字招牌，为武陵源每年带来数百万游客，使得这个地处偏远湘西北山区的一个林场，摇身一变，成为国际知名的旅游胜地。然而，就在当地人为纷至沓来的游客和直线上升的旅游收入欣喜万分时，武陵源风景名胜区却因修起了大量粗制滥造的人工建筑而被联合国教科文组织世界遗产委员会出示了“黄牌”。

1998年，充斥在武陵源景区内的建筑的面积已超过36万平方米，违章建筑面积3.7万平方米。著名景点锣鼓塌容纳了一座“宾馆城”，“世界最美的大峡谷”金鞭溪每天被迫接受1500吨污水。当年9月，联合国教科文组织官员在武陵源进行五年一度的遗产监测时，严厉地批评说：“武陵源的自然环境已经像个被围困的孤岛，局限于精耕细作的农业和迅速发展的旅游业范围内，城市化对其自然界正在产生越来越大的影响。”

联合国教科文组织的监测报告引起当地政府的强烈反响和高度重视。醒悟了的张家界人此时才发现，对世界遗产来讲更重要的问题曾被有意无意地忽视了——那就是环境保护。

2001年1月1日，《湖南省武陵源世界自然遗产保护条例》正式实施，这是中国第一个保护世界自然遗产的地方性法规。自2001年，当地政府开始实施以“拆迁建筑物、保护生态林、治理污染源”为主要内容的保护遗产重大举措，拆迁面积达19.1万平方米，其中有124家宾馆、酒店，搬迁居民近200人。

如今武陵源风景区的废气排放得到严格控制，废水全部进行净化处理，空气优良天数增加，金鞭溪的水质有了很大改善，索溪峪水质得到根本好转。亚热带常绿阔叶林和石英砂岩峰林峡谷地貌正在得到更严格的保护。

资料来源：从黑镜头到绿镜头 张家界自亮“黄牌”后治乱过程，ttps://news.sina.com.cn/c/2002-05-18/1836579508.html，（2002-05-18），有改动。

讨论问题：

1. 试分析旅游发展可能带来的负面影响。
2. 案例对处理“旅游开发与环境保护”的问题有何启示？
3. 谈谈你对旅游综合效益的理解。

思考与练习

1. 结合实际，谈谈你对旅游规划与开发效益评估原则的理解。
2. 旅游规划与开发效益评估对于旅游地发展有什么意义？
3. 简要说明旅游规划与开发环境效益和社会效益的评估方法。

第十三章

旅游规划与开发的保障体系

学习目标

1. 旅游规划与开发政策保障体系的特点与内容
2. 旅游规划与开发市场保障体系的内容
3. 旅游规划与开发财经保障体系的特征与内容
4. 旅游规划与开发人力资源保障体系的特点与内容
5. 旅游从业人员的素质要求
6. 旅游规划与开发环境生态保障体系的原则与措施
7. 旅游规划与开发危机管理保障体系的构建

核心概念

政策保障（policy guarantee） 市场保障（market guarantee） 财经保障（financial guarantee） 人力资源保障（human resource guarantee） 环境生态保障（ecological and environmental protection） 危机管理保障（crisis management guarantee）

本章导读

旅游规划与开发的保障体系是实现旅游地持续快速发展、提升竞争力的重要手段。它从外部环境的角度为旅游规划与开发提供全面的支持和保障。本章将从政策保障、市场保障、财经保障、人力资源保障、环境生态保障以及危机管理保障六个方面系统阐述旅游规划与开发的保障体系的内容构成。通过本章的介绍，旨在为读者带来一些新的理论创新，从而激发他们的思考和启发。通过本章的全面介绍，读者将获得对旅游规划与开发保障体系的深入理解。从政策到市场、从财经到人力资源、从环境到危机管理，读者将能够更好地为项目的成功实施提供全方位的支持和保障。

第一节　政策保障体系

制定一些倾斜性的政策是政府在扶持一些产业或部门发展时所常用的一种手段，这种手段能直接有效地解决该产业或部门在发展中遇到的困难和出现的问题。政策保障体系是指由一系列旨在保障旅游规划与开发顺利进行、推动旅游业可持续发展的倾斜性政策所组成的系统，该系统对旅游规划与开发所起的作用是扶持、协调和监督。

一、建立政策保障体系的必要性

1. 弥补市场失灵的需要

市场经济条件下的一个基本特征就是社会资源的配置以市场为主，市场秩序通过“看不见的手”来加以调节，但是市场并不是万能的，在市场运行过程中有“市场失灵”的客观存在，即由于市场中存在不完全竞争，经济主体非理性，以及市场信息的不充分和不对称，市场机制难以发挥作用，资源的优化配置难以实现，在市场失灵的情况下，政府就必须通过制定相关的政策和法规，来保证市场的正常秩序，保证资源在市场中得到优化配置。

2. 保证旅游均衡发展的需要

旅游作为一个新兴产业部门，其发展过程必须是有序的，而不能盲目发展。要坚决杜绝过去出现过的“一窝蜂”现象，避免旅游市场中形成过度竞争，因而要为旅游的发展制定相关的规划，确定发展的不同阶段和各阶段的发展目标。政策保障体系就是通过制定相关政策来保证旅游业各部门均衡发展，同时保证旅游业和国民经济其他产业部门的比例协调的。

3. 大力发展旅游业的需要

旅游业作为一个高效益的产业部门，受到了各级政府的欢迎，许多地方都将旅游业作为经济增长的发动机或新的经济增长点。为了实现旅游业迅速地发展，就要为其营造一个适宜的外界环境，这种外界环境不应当只包括硬件环境，如配套服务、基础设施等，还应该包括各种优惠政策。所以，在大力推进旅游业发展之际，政府的政策要对旅游产业予以倾斜，制定一系列有利于该产业发展的优惠政策。

二、政策保障体系的特点

1. 针对性

旅游规划与开发的政策保障体系具有十分明确的目标，那就是保障旅游规划与开发工作的顺利进行，并实现旅游业的快速、健康发展。因此，该保障体系具有较强的针对性，这也是由其政策的自身特性所决定的。政府的一项政策出台并付诸实施必定是针对某种问题，所以在旅游规划与开发的政策保障体系中，每一项政策的产生都应针对旅游业发展中所面临的一个难题。

2. 时效性

政策与制度相比的一个重大区别就在于，政策是一个易于变化的短期行为。所以旅游规划与开发的政策保障体系也具有较强的时效性。一般而言，政策的功效仅限于特定时期，在该时期内，特定的情势之下，政策才能发挥作用。而一旦情况发生了变化，那么政策也要相应作出调整。所以政府在制定政策和实施时，行动应较为快捷、简明，因而制定相关政策来促进旅游业发展已成为各国政府的必然选择。

3. 导向性

政策往往具有明确的指导意义，在旅游业发展过程中，政策保障体系更是如此，它不仅可以让旅游企业明了当前宏观经济状况和发展趋势，并据此作出正确的经营决策，还为其他与旅游相关的产业部门提供决策指导，从而在旅游业可持续发展问题上，促使全社会达成共识。

4. 综合性

旅游规划与开发的政策保障体系涉及面十分广泛，同时它也是各方面政策的集合体。由于政府政策的制定对旅游业发展中出现的一些问题具有较强的针对性，因而，为了全面推进旅游业的持续健康发展，往往会在旅游规划与开发的同时出台一揽子政策，给予旅游业的各个方面的优惠待遇和发展指导。因此，旅游规划与开发的政策保障体系具有较强的综合特性。

5. 协调性

旅游规划与开发的政策保障体系虽然是针对旅游产业而制定的，但旅游业作为国民经济构成中的一个重要部门，该政策保障体系的提出不仅是针对旅游产业内部各部门的发展关系予以协调，而且对于旅游业与其他产业部门在发展中出现的问题也要进行统筹协调。因此，旅游规划与开发的政策保障体系，除了为保证旅游业的发展提供一个良好的外部环境外，还将对与之相关的国民经济其他产业部门进行协调。

三、政策保障体系的内容

政策保障体系的涉及面十分广泛，因而其使用的手段和内容对旅游业的发展支持作用就不尽相同。但从西方发达国家的成功经验来看，其内容主要包括以下几个方面。

1. 制定旅游业发展战略

旅游业发展战略是对旅游业长远发展的一个总体安排，它的制定既为旅游业的发展指明方向和阶段性目标，又有利于旅游业实现可持续发展。同时，旅游业发展战略的制定还可以较好地协调旅游业发展过程中的长远目标与短期利益之间的关系，避免旅游业发展过程中出现盲目发展、只顾眼前利益，损害长远利益的现象。

旅游业发展战略除了对旅游业的发展给予阶段性规划外，还应对旅游产业结构的调整与优化进行部署。旅游业是一个新兴的多元、多层次的产业部门，它包含的内容十分广泛。而旅游产业结构则是指旅游业中不同的所有制、区域、市场、产品和服务管理组织结合而成的经济体系。旅游产业结构的优化对于旅游业健康发展、提升旅游业在国民经济中的地位具有十分重要的意义。在旅游产业结构优化中，要保证旅游需求结构与供给结构相一致；旅游业与其相关产业部门相协调，并处理好旅游业食、住、行、游、购、娱六大部门的协调关系；旅游业在区域范围内的合理布局；不同类型旅游产品的结构比例关系以及在全球经济一体化的今天如何使得旅游产业结构与国际旅游经济一体化接轨；等等。

2. 促进旅游业发展的政策

在我国现阶段计划经济和市场经济并存的特殊条件下，政府扮演社会经济管理者和国有资产所有者的双重角色，它一方面通过行政手段规划控制着社会的经济动向，另一方面又自身参与到社会经济运作的实践中去。这种局面决定了政府在我国经济发展中的主导地位。旅游业作为一项行业跨度和关联度极强的经济产业，尤其需要政府发挥其宏观调控作用加以大力扶持。

在我国旅游产业发展中，政府的主导作用主要表现为对旅游有关产业政策与法规的明确制定。旅游产业政策是调整产业结构、提高产业素质的重要手段，它的制定需要政府出面，从总揽全局的高度提出一些针对我国旅游产业发展过程中具体存在问题的解决方案，并由此形成一套科学完备且有利于上述方案实施的政策保障体系。“不以规矩，无以成方圆。”旅游产业的发展还需要相应的旅游法律法规保驾护航才能“百尺竿头，更进一步”。相关的法律法规是对旅游业经营管理行为加以约束的规范与准则。2013 年 4 月 25 日，第十二届全国人民代表大会常务委员会颁布了《中华人民共和国旅游法》，并于 2016 年 11 月 7 日和 2018 年 10 月 26 日分别对其进行了两次修订。《中华人民共和国旅游法》是我国的第一部旅游法，对旅游产业发展具有重要的作用，能够保障旅游者和旅游经营者的合法权益，规范旅游市场秩序，保护和合理利用旅游资源，促进旅游业持续健康发展。同时，《中华人民共和国旅游法》出台有助于法律体系的健全，增强法律体系的系统性。《中华人民共和国旅游法》作为一条主线贯穿旅游业的所有法律法规，对于旅游业的法律法规建设意义重大。

3. 优化旅游企业组织结构的政策

旅游企业是旅游业的基本组成单位，旅游业要获得良好的经济、社会和生态效益，必须要求旅游企业拥有较强的创造效益的能力。因此，在旅游业发展中，必须按照现代企业组织原则来改造优化旅游企业的组织结构，以增强其活力和提高其经营管理水平。从对旅游企业组织结构进行改造和优化来看，该政策主要包含以下内容：调整优化旅游企业的产权结构，明确旅游企业中的产权关系；扩展旅游企业的资金融通手段；改善旅游企业外部经营环境；等等。

现代企业制度要求政企分离、产权清晰，因而，调整优化旅游企业的产权结构是优化旅游企业组织结构的先决条件。产权如果不能明晰，那么经营中的其他关系也不可能理顺。一般情况下，政府是不能兴办企业的，因为政府拥有一定的权力，权力和金钱两者的结合会造成市场中的不平等竞争，扰乱市场的运行秩序，并滋生腐败等丑恶现象。所以，对旅游企业的产权结构进行清理，迫使政府退出企业的经营决策行为，鼓励社会中有经济实力的企业和个人开展旅游业务，而那些曾经是政府兴办的旅游企业可以通过一定的方式改变其产权关系，如将国有企业承包给私人经营，或将国有资产采用转让、租赁等形式分离产权和经营权，同时，成立专门的国有资产管理公司，对国有旅游企业的经营进行监督、保证国有资产的保值、增值。

资金的周转流通是现代企业获利的手段，为了提高旅游企业的竞争力，应增强旅游企业的资金实力并提高企业使用资金的效率，提高资金使用的周转率。这样可使旅游企业内部资金流通渠道更为畅通，但从增强旅游企业资金实力方面来说，如果单靠企业本身的资金积累是远远不能适应当前市场经济条件下的激烈竞争的。因此，政策方面要为旅游企业广开融资渠道，除了通过传统投资渠道融资外，还应鼓励旅游企业借助于金融工具向社会大众融资，要为旅游企业创造条件争取上市发行股票融资。我国已有一些旅游企业，如黄山旅游就成功进入上海证券交易市场融资，取得了较好的效益。除了发行股票，旅游企业还可以发行企业债券进行融资。除此之外，旅游企业还可以借助资本运营扩大企业规模，组建旅游集团。总之，当今企业获取资金的途径是多种多样的，政府应制定政策保证旅游企业能有效利用这些渠道融资、增强自身的经济实力和竞争力。

旅游企业在经营过程中，有时会受到一些行业管理部门的不合理对待，从而增加了企业的经营成本，形成了不公平的竞争环境。政府应该制定相关政策保证旅游企业在经营过程中拥有和其他企业一样的竞争环境，享受相同的待遇，保证市场竞争的公平性。

4. 促进旅游业区域合作的政策

旅游就是人们寻求异质感受的活动，而开展区域合作可以利用不同区域的旅游资源特色，实现优势互补，并且可以利用区域合作扩大旅游经营的规模和增强其影响力。世界上有许多国家实现了成功的区域旅游合作，如欧盟国家之间互免签证，实际上形成了一个巨大的旅游区域合作体。我国珠江三角洲地区、长江三角洲地区都已经形成了极具影响力的区域旅游合作网络，这些区域旅游合作所产生的优势是显而易见的。因而，在旅游业的发展中，促进旅游业实行区域合作的政策可以帮助本地旅游业借鉴其他地区发展旅游的经验，提升本地旅游业的影响力和竞争力。

5. 加强基础设施建设的政策

旅游基础设施的建设指专门为旅游活动而兴建或以促进旅游业持续发展为目标的工程建设，这些工程大都是关系到国计民生的项目，其建设需要一定的财力、人力及物资设备的支持，并且这类项目投资额大、回收期较长，一般的旅游企业难以支持，因而需要政府提供相应的政策和资金支持，有时甚至需要政府直接介入这类基础设施的建设。这类基础设施的建设情况直接关系到该地旅游业发展的潜力和持续性。因此，在制定政策时要尤为注意，在建设旅游道路、专用码头、机场等基础设施，以及改扩建通信、环保等工程时，政府或者制定倾斜性较强的政策吸引具备资金实力的企业投资，或者亲自出资参与该项目的建设。总之，政府应该在旅游基础设施的建设中扮演重要的角色，为旅游业的发展营造一种优良的环境。

6. 培养旅游人才的政策

现代经济步入了知识经济时代，市场中的竞争也表现为知识的载体——人才之间的竞争，谁拥有高素质的人才，谁就拥有了较强的竞争力。现代旅游业对从业人员的要求也越来越高，这就要求旅游业加强对人才的教育和培训，培养出适合旅游业发展需要的高素质专业人才。为此，应大力兴办旅游专业院校，配备旅游专业教师和先进设施，为旅游业从业人员提供在职培训和培养高素质的旅游业中高级管理人才。这一系列举措就需要政府给旅游业发展以支持。由政府统一规划、出资或向社会集资建立旅游院校等专门的培训机构、科研机构和实习基地，为旅游业培养知识全面、技术性强的高素质旅游专业从业人员队伍，帮助旅游企业完成人才储备，促进旅游业服务和管理水平的提高。

第二节　市场保障体系

旅游规划与开发的市场保障体系主要是从旅游市场的运行机制上提出整顿和管理的措施，为当地旅游业的发展提供一个秩序井然的市场竞争环境，规范的市场环境对于旅游企业竞争力的提升和市场的有序发展具有十分重要的意义。

一、建立市场保障体系的意义

1. 提高市场配置资源的效率

在市场经济条件下，社会资源的合理配置是通过市场的有效运行来完成的。而市场机制会根据市场上供求关系的变化、价格的波动来引导生产要素的流动。因此，在旅游规划与开发中对旅游市场保障体系需予以规划，这样就可以防止在旅游业发展过程中产生一些人为的市场效率低下或失灵的现象，提高市场对生产要素的配置效率。

2. 增强旅游企业的竞争力

旅游企业竞争力的提升不仅对企业本身具有重要意义，而且可以促进该地区旅游业的健康持续发展。但是，旅游企业竞争力的提升归根到底还是需要建立现代企业制度。旅游市场保障体系的建立，就是在市场环境下为旅游现代企业制度的设立提供前提条件。在有序竞争的市场环境中，旅游企业为了适应日益激烈的竞争环境，必然会自发形成产权明晰、技术创新能力强、生产方式和管理方式先进、善于以最佳方式配置资源、内部运作效率高、产品和社会信誉良好、竞争能力强的企业制度，最终提升区域旅游的竞争力，这一点在中国加入世界贸易组织之后显得尤为重要。

3. 保障市场机制的稳定运行

旅游市场保障体系要对市场规则加以完善，除了让市场经济中看不见的手对经济运行进行控制外，还要建立一定的行政力量和法律体系维护市场秩序。公平和公正已经成为当今社会普遍认可的价值观念，市场保障体系将综合运用经济政策、经济杠杆、法律法规以及特殊情况下的行政手段，调节经济发展速度，干预垄断、商业欺诈和不公平的竞争行为，维护市场机制运行的稳定。

二、市场保障体系的内容

旅游市场保障体系的内容至少应该包括以下几个方面[①]。

1. 强化和完善行业管理[②]

行业是由企业构成的，企业又是市场的基本主体。因此，行业与市场有其内在的联系，行业管理也就成为旅游市场保障体系的一个重要内容。行业管理的手段有多种，但总的说来无非三类，即行政管理手段、经济手段以及法律手段，这三类行业管理的手段应形成一个完整的行业管理的体系，该管理体系之下具体可分为 10 种具体的手段。

（1）法规手段：针对行业发展的具体情况制定部分行业法规进行管理。

（2）计划手段：对旅游经济活动实行一定的计划管理，保证其有序开展。

（3）审批手段：对行业内的特定经营管理行为，要通过上级主管部门审批通过才予以办理。

（4）监理手段：该手段主要针对行业的物价和外汇的管理，对其进行监督和管理。

（5）考核手段：制定行业的考核标准，对企业和从业人员进行考核。

（6）检查手段：对企业的经营和服务进行定期和不定期的检查。

（7）奖励手段：建立行业的奖惩机制。

---

① 国家旅游局人事劳动教育司. 旅游规划原理. 北京：旅游教育出版社，1999

② 王大悟，魏小安. 新编旅游经济学. 上海：上海人民出版社，1998

（8）命令手段：通过命令强制规定，约束企业的行为。

（9）服务手段：为行业的健康发展提供服务。

（10）新闻手段：通过媒体的宣传，产生激励机制和舆论压力。

2. 市场规则的制定和执行

目前，国家市场监督管理总局已经制定了许多明确的旅游标准，随着旅游标准制定工作的深入进行，必然会形成完整的国家旅游标准体系。可以预见，今后在不断完善旅游法规和行业标准体系的同时，对旅游法规和标准的执行将成为各地旅游行业管理工作中的重点。

3. 服务质量与价格管理

旅游服务质量和价格是旅游行业管理的关注焦点，对其进行管理的目的在于：一方面维护市场良性的竞争环境，保证所有企业竞争的公平性和公正性；另一方面促使本地旅游业的质量和价格水平的优化，保障旅游者的切身利益。各个地方的旅游业发展情况不同，不能用统一的模式来进行管理，这就要求在编制旅游规划时，充分调研，努力探索符合本地特色的质量、价格社会化监控网络和联合管理体系。

第三节　财经保障体系

旅游规划与开发的财经保障体系就是从财政和金融两方面采取多种措施，为旅游业的发展提供支持，所使用的方法通常有投资补贴、加速折旧减免税以及规定较为优惠的贷款利率或为旅游企业提供期限较长的政府担保贷款等，这些财政和金融方面的支持对于旅游这一新兴产业的发展是十分有利的。

一、建立财经保障体系的必要性

1. 旅游财经保障体系适应了企业对规模经济的追求

在市场经济条件下，企业多以获取最大利润为其经营目标。为达到这个目标，企业必须不断壮大自身实力，扩大规模，提高企业在市场上的集中度，以此来降低单位成本获取规模效应，提高企业的竞争力。由此可见，所谓扩大企业规模实现规模经济，实际上就是企业在旅游市场上扩大其占有的市场份额，以此来降低单位产品的实际成本。旅游企业应在发展中不断扩大规模，而扩大规模不单单指某一产品在市场上所占份额的扩大，同时也指企业经营业务范围的扩大。如旅游业所涉及的食、住、行、游、购、娱等行业均是旅游企业拓展业务的广阔市场，如果旅游企业能多元化地进入上述行业，那么就能大大减少旅游各业务环节之间的成本，同样也可以获得规模经济。然而，无论企业采取何种方式，其实现的途径只能是企业适度膨胀，而对于经济实力有限的企业来说，就需要财政和金融部门为其发展提供有利条件。

2. 旅游财经保障体系有利于改善旅游企业融资环境

由于历史的原因，中国的金融体制还不够完善，这主要表现在计划经济时代，银行作为政府的职能管理部门行使信贷职能；而信贷业务的操作往往是通过人为控制或暗箱操作来完成。信贷工作缺乏审核和监控机制，导致我国银行中呆账比重迅速上升，不良资产的大量存在对整个金融系统的稳定造成威胁。近年来，国家对银行的不良资产进行了清理和剥离，这项工作取得了一定的成效，但任务仍然十分艰巨。在这样的条件下，各商业银行及非银行金融机构加大了对信贷业务的审核力度，奉行审慎经营的原则。于是，中小企业贷款十分困难，而大型企业往往又不需要从银行贷款，出现了银行的“惜贷”现象。但是，这些中小企业并非不需要资金，相反，它们的发展需要强大的资金作后盾，可是由于该类企业规模偏小，存在较大信用风险，金融机构不愿涉足。故此，对于发展潜力大、政府大力扶持发展的旅游产业，财政和金融部门应对其实行优惠信贷政策，这样才能有利于旅游产业融资环境的改善，促进它们持续健康地发展。

3. 旅游财经保障体系可培养旅游企业竞争力

中国旅游企业进行市场化运作的时间不长，旅游业的素质还不高。尤其与国外旅游业发达的国家相比，我国还有许多地方有待改进和完善。换句话说，我国的旅游业还处于发展阶段，国际竞争力尚不强。可是，随着全球经济一体化的发展和中国加入世贸组织，中国的旅游业一定要走出国门与国外的旅游企业进行竞争。固然，我国地大物博，拥有许多珍稀的旅游资源，可是旅游业的竞争力并不是天生就具备的，而是靠不断发展而壮大的。所以，对于旅游业这种具有巨大发展潜力的行业来讲，目前的一个紧要任务就是努力提高该产业的国际竞争力。为此，财政和金融部门都应为其提供发展的空间，使其获得比其他企业更多的竞争机会，在有限保护的同时不断地培植壮大它，从而使我国的旅游业能够获得较强的竞争优势。

二、财经保障体系的特征

1. 间接性

旅游规划与开发财经保障体系中的措施大多数不是直接作用于旅游业本身，而是将着眼点放在旅游企业所处的经济环境之中。如财政上的一些措施是为了调节宏观国民经济的运行，为旅游企业的发展提供良好的经济环境支撑；金融方面的措施，则除了促进宏观经济的良性发展外，还侧重于为旅游企业提供良好的融资环境，为其发展提供充足的资金支持。

2. 时滞性

旅游规划与开发财经保障体系在实施的过程与效果之间产生一定的时滞效应，这是由其作用机制所决定的。财经和金融措施的实施需要经过一系列的传导机制，其效果才能显现出来，这个传导过程实际上就是国民经济的运行过程。一般说来，从财政、金融政策的实施到其作用效果的初步显示，需要半年至一年的时间，这就要求在制定措施时要具备一定的预见性，既要在问题出现前对其有所察觉，作出相关布置，又要预见到措施产生效应时的状况，否则财经措施不仅不会促进旅游企业的发展，还会对国民经济产生较大的影响。如在经济较热时，加快其发展会出现通货膨胀等现象；在经济发展缓慢时，抑制社会需求会导致经济衰退现象的发生，这些情形的出现都是由财经保障体系的时滞性所引起的。

三、财经保障体系的内容

旅游规划与开发的财经保障体系，其内容可以大致划分为两个部分：财政方面的保障和金融方面的保障。

（一）财政保障

财政是一个经济范畴，是整个社会产品或国民收入（或国内生产总值）分配中的一个特定部门，即以国家为主体的分配活动部分。既然财政是经济分配活动的一部分，那么它就具有和整个经济运行步调相一致的共性，所以建立一个合理的财政体制，实施正确的财政政策可以促进国民收入在社会范围内的合理分配。一般说来，财政保障采取的手段主要有以下几个。

（1）国家预算。国家预算是集中性的财政，是确定财政分配范围的主要环节，国家预算包含两个方面的含义：一方面，它是国家实现其职能，满足其需要的最主要、最基本的分配手段，反映着主要的财政分配关系；另一方面，国家预算是国家的基本财政计划，是经过法定程序批准的国家年度财政收支计划，是社会发展和国民经济计划的重要组成部分。国家预算的收支内容，反映和规定着国家施政方针、社会经济政策、政府活动的范围与方向，在旅游规划与开发的财政保障体系中，国家预算主要指的是第二个含义，即体现国家相关政策的收支安排。

（2）国家税收。众所周知，国家税收是国家财政的收入来源之一，同时国家税收还能被国家用来作为调控经济运行的手段之一。税赋的轻重对于经济的发展有着十分重要的影响：当国家试图推动某产业快速发展时，可以通过税赋上的优惠来引导人们涉足于该领域，若某些产业发展空间不大，或前景不乐观时，国家就采取较高的税赋加以抑制，如对于烟草业，国家就对其施以重税。

（3）国家财政信用。该手段是指财政部门以国家作为担保，以有偿原则向社会发行债券以获得较多财政收入。由于以国家作为担保，该类债券享有极高的信誉，被称为“金边债券”。国家财政信用对旅游的保障也是通过对宏观经济环境的调节来进行的，该手段可以迅速弥补财政赤字，调节资金供求，抑制通货膨胀，将一部分消费基金转化为积累基金，为重点建设项目筹集资金、优化产业结构，不仅调节了社会的消费，还可以积累资金投资于国家的建设。

（二）金融保障

旅游规划与开发的金融保障包含了两大内容：①金融系统对国民经济运行的调节，以此为旅游的发展创造优良的外部大环境；②金融机构针对旅游企业的融资，施以优惠措施促进其快速发展。

1. 对国民经济的调节作用

金融系统是国民经济中的重要部分，金融系统的稳定性与安全性是整个社会安定团结的基本保证。金融系统对国民经济的调节作用是通过中央银行制定一系列货币政策，由各级金融机构参照执行，以此来对社会上货币的供应量加以调节，进而达到调整国民经济运行的目的。中央银行制定货币政策具体有以下目标，即保持物价稳定，保证充分就业，促进经济增长，平衡国际收支。可见，中央银行制定货币政策实际上是为了社会经济的平稳运行，避免出现较大波动，在中央银行对国民经济加以调控时主要采取以下三种手段。

1）调整存款准备金率

存款准备金制度是中央银行对各商业银行的信用创造能力进行控制的一种制度，它的核心内容是法定存款准备金，即凡是商业银行吸收的存款，都必须按照法定比率保留一部分准备金，其余的部分才能用于放款或投资。比如，如果法定存款准备金率是 15%，则商业银行吸收 100 万元存款，应向中央银行缴存 15 万元作为法定存款准备金，其余的 85 万元才可以用于贷款。

调整存款准备金率是中央银行对社会信用规模和货币供应量进行控制的有力工具，一个较小的调整都会对金融系统的信用创造能力和货币供应量产生较大的影响。首先，调整存款准备金率能够直接影响商业银行的信贷扩张能力。当存款准备金率提高时，商业银行需要缴存更多的资金到中央银行，这会导致其可用于贷款的资金减少，进而抑制信贷扩张，降低社会信用规模。反之，降低存款准备金率则会释放商业银行的信贷能力，促进社会信用的扩张。其次，存款准备金率的调整还会影响货币供应量。在存款准备金率提高的情况下，商业银行的信贷收缩会减少市场上的货币流通量，从而抑制通货膨胀。而当存款准备金率降低时，商业银行的信贷扩张会增加市场上的货币供应量，刺激经济增长。此外，存款准备金率的调整还能反映中央银行的政策意图和市场预期。中央银行通过调整存款准备金率来引导市场利率和货币供应量的变化，进而影响整个经济体系的运行。因此，存款准备金率的调整不仅是对当前经济形势的应对，更是对未来经济走势的预判和调控。

2）调整再贴现率

再贴现业务是中央银行的一项重要业务，所谓再贴现是指商业银行或其他金融机构将贴现所获得的未到期票据向中央银行转让，以获得一定量的资金，缓解资金紧缺的困难，实际上是商业银行向中央银行借取一定资金，并由中央银行收取贴现息的行为。贴现息的多少就由央行制定的再贴现率决定，所以再贴现息就相当于商业银行向央行借款的利率。

调整再贴现率会改变商业银行获取资金的成本，从而调整信用规模和货币供应，如当再贴现率高于市场利率时，商业银行将减少再贴现行为，使得其存款准备金增加受到限制，而且准备金不足，商业银行只能收缩对客户的贷款和投资规模，从而减少市场上的货币供应量。随着货币供应量的减少，市场利率相应上升，社会对货币的需求也相应减少，经济增长速度也会放慢；相反，如果使再贴现率低于市场利率，则会鼓励商业银行向中央银行借款，扩大市场货币供应，增加货币需求，刺激经济快速增长。

3）公开市场业务

所谓公开市场业务是指中央银行为实现货币政策目标而在公开市场上买进或卖出有价证券的行为。当市场上货币资金缺乏时，央行就通过公开市场业务买进有价证券，向社会投入一笔基础货币，这些货币流入社会大众手中则会直接增加社会货币供应量，如果流入商业银行，则会引起信用扩张和货币供应量的多倍增加；而当资金过剩时，中央银行会在公开市场中卖出有价证券，减少基础货币供给，引起信用的缩减和货币供应量的多倍减少，从而对经济运行产生调节作用。

旅游业是一个与国民经济运行状态密切相关的产业部门，当经济不景气时，旅游业发展也会出现停滞甚至衰退，因而平稳良好的国民经济环境是旅游业发展所必不可少的，金融保障体系就是对宏观经济环境进行调节，保证旅游业的持续稳定发展。在国民经济运行放缓、出现衰退时，央行采取扩张性货币政策，促使经济状况好转，增加旅游业的投资和消费需求。

2. 对旅游企业融资的调节

广大的旅游中小型企业资金不充足并且融资途径有限，大大限制了规模扩张。金融机构应加大对旅游企业的融资力度。如商业银行对旅游企业的融资可以实行优惠利率；同等条件下的企业，旅游企业融资优先考虑；简化旅游企业融资手续；适度降低企业的信用等级标准，以便为旅游企业提供较为优惠的商业贷款利率和贷款期限。而那些非银行金融机构，如信托投资公司，各类保险公司及证券公司等也不应忽略旅游业这一广阔的投资市场。

信托投资公司是接受委托人的委托代为其管理资金、代为投资以获得一定收益的公司。因此，信托投资公司可以将其所拥有的资金投入预期收益率高、发展潜力大的旅游企业，为旅游企业的发展提供资金支持。

保险公司是通过收取被保险人的保险费并将其投资于某一领域，赚取投资收益与赔偿金差额的公司。因为赔偿的比例大致是一个可以预见的常数，公司可以将其资金进行长期投资，因而保险公司可以介入对旅游企业或旅游项目的长期融资，并可以借助旅游企业开拓业务范围，如为游客和旅游企业提供人身、财产保险和责任保险等，以便为旅游企业的发展提供充分的风险保障。

证券监管机构应在客观考察和评价旅游企业增长潜力的前提下，协助合适的旅游企业上市，通过证券市场获取社会资金的支持，如适当降低旅游企业上市发行股票的标准，使得旅游企业的融资渠道呈现多样化（邓子基，1997）。

案例 13.1

钦州市人民政府办公室关于印发钦州市加快文化旅游业高质量发展的若干扶持政策（试行）的通知各县、区人民政府，各开发区、管理区管委，市直各委、办、局：

经市人民政府同意，现将《钦州市加快文化旅游业高质量发展的若干扶持政策（试行）》印发给你们，请认真贯彻落实。

钦州市人民政府办公室

2021 年 11 月 26 日

钦州市加快文化旅游业高质量发展的若干扶持政策（试行）

第一条　为深入贯彻落实《国务院办公厅关于进一步激发文化和旅游消费潜力的意见》（国办发〔2019〕41 号）、《中共广西壮族自治区委员会 广西壮族自治区人民政府关于加快文化旅游产业高质量发展的意见》（桂发〔2019〕34 号）等精神，加快推进我市文化旅游业高质量发展，制定本扶持政策。

第二条　鼓励创办文化旅游企业。新建固定资产投资 2000 万元（不含土地投入，下同）以上的文化旅游企业，正常运营满 1 年，按其实际投资额的 2%给予一次性奖励，每家最高不超过 100 万元。

第三条　对经核准认定新增入统的规上文化旅游企业，每家补助 10 万元。

第四条　保障新增土地供给，鼓励盘活存量用地。

（一）对旅游业用地，土地公开出让时，可按照所在级别基准地价的 70%确定出让起始价。在符合生态环境保护要求和相关规划的前提下，对使用荒山、荒地、荒滩及石漠化土地建设的旅游项目，可以安排新增建设用地计划指标，出让底价可按不低于土地取得成本、土地前期开发成本和按规定应收取相关费用之和的原则确定。

（二）在符合国土空间规划、海岛保护规划和用途管制的前提下，支持旅游项目依法使用海域和无居民的海岛。

（三）旅游景区中的自然景观用地、农牧渔种植和养殖用地（含植物观赏园、农业观光园、森林公园、绿地水体等用地），未改变农用地或未利用地用途和功能、未固化地面、未破坏耕作层的，可按照土地现状用途管理。路面宽度（车行道）不超过 8 米的旅游道路用地按农村道路用地管理。根据旅游项目实施实际情况，国有农用地、未利用地可采取招标拍卖挂牌出让、租赁等方式有偿提供给旅游项目建设开发者使用。

（四）与旅游资源开发密切相关的基础设施、服务设施和管理设施等旅游设施用地，包括游客服务中心、游客广场、游客休息点、医疗点、固化停车场和道路宽度超过 8 米的景区道路，以及服务于旅游项目的会议、餐饮、住宿等地产开发项目用地，均按建设用地管理，在符合城市规划、土地利用总体规划的前提下，办理审批手续。

（五）鼓励利用农村集体建设用地发展乡村旅游业。对于符合土地利用总体规划和城乡规划、符合用途管制、依法取得、产权明晰且规划确定为商服等用途的农村集体建设用地，可通过协议、招标、拍卖或者挂牌等方式入市发展乡村旅游业。属于农民集体自身利用农村集体建设用地发展乡村旅游业的，可将集体建设用地批准和规划许可手续合并办理。

第五条　对获得中宣部“五个一工程”奖、文华奖、中国戏剧奖、中国曲艺牡丹奖、中国舞蹈荷花奖、中国民间文艺山花奖、中国杂技金菊奖、中国音乐金钟奖等国家级大奖，每项补助 5 万元；入选国家舞台艺术精品创作扶持工程的，每项补助 5 万元；入选国家艺术基金的，每项补助 5 万元。

第六条 对突出本地文化特色的常态化演艺节目给予补助，对于经过市一级以上专家鉴定、经过各级政府批准实施的大型实景演出项目或在观演互动、智能演艺、舞台灯光音响机械技术等领域有研发创新和装备提升的演艺项目，采取一事一议方式，在资金方面给予支持，用地方面可享受文旅项目优惠办法。经文旅部门评定为主题性、特色类、定制类旅游演艺项目，对演出现场可容纳观众1000人以上、每年演出达到60场次以上的大型驻场文化旅游演艺项目，每年一次性补助30万元；演出现场可容纳观众400人以上、每年演出达到60场次以上的中型驻场文化旅游演艺项目，每年一次性补助20万元；演出现场可容纳观众200人以上、每年演出达到60场次以上的小型驻场文化旅游演艺项目，每年一次性补助10万元。

第七条 对新入选国家级、自治区级非物质文化遗产保护项目名录的，分别给予项目申报单位10万元、5万元一次性补助。

第八条 支持高等级景区、旅游饭店、民宿、农家乐（含渔家乐）创建。

（一）对列入自治区创建国家5A级景区计划，成立创建机构、制定创建方案并编制完成总体规划的单位补助50万元；对通过自治区旅游景区质量等级评定委员会初评的创建国家5A级景区单位增加补助50万元；对成功创建的5A级景区增加补助500万元、4A级景区补助50万元、3A级景区补助15万元。

（二）对新评定为国家五星级、四星级旅游饭店的单位分别补助200万元、50万元。

（三）对新评定为广西五星级、四星级乡村旅游区的，分别补助50万元、30万元；对新评定为广西五星级、四星级农家乐（含渔家乐）的，分别补助20万元、10万元。

（四）对新评定为特色旅游民宿示范户的，给予每间客房7500元补助。

第九条 支持文化旅游示范园区（基地）建设。

（一）对新评定为国家级生态旅游示范区和广西生态旅游示范区的分别补助100万元、50万元。

（二）对创建成功的国家文化产业示范园区、自治区文化产业示范园区，分别补助100万元、50万元。

（三）对创建成功的国家文化产业示范基地、自治区文化产业示范基地，分别补助50万元、20万元。

第十条 对成功创建国家全域旅游示范区、自治区全域旅游示范区的县区，由市财政分别补助500万元、100万元。

第十一条 对创建成功的国家级旅游休闲街区、自治区级旅游休闲街区，分别补助100万元、50万元。

第十二条 对新评定为国家级旅游度假区、自治区级旅游度假区的，分别补助300万元、50万元。

第十三条 支持体育产业示范基地、体育综合体、航空体育飞行基地、山地户外运动营地创建。

（一）对新评定为国家级、自治区级体育产业示范基地（项目、单位）的，分别奖励50万元、20万元。

（二）对新评定为自治区级五星级、四星级体育综合体的，分别奖励10万元、5

万元。

（三）对新评定为自治区级航空体育飞行基地的，奖励5万元。

（四）对新评定为自治区级五星级、四星级山地户外运动营地的，分别奖励5万元、3万元。

第十四条　完善公共服务设施。

（一）对新建并评定为3A级、2A级旅游厕所的，分别补助12万元、8万元；对改建并评定为3A级、2A级旅游厕所的，分别补助6万元、3万元。

（二）对新建并评定为一级、二级城市旅游集散中心的，分别补助30万元、10万元。

（三）对新建并符合《广西旅游咨询服务中心设置与规范》的旅游咨询服务中心，补助5万元；对新评定为五星级、四星级、三星级汽车旅游营地的，分别补助50万元、30万元、10万元。

（四）对新建并按标准建设的海上旅游码头，按实际投资额的10%给予一次性补助，最高不超过50万元。

第十五条　鼓励发展海上休闲旅游项目，对企业购买专用于旅游的船舶并完善相关手续，经营满1年的，按实际购船费用的10%进行一次性奖励，每家最高不超过50万元。

第十六条　旅行社年度累计组织游客在钦州市游览1个以上（含1个）4A或5A级景区，且在钦州市三星级以上（含三星级）旅游饭店住宿一晚以上，达到2000—2999人次的，按每人次20元标准补助；3000—3999人次的，按每人次25元标准补助；4000人次以上（含4000人次），按每人次30元标准补助。本项对单个旅行社最高补助额度为20万元。

第十七条　加大导游人才队伍培养力度。对在钦州市从事导游工作满2年，获得文旅部门评定的全国优秀导游员称号（或同等级别称号，下同）、广西优秀导游员称号的，分别一次性给予个人补助2万元、1万元。

第十八条　加大非遗人才队伍培养力度。对新入选国家级、自治区级非物质文化遗产代表性传承人的，分别一次性给予2万元、1万元补助。

第十九条　补助资金来源、申报及审核拨付。

（一）保障措施。以上补助资金为一次性补助，上一年度补助资金在次年6月底之前兑现。根据行政管理隶属关系和财政与事权相匹配的原则，对属于市本级管理的补助资金由市本级财政负担；对属于县管辖的景区、景点及企业，补助资金由市财政和县财政按照4∶6的比例进行分担；对属于城区管辖的景区、景点及企业，补助资金由市财政和城区财政按照5∶5比例进行分担。补助资金来源在各级财政整合的文化体育旅游发展资金中统筹安排。各县区可结合实际出台相应优惠政策。

（二）申报及审核拨付。符合上述补助条件的企业或个人，应如实填写钦州市文化体育旅游业补助申请相关表格，经县区文化广电体育旅游部门、财政部门审核确认后，报市文化广电体育旅游部门、财政部门审核，经市人民政府同意后进行补助。

（三）监督管理。申报补助的企业应遵纪守法，依法纳税，服从各级文化广电体育旅游部门及相关部门的监督管理，全年无重大文化体育旅游投诉和重大安全责任事故。

企业获得奖励资金用于企业设施设备更新、改造、维护以及市场宣传促销，否则扶持与奖励予以取消，且已享受到的扶持与奖励资金要如数退还。

第二十条 本政策中文旅企业和项目是指 A 级景区，星级旅游饭店、旅行社、旅游民宿、特色民宿示范户，星级汽车旅游营地，A 级旅游厕所，旅游集散中心，旅游咨询服务中心，旅游度假区，文化产业园区，文化产业示范基地，生态旅游示范区，全域旅游示范区，旅游休闲街区，体育产业示范基地，体育综合体，航空体育飞行基地，山地户外运动营地，海上旅游码头，海上休闲旅游项目等。

第二十一条 本政策试行期为 5 年，时间从 2021 年 6 月 1 日起至 2026 年 5 月 31 日结束。此前发布的相关政策与本政策不一致的以本政策为准。试行过程中如遇有关法律法规和重大政策变化，本政策作相应调整。

第二十二条 本政策由市文化广电体育旅游局负责解释。

资料来源：钦州市人民政府办公室关于印发钦州市加快文化旅游业高质量发展的若干扶持政策（试行）的通知. http：//www.qinzhou.gov.cn/zfxxgk/zcwj/bjzfwj/qzbg/t13643579.shtml，2021-11-26.

第四节　人力资源保障体系

各种经济活动的主体都是人，因而经济能否获得可持续发展，也取决于能否获得支持经济发展合格的人才。所以，人力资源保障体系就是通过各种渠道和方法为旅游业提供优秀人力资源，保证旅游业能够实现较快增长的综合体，它对于旅游业的可持续发展和竞争力水平的提高均起着十分重要的作用，是旅游规划与开发中的重要内容之一。

一、人力资源保障体系的意义

人是生产要素中最活跃的因素，“一切物的因素只有通过人的因素才能加以开发和利用”。一个企业经营状况的好坏主要靠人来组织和管理，要靠人的积极性、主动性和创造性。若没有人力资源的有效开发，要实现战略目标是根本不可能的。旅游人力资源的保障体系对提高旅游行业的管理水平和服务质量，具有重大的战略意义。

1. 满足旅游业规模扩大对人才的需求

随着我国国际旅游业的发展，其所需人员增加，加上近年来迅猛发展的国内旅游业对人才的需求，我国旅游业对专业人才的需求量更是加倍增长。由于旅游业在我国起步较晚，旅游人力资源开发尚处于探索、实践阶段，还未形成完整的体系和规模。与旅游业的初期相比，人才培养虽有较大进展，但旅游从业人员中仍有一定比例的员工未经过专业培训或缺少专业培训。旅游人才的缺乏，尤其是各级旅游管理部门和旅游企业中管理人员和技术人员的匮乏，与作为“朝阳产业”、要求迅速发展的旅游业极不相称。只有大力开发旅游人力资源，才能保证我国旅游业的顺利发展；反之，则会阻碍旅游业的发展进程。

2. 适应现代科学技术发展的需要

现代科学日新月异，新技术的出现不仅推动着旅游产品的更新换代，而且使旅游业经营和管理手段更加现代化。如办公现代化令旅游管理人员高效、准确地获悉市场动态，取得实用信息，作出相应决策。旅游设施、设备和各种经营管理技术的不断更新，势必要求从业人员能掌握新知识和新技术，进行熟练运用与操作。这不仅意味着需要对即将从事旅游业的后备人员进行现代化的旅游教育和训练，以紧跟现代科技发展的步伐，发挥创造力，同时也意味着需要对旅游在职人员的业务知识，通过培训等方式，不断进行补充与更新，以适应时代发展的需要，增强应变力。

3. 体现市场竞争的要求

旅游业的市场竞争是人才、价格、产品、营销的竞争。价格、产品、营销又是由作为经济活动主体的人所主导和决定的。旅游业经营管理水平与服务质量的竞争集中表现为旅游人才的竞争，即市场竞争的焦点，是人才资源的竞争。要想在竞争中取胜，首要任务是培养有经验、有能力、高素质的员工队伍。这就要求在旅游经营中，必须注重人力资本，重视智力投资。当今旅游业已步入专业化经营时代，谁拥有高质量的专业人员，谁就能在激烈的竞争中占有优势。人力资源的开发和利用则为旅游企业积聚潜能，为增强市场竞争力提供了先决条件。

4. 符合旅游管理与服务质量的标准

美国希尔顿饭店的一位经理曾把饭店的设备比作“硬件”，是躯壳，把人员的管理和服务比作“软件”，是精神，认为做经理的决策之一就是要对“软件”的重视胜过于“硬件”。这体现了“管理与服务质量是旅游业发展之本”的道理。有效的管理能对企业的人、才、物进行合理的计划、组织、指挥、协调和控制，在确保业务经营活动正常开展的情况下，达到企业的经营目标，取得满意的经济效益。因此，为适应这一特点，旅游业应注重“软件”开发，培养出旅游业急需的各类专业人才。

二、人力资源保障体系的特点

旅游人力资源保障体系，以推动旅游业可持续发展为目的，通过择员、培训等手段，运用科学的原理、制度和方法对企业人员进行编制和有效管理，充分发掘人力潜能，达到旅游人力资源最合理的利用。

概括起来，旅游人力资源保障体系具有以下三个特点。

1. 系统性

旅游业是具有服务性质的特殊经济产业，集食、住、行、游、购、娱等于一体。旅行社、旅游交通、旅游饭店作为旅游业的三大支柱，其与旅游业的关系是相互依存、相互制约，又相互促进的。旅行社的媒介地位、旅游交通的先决条件和旅游饭店的物质基础作用均为旅游业发展提供了前提。旅游规划与开发人力资源保障体系的目的在于提高这些企业或部门从业人员的素质，最充分地开发人力资源，促进行业内部的整体协调与管理，所以旅游人力资源保障体系表现出很强的系统性。

2. 综合性

对旅游人力资源进行开发，要综合考虑多方面的因素，如政治因素、经济因素、文化因素、心理因素、生理因素等，涉及社会学、经济学、管理学、心理学、组织行为学等学科。实际操作中，要统筹规划，力求综合全面。如员工素质的提高，不能只片面强调业务水平，要从政治思想素质、品德修养、为人处世技巧、公关交际能力、服务意识等方面提高旅游人员的行业素质，以使其适应多项工作，满足旅游业对人才的需求。

3. 科学性

人力资源开发不仅要综合考虑社会的、经济的、政治的、文化的等多种因素，还要考虑到人与人之间的各种关系。特别是当前，随着现代科学技术和社会化大生产的迅速发展，知识和人力的作用越来越突出。这就要求对人力资源的开发必须讲求科学性，应运用科学的现代化管理理论和方法来发掘人才、培养人才和使用人才，使人的积极性和创造性得到最大限度的发挥，提高工作效率与效能，推动旅游业的发展。

三、旅游从业人员的素质要求

旅游业是劳动力比较密集的一个产业部门，旅游业为游客提供的服务均由劳动者亲身提供，因而，旅游业对从业人员的要求是与其他行业有所不同的，尤其是 20 世纪 80 年代末期以来，随着新的生产方法、新的技术，新的消费理念、新的管理方式不断产生，并与旅游业相融合，旅游业的经营模式也有了很大的改观，旅游业的竞争更趋向多样化，在这种情形之下，对旅游业管理人员和技术服务人员的素质提出了更高的要求。

（一）旅游经营管理人才和素质要求

1. 具备精深的业务经营才能

旅游经营管理人员是旅游经营活动的组织者和管理者，必须对旅游经营业务有较深入的了解，并具备较强的市场竞争意识，要针对旅游经济活动运行的特点，采取不同的管理方式，引导旅游企业参与激烈的市场竞争，要建立社会机遇意识和品牌竞争意识，注重对市场的敏锐观察，善于捕捉市场信息，及时抓住市场机遇，在竞争中注重品牌的培养，放弃过去那种低价格打天下的低质扩张手段，应以较低成本、优质服务来吸引游客，以实现集约化的经营。

2. 具备较强的创新意识和科学的思维方法

创新是旅游业的生命之所在，旅游业的经营要求常变常新，这就需要管理者善于提出新问题，开拓新领域，开发出不断创新的产品，以在激烈竞争中取得有利地位。此外，旅游经营管理人员还应具备科学的思维方法，在对待一个问题时要善于从多角度综合全面地加以考虑，作出最佳决定。

3. 具备卓越的领导能力

管理人员应具备的领导能力主要是指组织能力和决策能力。组织能力是指管理者有效地将员工搭配组合，并与相应的生产资料配合，使之以高效率完成既定任务的能力，现代企业离不开完备的组织，只有将企业通过组织整合起来，为了同一目标共同努力，才能形成巨大的合力，否则，整个企业就会一盘散沙，毫无竞争力可言。所以，管理者应该成为企业中的组织核心，此外，旅游经营管理人员还应具备较强的决策能力，因为决策的正确与否关系到企业经营状况的好坏。对于企业的管理者来说决策是一项重要的职能，管理者必须能对当前形势有较为清醒的认识，并对今后的发展趋势有较准确的判断，只有这样才能作出正确的决策。

（二）旅游技术服务人才的素质要求

旅游业因受其劳动密集型产业性质的约束，直接面对旅游者服务的技术服务人员数量较多，因为是人对人的服务，因而旅游产品质量的好坏、旅游者对服务的满意程度都与旅游技术服务人员的素质密切相关，所以，旅游业中技术服务人员应具备以下素质：

1. 强烈的服务意识

旅游业是服务业中的一个产业部门，这就决定了身处旅游业第一线的技术服务工作者必须以全心全意为旅游者服务为己任，要从内心激发起乐意为旅游者服务的热情，只有真正地愿意为人们服务才能做到对旅游者无微不至地照顾和关心，得到旅游者的首肯；否则，就会使工作浮于表面，旅游者也不会感到满意。

2. 良好的个人修养

旅游业是一个面向大众的服务行业，因而在工作中会遇见各种类型的人，并且由于旅游业中环节较多，往往容易引起游客的误解和不满，从而发生与工作人员争执的事件。在面对这种情况时，就要求旅游工作者具有良好的个人修养，无论在任何环境下都应克制忍让，奉行顾客永远是正确的宗旨，不卑不亢地加以处理，否则一味与顾客讲道理、分责任，即使是顾客方面的责任也会使旅游企业形象受到损害。所以，在旅游日益大众化普及的今天，旅游技术服务人员应切实加强个人修养，以应对工作中出现的各种情况。

3. 熟练的服务技能

新时期旅游与早期不同，该时期的旅游者对旅游活动报以极高的期望，而且旅游者对旅游的需求动机多样化了，这就需要旅游服务人员采用多种服务技能有效地满足旅游者的旅游需求。掌握一定的服务技能是对技术服务人员的基本要求；技术服务人员熟练掌握标准化的服务技能，并在此基础上对游客开展个性化服务却是对新时期旅游技术服务工作者的较高要求。所以，旅游服务人员要熟练掌握服务技能，并针对旅游者的需要开展个性化服务，做到速度与效率、标准化服务与个性化服务的统一。

四、旅游人力资源保障体系的内容

旅游人力资源保障体系主要是为旅游企业提供企业所需的、高水平高素质的旅游人才，为旅游业实现可持续发展提供人力资源保障。所以，该体系主要应包括旅游人力资源的输出和旅游人力资源的引入。所谓人力资源的输出是指通过各种教育培训，来提高受教育者的旅游从业素质，达到旅游业对人才要求的标准；而人力资源的引入是指旅游企业应建立起公平、合理的机制，使得素质好、能力强的旅游人才进入企业，增加企业的人才储备。

（一）旅游人力资源的输出

旅游人力资源输出，即加强旅游人力资源的培养，应至少包括两个方面：①拓宽旅游人力资源的教育培训渠道；②改变以往的教育方法，代之以生动有效的教育手段。

首先，拓宽旅游人力资源的教育、培训渠道。总的来说，社会上旅游人力资源培养由两个部分完成：①各旅游院校，它们的职能是教育学生，使其具备较高的职业素质；②旅游企业的从业人员培训，它主要是侧重于在职员工能力的进一步提高，理论知识的相应补充，使其在短期内水平能够有一定的提升。

1. 建立一定规模的旅游教育机构

无论是从事旅游人才的教育工作还是旅游企业职员的培训，各级旅游教育机构都是必不可少的中坚力量。依规模、档次不同，旅游院校可分为旅游高等院校、旅游中等专业学校及旅游职业中学。在发展旅游教育的过程中，要注意各类旅游院校的设立与当地旅游发展相协调，在有条件的地方，旅游教育工作的开展可以适度超前于旅游业的发展，以免使旅游教育最终成为旅游业发展的瓶颈。

在建立旅游教育机构时，对开办旅游教育机构的资格审批要从严把关，以免因师资力量不足、教学设备缺乏而培养出质量低下的旅游从业人员。此外，还应注意教育机构结构层次应该合理，高等院校、旅游中专、旅游职业中学应保持数量由少到多，不能一哄而上。合理开展研究生、本科生、专科生、职业技术等各个层次的旅游人才培养，使之结构合理，避免造成人才之间的过度竞争，增加旅游企业的人力资源成本。

2. 开展多种形式的旅游企业人员培训

旅游企业，仅有豪华的设施和先进的技术装备是不够的，更要有员工的个体素质和企业的群体素质。旅游企业通过内部的提升、调职和外部的招聘，可以获得基本适应服务工作和管理工作的员工。但这些员工能否胜任本职工作，还需要看其是否具备相应的能力。这些能力必须由企业对员工加以培训才能提高。

1）人员培训的含义

旅游企业的人员培训，是指旅游企业为适应业务工作和才能培养的需要，对员工采取训练、进修等方式促使员工丰富知识、提高技能和品行，以适应本职工作或担任重要职务。

人员培训作为企业人力资本投资的一部分，是最合算、最经济的投资。员工队伍素质的增强能提高劳动生产率，为企业带来丰厚的经济效益。

2）人员培训的类型

旅游培训形式很多，可以从培训性质、培训对象、培训内容、培训地点等方面分门别类。

按培训性质划分。

（1）岗前培训。岗前培训即员工上岗的培训。其目的是为旅游企业提供一支专业知识、业务技能与工作态度均符合经营要求的员工队伍。岗前培训对企业服务质量的提高与旅游业务的发展起着决定作用。中华人民共和国文化和旅游部（原中华人民共和国国家旅游局）已在旅游行业广泛推行“先培训，后上岗”“持证上岗”的制度。岗前培训因训练内容侧重的不同可分为一般性岗前培训和专业性岗前培训。

（2）在岗培训。在岗培训是对在职职工进行的以提高本岗位工作能力为主的不脱产训练形式，有利于改善现有人员素质不适应工作需要的局面，使现有人员的知识、技能从低水平向高水平发展，解决工作与学习的矛盾，提高劳动生产率，还有利于直接解决企业经营管理和服务质量中存在的问题。

（3）转岗培训。转岗培训是指员工由于工作需要从一个岗位转向另一个岗位时，为了使转岗人员取得新岗位资格所进行的训练活动。转岗培训具有适应性的特点，要求为转岗人员进行适应新岗位任务要求的知识、技能培训。转岗的对象都是具有一定工作经历的员工。由于所转换的岗位与原岗位不一定属于同序列，工作内容可能是全新的，因而，转岗培训要依具体情况而定，必要时要进行系统培训。

（4）晋升培训。晋升培训是为晋升人员进行的以达到晋升岗位规范要求的训练活动。一般讲，新晋升岗位与原岗位有内在联系，对其培训应是在原有水平基础上的提高，查漏补缺。如果所升岗位和原岗位不属于同一序列，则要视为转岗，对其进行系统的转岗晋升培训。

（5）技术等级培训。技术等级培训是按国家或行业颁布的技术等级标准，为受训人员达到相应级别的技术水平而进行的有关级别的训练活动。技术等级培训着重于技术方面的有关等级范围内的专业理论和应会技能的培训，其对象主要是技术工种的员工。可采取相对集中或单科传授的培训方法。

按培训对象划分。

（1）职业培训。职业培训主要针对操作层员工，培训的重点放在培养和开发操作人员的技术技能方面，使他们熟练掌握能够胜任工作的知识、方法。

（2）发展培训。发展培训主要针对管理层人员。培训的核心在于培养和增强管理人员的观念意识与决策督导技能，要求管理人员了解和掌握旅游企业内外的经营环境以及自身在企业中所处的地位和作用，使他们提高洞察力，认清企业发展的方向，适应企业经营环境变化，作出务实的战略性决策。此外，发展培训应侧重培训管理人员处理人际关系的技能，以提高协同工作能力，创造一个和谐融洽的工作环境。

按培训内容划分。

（1）知识培训。知识培训是按岗位要求对培训者进行专业知识和相关知识教育的活动。旅游员工的知识培训不同于学校教育，内容具有很强的职业性，不讲求全面性，只要求培训与岗位、工作相关的知识即可。

知识培训的对象不同，深度和广度亦有所区别。对管理人员，要求有一定的理论常识深度，促使其掌握专业知识、管理知识，并使其了解政策法规、市场动态等相关信息；对服务人员，则在于让其了解和掌握本岗位所需的实际操作知识，以岗位专业知识为主。

（2）能力培训。能力是人们能够完成某种活动的心理特性，有一般能力和特殊能力之分。人们从事某一活动往往需要各种能力的综合：观察能力、记忆能力、思维能力、想象能力等属于一般能力，是完成一切活动所必需的；管理能力、业务能力、交际能力等属于特殊能力，是在一般能力的基础上经过特殊训练获得的，并积极地影响着一般能力的发展。两者相辅相成，互相促进。人的能力具有差异性，表现为能力差异与能力发展类型特点的差异。能力发展的差异表现为能力发展水平的差异与能力发展速度的差异。因此，能力培训要因材施教。一般来说，管理者所处的层次越高，所需的综合能力就越高，如组织指挥能力、控制协调能力、判断决策能力、创新开发能力等。而对操作者则要求具备专门的技术能力。

按培训地点分类。

（1）企业内培训。企业内培训是利用本企业的培训资源对职工进行的脱产、半脱产等训练活动。企业对员工比较了解，在制订教学计划、限定培训时间方面更具有针对性与合理性，能用较少的投入取得较好的培训效果。

（2）企业外培训。企业外培训包括输送员工到培训院校进修、参加培训和到国内外有关单位考察学习等，首先，有助于员工系统学习专业知识、开阔视野、交流经验。旅游行业涉及的知识更新快，通过企业外培训，员工可以接触到最新的行业知识和技能，如旅游服务标准、旅游市场营销策略等。输送员工到培训院校进修或参加培训课程，能够系统地学习旅游专业知识，提高服务质量和游客满意度。国内外考察学习可以让员工了解不同地区的旅游文化、市场趋势和服务模式，有助于拓宽国际视野。通过与其他国家和地区的旅游从业者交流，员工可以学习其先进经验和做法，提高自身竞争力。其次，改进旅游教育的方法。旅游是一项实践性非常强的工作，除了掌握基本的理论知识外，更多的还是在实践中学习。传统的旅游教育方法是只注重于理论学习而对实践能力则不重视，这就造成了许多旅游院校仅靠粉笔、黑板、讲台和旅游理论家来培养学生。很难想象，这样培养出来的学生会具有较强的动手实践能力。其结果往往是学生进入企业工作时还要从头再学一次旅游业的服务技能，这样的旅游教育方法是不科学的。我们放眼国际上著名的旅游院校，它们的教学手段是多样化的，常会组织实地教学等，并且从教育设施来看这些高等院校都有自己的酒店、旅行社等，这就在理论学习之余为学生提供了较多的实践机会，锻炼了学生的动手能力，提高了学生的职业素养。所以，我国在旅游教育的方法上也应多元化发展，不能读死书，应该在动手实践中学习。这样培养出的学生才真正是旅游业发展所需的旅游人才。

（二）旅游人力资源的引入

旅游人力资源的引进机制主要包括两个方面：一个是旅游人才的招募；另一个就

是需要建立一个宽松的人才流动环境。

1. 招募是旅游人力资源开发的关键

旅游人力资源的招募是为旅游业中一定的岗位选拔出合格人才而进行的一系列活动，是旅游人力资源引入的主要方式，是将优秀人员招入旅游业，并将其安排在合适岗位的过程，是决定旅游人力资源开发成败的关键。

因此，发展旅游时要特别关注优秀人才的招募情况，在招募时应严格坚持以下原则。

（1）任人唯贤原则。招募优秀人力资源是关系到今后发展的大事情，因而在个人利益和整体利益之间要把整体利益放在第一位，时刻坚持任人唯贤，反对任人唯亲和任人唯钱。这里所说的“贤”指的是德才兼备，即要求旅游从业人员必须具备较高的社会公德和职业道德，同时要在旅游专业领域内有一定的才能，或者在旅游专业领域内存在较大的发展潜力。只有时刻坚持这个原则，人力资源的质量才能得到基本保证。

（2）量才适用原则。旅游从业人员的专长和才能只有与他们的岗位以及职位要求一致时，才能得到充分发挥。这就要求在对新吸纳的人力资源进行定位时，遵循量才适用的原则。所谓量才适用就是根据每个人的专长和能力、志向和条件做到才以致用、各得其所、各尽其才。因此只有对工作和员工进行研究和分析，明确工作岗位对工作人员的要求，掌握每个员工的能力与志向，并使两者相互配合，才能使人力资源发挥出最大的效用。

2. 宽松流动机制的建立是引进人才的一个重要环节

实践表明，某一行业的人员流动性越大，其生命力也就越旺盛，企业员工综合素质的提升越迅速。例如，当今的 IT 业及旅游业中的酒店行业，这两个行业内部的人才流动是十分自由和频繁的。旅游业十分重视工作人员的从业经验，需要其工作人员具有较为丰富的阅历。因而，从整个行业的长远发展来看，旅游业应该建立一套灵活的流动机制来帮助人力资源的不断升级和更新。这里的流动机制包括内部流动机制和外部流动机制两个方面。内部流动机制，即员工在企业内部不同部门、不同岗位间的流动，而外部流动则指员工在不同的企业或不同的行业间进行流动。流动机制的建立，一方面有助于形成旅游人才在行业范围内的最佳配置；另一方面有助于激励旅游企业全速发展，以留住人才。

第五节　环境生态保障体系

一、建立环境生态保障体系的意义

随着社会的进步，人们对于自身所处的环境表现出前所未有的关注，科学技术的进步和生产力的提高在给人类带来财富的同时也破坏了生态环境，这一点已得到人类的认同并正着力改变这一状况。除此之外，现代旅游活动的日益广泛开展也产生了一些环境问题。

1. 旅游对土地、水、大气资源及环境的影响

旅游活动发展的大众化趋势是不可改变的，但是参与旅游的人越多，旅游活动对土地、大气、水等自然资源的影响就越剧烈，这个问题在旅游业的发展过程中已经显现。在一些开发成功、吸引力强的旅游目的地，因为游客的大量涌入，增加了对土地的踩压，从而使得土壤裸露面积增加；单位土地面积上所承受的压力大大增加，土地的板结现象出现；土地的渗透功能减弱，于是在外界作用力，如风、雨等的作用下，易发生水土流失现象。

同时在旅游规划与开发过程中的一些经济技术活动，对土地资源也产生了负面的影响，如为了配合旅游的发展需要在当地修建一些配套性的基础设施，如饭店、供电站、电信中继站等，这些工程建设占用大量土地，降低了旅游地的环境质量和破坏了旅游地生态系统的平衡。

此外，旅游地的水体、大气环境也会受到旅游的负面影响。水体影响主要来源于两个方面：①旅游发展配套设施所产生的水体污染，如供电站产生的污水、旅游商品生产企业产生的生产废水未经处理的排放等；②大量旅游者在旅游地停留所产生的大量生活垃圾。这些生活垃圾在我国大多数旅游地的处理方法均为将其集中就地掩埋，这些未经处理的大量生活垃圾，对旅游地的水体资源会造成严重的二次污染。而旅游地大气环境的污染主要来自于旅游交通设施所产生的尾气。

2. 旅游对动植物资源及环境的影响

旅游在发展过程中，部分旅游者素质不高，出现游客采集，摘取鲜花、枝叶、草木和侵害动物的情况。游客的这些行为对动植物产生一定的损害，在损害较为严重的时候会导致其死亡，从而改变旅游地的动植物构成、破坏旅游地生态系统的平衡状态。

3. 旅游对自然、人文景观及环境的影响

旅游的发展往往会对当地的自然、人文景观产生破坏性的影响，如山区居民为了筑路便开山取石，结果路修好了而山也挖平了。还有一些由于规划失误而导致自然景观的人为分割，破坏了景观的完整性和美感。旅游活动还会对旅游目的地的人文景观产生不小的冲击。以服装和语言为例，由于旅游者大量进入旅游区，当地居民受到外来文化影响，渐渐地，当地所特有的服饰会被西装、休闲服等一些时尚服装所取代；为了便于与旅游者交流，当地居民还得学习新的语言，这就无形中压缩了他们的本土文化，对其人文景观及环境造成了不利影响。旅游和环境的相互作用可用图 13.1 表示。

从上述事例可以看出，如果处理不好旅游规划与开发与环境保护的关系，那么旅游业发展对环境的冲击将会动摇旅游业赖以发展的环境基石，影响旅游业的可持续发展。因此，在旅游规划与开发中要建立起环境生态保障体系，让旅游地的环境和生态不受或少受外来因素的影响。要坚决反对那些不惜以牺牲环境和生态系统为代价来开发旅游的短视行为，正确处理好旅游资源开发与环境保护之间的关系。

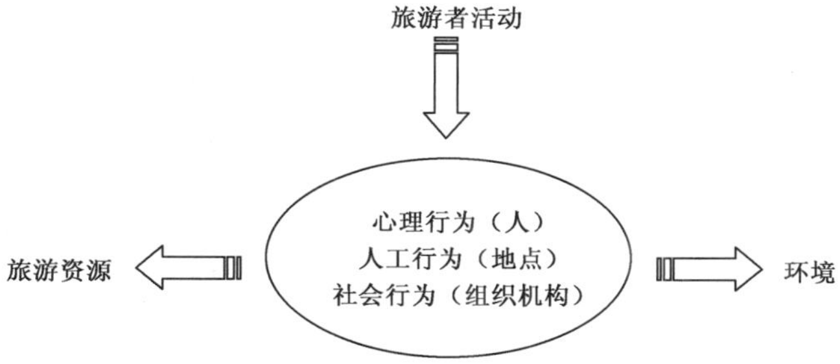

图 13.1　旅游与环境的相互作用

二、环境生态保障的原则

在旅游规划与开发时对环境生态的保护需要遵循以下几项原则：

1. 环境生态保护规范性原则

将环境生态的保护以一定的法律形式将其规范下来，便于旅游主体参照实施。这种规范可以是国家制定的一些法律、法规、条例等，也可以是地方针对本地实际制定的环境保护规范。我国政府早在 1979 早就颁布了《中华人民共和国环境保护法（试行）》，该项法律对环境保护的问题作了全面系统的法律规定，后来又对其进行修改，经过多次修订，现行的法律为 2014 年 4 月 24 日第十二届全国人民代表大会常务委员会第八次会议修订通过的《中华人民共和国环境保护法》。此外，我国还颁布了一系列有关自然资源保护方面的法律法规，这些都同样适用于旅游资源及环境生态的保护。如《中华人民共和国森林法》《中华人民共和国自然保护区管理条例》《中华人民共和国野生动物保护法》《中华人民共和国草原法》《中华人民共和国大气污染防治法》《中华人民共和国水污染防治法》《风景名胜区管理条例》等，这些法律法规都应成为保护环境生态的重要依据。

2. 环境生态保护大众化原则

环境生态的保护并不是几个旅游企业积极参与就可以完成的，它需要大众环保意识的强化，需要旅游者及旅游目的地居民在日常生活中贯彻环境保护的思想。因此，应在社会上广泛地宣传环境保护的重要性，并介绍保护环境生态的正确方法，通过宣传教育等手段，激发社会大众参与环境保护的积极性和强烈的社会责任感，使每个公民和游客都能自觉地加入到环境保护的行列中来。

3. 环境生态保护强制性原则

在市场经济条件下，资源应当由市场机制来进行统一调配，使其效率最大。但由于市场调控失灵现象的不时存在，这只“看不见的手”也不可能发挥万能的作用，这就需要对市场加以一定的调控和干预。在对待环境生态系统的保护问题上，市场经济更是对其显得软弱无力。若让其放任自流，在市场利益的驱动下必定会形成“先破坏后保护”的恶果。因此，在旅游业发展过程中，要优先设立环境生态保护的监督机构，借助国家颁布的法律法规督促环境生态保护措施得以落实。

三、加强环境生态保护的措施

保持良好的自然生态环境和社会人文环境是旅游业可持续发展的前提。因而，在旅游规划与开发中，环境生态保护应成为贯穿整个过程的主导思想，体现于旅游规划与开发的各个方面。旅游规划工作者应树立起全新的旅游发展观，并在新的旅游发展观的指导之下，对旅游资源进行保护性的开发。

（一）对水体资源及环境的保护

水体资源可依其形态分成不同的类型，如江河、湖泊、海滨、瀑布、泉等，不同类型的水体资源其保护的侧重点是不同的，下面就分别加以分析。

1. 江河资源的保护

自古以来人们都是傍水而居，居住点也是沿江、沿河分布。因此，在对江河水体资源进行保护时，主要是严禁江河两岸的工矿企业和居民生活点向江河中排放工业和生活污水。对于污染严重的小工业，应限期“关、停，并转”，或建立工业污水的处理设施；对旅游区及居民点产生的日常生活污水和废弃物要予以集中处理，严禁直接排入江河水体之中，给环境造成严重污染。我国淮河流域过去出现的对小型工矿企业和居民聚居点污水排放监管不力，引起该流域水质恶化的事例，对我们来说就是一个很好的警示。

2. 湖泊资源的保护

湖泊是陆地上积水的凹地。由于湖泊面积不一，与周围环境组合状况不同，湖泊形成的景观也是千姿百态的。一般说来，湖泊水面宽广，水不流动，为水面养殖垂钓和开展水上旅游提供了良好的条件。但水产养殖往往也会对湖泊的水质产生影响，特别是容易使湖泊水富营养化，造成水质的下降；而水上运动及旅游活动的开展也会产生一些生活污水和垃圾。因为湖泊水不流动的特点，污水排入其中后，自净过程所需时间较流水长，所以在对湖泊进行旅游规划与开发时，一定要保护好湖泊中的水质不受破坏，而那些作为城镇居民饮用水源的湖泊、水库，原则上不宜开发水上运动与旅游项目。

3. 海滨资源的保护

海洋是个广阔的天地，海洋在地球上所占的面积最大，旅游业传统的“3S”资源中，就有海洋和沙滩。可见，海岸带即海洋与陆地的接触地带，是宝贵的旅游资源财富，应加强对其保护。保护的内容主要是沙滩景观的保护和海洋水质的保护。沙滩上的建筑物和游乐设施建设需要统一规划，不能距离岸线过近，且其建筑风格也要与环境协调；对海滩上的各类废弃物要予以及时清理，保证海滩的整洁有序；对于沿海的工矿企业和居民生活点所产生的工业、生活污水要经过处理达到一定标准后，才可排放；而游览海域的船只则要防止机油、燃油的泄漏产生对海洋生态环境的污染，保护海水水质达到亲水性活动的要求。

4. 瀑布资源的保护

瀑布是从河床的断面陡坡或悬崖处倾泻而下的水流，是自然山水结合的产物，一般由溪流、跌水和深潭组成，具有形、声以及动态的景观特点。瀑布的生命力在于飞流直下的流水。因此，瀑布的保护要从水的保护着手。

首先，保证瀑布水源的涵养。瀑布的上游要栽种大面积防护林，加强水分的保护，不得砍伐林木；瀑布周围应加强绿化，防止水土流失。

其次，瀑布的上游严禁开办工矿企业，以免造成瀑布水质的下降。

5. 泉水资源的保护

地下水的天然露头就是泉，它为人类提供了理想水源的同时还能构成许多观赏景观和旅游商品资源。在对泉水资源进行开发利用时要注意对其保护。泉水资源是有限的。因此，在开采利用时应先科学测定泉水的流量，在此基础上进行适度开发，防止出现过度开发，导致泉水枯竭现象的出现。

（二）对大气资源及环境的保护

目前，大气环境的污染物主要是工、农业生产和生活中燃烧所产生的碳、硫、氮的各种氧化物，这些物质对大气的构成产生影响，甚至影响地球表面的气候条件。因此，要加强对大气资源和环境的保护，调整目前的燃料结构，将污染性较大的能源替换为较为清洁的能源，如液化气、太阳能、水电能等。旅游交通工具也要升级为使用无铅汽油和天然气的清洁车辆，提高汽车尾气排放的达标标准，将旅游城市中大气环境质量控制在国家二级标准内，旅游区的大气环境质量要达到国家一级标准。

（三）对动植物资源的保护

生物是自然地理环境中唯一有生命的自然因素，是极为生动的构景要素。生物各物种之间有着千丝万缕的联系，其存在的形态主要是共存于各类森林、草原之中。自然界中的生物构成一个完整的生物系统，系统之间由食物链相连。在自然的繁衍生息过程中，该联系会稳定地存在，所以对动植物资源的保护主要是要保持其原有联系，不为外界环境和因素所打断。在旅游过程中，要加强对游客进行生态环境保护的宣传，真正达到“游客除了留下脚印，什么也不留下，除了带走照片，什么也不带走”的目的。

在生态环境脆弱的地区，出于保护动植物资源的需要划分出核心区、试验区和缓冲区。在核心区内不允许开展任何形式的旅游活动；在试验区内则可以有控制地开展一些观光、科学考察活动，但不能建立大型的永久性设施；在缓冲区内限制条件可适度放宽，开展一些观光游览项目，还可将一些小型接待设施设于此处。

对于珍稀的濒临灭绝的动植物，要建立自然保护区。此外还应加强对各种自然灾害的预防工作，如对火灾、山洪、地震等的预测监控，使可能受到的损失降到最低程度。

（四）对自然、人文景观的保护

自然和人文景观均为受自然、人类活动的长期影响而形成的特有景观。它的存在是经过长时间的演化而来的，一旦遭到破坏则无法恢复，即使恢复了也失去其原有的价值。这些景观往往是旅游活动客体的组成部分，但在经济发展和建设中经常会产生经济发展与景观保留之间的冲突。在没有形成保护自然与人文景观意识前，人们会为了建设而放弃珍贵的自然与人文景观资源。而在旅游规划与开发中，要将这些景观放在一个较高位置，因为他们是旅游发展的支撑点。

对于自然景观，在开发中要注意保存其原始形态，在必要时对其进行维护，但切忌留下太多的人工雕凿痕迹。自然景观保护还要注意与其周围环境的协调，对于其周边地区的建设项目要进行严格的审批控制，不能破坏自然景观的整体美感。

对于人文景观，要加强修缮和维护，严格遵循“修旧如旧”的原则，保存其原有材料风格不变。对于那些珍贵的人文景观，要采取有效措施加以保护。同时，要严格控制旅游者的人数，避免人文景观遭受人为毁损；而对于人文风情类的景观，要注重对其收集整理，努力以民俗风情为素材开发出新颖的旅游产品（王兴斌，2000）。

第六节　危机管理保障体系

一、危机及危机管理的概念

（一）危机的概念

对于危机，人们都会有感性的认识，如美国“9·11”恐怖袭击事件对世界旅游业和进出口业的影响等。这里，我们列出了目前国内外对于“危机”概念的一些主流观点，以便从理性的角度来重新审视一般意义上的危机。

巴顿（Barton）和巴顿[①]认为，危机是一个会引起潜在负面影响的具有不确定性的大事件，这种事件及其后果可能对组织及其员工、产品、服务、资产和声誉造成巨大的损害。这个定义包括了潜在危机和显在危机，并且指出危机不仅会对组织造成有形的伤害，也会造成无形的伤害。

苏伟伦[②]认为：“‘危机’一词是中性的，它表示由于内在矛盾的激化，企业已经不能按照原有的轨道发展下去；同时新的次序又没有建立起来。新旧的摩擦，使新旧两种机制都不能发挥有效的作用。因此出现大量的失控、混乱、无序，这在本质上是旧机制的危机，危机根植于旧机制中，使其运转失灵。”苏伟伦把危机看成新旧机制转化过程中的混乱状态。

---

① Barton P C, Barton M A. Campaign: A Cartoon History of Bill Clinton's Race for the White House. Fayetteville: The University of Arkansas Press, 1993.

② 转引自王振海，陈洪泉，雷仲敏，等. 城市公共安全管理——以青岛为个案的分析. 青岛：中国海洋大学出版社，2004.

李云宏和吕洪兵[①]将危机界定为："在任何组织系统及其子系统中，因其外部环境和内部条件的突变，对组织系统的总体目标和利益构成威胁而导致的一种紧张状态。"这里强调了危机是一种紧张状态，这种紧张状态是由组织的总体利益受到威胁所致。

综上所述，我们可以将"危机"界定为事物由于量变的积累，导致事物内在矛盾的激化，事物即将发生质变和质变已经发生但未稳定的状态，这种质变给组织或个人带来了严重的损害。为阻止质变的发生或减少质变所带来的损害，需要在时间紧迫、人财物资源缺乏和信息不充分的情况下立即进行决策和行动。

这个危机的定义应该从以下几个方面来理解：

首先，危机是一个量变的过程。危机发生时，虽然给人的感觉非常突然，但是任何危机的发生都不是无缘无故的，总是有一定的原因。危机给人的感觉之所以突然，是因为人们忽视了量变的过程，直到危机发生时才感觉到已经发生了如此重大的变化。危机发生有一个量变的过程，说明危机有前兆症状，危机发生就有了预测的可能性。

其次，危机是指即将发生质变和质变已经发生但尚未稳定的状态，而不是指事物稳定运行的状态。

最后，危机是指那些给当事人带来严重损失的质变，而并非所有的质变。许多的质变给人们带来的是更大的利益，哪怕为获得利益而促成质变花费了相当的成本，这种质变就不是危机。

（二）危机的特点

1. 突发性

由于危机发生前的量变过程不容易为人们所注意，因此危机发生时，事物原有的发展格局突然被打乱，使人感觉非常突然。同时，危机中的混乱局面使人们面临一个全新的、不熟悉的环境。因此，在心理感觉上更增强了危机突发性的感知。

2. 破坏性

危机会造成损失，这种损失可能是有形的，也可能是无形的。如地震等会造成房产或设备的损失，这些损失是有形的。而社会危机对于国民经济和产业发展造成的损失则是无形的和难以估量的。由于危机对人们的生产生活的影响是多方面的，并且不易衡量，因此具有较强的破坏性。

3. 不确定性

危机发生具有较强的不确定性。人们很难判断危机是否会发生，也很难预测危机发生的概率，只能依据以往经验作出预测。另外，危机的发生情景也有很强的不确定性。

---

① 李云宏，吕淇兵. 浅析危机管理. 冶金经济与管理，2000，（5）.

4. 紧迫性

危机不仅具有突发性特点，而且还具有紧迫性的特征，随着危机的延续，危机造成的损失也会越来越大。对危机的反应越是快速，危机的反应决策越是准确，那么危机带来的损失就会越小。

（三）危机的发展阶段

从时间上来看，危机的发展可以大致分为几个阶段，即危机开始阶段、危机爆发阶段、危机持续阶段以及危机结束阶段。

1. 危机开始阶段

危机开始阶段是指危机的征兆出现到危机开始造成可感知的损失这个阶段。此时并不一定危机没有造成损害，而是其造成的损害不容易被感觉到而已。在该阶段，危机的各种征兆会不断出现，如果对危机征兆保持警惕，并采取适当的行动，能防止危机的发生或减轻危机可能造成的损失。

2. 危机爆发阶段

危机爆发阶段是指从危机开始造成可感知的损失到危机已无法继续造成明显的损失这个阶段。危机爆发阶段的到来往往使人感到非常突然，并且不断地对组织和个人造成损害，这种损害会不断地加深和积累。

3. 危机持续阶段

危机持续阶段是指危机已不再继续造成明显的损害到危机造成的损害均已得到较好的解决这个阶段。危机持续阶段的时间长短不一，往往是有形的损害较容易恢复，恢复得较快。而形象、品牌等无形资产，或者国家或地区的吸引力以及发展能力等无形损害的恢复需要很长的时间。危机管理者如果能在危机的爆发和持续阶段采取恰当的措施，那么危机造成的损害会更小，危机恢复也会更快。

4. 危机结束阶段

危机的结束阶段是指危机对个人和组织造成有形和无形损害逐渐消失的阶段。在该阶段中，受影响的个人和组织有两种可能的发展方向：一种是由于对于危机损失的防范不力而被危机彻底击垮；另一种就是艰难度过危机阶段并吸取经验和教训而进入另一个快速发展阶段。

对个人和组织危机之后发展方向的重要影响因素就是其在危机爆发过程中的管理能力，即危机管理能力越强，防范风险和危机的能力也就相应较强；反之，则对今后的发展越不利。因此，我们应该建立起一种危机管理的意识。

（四）危机管理的概念

要认识“危机管理”的概念则必须首先了解危机管理的目的。从上面对“危机”概念的界定来看，危机管理的目的就是要在危机未发生时预防危机的发生，在危机真的发生时，采取措施尽可能减少危机所造成的损害，并尽早从危机中恢复过来。为了实现这个目的我们通常对危机采取风险评估、危机监测、危机预防、信息沟通、危机反应管理、危机恢复管理等手段。

综上所述，我们可以将危机管理定义为，个人或组织为了预防危机的发生，减轻危机发生所造成的损害，尽早从危机中恢复过来，而针对可能发生的危机和已经发生的危机采取的管理行为。

应该注意，这个定义中危机管理的对象是可能发生的危机和已经发生的危机，针对可能发生的危机进行的管理是日常危机管理，针对危机进行的管理是危机事件管理。

二、构建旅游规划与开发危机管理保障体系的意义

旅游业是一个相对较为脆弱的行业，对于风险和危机的应对能力较差。因此，旅游规划与开发应为旅游地设计一个完善高效的危机管理保障系统，以帮助旅游地在旅游规划的实施过程中，获取预测和抵御未知风险的能力。因此，构建旅游规划与开发的危机管理保障体系的意义主要有以下几点。

1. 实现旅游地的实时监控

旅游规划与开发危机管理保障体系的建立实际上要求，旅游地在建设时形成一体化的运行监控系统，对旅游地运营过程中的各个参数实行定量分析和预测。只有这样，危机管理保障体系才能真正具备预测未来风险的能力。所以，旅游地建立危机管理保障体系实际上有助于实现旅游地实时监控的智能化管理。

2. 完善旅游地的管理功能

危机管理对旅游规划来说，应该算一个新兴事物。虽然人们在旅游业发展之初就认识到旅游业是一个脆弱的行业，但是极少有将旅游地的危机管理体系建设纳入到旅游规划中去的。这实际上是旅游规划的一个矛盾，即明知道旅游业具有脆弱性，易受外界风险和危机的影响，却在发展战略规划中对这种风险性不闻不问！因此，旅游规划与开发的危机管理体系既是对传统旅游规划内容的一个突破，也是对旅游地管理功能的一大完善。

3. 增强旅游地的竞争能力

旅游地在发展中必将会遭遇各种不同的经营环境。如何适应多样化的环境，并在恶劣的环境中脱颖而出，是每个旅游地在发展中不得不考虑的问题。往往旅游地竞争力的强弱就表现为其在恶劣环境中的发展能力上。不为逆境所困，变被动为主动，在逆境中求发展求创新，是具有强势竞争力旅游地的特征。因此，旅游规划与开发的危机管理体系的构建为旅游地在全环境下的发展和运营打下了坚实基础，增强了旅游地的竞争能力。

三、旅游规划与开发危机管理保障体系的构建

（一）危机管理保障体系的类型

危机管理保障体系大体上可以分为两大类，即危机管理的电子预警系统和指标性

危机预警系统。

1. 电子预警系统

电子预警系统主要是由电子装置进行信息采集、信息分析、决策和发出警报的，电子预警系统的运作过程基本上依赖于电子装置，是一种自动的预警系统。但是这种自动化的预警系统只能对有形的危机进行预测和管理，对无形的危机冲击基本上没有作用，因此，被广泛地应用于旅游地的自然环境灾害危机管理方面。

电子预警系统根据监测是动态的还是静态的、装置是可以移动的还是固定的可以分为五种类型。

（1）动态移动系统。动态移动系统的优点是可以不断移动或为了需要而被安排在合适的地方，而且能通过激活周围的或其支持系统来巡视周围环境，对不利变化作出反应。动态移动系统的缺点是：动态移动系统一般更复杂，系统失灵的可能性更大，而且购买和维护费用是最昂贵的；它的移动性可能使部分地区成为盲区，它的积极监视特性可能使系统过于注意某个地方而忽视其他地方。

（2）动态固定装置系统。动态固定装置系统的优点有：具有动态审查能力或反应系统驱动能力，而且做到全面覆盖。它的缺点有：系统的复杂性可能导致系统的失灵；系统过于关注局部而忽视其他地方；系统过于积极地采用压制和遏制策略，可能会导致损失；不可移动性可能使系统在危机中被摧毁；系统的弱点容易被人识别；系统的成本高。

（3）静态移动装置系统。静态移动装置系统的优点是：易于操作，比较便宜。它的缺点是：缺乏动态审视系统中的仔细检查和积极反应；移动失灵后会较大程度上降低系统的功能。

（4）静态固定装置系统。静态固定装置系统的优点是：最为便宜，操作不太复杂。它的缺点是：只能对特定的地方进行监测；只能发出警报而不能进行反应；大量运用容易出现系统失灵或发出错误警报。

（5）混合型系统。它混合使用了以上四种系统，使得对危机的监测显得全面而又便宜（便宜和昂贵的系统搭配使用使总成本不是很高），因而在实际中使用较多。它的缺点是：各系统的监测范围不能重合而可能出现盲区；系统多，各系统的维护需要特定的技术和材料，导致对系统的维护不方便，容易出现系统失灵。

2. 指标性危机预警系统

指标性危机预警系统是指对组织中那些不容易根据获得的信息直接判断危机发生与否的危机，将信息转化为一系列较好识别的指标，然后根据指标的异常进行危机预警的系统。这种危机一般无法根据直接获得的信息判断危机发生与否，需要对信息进行加工，使原始信息转化为一系列的指标，然后综合各种指标以判断危机发生与否。该系统对于危机的判断不是直接的，需要有一定的知识和经验，只有结合旅游地的内外环境，才能作出较为准确的判断。

在旅游地的实际运作中，从成本和预警范围来看，构建指标性的危机预警管理系统是较为可行的方案。

（二）危机管理保障体系的构成

危机管理保障体系包括信息收集子系统、信息加工子系统、警报子系统以及决策子系统等，相应的危机预警系统工作过程是：信息收集；信息分析或转化为指标体系；将加工整理后的信息和指标与危机预警的临界点进行比较，发出警报，并根据危机实际情况制订危机应急方案。

1. 信息收集子系统

信息收集子系统的任务是对有关危机风险源和危机征兆等信息进行收集。信息收集子系统设计时要保证信息收集的全面性，不要遗漏掉能显示危机发生与否的各种信息，否则一开始就无法发挥危机预警系统对危机的预警功能。根据全面性的要求，危机预警系统要确定信息收集的范围，信息收集范围又取决于危机风险源存在的范围，因而旅游地在建立危机预警系统时首先要分析危机风险源的分布状况。

2. 信息加工子系统

信息加工子系统的功能包括信息整理和归类、信息识别和转化这三大功能。

危机预警系统收集到信息之后一般是无法直接加以利用的，需要对信息进行整理和归类，尤其是在指标性危机预警系统中，信息与危机之间缺乏显而易见的联系，信息的整理和归类就显得更为重要。此外，该子系统还应具备识别真假信息和排除干扰信息的能力，从而能将繁多的信息转化成能为危机管理系统所用的有用信息。

3. 警报子系统

警报子系统主要根据信息加工子系统的结果（信号和指标）决定是否发出危机警报和危机警报的级别，并发出警报指令。其功能是向危机反应者和危机潜在受害者发出明确无误的警报，使他们采取正确的措施。

4. 决策子系统

决策子系统的主要功能就是根据危机发生的实际情况，为旅游地提供一系列可行的决策和补救措施，从而真正实现面临危机时旅游地损失最小。因此，决策子系统的建立一方面要预先构建危机决策资源库，即先预先设想几个可能的危机情况并制定可行的方案；另一方面，则应通过建立专家头脑库，建立起危机时期的即时决策支持库。

（三）构建危机管理保障体系的步骤

根据危机预警系统的要求，危机预警系统的建立过程可以表述如下。

第一步，确定旅游地需要对哪些危机建立预警系统。

第二步，评估危机风险源、危机征兆与危机发生之间的关系。这时需要旅游地内外的专家和旅游地受危机影响的部门一起参与评估，如有必要也可以邀请旅游地外的受危机影响者参与评估。

第三步，根据评估结果确定危机监测的内容和指标，并确定危机预警的临界点。

第四步，确定建立什么样的危机预警系统，采用什么样的技术、设备、程序，需要为危机预警系统配备哪些资源。

第五步，评估危机预警系统的性能，了解系统的特性，如系统的误差、系统的准确性、系统的可信度。系统的稳定性、系统需要什么样的维护措施、系统的连续性、系统可能受到什么样的干扰等。

第六步，为了确保危机预警系统的有效运行和持续维护，需要专门配备专业的人员，并为他们制定明确的规章制度。这些规章制度应详细规定使用和维护人员的职责、权限以及应履行的义务。通过明确的责任划分和规章制度的制定，确保危机预警系统始终处于良好的工作状态，为组织提供及时、准确的危机预警提供服务。

案例 13.2

世界旅游组织的危机管理指南

世界旅游组织近日发布了《旅游业危机管理指南》（*Crisis Guidelines For The Tourism Industry*），以指导成员的危机应对和管理工作。世界旅游组织认为，旅游业危机管理的主要途径有四个：沟通、宣传、安全保障和市场研究。其中，基于诚实和透明之上的良好的沟通是成功的危机管理的关键。《旅游业危机管理指南》针对危机之前、危机期间和危机过后三个阶段提出了行动建议。

世界旅游组织把危机阐述为："影响旅行者对一个目的地的信心和扰乱继续正常经营的非预期性事件"，并可能以无限多样的形式，在许多年中不断发生。危机管理有助于保持旅行者和旅游业的信心，将危机对目的地的影响最小化。

一、危机之前

世界旅游组织告诫：永远不要低估危机对旅游业的可能危害，它们是极端危险的。把危机影响最小化的最佳途径就是充分作好准备。

在沟通方面，要制订危机管理计划，任命专门的发言人，设立一个媒体和沟通部门，与媒体经常沟通，沟通的原则是诚实和透明。在制订危机管理计划过程中，要把公共服务和私营旅游企业都包含进来，良好的合作是有效危机管理的一个关键。要定期对危机管理计划进行预演排练，并不断修正和完善。

在宣传方面，要开发一个旅游贸易伙伴数据库，建立一个在危急时能及时联络数据库中贸易伙伴的沟通系统。树立和保持可信度是旅游宣传的基础。应预留出特别情况基金，应尽力获得支出这笔基金的提前允诺，而不必经过一个冗长复杂的行动程序，以便在危急情况时作出迅速、灵活的反应。

在安全保障方面，要建立和保持与其他负责安全保障部门的工作联系。旅游部门应任命专人负责与其他政府部门、专业服务机构、旅游行业和世界旅游组织在安全保障方面的联络。旅游部门要制定旅游行业的安全保障措施，并在提高安全保障方面扮演积极的角色，发起成立面向当地旅游从业人员的安全工作组，鼓励在旅游行业的公共安全和私人安全机构之间建立合作伙伴关系。应组建能用多种语言提供服务的旅游警察队伍和紧急电话中心。

在市场研究方面，旅游部门要与主要的饭店、航空公司和旅游经营商设立双向协定，交换关于过夜停留、出租率、价格等方面的最新数据信息。

二、危机期间

世界旅游组织强调：危机发生的第一个 24 小时至关重要。如果是一个不专业的反应，就能够对旅游地造成更大的破坏。

在沟通方面，要坚持诚实和透明，不要施加新闻管制。

要建立一个媒体中心，并迅速通过媒体发布危机方面的信息。信息需要被理解得尽可能准确和可靠，不能因试图鼓励人们旅游而受到扭曲。其他组织也在向媒体提供关于危机的信息，如警察机构、防灾减灾组织、航空公司、饭店协会、旅行经营商团体和世界旅游组织，要及时向他们通告旅游地的有关行动，将其纳入他们的对外沟通中。

在宣传方面，要直接向贸易伙伴提供关于灾害程度、受难者救助行动、结束危机的安全保障服务以及防止灾害发生的举措等方面的详细信息。危机通常引起政府对旅游业给予比正常环境下更多的关注，要利用这个机会寻求在宣传预算上的增长，这将用来帮助产业恢复和吸引旅游者返回。要实施金融救助或财税措施支持旅游企业。在困难时期，政府需要与企业紧密合作，可以用临时性的税收优惠、补贴、削减机场收费和免费签证等措施来激励旅游经营者、航空公司、游船公司等企业在危机后迅速恢复运营。

在安全保障方面，要充分发挥应急电话中心的作用，要通过跨机构的接触和联络等方式，采取安全保障措施来结束危机和提升安全水平，并加强内部沟通，防止错误信息的传播。

在市场研究方面，要派出调研队伍，发现谁在危机期间旅行，他们来自哪里以及原因所在，同时回溯在危机期间媒体关于旅游地都报道了些什么，然后迅速向宣传部门反馈信息。

三、危机过后

世界旅游组织认为："即使危机结束，危机带来的负面影响仍然会在潜在的旅游者心中保持一段时间，因此需要加倍的努力，尤其是在沟通和宣传领域更要如此。"

在沟通方面，要积极准备反映旅游活动正常的新闻条目，目的是证明目的地业务已经正常。邀请媒体重返目的地，向他们展示所取得的成绩。要集中精力作正面的报道，以抵消危机在旅游者心目中形成的不良形象。

在宣传方面，要向新的市场群体和特殊的市场群体进行有针对性的宣传，要提供特殊的报价。要把宣传促销转向那些最有活力的市场，通常，它们是距离东道国最近的客源市场，因为其旅游者对目的地更加熟悉。要开展国内市场宣传，国内旅游在危机恢复时期可以弥补外国旅游需求的减少。要增加旅游经营商考察旅行和专门活动，组织专门的活动和会议，创造与贸易伙伴和国际社会沟通的机会。

在安全保障方面，需要重新审视安全保障系统，以保证其在危机结束后依然到位。通过旅游接待调查结果反馈，奖励先进，鞭策后进，提高安全保障服务的质量。

在市场研究方面，要调研客源市场对旅游地的感知。要针对主要客源市场，通过研究潜在的旅游者和调查你的贸易伙伴，确定他们是否作好旅行的准备，并了解他们对旅游地的感知和理解。把这些信息反馈给宣传促销部门，以便使其量体裁衣、对症下药，采取行动纠正不良的印象。

资料来源：世旅组织发布旅游业危机管理指南 强调诚实透明. https://news.sina.com.cn/w/2003-05-28/1416164897s.shtml，2003-05-28，有改动。

本章小结

旅游规划与开发的政策保障体系规划的内容主要包括：制定旅游业发展战略、促进旅游业发展的政策、优化旅游企业组织结构的政策、促进旅游业区域合作的政策、加强基础设施建设的政策以及培养旅游人才的政策。

旅游规划与开发的市场保障体系是从市场的运行机制上提出整顿和管理的措施，为当地旅游业的发展提供一个秩序井然的市场竞争环境。其涉及内容主要包括：强化和完善行业管理、市场规则的制定和执行、服务质量与价格管理。

财经保障体系就是从财政和金融两方面采取多种措施，为旅游业的发展提供支持。其涉及内容主要包括：财政保障、金融保障。

旅游人力资源保障体系的主要内容包括：旅游人力资源的输出、旅游人力资源的引入。

环境生态保障体系规划主要从对旅游资源的保护以及对旅游地环境承载力进行控制等方面入手，提供保护生态环境的可行性建议。

旅游危机管理是近年来被社会各界广泛关注的热点问题之一。旅游业同样也面临诸多危机，旅游开发中如何预测、防范危机，尽量减少风险和危机所带来的损失是该保障体系研究的主要问题。一般来说，在危机管理保障体系规划中，要对信息收集子系统、信息加工子系统、警报子系统以及决策子系统等内容进行设计与规划。

案例分析与讨论

九寨沟危机善后管理的启示

2017 年 8 月 8 日九寨沟发生 7.0 级地震，景区生态、基础设施和旅游接待遭受重创，自 2017 年 11 月 8 日九寨沟景区灾后恢复重建全面启动以来，全局干部职工识大体、顾大局，奋力担当，主动作为，始终紧盯灾后保护与恢复，并将之作为中心工作来抓。

震后九寨沟景区紧紧围绕建设“川西北阿坝生态示范区”的战略目标，认真践行“自然修复为主、人工治理为辅，生物措施为主、工程措施为辅”的要求，始终把生态保护贯穿灾后重建全过程，督促施工企业按标准、按要求，开足马力，加快项目建设。震后四年我们再看九寨：基本完成了九寨沟景区灾后恢复重建任务，为世界自然遗产震后修复保护总结了宝贵经验。

九寨沟景区在生态保护和恢复方面取得了显著成果。牢固树立大生态、大环境观念，积极推进生态环境修复保护项目，使生态保护体系不断完善，生态系统快速恢复。目前，已完成震损林地清理 1.67 万亩，补植补造树木 65.6 万株，实施生境修复与湿地保护项目，并通过调查监测提升保护效果。同时，新建了专职消防队、有害生物防控实验室等设施，为生态保护提供有力支撑。

九寨沟景区坚持环境友好原则，科学修复受损遗产点，构建了成套的生态修复技术体系，完成了火花海保育等重要项目。同时，撰写了研究性报告、论文，并申报了多项专利，为生态保护提供了科学依据。此外，还与联合国教科文组织等国际组织合作，建立了“天–空–地”一体化监测体系，为遗产地保护提供了先进手段。

在地质灾害防治方面，景区将其作为生命工程，采取预防为主、分类实施的原则，有效治理了地质灾害隐患点，建立了监测预警体系，实现了隐患点常态化动态监测，确保了景区安全。

九寨沟景区在旅游服务设施修复重建方面也取得了显著进展。按照省委要求，坚持“分期分区、逐步推进，全面提升”原则，累计重建了道路、管网、栈道等基础设施，提升了游客服务设施水平。特别是沟口项目建设，为游客提供了更好的服务体验。

此外，九寨沟智慧景区建设项目也是景区发展的亮点。该项目以“创新、融合、韧性、赋能”为行动指引，构建了景区智慧大脑，集成了多个系统，实现了景区运营与管理、游客服务与体验、应急指挥与调度等多项功能，为景区的可持续发展提供了技术保障。

景区深入贯彻习近平总书记以人民为中心的发展思想，积极回应群众关切，将民生项目置于首位，并优先解决群众就业问题，致力于营造和谐美好的居民生活环境。震后四年间，景区不仅迅速完成了 8 户居民的农房重建工作，还对 288 户居民的房屋进行了加固维修，并对 110 多户农房进行了风貌改造，使乡村面貌焕然一新。此外，新建了 2 个村民活动中心，完成了村寨消防通道、给排水管网、电力线路等基础设施建设共计 52 千米，极大地改善了居民的生活条件。在就业方面，景区积极安排 710 名居民就近就业，使得居民人均可支配收入从地震后的无收入增长到 7000 元，实现了显著的增收。

资料来源：震后四年再看九寨. https://www.jiuzhai.com/news/scenic-news/7833-2021-08-08-09-24-01，2021-08-08，有改动。

讨论问题：

1. 作为客源地政府相关部门，应该如何做好危机善后管理工作？

2. 旅游目的地能从九寨沟的危机善后管理工作中学到哪些？

思考与练习

1. 试在全球化背景下分析旅游规划与开发保障体系建立对于旅游地发展的积极意义。

2. 针对你熟悉的某个旅游地，分析该旅游地保障体系的完善程度。

3. 简要说明旅游规划与开发危机管理保障体系的主要内容及其建立的方法。

参考文献

保继刚，楚义芳. 1999. 旅游地理学（修订版）. 北京：高等教育出版社

陈才. 2001. 区域经济地理学. 北京：科学出版社

陈传康，保继刚. 1989. 北京旅游地理. 北京：中国旅游出版社

陈福义. 1998. 区域旅游开发若干问题探讨. 湖南商学院学报，（6）：24-25，58

陈建斌. 2001. 区域旅游竞争力分析. 广东商学院学报，（3）：51-53

陈建新. 2001. 对"旅游产品生命周期论质疑"的辨析. 桂林航天工业高等专科学校学报，（3）：18-20

陈南江. 1997. 旅游项目可行性研究. 中国投资与建设，（11）：49-51

陈伟. 1999. 试论旅游规划的管理功能系统. 桂林旅游高等专科学校学报，（4）：18-20

陈兆坤. 2001. 我国城市旅游竞争力提升及发展战略选择. 经济师，（11）：52-53

崔功豪，魏清泉，陈宗兴. 1999. 区域分析与规划. 北京：高等教育出版社

邓子基. 1997. 财政学原理. 北京：经济科学出版社

范业正，陶伟，刘锋. 1998. 国外旅游规划研究进展及主要思想方法. 地理科学进展，（3）：86-92

郭剑英. 2001. 电子商务与旅游饭店竞争力. 扬州大学烹饪学报，（1）：59-62

国家旅游局人事劳动教育司. 1999. 旅游规划原理. 北京：旅游教育出版社

黄德林，李明起，李千惠，等. 2019. 神农架国家公园生态旅游 SWOT 分析与发展战略. 安全与环境工程，（6）：50-55

李蕾蕾. 1999. 旅游地形象策划：理论与实务. 广州：广东旅游出版社

李玺，王春雷. 2001. 武汉市假日旅游目标市场的选择及营销对策. 桂林旅游高等专科学校学报，（1）：19-21

刘峰. 1999. 旅游系统规划——一种旅游规划新思路. 地理学与国土研究，（1）：56-60

陆林. 1997. 山岳型旅游地生命周期研究——安徽黄山、九华山实证分析. 地理科学，（1）：63-69

吕先声. 1995. 提高企业竞争力. 企业活力，（1）：42-43

马钧，毛瑛. 1997. 投资项目决策. 北京：中国经济出版社

马勇，李玺. 2002. 旅游规划与开发. 北京：高等教育出版社

马勇，舒伯阳. 1999. 区域旅游规划——理论·方法·案例. 天津：南开大学出版社

马勇，王春雷. 2002. 旅游市场营销管理. 广州：广东旅游出版社

马勇，周霄. 2003. WTO 与中国旅游产业发展新论. 北京：科学出版社

马勇，周霄. 2004. 旅游学概论. 北京：旅游教育出版社

马勇. 1999. 旅游经济管理. 2 版. 天津：南开大学出版社

马勇. 1998. 旅游学概论. 北京：高等教育出版社

彭华. 2001. 旅游规划研究必须注意的几个问题. 旅游学刊，（2）：31

王大悟，魏小安. 1998. 新编旅游经济学. 上海：上海人民出版社

王大悟. 2001. 关于旅游规划若干认识的探讨. 旅游学刊，（5）：45-48

王兴斌. 2000. 旅游产业规划指南. 北京：中国旅游出版社

王莹. 1998. 提高我国国际旅游竞争力的对策. 商业经济与管理，（3）：61-63

吴必虎. 2001. 区域旅游规划原理. 北京：中国旅游出版社

吴人韦. 1999. 旅游系统的结构与功能. 城市规划汇刊，（6）：19-21

吴人韦. 2000. 旅游规划的发展. 经济地理，（3）：101-104

吴人韦. 2000. 旅游规划的任务. 城市规划汇刊，（5）：61-62

吴人韦. 2000. 旅游规划的作用. 桂林旅游高等专科学校学报，（1）：70-73

吴人韦. 2000. 旅游规划理论的发展. 城市规划汇刊，（2）：62-64

武友德. 1999. 区域经济发展导论. 长春：吉林教育出版社
肖星，严江平. 2000. 旅游资源与开发. 北京：中国旅游出版社
谢彦君. 1999. 基础旅游学. 北京：中国旅游出版社
阎友兵. 2001. 旅游地生命周期理论辨析. 旅游学刊，（6）：31-33
杨桂华，陶犁. 1994. 旅游资源学. 昆明：云南大学出版社
杨森林. 1996. “旅游产品生命周期论”质疑. 旅游学刊，（1）：45-47
杨新军，刘家明. 1998. 论旅游功能系统——市场导向下旅游规划目标分析. 地理学与国土研究，（1）：59-62
姚作为. 2001. 中国旅游业产业竞争力的现状分析. 南方经济，（5）：21-24
余书炜. 1997. 旅游地生命周期理论综论——兼与杨森林商榷. 旅游学刊，（1）：32-37，63
俞万源. 2001. 关于旅游地生命周期理论模型作为预测工具的思考. 嘉应大学学报，（6）：92-96
约翰·斯沃布鲁克. 2001. 景点开发与管理. 张文，等译. 北京：中国旅游出版社
岳怀仁. 1998. 风景旅游区经营与管理. 昆明：云南大学出版社
张伟，吴必虎. 2002. 利益主体理论在区域旅游规划中的应用——以四川省乐山市为例. 旅游学刊，（4）：63-68
赵文红，黎洁. 1999. 饭店竞争力的分析及其竞争战略. 桂林旅游高等专科学校学报，（2）：25-28
赵西萍，黎洁. 1999. 论国际旅游竞争力及其阶段性演进. 社会科学家，（5）：20-23
赵彦云，李静萍. 1998. 当代国际竞争力理论及其应用. 中国人民大学学报，（5）：18-23
周霄. 2001. 刍论“旅游人类学”的几个基本问题. 广西右江民族师专学报，（2）：17-20
邹统钎. 1996. 旅游度假区发展规划：理论、方法与案例. 北京：旅游教育出版社
邹统钎. 1999. 旅游开发与规划. 广州：广东旅游出版社
Burkart A J, Medlik S H. 1974. Tourism: Past Present and Future. London: Heinemann
Echtner M C, Ritchic Jr B. 1993. The messasurment of destination image: An empirical assessment. Journal of Travel Research, (4): 3-13
Gunn C A. 1994. Tourism Planning: Basics, Concepts and Cases. Washington: Taylor & Francis
Inskeep E. 1994. National and Regional Tourism Planning: Methodologies and Case Studies. London: Routledge
Inskeep E. 2014. Tourism planning: An integrated and sustainable development approach. Journal of Travel Research, 4(12): 2495-2502